KB232000

초대교회사

펭귄 교회사 시리즈 ①

초대교회사

헨리 채드윅 / 박종숙 옮김

크리스챤 다이제스트

차례

제 1 장

예루살렘에서 로마로

그리스도교의 유대적 배경

최초의 그리스도인들은 유대인들이었다. 이들은 민족의 대망인 메시야가 나사렛 예수의 모습으로 이제 오셨다고 믿는다는 점에서 다른 동료 유대인들과는 구별되었다. 메시야의 오심은 약속의 성취이기 때문에, 자기 백성에게 주신 하나님의 과거의 계시와 연속선 상에 있다는 점에 이들은 하등의 의심을 갖지 않았다. 그것은 결코 할례로 상징되는 아브라함과의 옛 언약이나, 시내 산에서 모세에게 주어진 율법과 단절을 의미할 수 없는 것이었다. 설령 새로운 그 어떤 것이 일어났다 하더라도, 그것은 한 분 동일하신 하나님, 즉 세상의 창조주, 역사의 주, 아브라함, 이삭, 야곱 그리고 열두 족장의 하나님의 행위였다. 자기 백성에 대한 하나님의 새로운 말씀은 예언자들을 통해 과거에 주어진 말씀과 일관성을 갖지 않으면 안되었다.

연속성에 대한 이러한 깊은 확신 때문에, 전통적 유대교의 독특한 이념들과 태도들이 그리스도교 사상 구조에 받아들여지고 또한 대부분 통합되었다. 유대인들은 하나님의 선택을 믿었다: 하나님께서는 이스라엘을 이교적 영향에 의해 더럽혀지지 않은 특별한 집단으로 선택하셨다. 그렇지만 이 선택은 다음과 같은 두 전제 위에서였다. 첫째, 하나님의 이러한 특별한 섭리는 선택받은 이스라엘 백성의 어떤 공로가 아니라, 하나님의 주권적이고 불가해한 의지에 바탕을 두고 있다는 것이다. 둘째, 이스라엘은 온 세상과의 관계에 있어서 제사장 역할을 하도록 부름받았다는 것이다. 이스라엘 백성은 율법을 하나님께서 시내 산에서 모세에게 주셨다고 믿었으며, 율법 준수에 완고하게 매달렸다. 이들은 이교를 악한 영들의 숭배 의식으로 여겼으며, 이에 대해 부정적 태도를 견지했다. 그리스-로마 세계에 있어서 이들은 구별되는 종족이었으며, 대중적으로는 어느 정도의 불신과, 때에 따라서는 적대적 편견의 대상이었다.

유대인들은 제국의 종교 의식에 참여하기를 거부하였다. 비록 예루살렘에 있는 성전에서 황제를 위하여 매일 희생 제사를 드리고, 회당들을 '황제에 대한 경의로 하나님에게' 기꺼이 바치고자 하기는 했지만 말이다. 이들은 사회적으로 쉽게 눈에 띄는 사람들이었다. 할례를 행하고, 돼지고기를 비롯한 다른 부정한 음식들을 멀리하는 것으로 이름이 높았다. 주전 2세기 마카베오 혁명의 순교자들은 돼지고기를 먹기보다는 차라리 죽는 편을 택했다. 유대인들은 이방인들과 함께 식사를 할 수 없었으며, 공적인 의식들에서 이교의 신들을 인정하는 것으로 여겨지는 어떤 것과도 타협할 수 없었다.

외국의 지배와 팔레스타인의 열악한 경제 상태 때문에 많은 유대인들이 지중해 세계의 전역에 흩어져 '흩어진 유대인'을 이루게 되었고, 유대인들의 식민지는 카디즈(Cadiz)로부터 크리미아(Crimea)까지 거의 도처에서 발견될 수 있었다. 1세기 로마에는 열하나 혹은 열둘의 유대인 회당이 있었다. 알렉산드리아에서 유대인들은 특히 큰 인구 구성 비율을 차지하였는데, 알렉산드리아와 이집트 전체로 보면 유대인이 약 백만명이나 되었다. 이들은 또한 자신들의 사회적 배타성 때문에 권력 획득을 위한 압력 단체 형성을 거부하기는 했지만, 그럼에도 불구하고 항상 시 정치에 있어서 중요한 고려 요소였다. 어느 곳에서나 이들은 이방인들과 통합되는 것을 거부하였으며, 시편 찬송과 성경 읽기, 뒤이은 주석적 설교와 기도로 이루어지는 예배를 드리기 위해 매 토요일마다 모임을 가지면서, 자신들의 신념과 관습을 고수하고자 하였다. 가톨릭 교회의 라틴 기도 일과서(Breviary)

나 또는 성공회의 기도서(Prayer Book)를 사용하는 사람들은 중요한 점들에 있어서 이러한 예배 방식의 상속자들이라고 할 수 있다.

비록 멀리 흩어져 있기는 했지만, 이들은 빈번한 예루살렘 순례와 또한 성전 유지를 위한 연례적 헌금을 통해 조국에 대한 일체감을 보존했다. 때로는 유대인들의 수가 많은 지방에서는 이러한 송금이 로마의 재정 당국자들에게 곤란을 야기시키는 경우도 있었다. 그렇지만 다른 문제들과 마찬가지로 이러한 문제에 있어서도 유대교의 중심적 확신과 관련되어 있을 때는 유대인들이 자기들 방식대로 하도록 내버려 두는 것이 훨씬 더 나았다. 유대인들이 법적으로 배척되는 공공 생활의 영역이란 존재하지 않았다. 그들이 스스로 원하여 물러난 영역을 제외한다면 말이다. 그렇지만 모든 유대인들이 유대교의 종교 당국자들이 원하는 만큼이나 그렇게 엄격했던 것은 물론 아니었다. 그리고 주변 사회의 생활 방식에 순응하도록 압박감을 느끼는 유대인들도 꽤 있었다.

그렇지만 이러한 견인력이 반드시 일방적으로 작용했던 것만은 아니었다. 비록 할례가 헬라인들과 로마인들에게는 혐오스러운 것이었지만, 유대교의 유일신 사상, 그 도덕적 순결성, 그리고 성경의 고대성(그 문체 때문은 아니라 해도) 때문에 유대교에 매력을 느끼는 다수의 이방인들이 있었다. 소수의 예외적 종파들을 제외한다면,[1] 유대교는 금욕주의는 아니었으며, 순결과 안정된 가정 생활을 높이 평가하였다. 또한 자기들 사이에서는 유대인들은 병자를 방문하고, 죽은 자들을 위한 장례를 함께 치르며, 낯선 사람들을 후대하고, 가난한 자들에게 구제금을 베푸는 등 자선 활동을 실천하였다. 이러한 영향 때문에 흩어진 유대인들의 회당 주변에는 보통 '하나님을 경외하는 자들'(God-fearers; 이는 선량한 회당 구성원 누구에게나 적용되는 용어였다)이라고 불리는 경건한 이방인들이 생기게 되었다.

---

1) 필로(Philo)와 요세푸스(Josephus)에 따르면, 사해 지역의 에세네 파는 독신을 매우 높이 평가하였다. 쿰란 공동체의 문서들은 독신 문제에 대해서는 아무런 언급을 하지 않고 있다.

이방인은 할례나 또는 좀더 일반적으로는, 개종하기를 원하는 사람에게 요구되는 세례를 받을 수도 있었다. 그렇지만 이것은 드문 일이었으며, 좀더 엄격한 팔레스타인의 종교 지도자들에게는 유감스러운 일이었겠지만, 흩어져 살면서 헬라화된 유대인들은 일반적으로 할례가 구원에 반드시 필요하다고 주장함 없이, 유대교에 우호적인 이방인들을 환영하며 받아들이는 데 만족하였다. 바로 이러한 우호적 이방인들 사이에서 초기 그리스도교 선교사들은 할례받지 않은 사람들 중에서 첫 개종자들을 얻을 수 있었다. 이들은 참으로 무르익은 열매였다. 왜냐하면 이들은 높은 도덕적 교육뿐만이 아니라, 히브리 성경을 가르침에 있어서 준비된 장점을 갖고 있었기 때문이다.

유대교는 성서의 종교였다. 그리고 바로 이 점에 있어서 어떤 다른 종교와도 구별되었다. 바벨론 유수의 비극 이후 이스라엘 사회의 재건은 모세의 율법 위에 확고하게 바탕을 두고 이루어졌다. 이제 하나님의 말씀을 직접적으로 선포하는 예언자는 더 이상 찾아볼 수 없게 되었다. 자기 백성에 대한 하나님의 계시는 문서로 기록되었으며, 배움 높은 서기관들과 '율법사들'에 의해 해석될 필요가 생겨나게 되었다. 그리하여 원래의 문서들은 랍비 학파들의 주석적 전통에 의해 보완되었다(이러한 전통이 갖는 위치에 대한 문제는 첫 세기에 교회와 회당 사이에 날카로운 논쟁의 대상이 되었다).

팔레스타인 바깥의 유대인들이 헬라어로 된 성경의 필요를 느낌에 따라, 몇몇의 번역들이 생겨나게 되었다. 이러한 번역들 중의 하나가 셉투아진타(Septuaginta) 즉 70인역인데, 초기 이방 교회들의 권위있는 번역본이 되었다. 이 번역본은 전설에 따르면(그런데 이 전설을 의심해야 할 타당한 이유는 없다) 이집트의 프톨레미 필라델푸스(Ptolemy Philadelphus) 왕의 후원 하에 주전 3세기 알렉산드리아에서 생겨난 것이다. 알렉산드리아의 유대인들에게 있어서 70인역은 신비한 후광에 둘러싸인 것이 되어갔다. 그들은 70인역의 탄생을 기념하는 연례적인 축하 행사를 가졌는데, 어떤 사람들은 그 기원에 관한 경이로운 이야기를 말하기도 했다. 잘 알려진 것으로는 프톨레미가 번역을 위해 72인을 지명하였으며, 이들은 72일 동안에 이 번역본을 완성하였다는 이야기가 있다. 필로(Philo)는 이 번역본이 하나님의 재가를 받은 것이라고 믿었다. 72에 관한 이러한 전설은 널리 신봉되었으며, 심지어는 그러한 전설이 받아들여지지 않은 지역이라 할지라도, 70인역은 다른 어떤 번역본도 갖지 못하는 권위있는 영감된 번역본의 위치를 누리게 되었다. 그리스도인들이 원문에 직접 호소하는 것이 유대인들에게 당황스럽게 여겨진 다음에야 비로소 문자적 의미에 좀더 충실한 다른 번역본들이 헬라 지역의 회당들에서 선호되게 되었다. 또한 그리스도교에 적대적이었던 만큼이나 자유주의적인 또는 헬라화된 유대교에 적대적이었던 일부 랍비들은 성경이 헬라어로 번역된 것 자체를 유감스럽게 여겼고, 70인역을 만든 것을 금송아지를 숭배하는 것과 같은 죄악으로 비난하였다.

최초의 교회

처음부터 교회는 이스라엘과의 유대(紐帶)에 대한, 그리고 과거의 하나님의 행위와 나사렛 예수 및 그의 제자들 안에서의 하나님의 현재적 행위 사이의 연속성에 대한 깊은 의식을 갖고 있었다. 마태복음서에서 그리스도는 새로운 모세로 묘사되고 있다. 이집트에서 모세의 출생에 의해 예시된 그리스도의 고난에 가득 찬 출생이나 가장 훌륭한 유대교의 최고의 전통들과 일치하는 윤리적 원리들을 강조하는 예수의 가르침에 있어서 그렇다. 주님께서는 파괴하기 위해서가 아니라, 완성하기 위해서 오셨다.

그리스도인들의 사명은, 동료 유대인들로 하여금 그들이 무지 때문에 로마 통치자 빌라도 치하에서 수치스러운 법적 사형에 넘겨준 그 인물을 하나님의 기름부은 자 즉 '메시야'로 인정하도록 만드는 것이었다. 죽음에서 일으켜 세움으로써 하나님은 그를 '주 그리스도'로, 유대인들이 대망하던 메시야로 확증하셨다. 예언자들은 그리스도가 십자가의 죽음이라는 약함이 아니라 영광과 권력을 갖고 오시리라고 기대했다는 반박에 대해 그리스도인들은 예수의 고난은 이사야서의 고난받는 종의 경우와 같이 구속적 (redemptive)인 것이라고 대답했다. 그의 죽음은 예레미야의 희망에 따라 (31:31-34) 하나님과 그의 백성 사이의 '새로운 언약'의 시작을 획하는 것이었다.

처음에 그리스도교는 유대교 내의 단지 또 하나의 새로운 종파나 그룹 정도로 여겨졌던 것이 분명하다. 유대교는 종교적 표현에 있어서 상당한 다양성에 이미 익숙해져 있었다. 유대교란 단선적인 것은 아니었다. 경우에 따라 날카롭게 표출될 수 있는 바리새파와 사두개파의 차이들이 존재했다. 바리새파는 헬라적 영향과 로마의 통치를 경멸하면서 유대교적 삶에 있어서 무엇보다도 종교적인 그리고 신정적(theocratic)인 성격을 보존하고자 열망하는 그룹이었다. 그들은 모세의 율법을 준수하는 일뿐 아니라, 율법을 해석하는 서기관들의 전통을 지키는 일에도 엄격한 열심을 갖고 있었다. 사두개파는 주도적인 귀족 가문 출신들이 많았는데, 단지 모세의 율법에만 관심을 갖고 있었으며, 서기관들의 전통에 대해서는 구속감을 갖고 있지 않았다. 뿐만 아니라 이들은 죽은 자의 부활이란 모세 시대로부터 한참 후에 쓰여진(이들의 입장에서는 이것은 권위를 결여하는 것이었다) 다니엘서와 같은 책에서만 발견되는 교리라 하여 이를 배척했다. 부활 문제에 있어서 바리새파와 사두개파의 견해 차이 때문에 바울은 한 번은 곤란한 상황에서 빠져나올 수가 있었다(행 23:6-10). 마태복음 23장에 반영되고 있는 바리새파와의 명백한 갈등에도 불구하고, 바울이 그 열렬한 당원이었던 많은 바리새파 사람들이 후에 그리스도인이 되었다.

바리새파 또 사두개파와 구별되는 또 다른 그룹(또는 아마도 서로 연관된 많은 소그룹들)이 있었는데, 이들은 '에세네파'라는 이름을 갖고 있었다. 이들의 생활에 대한 묘사는 대(大) 플리니우스, 필로, 요세푸스 등에게서 발견되는데, 이중 요세푸스는 이들과 약간의 직접적 접촉을 나누었던 인물이다. 이들은 엄격한 분리주의 집단을 형성했으며, 추종자들이 유대의 다른 지역들에서도 발견되기는 하지만, 주된 본거지는 사해의 서안 가까운 곳이었다. 에세네파가 사해 사본을 쓰고 사해의 서안 가까운 쿰란에 거주지를 갖고 있었던 공동체와 동일하거나 또는 이 쿰란 공동체가 에세네파의 한 그룹이라는 견해는 확실한 것은 아니지만 개연성이 있는 주장이다. 쿰란 공동체는 예루살렘 성전에서의 희생 제사와 공적으로 인정된 예배에서의 제사장직을 배척하였다. 이들은 쿰란 공동체를 창설한 영웅인 '의의 교사'(the Teacher of Righteousness)를 받들었는데, 그는 이스라엘을 통치하던 '사악한 제사장'에 의해 고통을 당한 인물이었다. 어떤 점들에 있어서 에세네파는 초대 교회를 닮았다. 에세네파는 재산을 공유하며, 각 사람들의 필요에 따라 돈을 분배하는, 긴밀한 공속감을 가진 공동체였다. 이들의 생활은 매우 검소했는데, 두 벌의 외투를 가진 사람은 한 벌은 이를 필요로 하는 다른 형제에게 주었으며, 남은 한 벌을 누더기가 될 때까지 입었다. 이들은 수동적 저항의 문제에 있어서의 입장 차이로 내부적으로 분열되어 있었던 것으로 보인다. 이들 중 대다수는 무기를 소지하는 것에 반대하였지만, 일부는 정복자인 로마의 권력에 대항하는 민족적 대의를 위해 헌신한 열심당원이기도 했다.

쿰란 공동체의 터는 66-70년 사이 유대전쟁의 피비린내나는 참화의 현장이기도 하다. 에세네파는 노예 제도는 창조주 앞에서 모든 인간들의 평등이라는 자신들의 이념과 양립할 수 없는 것으로 여겨 원칙적으로 배척하였다. 또한 이들은 결혼을 사악한 것으로 정죄하지는 않았지만, 공동체의 정식 구성원은 독신일 것을 요청하였다. 공동체에의 입회는 초심자 수습 기간을 거친 다음 까다로운 시험들과 엄숙한 서약에 의해 비로소 허락되었으며, 어떤 과실이라도 범하면 축출되었다. 이들은 매우 빈번하게 의식적인 세례를 거행하였으며, 정식 구성원이 아닌 사람들은 참여할 수 없는 거룩한 공동 식사를 함께 나누었다. 이들은 또한 맹세를 배척하였다.

다른 한편 에세네파와 초대 교회 사이에는 중요한 차이점들이 존재한다. 에세네파는 안식일 준수에 특별히 엄격하였으며, 여하한 종류의 의식적(儀式的)인 오염을 회피하기 위해 각별한 주의를 기울였다. 우리들이 갖고 있는 헬라 자료들에 따르면, 이들은 떠오르는 태양에 기도를 드리기 위해 새벽에 일어났으며, 나무 뿌리들과 돌들의 속성에 관한, 그리고 천사들의 비밀스런 이름에 관한 비교적(秘敎的) 가르침들을 보유하고 있었다. 이들은 또한 성경의 내적 의미에 관한 주석에 많은 관심을 기울였으며, 미래에 관한 예언을 하기도 하였다. 이 점들에 대한 설명에 있어서 쿰란의 텍스트와 헬라 자료들은 완전히 일치하지는 않는다. 그렇지만 아마도 헬라 문헌들은 에세네파에 대한 헬라인들의 인상을 제시해 주는 것일 수 있다. 이 인상은 에세네파가 헬라 세계의 피타고라스 학파의 금욕주의자들과 닮은 요소들을 가진 것으로 재구성된 것이다. 쿰란 문서의 자료들은 초대 교회의 직접적인 배경에 대해 상대적으로 별다른 증거를 제시해 주지 않는다. 다만 구약 성경의 예언들, 특히 메시야에 관한 예언을 정열적으로 연구하면서, 세상 역사에 대한 하나님의 위대한 간섭을 대망하는 그룹이 존재했다는 것을 밝혀주는 매우 일반적인 의미를 제외하고는 말이다.

분위기에 있어서는 유사성이 있다. 예를 들자면, 빛의 아들들과 어둠의 아들들 사이의 최후의 전쟁을 묘사하고 있는 소위 '전쟁 문서'(War Scroll)의 경우, 요한 계시록의 아마겟돈 전쟁과 또한 아마도 에베소서 6장의 언급들을 떠올리게 한다. 그렇지만 상세한 점들에 있어서는 쿰란 문헌들과 신약 성경 사이의 유비나 병행문의 수는 별로 많지도 않고 인상적이지도 않다는 것이 공정한 평가가 될 것이다. 그리고 '의의 교사'는 쿰란 공동체의 사고에 있어서 초대 교회의 신앙에서 예수가 행한 역할에 밀접히 비유될 수 있는 그러한 역할을 수행하지 않는다. 간단히 말하면, 신약의 문헌들과 쿰란 문서들은 서로를 조명해 주기는 하지만, 어떤 문서 그룹도 다른 문서 그룹을 '설명해' 준다고 말할 수는 없다.

에세네파의 구성원들이 개별적으로 그리스도인이 되었다는 것은 충분히 개연성이 있는 일이지만, 어떤 제도적 연속성이 존재했다는 것은 거의 불가능하다고 여겨진다. 놀랍게도 초기 그리스도인들은, 예루살렘에서의 성전 예배에 대해 쿰란 공동체보다 훨씬 더 적극적인 태도를 갖고 있었던 것으로 보인다(행 6:7 참조). 또한 동시에 그리스도인들은 거의 강박적으로 의식적인 순결에 집착하여 매일의 삶이 정화 의식에 의해 빈번하게 중간 중간 끊기는 이러한 공동체를 별로 잘 참아냈을 것 같지 않다.

그리스도교가 유대인들에게 끼친 초기 영향은 상당했던 것으로 보인다. 교회는 사두개파를 제외하고는 아마도 대부분 1세기 유대교의 이질적 사회 내부의 다양한 사람들로부터 그 구성원들을 얻었던 것으로 여겨진다. 계시된 하나님의 뜻은 절대적으로 진지하게 받아들여져야 한다는 바리새파의 의식과, 율법에 관한 바리새파의 지나칠 정도의 엄격함이 의식적인 까다로움에 옹졸하게 얽매이는 것으로 귀착되었다는 일반 유대인들의 감정 모두에 교회는 호소할 수 있었다. 오래지 않아 예루살렘 뿐만이 아니라 유대의 변경 지방에도 상당한 그리스도교를 신봉하는 유대인 그룹들이 존재하게 되었다. 또한 갈릴리 북부 지방에도 중요한 그리스도교 그룹들이 존재했다는 것은 충분히 개연성이 있는 주장이지만, 이들의 유대 지역의 교회들과의 관계나 또는 이들의 이후의 역사에 대해서는 단지 추측만이 가능할 뿐이다. 이들은 변경에 위치한 시골 공동체들이었지만, 역사에서 사라져 버렸다.

그렇지만 그리스도교 신앙이 빠른 속도로 다메섹뿐만이 아니라, 시리아 지방의 수도이며 로마 제국의 세번째 도시인 안디옥에까지 이르렀다는 것을 우리는 알고 있다. 안디옥에서 이교도들은 곧 이들에게 '그리스도인'이라는 이름을 붙여주었는데, 이는 대중적인 이름으로 널리 퍼져나가게 되었다(그리스도인들에 대한 유대적 이름은 '나사렛파'였다). 심지어는 모세의 율법과 그 전통적 해석에 있어서 가장 엄격한 추종자들인 바리새파의 일부 사람들 역시 이 운동과 연관되었다. 그럼에도 불구하고 종교 지도자들이나 백성들 전체가 '이 도'(the Way)를 따르지는 않았다.

한편으로 그리스도교는 로마에 대해 반란의 시간을 기다리고 있던 민족주의적 열심당에 아무런 호감을 보여주지 않았다. 다른 한편으로 그리스도교는 유대의 '기득권 계층'에게는 너무나 혁명적인 것이었다. 유대의 기득권 계층은 로마에의 정치적 협력과 종교적 보수주의라는 타협적 정책을 추구하고 있었다. 무엇보다도 이방인들에 대한 그리스도인들의 태도에 관한 미묘한 문제가 도사리고 있었다. 이것은 교회 자체 내부에서도 깊은 견해차를 야기시킨 문제였는데, 그 시작을 사도행전 6-7장의 '헬라파 유대인'과 스데반에 관한 누가의 이야기 속에서 찾아 볼 수 있다.

그리스도교가 북부의 시리아와 길리기아(Cilicia) 지역으로 확장되어감에 따라, 유대인들의 회당에는 예민한 반대 운동이 일어나게 되었다. 이 운동은 예루살렘 종교 지도자들의 지원을 힘입고, 길리기아 출신의 유대인이 주도하였는데, 그는 예루살렘의 유명한 랍비인 가말리엘의 문하생이었던 사람이다. 사울 또는 다소(Tarsus)의 바울로 불리는 이 사람은 모세의 율법의 최종성과 완전성을 확신하고 있던 바리새인이었으며, 따라서 유아적 상태의 교회에 대한 열심있는 핍박자였다. 다메섹으로 여행하던 도중 그는 갑작스럽게 부활하신 그리스도와 만나게 되었고, 이후 그는 예전과 같은 확신을 가진 그리스도인으로 변화되었다. 그는 새롭게 또 다시 열심있는 사람이 되었다. 그는 복음을 이방인들에게 전하고자 하는 불타는 사명감을 갖게 되었던 것이다. 바울은 비유대인 세계에 그리스도교 복음을 전하고자 하는 사명을 처음으로 자각한 사람은 아니었던 것 같다. 그렇지만 처음부터 그는 의심의 여지없이 이러한 사역에 있어서 주도적인 인물이었으며, 자신이 이방인의 사도로서 특별하고 독특하게 부름받았다고 믿었다. 그는 방문과 특별히 서신들(그는 자신이 말하는 것보다 편지를 쓰는 것이 더 효과적임을 깨달았다)을 통해 이방인 교회들에 대한 권위를 행사하였으며, 예루살렘의 모 교회와의 협상에 있어서 이들의 관심을 대변해 주었다.

바울의 서신들과 사도행전이 이방인 공동체들의 발전 과정에 대해 상당한 정보를 제공해 주는 반면, 유대의 모교회에 대해서 우리는 알고 있는 것이 거의 없다. 열두 사도 대부분은 역사의 무대에서 사라져 버린다. 단지 베드로, 요한 그리고 주님의 동생 야고보만이 이름 이상의 활동이 좀 알려져 있을 뿐이다. 3세기가 되자 도마는 페르시아와 인도, 안드레는 남부 러시아의 스키타이인들(Scythians)에게 복음을 전했다는 등 사도들의 선교 여행에 관한 낭만적 전설들이 생겨나게 되었다. 그렇지만 이러한 이야기들은 사도 야고보를 콤포스텔라(Compostella)와 또는 아리마대 요셉을 글래스턴베리(Glastonbury)와 연관시키는 중세 전설들과 흡사한 것이다. 이것들은 2세기 후반 통속적으로 널리 읽히던 사도들에 관한 위경의 이야

기들로부터 비롯된 것이다.[2]

이에 비해 세배대의 아들 요한은 노년에 에베소에서 살았으며, 복음 전도자 빌립은 네 예언자 딸들과 함께(행 21:9) 브리기아(Phrygia)에서 죽었다는 2세기의 전승들은 보다 신빙성이 있어 보인다. 예루살렘 교회로부터 소아시아로의 이러한 이동은 66-70년의 유대 전쟁에 의해 야기된 것일 수도 있다. 제4복음서는 사도 요한의 제자들 그룹에서 생산된 것이다. 이 그룹은 예수의 사랑받던 제자인 요한의 가르침을 기초로 하여 복음서를 기록하였다. 200년 무렵 우리는 소아시아의 교회들이 사도 요한을 자기들의 창설자로 받들고 있으며, 에베소에 그의 무덤을 보존하고 있음을 발견할 수 있다.[3]

에베소 사람들은 동정녀 마리아가 그곳에서 사도 요한의 집에 살았다고 (요 19:27 참조) 믿었던 것으로 여겨지며, 이들은 또한 5세기에 이르러 동정녀 마리아를 기념하여 교회를 헌당한 최초의 사람들이기도 했다. 그렇지만 375년 에피파니우스(Epiphanius)에 의해 처음으로 다른 입장이 개진되었다. 에피파니우스는 이 이야기를 자신 역시 전적으로 확신할 수 없는 매우 비의적인 신비라고 말하면서, 마리아는 에베소에 가지 않았으며, 참으로 죽음을 경험하지도 않았다고 이야기한다.

'주님의 동생'의인 야고보는 62년 순교할 때까지(이것은 그리스도교 신앙을 갖지 않은 많은 유대인들에게도 대단히 꺼림칙한 사건이었다) 예루살렘 교회의 지도자였다. 그의 순교 후 주님의 사촌 동생이 그의 뒤를 계승했다. 야고보와 주님께서 특별히 교회의 선교 사명을 위탁하신 수석

---

2) 이 위경들은 M.R.James, *The Apocryphal New Testamant*(Oxford, 2nd edn., 1955)에 번역되어 있다. 또한 E. Hennecke's *New Testament Apocrypha* (ed. W. Schneemelcher, transl. R. M. Wilson, 2 vols., London, 1963-65) 참조.

3) 라틴 저술가들은 터툴리안과 제롬을 따라 사도 요한이 로마에서 끓는 기름 가마 속에 던져졌으나 상처를 입지 않고 벗어났다고 이야기하고 있다. 7세기에 이르러 이 장면이 라틴 문(Latin Gate)에 새겨지게 되었고, 5월 6일이 그 축일로 기념되었다. 이 전설은 헬라 저술가들에게는 알려지지 않았다.

사도 베드로와의 정확한 관계는 불분명하다. 바울 서신들과 사도행전에서 주님의 가족들과 사도들은 서로 구별되는 권위를 가지고 나란히 등장한다. 언제라도 이 양자 사이에 긴장 관계가 조성되었다면(막 3:31-35이 암시하는 것처럼), 그것은 재빨리 해소되었다.

교회 내의 한 전승에 따르면(마 16:18), 주님께서는 베드로를 그 위에 교회를 세울 반석으로 지명하셨다. 주님의 승천 후에는 아마도 야고보보다는 베드로가 교회 내에서 최고의 권위를 갖는다고 믿는 그리스도인들이 꽤 있었던 것 같다. 그러나 아마도 한 세대 또는 그 이후에 쓰여진 사도행전에 기술된 초대 교회에 관한 평화로운 설명만으로는 이러한 문제들에 대해 아무런 답변을 할 수가 없다.

바울에 대한 베드로의 관계 역시 불명료하다. 안디옥에서 빚어진 양자 사이의 대갈등은 분명히 예외적인 것이었다. 그렇지 않다면 이러한 방식으로(갈 2:11ff.) 기록되지는 않았을 것이다. 최소한 죽음에 처했을 때 이들이 나누어져 있지는 않았다. 양자는 모두 네로의 박해시 로마에서 순교하였다.[4] 60년대에 베드로가 로마에 체류하였다는 것은 의심의 여지없이 이방 그리스도교에 대한 관심을 반영해 준다. 그렇지만 우리는 로마에서 그의 활동이나 또는 그가 얼마나 오래 그곳에 체류했는지에 대해 아무런 정보를 갖고 있지 않다. 그가 25년간 로마에 체류했다는 것은 3세기의 전설이다.

이방인 교회

고대 세계에서 어떤 사람도 유대인들에 관해 최소한 세 가지는 알고 있

---

4) 베드로의 순교는 요한복음서(13:36; 21:18)에서 암시되고 있다. 베드로가 로마에서 순교했다는 것은 고린도 교회에 보낸 클레멘트의 서신, 로마 교회에 보낸 이그나티우스의 서신, 2세기 저술가들의 일치된 전승 등으로 미루어 볼 때 대단히 개연성이 높다. 이에 더하여 160-70년대에 제작된 것으로 바티칸 언덕 위의 공동 묘지에서 최근 발굴된 기념비도 이를 뒷받침한다.

었다. 첫째, 유대인들은 직접적으로나 간접적으로나 어떤 이교 의식에도 참여하지 않으려 한다는 것(이는 반사회적 행위로 보였다), 둘째, 이들은 신들에게 희생 제물로 바쳐진 고기는 물론 돼지 고기를 일체 먹지 않는다는 것(이는 우스꽝스럽게 보였다), 셋째, 이들은 남아들에게 할례를 시행했다는 것(이는 혐오스러운 것으로 보였다) 등이다.

만일 교회가 이방인들에게 복음을 전하고자 한다면, 이러한 문제들에 대한 입장 표명이 불가피했다. 그리스도교로 개종한 이방인들에게도 이러한 금지 조항들이 그대로 적용되어야만 하는가? 보수적 그룹은 이방인 개종자는 우상 숭배로 말미암아 더러워진 모든 음식들로부터 자신을 깨끗하게 지켜야 할 뿐만 아니라, 하나님의 백성으로서 받아들여진다는 언약의 상징으로서 할례를 받아야만 한다고 주장했다.

이에 반하여 복음이 온 세상에 전파되어야만 한다고 확신한 다른 유대인 그리스도인들은 이러한 보수적 견해에 절대적으로 반대하였다. 모세 오경의 모든 의식법과 더불어 할례는 유대인들에게만 국한된 것이며, 반면 그리스도 안에서 하나님께서는 인류의 화해를 위해 행하셨다고 이들은 믿었다. 하나님께서는 죄악된 인간과 창조주 사이의 장벽을 무너뜨리셨을 뿐만 아니라, 인간과 다른 인간 사이의 장벽 역시 무너뜨리셨다는 것이다.

보수주의자들과 보편주의자들 사이의 이러한 견해 차이는 날카롭고 때에 따라서는 격렬한 논쟁을 불러일으켰다. 결국 예루살렘에서 이 문제로 사도 총회가 소집되었다(행 15장). 총회의 결정은 어떤 점들에 있어서는 타협적인 것이었지만, 진정으로 중요한 점들에 있어서는 보편주의자들에게 유리하지 않을 수 없는 그런 것이었다. 이방인 개종자들은 비록 할례를 받지 않는다 할지라도 예루살렘의 모교회에 의해 진정으로 언약 공동체에 속하는 것으로 인정받았다. 그렇지만 이들은 우상 숭배와 연관된 음식을 먹지 않도록(헬라의 저녁 만찬은 신전에서 행해지는 것이 관례였다. 신 자신이 이러한 만찬의 주인으로 여겨졌다), 또한 혼외 성관계를 갖지 않도록 각별히 주의해야만 했다. 후자의 문제에 있어서 유대인들의 윤리는 이교도들보다 훨씬 더 엄격했다. 사도 바울이 고린도 교회에 보낸 서신들을 보면 이러한 상황의 사회적 배경이 생생하게 드러나고 있다.

이 논쟁은 모세의 율법이 지속적으로 유효한가 하는 문제에 달려 있었다. 바울은 근본적으로 이는 인간이 하나님의 계명에 대한 준수를 통해 성취하는 자신의 공로를 근거로 천국을 획득하는가 하는 문제라고 생각했다. 이러한 율법 관념에 반대하여 바울은 그리스도 안에서 인간에게 무상으로 주어지는 하나님의 자비와 용서라는 관념을 대비시켰다. 세례를 통하여 신자는 그리스도와 연합하며, '의롭게 된다.' 그는 하나님과 올바른 관계 속에 놓이게 되며, 이러한 관계에 근거하여 비로소 '선한 행위들'을 하게 되고 거룩함에 있어서 진보를 이루게 되는 것이다. 그렇기 때문에 그리스도인은 모세의 율법으로부터 자유롭다. 율법의 위치는 항구적인 것이 아니라 잠정적인 것이다. 그것은 우리를 그리스도에게로 인도하는 '몽학 선생'이었다.

이방인 그리스도인들의 자유와 동등한 위치를 옹호하고, 예루살렘 교회의 지도자들로부터 이방인 개종자들이 교회의 완전한 구성원이라는 인정을 이끌어 낸 것은 바울의 공로였다. 그는 이것이 또한 이방인의 사도로서의 자신의 위치에 대한 인정을 함축하고 있다고 이해했다. 이러한 주장은 그를 고통스러운 논쟁에 휘말리게 만들었는데, 그의 가장 강력한 논거는 수많은 이방인 개종자들이 존재한다는 구체적 사실이었다. 바울의 성공의 주된 이유는 아마도 그의 비상한 재능과 청중의 상황에 자신을 적응시킬 수 있는 능력이었다. 그는 팔레스타인의 복음을 헬라 세계가 이해할 수 있는 언어로 번역할 능력을 갖고 있었다. 그리고 그렇게 함으로써 최초의 그리스도교 변증가가 되었다. 팔레스타인의 첫 세대 그리스도인들은 주님께서 영광 가운데 곧 돌아오실 것을 기대했다. 바울은 세상의 종말이 임박했다는 교리는 헬라 세계의 복음화에 있어서 자산이라기보다는 오히려 부채라는 것을 깨달았다. 헬라 세계에서는 주된 사변적 관심이 종말이 아니라 우주의 시초에 놓여 있었기 때문이다. 그는 종말로서의 그리스도로부터 창조 안에서 하나님의 지혜로서의 그리스도로 그 강조점을 이동시켰다. 그리스도는 영원 전부터 선재하시는 분이시며 하나님의 내재적 권능으로서, 이를 통하여 우주의 다양한 만상이 해체되지 않은 채 보존되는 것이다. 특별히 영혼이 육체 안에 있는 것처럼, 주님께서는 그의 교회 안에 내재해 계신다고 그는 가르쳤다. 그렇기 때문에 교회는 인류 그 자체가 종말을 맞이하게 될 최후의 정점 때까지 항상 성장하는 것이다. 에베소 교인들에게 보내는 서신에는 이러한 용어들로 하나의 거룩한 가톨릭적이며 사도적인 보편 교회의 이념이 전개되고 있다.

이러한 완전한 바울적 교리에 따르면 모든 그리스도인들은 신앙과 세례 안에서 주님과의 연합을 통하여 서로서로 연합되어 있다. 그리스도에 의하여 교회는 인류에게 복음을 중재하는 제사장적 기능을 수행하기 위하여 세상으로부터 부름을 받은 거룩한 사회로 만들어지는 것이다. 교회는 공간적으로는 보편적으로 확장되어 있고, 시간적으로는 사도적 창설자들에게로까지 소급되는 것이다. 이 보편적 사회의 어머니 교회는 예루살렘이다. 그러나 바울의 마음 속에는 이미 이방 세계의 수도를 향한 서방으로의 관심과 전망이 형성되어 있었다. 바울에게 있어서 로마는 이방 그리스도 세계의 잠재적 초점이며, 스페인 전도를 위한 본거지였다(바울은 아마도 스페인에 도달했을 수도 있다).

바울은 교회는 유대인과 이방인 사이의 장벽이 무너뜨려졌지만, 여전히 준(準) 이중적(quasi-dual) 성격을 보유하고 있는 사회라고 생각했다. 그러나 유대 그리스도교는 유대인들을 개종시키는데 실패했다. 예루살렘은 주후 70년 가공할 정도로 파괴되었다. 특히 주후 135년 하드리아누스 황제가 칙령을 내려 이후 모든 유대인들을 유대로부터 축출하고, 예루살렘이 아일리아 카피톨리나(Aelia Capitolina)라는 새로운 이름으로 이교의 신전과 극장을 가진 헬라 도시로 변모하게 되었을 때 더욱이나 그러했다. 이것은 이방 그리스도교가 그 유대적인 그리스도교의 기원으로부터 해방되었다는 것을 의미했다. 이방인 그리스도인들이 절대 다수를 차지하게 되고 지중해 세계로 복음이 광범위하게 확장됨에 따라 교회는 자신감과 보편성의 감각을 갖게 되었다. 교회는 사도들과의 연속성을 동쪽의 교회들로부터 뿐만이 아니라, 베드로와 바울이 순교한 로마의 교회로부터도 찾을 수 있게 되었다. 예루살렘 교회에 대한 이방 그리스도교회의 준 독립적 위치, 즉 하나의 교회 안에 유대적 그리스도교와 이방 그리스도교가 나란히 존재하고 있다는 바울의 관념은 시간이 흐름에 따라 동방 교회에 대한 서방 교회의 독립(그리고 잠재적 경쟁)이라는 이념으로 발전되었다.

유대인들에 의해 박해를 받기는 했지만(살전 2:14) 팔레스타인의 그리스도인들은 유대교 내부에서 오랫동안 하나의 종파로 머물러 있었다. 그러나 단절이 불가피해 졌다. 수에토니우스(Suetonius)의 「클라우디우스의 생애」(*Life of Claudius*)의 한 문장은[5] 이미 50년 무렵에 로마에서는 유대인들과 그리스도인들 사이에 소요 사태가 발생했다는 것을 의미할 수도 있다. 유대에서 유대인 그리스도인들은 가능한 한 오랫동안 유대교와 교류를 갖고 있었지만, 이들은 극심한 박해를 받았으며, 85년 무렵에는 이들의 축출을 분명히 하기 위하여 회당의 예배 의식 안에 공식적인 정죄가 도입되었다: "나사렛파와 이단들은 갑작스럽게 멸망당하게 하시고, 생명책에서 지워지게 하소서." 이방인에 대한 선교 자체가 유대 그리스도인들이 동료 유대인들에게 복음을 전하는데 방해가 되었다(롬 11:28은 이 점을 예증한다).

일부 이방인 형제들의 태도, 즉 그리스도교가 유대교에 빚을 지고 있다는 것을 강조할 의사를 전혀 갖고 있지 않으며, 또한 원수인 로마인들에 의해 주후 70년 예루살렘이 파괴된 것은 오랫동안 선지자들을 통한 하나님의 말씀을 거부하던 목이 곧은 유대인들이 마침내는 예수를 죽인 것에 대한 하나님의 정당한 심판의 섭리에 다름 아니라는 비타협적 견해 역시 유대인 선교에는 아무런 도움이 되지 않았다. 유대인들이 메시야를 민족적으로 배척하리라는 것은, 교회가 메시야의 백성으로서 전 세계적 사명을 가지고 있다는 것만큼이나 구약의 주제라는 것이 드러났다. 이에 따라 구약의 해석에 있어서 새로운 전통이 생겨나게 되었는데, 종교에 있어서의

---

5) "유대인들이 크레스투스(Chrestus)의 선동으로 끊임없이 소요를 일으켰기 때문에, 클라우디우스는 이들을 로마로부터 추방하였다."(행 18:2 비교)

순전한 외식주의, 절기와 의식들의 준수에 대한 예언자적 비판에 집중하는 전통이었다. 구약은 예언자들의 끊임없는 경고에도 불구하고 도저히 뿌리뽑을 수 없는 배교의 성향을 가진 민족의 역사로 이해되었다. 모세의 율법은 하나님의 영원한 의지가 아니라, 완악한 이스라엘 백성이 더 악한 상태로 타락하지 않도록 하기 위해 하나님이 주신 한시적이고 잠정적인 조치로 여겨졌다. 또는 이들이 금송아지를 숭배한 것에 대한 실제적인 형벌로 여겨졌다. 간단히 말하면, 구약은 유대교에 대한 부정적 판단을 함축하고 있는 것으로 이해되었다.

동료 유대인들에 의해 배척당하기는 했지만, 유대인 그리스도인들은 계속하여 안식일, 할례, 그리고 다른 유대교의 절기들을 준수했다. 이것이 많은 이방인 그리스도인들을 실망시켰기 때문에, 유대인 그리스도인들은 소외되고 지지받지 못하는 그룹이 되었다. 4세기와 그 이후에 시리아에는 작은 유대인 교회들이 존재했다. 제롬은 이들의 「히브리 복음서」(*Gospel according to the Hebrews*)를 라틴어로 번역하였다. 이 복음서는 정경으로 받아들여진 헬라어 복음서들과는 경미한 차이만이 있는 전통을 보존하고 있으며, 주님의 동생 야고보의 지위를 매우 강조하고 있다. 그러나 정통적 유대인들은 유대인 그리스도인들을 용서할 수 없었으며, 교회 안의 절대 다수인 이방인들은 유대인 그리스도인들이 계속하여 유대교의 전통적 관습들과 의식들을 준수하는 것을 이해할 수가 없었다.

점차적으로 유대인 그리스도인들의 공동체는 중요성을 상실해 가게 되었다. 160년 경 쓰여진 순교자 저스틴(Justin Martyr)의 「트리포와의 대화」(*Dialogue with Trypho*)에서는 유대인 그리스도인들이 아직 세력을 보유하고 있는 것으로 나타난다. 저스틴은 유대인 그리스도인은 어떤 방식으로든 그의 그리스도교 신앙을 타협함 없이 모세의 율법을 자유롭게 지킬 수 있다고 믿었다. 심지어 이방인 그리스도인 역시, 유대인 그리스도인의 영향을 받았다면, 유대의 관습들을 지킬 수도 있다고 그는 생각했다. 단지 이러한 준수 자체는 별로 중요한 문제가 아니며, 개인적인 양심의 문제라는 것을 잊어버려서는 안된다는 것이다. 그렇지만 저스틴은 다른 이방인 그리스도인들은 그처럼 자유로운 견해를 취하지는 않았으며, 모세의 율법을 지키는 사람들은 구원받을 수 없다고 믿었다는 점을 인정해야만 했다.

이레니우스(Irenaeus) 이후 유대인 그리스도교는 예루살렘의 원시 교회와의 연속성을 가장 잘 주장할 수 있는 그리스도교의 한 형태로서가 아니라, 일탈적 종파로 여겨지게 되었다. 유대인 그리스도인들은 자신들을 '에비온파'(Ebionites)라고 불렀는데, 이는 '가난한 사람들'을 의미하는 히브리어에서 유래된 명칭이다. 이는 바울이 서신서들에서 예루살렘과 유대에 있는 그리스도인들에 대해 거의 전문적 명칭으로 사용하였던 매우 이른 시기의 용어를 의식적으로 회상함으로써 유래된 것일지도 모른다. 이들 중 일부는 그리스도의 동정녀 탄생 전통을 결코 받아들이지 않았기 때문에, 이레니우스는 에비온파를 이 전통을 부정하는 다른 이단들과 함께 분류하고 있다. 곧 터툴리안은 에비온파가 에비온이라는 이름을 가진 한 개인에게서 기원하였다고 생각하게 되었으며, 이후 이단을 논박하는 저술가들은 심지어는 에비온이 썼다고 주장되는 저술들로부터 인용을 할 수도 있다고 여기게 되었다.

로마 제국과의 대결

로마의 한 총독이 주님을 일반 죄수와 같이 십자가형에 처해지도록 판결을 내렸다. 그렇지만 이 총독은 예수가 로마 제국에 반대하는 죄를 저질렀다고 실제로 믿었기 때문이 아니라, 유대인들을 진정시키기 위하여 이러한 판결을 내렸던 것이다. 아직은 화해의 가능성이 남아 있었다. 주님은 하나님에게 충성을 다하면서 가이사에게 충성을 바치는 것이 가능하다고 친히 말씀하셨다. 원시 교회는 자신을 유대의 민족주의적인 '열심당'과 동일시하는 것을 거부했다. 예루살렘 공동체는 주후 66년 유대 반란이 일어났을 때 예루살렘을 떠났으며, 바르 코코바(Bar-Cochba)의 지도 아래 132-35년 사이 하드리아누스 전쟁시에는 잠재적 배신자들로 여겨져 다시 고통을 받아야만 했다. 이방인 권력자들로부터 이방인 선교의 승인을 획득하기

위해 진력하고 있었기 때문에, 교회는 개종시키고자 기도하던 이방인 권력
자들과 다툴 마음이 없었다. 바울은 다소와 로마의 이중 시민권을 갖고 있
었는데, 관리들을 죄악을 억제하면서 하나님의 정의에 봉사하는 종들이라
고 여겼다. 그리고 그리스도인들은 주님의 명백한 가르침에 근거하여 충실
하게 세금을 바쳤다.

효과적인 이방인 선교에는 사회적 질서가 유지되는 것이 근본 조건이었
으며, 따라서 그리스도인들이 로마 제국에 대해 적대적인 태도를 가질 하
등의 이유도 없었다. 사도행전에는 이미 하나님의 섭리 아래 로마 제국이
복음 확장을 위한 도구가 될 수 있다는 생각이 암시되어 있다. 2세기 중반
에 그리스도인들은 우주적 평화와 사랑의 그리스도의 복음이 인류에게 주
어진 바로 그러한 때에 아우구스투스(Augustus)가 '로마의 평화'(Pax
Romana)를 이룩하였다는 사실에서 하나님의 섭리의 손길을 발견하고 있
었다. 로마 제국에서 잘못된 것은 그 오래된 이교주의일 뿐이다. 그 종교를
바꾸기만 하면, 모든 것은 좋아질 것이었다.

그렇지만 로마 제국은 옛 신들을 버리고자 하지 않았다. 그들의 호의 때
문에 로마의 군단들은 세계를 정복할 수 있었던 것이다. 옛 신들에 대한
철학적 비판이 많은 사람들의 믿음을 파괴했을 수도 있다. 루크레티우스
(Lucretius)와 같은 에피쿠로스 학파의 시인은 종교란 사후의 악령들과
같은 존재하지 않는 대상들에 대한 공포에서 비롯된 것이라고 비판하였다.
그렇지만 그의 이러한 회의주의에 근거하여 사회적 혁명을 일으키는 사람
은 아무도 없었다. 이교적인 황제 숭배 의식에 참여하기를 거부하는 것은
종교적 행위일 뿐만이 아니라 정치적 행위이기도 했다. 그리고 매우 쉽게
위험스러운 사회적 일탈로 여겨질 수 있었다.

신격화된 황제들에 대한 공식적인 숭배 의식이나 일반 시민들이 사제직
을 담당했던 각 지역의 옛 신들에 대한 숭배 의식과 나란히 동방의 신비
주의 종교들이 번성했는데, 보통 직업적인 사제들에 의해 주도되었다. 이
종교들 중에서 가장 중요한 것은 이시스(Isis: 이집트의 대모신)교, 미트라
(Mithras: 페르시아의 빛의 신)교 그리고 아나톨리아 지방에서 유래한 잔

인한 아티스(Attis)와 퀴벨레(Cybele)교 등이었다. 이러한 사교들은 상당한 대중적 호소력을 갖고 있었다. 중세 시대의 마돈나처럼 거룩한 아이를 품에 안고 젖먹이고 있는 어머니 이시스의 신비스러운 숭배 의식에 처음으로 참여하는 사람들은 형언할 수 없는 심오한 감정을 느낄 수 있었다. 이것은 아풀레이우스(Apuleius)가 쓴 「황금 당나귀」(*The Golden Ass*)의 마지막 권에서 잘 표현되고 있다.

남자들만을 위한 금욕적 종교인 미트라교는 특별히(배타적으로는 아니지만) 군대의 장교들에게 인기가 있었다. 미트라교는 그리스도교의 성만찬과 별로 다르지 않는 거룩한 식사를 함께 나누었으며, 사후에 영혼들에게 일곱 혹성의 영들의 방해를 물리치고 은하수에 도달할 수 있는 길을 제시해 주었다. 그렇지만 이것은 일반 대중의 종교는 아니었다. 퀴벨레교는 스스로를 채찍질하며 구걸 행각을 하는 사제들과 3월 15-27일 사이의 대대적인 축제로 유명하였다. 금식과 아티스의 죽음을 슬퍼하는 '피의 날'(3월 22일)이 지나면, 3월 25일 힐라리아(Hilaria) 신의 부활을 경축하면서 슬픔은 기쁨으로 변한다(그리스도교의 고난 주간과 부활절과 강력한 유사성을 갖고 있다).[6]

어떤 이교 의식도 다른 의식을 배척하지 않았으며, 많은 이교 의식들에 참여하는데 제한이 되는 것은 단지 경비의 문제였을 뿐이다. 다양한 신들이 단지 이름만이 다른 동일한 신이거나 또는 최고의 신 아래 있는 지역신들이라는 가정 아래 이런 모든 숭배 의식들이 느슨한 통일성을 가질 수가 있었다.

로마 정부는 실제에 있어서는 어떤 종교에 대해서도, 반역을 부추기거나, 도덕성을 약화시키지만 않는다면, 관용적인 입장을 취했다. 참으로 로마가 정복 전쟁에서 승리하게 된 이유들 중의 하나는 다른 민족들은 단지 자기들만의 지역신을 숭배하는데 비해, 로마인들은 어떤 신도 배척하지 않

---

6) 4 세기에 이교의 그리스도교 비판자들은 이 점에 있어서 교회가 이교의 의식을 도용했다고 비난하였다. 두 축제는 모두 촛불을 켜고 철야하는 관습을 갖고 있었다.

고 다 숭배하며, 이로 인해 신들이 로마인들의 경건에 보상을 해 주었기 때문이라고 믿어졌다. 유대인들의 하나님은 어떤 형상도 없고 예루살렘에서가 아니면 희생 제사도 받지 않았기 때문에, 로마인들이 적응하기가 어려웠다. 유대인들이 유일신론을 신봉하며, 이것은 이론적으로는 유대교 외의 다른 모든 형태의 종교들을 부정하는 것이라고 이해했음에도 불구하고, 이들은 66-70년의 유대 전쟁시까지는 로마 제국에 의해 매우 관용적인 대접을 받았으며, 아우구스투스 치하에서는 특권들을 부여받기도 했다. 이 특권들은 예루살렘 성전 안에 자기의 조상을 세우고자 했던 칼리굴라(Caligula)와의 불편한 위기를[7] 거친 다음에 클라우디우스에 의해 다시 회복되었다. 그리스도인들만이 이러한 관용을 얻으면 안될 무슨 절대적인 이유는 없는 것으로 보였다.

그리스도인들이 로마 제국과 갈등에 빠지게 된 것은 어떤 근본적인 원칙의 문제 때문이 아니라, 우연에 의한 것이었다. 주후 64년 로마에는 대화재가 발생해 도시를 황폐화시켰다. 네로는 방화의 혐의를 받을 정도로 인기가 없었으며, 그리스도인들을 속죄양으로 삼기로 결심했다. 약 50년 후 이 사건을 기술하고 있는 역사가 타키투스(Tacitus)는 그리스도인들이 방화의 혐의를 받은 것이 정당하다고 믿지 않았다. 비록 그 자신은 '그들의 악덕 때문에 증오를 받은' 이 경멸할 만한 그리고 반(反) 사회적인 그룹에 가해진 처형에 대해서는 별로 불만이 없었지만 말이다.

꼭 네로의 시대는 아니라 하더라도 타키투스의 시대에, 그리스도인들은 밤에 자기들끼리 만나 근친상간을 범하고 사람을 잡아 먹는다고 사람들은 생각했다(이러한 비난은 보편적 사랑과 성만찬에 관한 용어들에서 비롯되었을 것이다). 네로의 박해는 로마시에만 국한되었으며, 교회와 제국 사이의 어떤 깊은 이념적 갈등에 대한 의식에서 비롯된 것은 아니었다. 그것은 단지 네로가 화재 때문에 그 누군가에게 책임을 씌워야만 했기 때문이었

---

7) 이러한 위기가 신약 성경에 반향되고 있는 것에 대해서는 막 13:14; 살후 2:3-4 을 참조하라.

다. 그럼에도 불구하고 이 사건은 관리들이 다른 어떤 죄목 없이 단지 그리스도인이라는 이유만으로 그리스도인을 사형에 처하는 선례를 남기게 되었다.

교회에 대한 박해는 간헐적으로 계속되었던 것으로 보이며, 의심의 여지 없이 많은 사람들이 흔들렸다. 평화스럽게 회당에 남아 있다가 나중에 교회로 넘어간 유대인들과 이방인들은 자신들의 발걸음을 되돌리고자 하는 유혹을 받았을 것임이 틀림없다. 이런 비슷한 상황에 직면하여 히브리인들에게 보내는 익명의 서신이 쓰여졌다. 히브리서의 저자는 바울 추종 그룹의 구성원임이 명백한데, 흔들리고 있는 로마 공동체에 그리스도가 하나님의 유일하신 아들이라는 근거 위에서 유대교의 열등성과 그리스도교의 궁극성을 계속하여 확신하도록 권면하고 있다. 또한 과거의 지도자들의 모범을 기억하고, 이제 그들의 자리를 계승한 사람들에게 충성하며, 감옥에 갇힌 형제들을 지속적으로 돌아보고, 박해가 잠깐 수그러질 때에 새로 용기를 내도록 권면하고 있다.

도미티아누스 황제 치하(81-96)에서 상황은 또다시 심각해졌다. 칼리굴라와 네로의 경우를 예외로 한다면, 황제들은 지나치게 열광적인 신민들이 황제에게 신적인 영예를 바치는 것을 전통적으로 금지시켜 왔었다. 도미티아누스는 이와는 정반대의 견해를 취했으며, 자신을 '주와 하나님' (Master and God)으로 부르게 하고, 이러한 황제 숭배를 못마땅하게 여기는 자들은 반역의 혐의를 갖고 의심스럽게 여겼다. '황제의 신으로' (by the genius of the emperor)라는 관습적인 맹세를 공식적으로 의무화하였다. 이러한 조치가 유대인들에게 위기감을 불러일으켰다는 충분한 증거가 있다. 교회 역시 이에 못지않게 당혹감을 느꼈다는 것은(절대적으로 확실한 것은 아니지만) 개연성이 높다.

3세기의 역사가 디오(Dio)에 따르면, 유대교에 호감을 가지고 있던 몇몇의 신분높은 로마인들이 '무신론'(atheism)의 죄목으로 고발당했으며, 이러한 죄목으로 95년 집정관이던 티투스 플라비우스 클레멘스(Titus Flavius Clemens)와 그의 아내 도미틸라(Domitilla)가 처형당했다. 4세기의 그리스도교 전승은 도미틸라를 그리스도인으로 여기고 있으며, '무신론과 유대교에 대한 호감'이라는 표현은 그리스도교에 대한 디오의 정중하고 완곡한 어법일지도 모른다.[8] 요한 계시록에서 우상을 숭배하고 그리스도인들을 핍박하는 로마를 성도들의 피에 굶주린 음녀로 비난하고 있는 것은 이 당시 소아시아 교회들의 갈등을 반영하는 것일 것이다.

트라야누스 황제(98-117)는 자신에 대한 숭배가 강제적인 충성 시험 수단으로 사용되는 것을 좋아하지 않았으며, 따라서 위기는 지나갔다. 그럼에도 불구하고 약 112년 소아시아 비두니아(Bithynia) 지방의 총독이던 소 플리니우스(Pliny the younger)는 그리스도인들을 어떻게 처리해야 할 것인지에 대해 황제에게 문의하고 있다. 그의 편지는 시사하는 바가 많다. 그 지방에서는 그리스도교가 도시뿐만 아니라 시골에도 널리 퍼져 있었던 것으로 보인다. 이교의 신전들은 텅 빈채 방치되었고, 희생 제사에 쓸 동물의 고기를 실제로는 살 수가 없었다. 지역의 이해관계가 걸려 있었고 플리니우스에게 진정이 들어왔기 때문에, 그는 로마의 시민권을 갖고 있지 않은 일부 그리스도인들은 처형했고, 시민권을 가진 다른 사람들은 재판을 받도록 하기 위해 로마로 압송하기 위해 대기시켜 두었다.

플리니우스는 그리스도인들이 처형당한 선례를 알고 있었고, 망설임없이 이를 시행했다. 그렇지만 그는 그리스도인들의 범죄의 정확한 성격에 대해서 혼란을 느꼈다. 그는 그리스도교 신앙을 갖고 있다는 사실 자체가 범죄를 구성하는지, 아니면 그리스도교와 연관된 악덕들로 고발당하는 것인지, 또는 어리거나 병약한 자들에게는 형벌을 완화해 줄 수 있는 것인지, 그리스도인이라는 것이 입증된 사람이 신앙을 철회함으로써 형벌을 면제받을 수 있는 것인지 등을 문의하고 있다. 플리니우스는 그리스도인의 처

---

8) 직위가 높은 또 다른 인물인 아킬리우스 글라브리오(Acilius Glabrio)는 91년 집정관이었는데, 그 역시 이러한 죄목으로 처형당했다. 그렇지만 그에게는 또한 검투사로 싸웠다는 죄목도 있었다. 검투사 시합의 잔인성과 살인 행위는 교회에는 저주받을 악덕이었다. 그렇지만 그가 도미티아누스 황제의 공격을 받을 정도로 그리스도교에 관심이 있었다는 것은 생각해 볼 수 있는 일이다.

형에 양심의 가책을 느끼지 않았다. 왜냐하면 고발당한 사람들이 신앙을 철회하는 것을 완고하게 거부하였는 바, 이는 그리스도인이라는 것보다 더 나쁜 죄악이기 때문이었다.

그렇지만 결과는 감당할 수 없을 정도의 고발의 급증이었다. 이러한 고발은 신원을 밝힌 사람으로부터 뿐만이 아니라, 익명의 팜플렛을 통해서도 이루어졌다. 고발당한 자들을 심문해 보면, 어떤 사람들은 그리스도인이라는 것 자체를 부인하거나, 또는 어떤 사람들은 과거에 그리스도인이었다는 것은 인정하지만(어떤 경우는 20년 전에), 이제는 그렇지 않다고 주장하면서, 황제와 신들의 형상 앞에 향과 술을 바치고 그리스도를 저주하면서 자신들의 주장을 입증해 보였다. 그렇지만 배교한 그리스도인들에 대한 이러한 심문을 통해 이들이 어떤 악행도 저지르지 않았다는 당황스러운 사실이 드러났다. 고발당한 자들은 자신들의 일반적인 관습은 일출 전이나 특정한 날(의심의 여지없이 주일을 의미한다)에 모임에 참석하여, 신으로서의 그리스도에게 찬송을 드리고, 죄를 짓는 것이 아니라 죄를 피하도록 맹세를 하고(세례시의 약속인가?), 이후에는 흩어졌다가 나중에 식사를 하기 위해, 죽인 어린이가 아니라 정상적인 음식을 들기 위해 다시 만나는 것이었다고 주장했다.

이와 같은 공동 식사조차도 플리니우스가 비밀 결사를 금지하는 황제의 칙령을 반포한 다음에는 자발적으로 중지했다는 것이었다. 그리스도교가 무해한 것으로 드러나자 혼란을 느낀 플리니우스는 두 여집사를 고문하면서 직접 조사하였다. 그렇지만 그는 그리스도교가 '추잡한 미신'일 뿐, 해악스런 어떤 것은 아니라는 것을 발견했을 뿐이다. 마침내 그는 자신의 가혹한 처벌이 그 결과에 의해 정당화 된다고 생각하게 되었다: 일반 대중이 다시 이교의 신전들로 되돌아왔다는 것이다.

플리니우스에게 보낸 트라야누스의 답신은 이 문제를 지나치게 진지하게 다루는 것을 별로 내켜하지 않는다는 것을 보여준다. 황제는 플리니우스가 지각있게 문제를 처리했지만, 익명의 고발에 대해서는 주의를 기울이지 말 것과, 플리니우스 자신이 일반적인 심문 기구를 조직하지는 말도록 조언하고 있다. 만일 신분이 뚜렷한 사람에 의하여 정당한 고발이 제기되면(로마법에서는 고발이 중상임이 판명될 경우 고발자는 무고죄로 처벌을 받았는데, 이 때문에 중대한 고발을 제기할 때는 조심스럽지 않을 수 없었다), 그리스도교 신앙으로 고발을 당한 사람을 재판할 수 있으며, 만약 유죄임이 판명되면 그는 처벌되어야 한다. 단지 만일 피고발자가 신들에게 기도를 드림으로써 그리스도인이 아니라는 것을 입증하는 경우는, 과거에 그가 무엇을 했던지 간에, 용서를 받을 수 있다고 트라야누스는 덧붙이고 있다. 플리니우스의 근본적인 질문에 대해 트라야누스는 대답하지 않은 채로 남겨 두었다. 그렇지만 최소한 황제가 그리스도인들을 위험한 존재들로 여기지 않았다는 것만은 분명하다. 트라야누스의 답변에 있어서 본질적인 것들은 123년경 하드리아누스가 에베소의 지방총독(proconsul)인 미누키우스 푼다누스(Minucius Fundanus)에게 보낸 편지에서 재확인 되었다.

이제 로마 정부는 그리스도인들이 고결한 사람들이기는 하지만, 로마의 옛 종교적 전통에 대해서는 납득할 수 없을 정도로 적대적이며 그 일탈에 있어서 지나치게 완고하기 때문에, 이들에 대해서는 동정을 거두어 들이고 관용을 배제할 수밖에 없다는 것을 깨달았다. 그리스도교는 사형에 해당하는 범죄였으며, 2세기의 여러 사람들이 순교의 죽음을 당했다: 안디옥의 주교 이그나티우스, 로마의 주교 텔레포루스(Telephorus), 서머나(Smyrna)의 주교 폴리갑, '그리스도인 철학자' 저스틴 등이 대략 162년부터 168년 사이에 로마에서 순교하였다.

177년에는 론 계곡의 리용과 비엔느의 그리스도인들을 대상으로 잔인하고 야만적인 박해가 가해졌다. 마르쿠스 아우렐리우스 황제는 이들을 고문하여 죽이도록 명령했으며, 온갖 잔학 행위들이 가리지 않고 자행되었다. 일반 대중은 항상 홍수나 흉작 또는 야만족들의 침략과 같은 재앙들이 그리스도인들의 '무신론'의 영향 때문에 옛 신들을 잘 받들지 않은 것에 대한 이들의 분노의 표징이라고 믿는데 전혀 주저하지 않았다.

터툴리안은 냉소적으로 이렇게 말하고 있다: "만일 티베르 강의 수위가 지나치게 높거나 또는 나일 강의 수위가 너무 낮으면, 사람들은 '그리스도인들을 사자에게 던지라'고 외친다. 그들 모두를 사자 한 마리에게?" 근친 상간과 식인축제라는 통속적인 비난들은 점차 사라졌다. 심지어는 그리스 도교의 중심적인 가르침들이 널리 알려지고 논의의 대상이 되고 있던 3세 기 중반까지도 그리스도인들은 비밀스런 악행을 저지른다고 믿는 덕스러 운 이교도들을 만난다는 것이 가능한 일이었다. 그러나 박해는 결코 지속 적이고 조직적인 것은 아니었다.

트라야누스과 하드리아누스는 모두 지방 총독들이 앞장서서 박해를 가 하는 것을 만류했다. 많은 것은 사적인 고발자들에게 맡겨졌으며, 그 조치 는 개별적인 총독들의 신중함에 달려 있었다. 총독들 중의 어떤 이들은 "이런 일들에는 아무런 관심을 갖지 않았던" 갈리오와 같이(행 18:15) 관 여하지 않기도 했다. 몇몇의 지방 총독들은 실제로는 교회를 보호하기도 했으며, 이에 고마움을 느낀 그리스도인들은 자기들의 총독이 비록 이교를 신봉하기는 하지만 죽은 후에 상급을 받을 것이라고 믿기도 했다.

2세기 후반 무렵에 그리스도교는 사회의 상류층에 침투하고 있었으며, 많은 고위 인사들은 밤에 잠이 깼을 때 부인이 철야 기도에 참석하기 위 해 사라진 것을 발견하고 당황스러워 하기도 했다. 코모두스(Commodus; 180-92) 황제의 첩이었던 마르키아(Marcia)는 그리스도인이었으며, 로마 교회를 위해 상당한 정도로 박해를 완화시켜 줄 수 있었다.

초기의 박해들은 국부적인 것이었기 때문에, 그리스도교의 확장을 심각 하게 저해하지는 않았으며, 도리어 그리스도교가 세상에 잘 알려지는데 도 움이 되기까지 했다. 터툴리안은 "순교자들의 피는 교회의 씨앗"이라고 기 술하고 있다. 초기의 순교자들에 관한 많은 기록들은 그들의 영웅적인 태 도에 관해 보고하고 있다. 동시에 이러한 기록들은 순교자들이 느꼈던 매 우 미묘한 유혹을 드러내 보여준다.

모든 순교자들이, 주님의 모범을 따라 자기를 죽이려는 사람들을 위해 기도했던 스데반과 같이 믿음의 높은 경지에 올라설 수 있었던 것은 아니 었다. 법의 이름을 빌린 살인 행위를 참아낸다는 것은 쉬운 일이 아니었으 며, 순교자들은 때로는 박해자들이 장차 올 세상에서 보복을 당하게 될 것이라거나, 또는 심지어는 이 세상에서의 이러한 사악하고 불의한 행위들에 책임이 있는 사람들에 대해 정확하게 이에 상응하는 형벌을 결정하는 것이 천국에서 누리는 복 중의 하나일 것이라고 생각하면서 만족을 찾는 경향을 보이기도 했다. 뿐만 아니라 순교는 즉시 낙원에 들어갈 수 있게 해 주며 승리자의 면류관을 씌워 준다는 확신은 정치적 제도로서의 로마 제국에 대한 부정적인 평가와 결합하여, 일부 지나치게 열광적인 신자들은 순교를 당하기 위해 도발적인 행위를 자초하는 경향을 보이기도 했다.

특히 몬타누스주의자들에게서 그러했는데, 이들은 침묵을 비겁한 도덕적 타협으로 여겼다. 순교의 기회를 얻기 위해 권력 당국을 자극하던 이러한 사람들은 곧 이러한 행위는 하등의 인정을 받을 가치가 없는 자살 행위나 다름없다고 하여 교회의 비난을 받게 되었다.

3세기 중반 이후 순교자들에 대한 사적인 추모제가 교회의 공적인 예배 의식 안으로 도입되어감에 따라, 교회는 이를 통제하지 않을 수 없었으며, 순교자라고 주장되는 사람들에 대해서는 엄격한 조사와 검토를 하게 되었다. 그렇지만 여기에도 어려움이 있었는데, 주로는 무엇이 박해를 자초한 도발적 행위인가에 대해 다른 해석들이 존재했기 때문이었다.

117년 이전 로마에서 순교당한 이그나티우스는 매우 헌신적인 인물이었다. 그는 영향력있는 로마의 그리스도인들이 자신의 석방을 위해 노력하는 것은 주님과의 연합 속에서 고난을 당하지 못하도록 하는 것이라며 이러한 노력을 만류했는데, 이러한 태도 역시 쉽게 로마 당국을 자극하는 것으로 보일 수 있었다. 서머나의 주교이었던 그의 친구 폴리갑은 2세기 중반 무렵 86세의 나이로 순교했는데(시기에 대해서는 증거들이 상충된다),[9] 그는 당국을 자극하는 어떤 행위도 하지 않고, 관리들이 와서 자신을 체포할 때까지 조용히 기다렸다는 특정한 근거 때문에 순교의 모델로 여

---

9) 가이사랴의 유세비우스는 167-8년 무렵이라고 주장한다. 순교에 관해 나중에 덧붙여진 설명에 따르면, 그의 순교 시기는 "스타티우스 쾌드라투스(Statius Quadratus)의 총독 재임시" 즉 아마도 155-6년경이다. 증거는 빈약하지만 이 후자의 시기는 안

겨졌다. 스토아 철학자 황제인 마르쿠스 아우렐리우스는 자살을 윤리적으로는 반대할 수 없는 것으로 여겼는데, 자살은 "그리스도인들처럼 완고하고 과시하고자 하는 마음으로"(in a spirit of theatricality)가 아니라, 훌륭한 양식으로 행해져야 한다고 생각했다.

그렇지만 또한 정반대 방향으로부터의 유혹도 존재했다. 영지주의 이원론의 극단적인 정신주의화 경향에 영향을 받은 일부 사람들은 이교의 신들은 마귀가 아니라, 아예 존재하지 않는 것들이라고 주장했다. 그렇기 때문에 우상들에게 제물로 바쳐졌던 고기를 먹든지(고전 8장), 또는 황제를 숭배하여 향을 피우든지 하는 것들은 철저하게 중요하지 않은 문제들이라고 주장했다. 그것들은 단지 형식의 문제일 뿐이며, 순전한 외적 행위는 영혼의 내적 경건에 아무런 영향을 미치지 않는다는 것이다. 단순한 존경과 충성의 행위는 개인의 양심을 더럽힐 수 없다고 이들은 여겼다.

2세기에 이렇게 주장한 사람들 대부분은 영지주의 종파에 속해 있었다. 그렇지만 300년 무렵 스페인에서는 황제 숭배 예식에서 아무런 양심의 가책을 느끼지 않은 채 사제(flamen)라는 구별된 직분을 맡고 있는 그리스도인들이 있었다. 이런 사람들은 좀더 순결한 신앙을 추구하던 형제들에게 엄청난 고통을 안겨 주었다. 때에 따라서는 참으로 진지한 마음을 가진 정통 신자들조차도 혹시나 자신들이 사소한 것들에 목숨을 거는 괴짜들은 아닌가 의심하며, 도대체 어떤 점들에 있어서 더 이상 타협할 수 없는 것인지를 묻고 싶은 유혹을 느꼈다.

순교를 자초하던 사람들과 이를 회피하여 타협하는 사람들의 양 극단 사이에는 180년 7월 17일 카르타고에서 정죄를 받은 북아프리카 스킬리움(Scillium)의 12 평신도 그리스도인들과 같은 사람들이 있다. 이들의 재판 기록은 그 도덕적 항거와 고결성 때문에 참으로 깊은 인상을 남겨주고 있다. 키프리안의 「총독 열전」(*Acta Proconsularia*)이나 또는 로마에

디옥의 이그나티우스와 나누었던 현존하는 폴리갑의 서신과 또한 폴리갑이 에베소에서 사도 요한을 알고 있었다는 이레니우스의 진술과 더 잘 조화된다.

서의 저스틴의 법정 기록에 대해서도 같은 말을 할 수 있다.

  박해가 지방의 입장에 의존해 산발적이었으며, 3세기 이전에는 로마 정부가 그리스도교를 진지하게 대하지 않았다는 사실로 인해 교회는 활동 공간을 넓혀가고, 내적인 비판적 문제들에 대처할 수 있는 여유를 가질 수 있었다.

제 2 장

신앙과 직제

일치의 띠

흩어져 있는 그리스도인 공동체들의 일치는 두 가지 요소에 의존하는 것이었다. 하나는 공통의 신앙이며, 다른 하나는 그들의 삶과 예배를 조직화하는 공통의 방식이었다. 그리스도인들은 서로를 '형제' 또는 '자매'로 불렀다. 인종과 계층과 교육 상에 어떠한 차이가 존재하든지 간에, 그들은 예수의 인격과 가르침에 대한 충성으로 인해 서로 함께 묶여 있다고 느꼈다. 예배의 형식은 그 모든 의미를 예수와의 연관성에서 도출했다. 그리스도인들은 세례 의식을 통해 교회에 받아들여졌는데, 세례란 예수가 필생의 사역을 위해 요단강에서 성령으로 충만하게 채워지던 때에 대한 기념이며, 또한 바울 사도가 "그리스도와 함께 장사된다"고 강력한 은유로 묘사한 바 있는, 악에 대한 단호한 거부를 의미하는 것이었다.

매 주일마다 그들은 '성만찬'을 나누기 위해 모였다. 성만찬에서 세례받은 자들은 떡과 포도주를 먹고 마시면서, 그리스도의 '살을 먹고' '피를 마신다'고 말했다. 이 거룩한 식사에 참여하는 것은 공동체의 구성원됨에 대한 본질적인 표현으로 심오하게 여겨졌기 때문에, 남은 떡 조각들은 병이나 투옥 때문에 참여하지 못한 사람들 모두에게 보내졌다. 심각한 도덕적 죄를 범한 사람들은 항구적으로 또는 일시적으로 성만찬에 참여하지 못하도록 제지를 받았다. 그렇지만 이렇게 성만찬에서 배제된 사람들이라

할지라도 예배의 전반부에는 계속 참여할 수가 있었는데, 이는 시편 찬송과 성경 봉독 그리고 기도로 이루어진 것이었다. 이 예배에는 또한 아직 세례를 받지 않았으며, 이를 위한 '교육을 받고 있는'(catechumenoi) 사람들도 참여했다. 징계를 받고 참회하고 있는 사람은 신실한 자들의 중재에 의해 자신의 과오에 대한 자비가 베풀어지도록 기도했다.

어떤 도덕적 범죄들이 성만찬에서의 배제를 초래하는가, 또는 얼마나 오랫동안 배제시켜야 하는가 등은 3세기까지 교회 지도자들을 깊이 고심시키던 중요한 목회적 문제였다. 이에 못지 않게 어려운 것은 교리적 탈선이 비난을 받아야 하는가? 그렇다면 어떤 점에서의 교리적 탈선이 비난을 받아야 하는가 하는 난감한 문제였다. 복음을 헬라 세계의 종교적 언어로 번역하는 것은, 그 본질적인 구조가 변경되지 않기 위해서는, 고도의 예민성과 책임성을 요구하는 참으로 어려운 과제였다.

이방 세계의 선교사들은 아무런 선입관이나 기대가 없는 진공 상태에서 사람들에게 말하는 것이 아니었다. 흩어진 유대인들의 회당과 이에 느슨하게 소속되어 있던 이방인 추종자들의 경계를 벗어나는 순간, 선교사들은 이교의 혼합주의, 마술 그리고 점성술이 뒤섞인 황혼 세계에 발을 들여놓고 있었던 것이다. 심지어는 명백하게 배타적 종교인 유대교까지도 다신론의 느슨한 혼합주의에 의해 환영을 받았는데, 유대교의 하나님은 디오니소스(Dionysus)나 또는 (유대인들이 토요일을 숭상했기 때문에) 사투르누스(Saturn)와 동일시되었다. 이교 세계는 헤라클레스나 아스클레피우스와 같은 위대한 영웅들의 신화에 상당히 익숙해 있었다. 이들은 그 영웅적 행위들에 대한 보상으로 신적 위치로까지 높여진 사람들이었다.

그리스도인들은 자신들의 이야기 속에 등장하는 신적인 구속자가 유대에서 한 여자에게서 태어났고, 최근에 본디오 빌라도 치하에서 십자가에 처형되었으며, 다시 부활하셨고, 그리고 마침내는 (그들은 이것이 가까운 장래에 있을 것이라고 믿었는데) 세상을 심판하실 것이라는 참으로 예외적인 주장으로 세상을 놀라게 하였다. 만일 이 모든 이야기가 그 역사적 속박을 끊어버리고, 비의적인 신비 종교에 따라다니는 우주적인 또는 심리적인 신화로 해석되었더라면 고대인들은 훨씬 덜 놀랐을 것이다.

영지주의

　이방인 개종자들 중에서 곧 바울은 인정할 수 없는 그리고 미묘하지만 단호한 교정을 요구하는 교리적 경향들과 조우하게 되었다. 고린도에서는 영적인 귀족을 자처하는 일부 사람들이 자기들은 다른 동료 형제들이나 심지어는 바울 사도 자신보다도 더 심오한 지혜와 오묘한 신비적 체험을 소유하고 있다고 자랑했다. 자신들은 이미 완전하다고 여겼기 때문에, 이들은 동료 그리스도인들을 진정으로 초자연적인 경지에 이르지 못한 열등한 존재들이라고 생각했다. 이들은 또한 이원론자들이었는데, 영은 모든 것이며, 육은 아무것도 아니라고(실제적인 악은 아니라 할지라도) 믿었다. 이러한 신념은 즉각적인 도덕적 결과를 초래했다.

　일부 그리스도인들은 육체적 행위란 전혀 중요하지 않다고 결론지었다. 율법으로부터의 자유를 주장하는 바울의 가르침에 힘입어서, 또한 성례를 자동적으로 지복을 가져다 주는 마술적 보증으로 여기면서, 이들은 도덕적 방종에 빠져 들었다. 경쟁적인 다른 그룹은 극단적인 금욕주의적 견해를 취하였는데, 그 결과 남편들과 아내들이 서로로부터 결혼상의 권리를 철회하였으며, 결혼한 부부들이 성관계를 갖기를 거부하였다.

　이러한 이원론에 따라서 그들은 육체의 부활이라는 히브리적 교리를 조잡한 것으로 배척하고, 영혼의 불멸이라는 플라톤적 교설을 선호하였다. 어쨌든지 이미 완전한 자들에게 부활이란 아무것도 덧붙일 수 없었다. 그들은 우상들에게 제물로 바쳐졌던 고기를 먹는 것에 하등의 거리낌이 없었는데, 이들에게 있어서 우상이란 존재하지 않는 것이었다.

　소아시아의 골로새에서 바울은 더 심각한 이단을 만났는데, 이것은 부분적으로는 신비주의 종교와 부분적으로는 이단적인 유대교로부터 비롯된 신지학적(theosophical) 요소들과 그리스도교가 혼합된 것이었다. 이 이단은 골로새 교회의 그리스도인들에게 중보적인 천사들의 존재를 믿도록 설득하였는데, 이 천사들은 천체의 일월성신과 동일시되고, 복음에 의해서도 깨뜨려지지 않은 인간의 숙명을 결정할 수 있는 능력을 가진 존재들이라고 믿어졌다. 특별한 의식들과 엄격한 금욕주의적 관습들, 그리고 유대교의 절기에서 도출된 축제일들이 이에 덧붙여졌다.

고린도와 골로새의 이 두 형태의 이단은 모두 보통 '영지주의'라는 이름으로 불리는 일반적 범주에 속하는 것이었는데, 이는 첫 세대의 권위있는 그리스도교 지도자들이 서서히 과거로 물러나게 됨에 따라, 교회에 엄청난 문제를 야기시키고 커다란 위협이 되었던 현상이었다. 영지주의란 근본적으로 신지학과 그리스도교의 혼합 형태로서, 주후 80년부터 150년 사이 초대 교회와 결별하고 이와 경쟁했던 12 혹은 그 이상의 소종파들을 지칭하는데 사용되는 발생학적 용어이다. 이 용어는 그리스도교와 상관없이 그리고 그 이전에 존재했던 것으로, 레반트 지역(Levantine world: 동부 지중해의 여러 섬과 연안 제국, 특히 시리아, 레바논, 이스라엘을 지칭함)에 널리 퍼져 있던 불명확하고 혼합주의적인 종교를 가리키는 훨씬 더 광범위하고 막연한 의미로 종종 사용되기도 한다.

이 용어의 이러한 이중적 의미 배후에는 복잡한 논쟁이 도사리고 있다: 영지주의는 과연 그리스도교 이전에 존재했는가? 만일 그렇다면 어떤 의미에서 그러한가? 이 질문은 다음과 같이 달리 진술될 수도 있다: 2세기의 이단들은 낯선 신지학적 요소들을 그리스도교적 바탕 위에 도입하고자 하는 시도의 결과인가? 아니면 그리스도교를 이전의 어떤 종교에 짜맞추려는데서 비롯된 것으로서, 여러 다양한 형태들을 취할 수도 있고, 미트라교나 아티스교 또는 유대교에서 가능한 한 별 문제 없이 예수를 받아들이도록 하려는 노력의 결과인가?

플라톤주의, 헬라화된 조로아스터교, 그리고 유대교에서 비롯된 영지주의의 많은 근원적 요소들이 그리스도교 이전에 이미 존재하고 있었다는 점에는 이론이 없다. 그렇지만 이러한 요소들이 시간과 공간 안에 존재하는 사람들의 특정한 그룹(들)과 연관된 체계적이고 조직된 '교리'의 형태로 이미 존재했었는가, 또는 그리스도교의 구속 교리와 매우 유사한 구속

신화가 이미 광범위하게 유포되어 있었는가 하는 문제는 상당히 개연성이 낮다.

영지주의(Gnosticism)라는 용어는 지식(gnosis)을 뜻하는 일반적인 헬라어 단어로부터 도출된 것이다. 2세기 종파들은 교회의 단순한 신앙을 초월하는 특별한 '지식'을 소유하고 있다고 주장했다. 그러나 실상 이들이 주장하는 지식이란 철학적이고 지적인 성격의 것이라기보다는, 인간 특히 영지자(Gnostic man)의 본성과 운명에 관한 지식, 특별히 어떻게 악이 존재하게 되었고, 악으로부터 구원을 받기 위해서는 어떻게 해야 하는가를 설명하는 세상의 기원에 관한 웅대한 계시에 근거를 둔 지식이었다. 그들이 '안다'고 주장했던 것은 현재의 인간의 불행한 운명을 설명해 주는 창조 이전의 재앙의 결과로서의 세상의 창조에 관한 신화와 선택된 소수가 구원을 받을 수 있는 방법에 관한 신화로 이루어진 것이었다. 선택된 자들 안에는 물질 속에 감금되어 있는, 그리고 참된 천상적 고향에 대한 기억을 상실해 버린 신적 불꽃(divine spark)이 존재한다고 이들은 믿었다.

영지주의 복음의 내용은 현재의 몽유병과 같은 상태로부터 영혼을 각성시켜 그에게 예정되어 있는 고상한 운명을 깨닫게 하려는 시도이다. 현재의 물질 세계란 지고의 하나님과 선에는 전적으로 낯선 것이며, 그렇기 때문에 능력이 부족하거나 또는 사악한 열등한 신들에 의해 창조된 것이라고 그들은 여겼다. 사물들의 자연적 질서는 신적 영광과 무비의 천상적 아름다움을 전혀 반영하지 않으며, 영지주의에 입문한 사람은 이러한 사실에 대해 아무런 책임도 없다고 교육받았다.

영지주의자는 사회나 정부에 대해 매우 비관적인 견해를 취하였으며, 그의 윤리는 이것들에 대한 일체의 구속과 의무로부터 완전히 자유롭다는 것이었다. 세상은 일곱 혹성에 거주하는 악한 영들의 철권 같은 통치 아래 있으며, 선택된 영혼은 죽음 후에 천상의 본향으로 되돌아가는 과정에 있어서 이 혹성계를 통과하는 위험한 여행을 거치게 된다. 그렇기 때문에 영지주의자들은 많은 시간을 정확한 마술적 암호와 강력한 주문을 배우는데 바쳤는데, 이것들은 이들이 천상으로 돌아가는 것을 막고 있는 악한 세력

들로 하여금 그 문을 열어 이들이 이를 통과하여 빛의 세계에 이르도록
해 줄 수 있다는 것이다.

이 영지주의 그룹들은 정통 교회를 증오하는 것만큼이나 서로를 증오하
기도 했는데, 경쟁 관계에 있는 그룹들은 서로 다른 암호들을 가르쳤으며,
각 그룹은 자기들만이 영혼의 상승을 가능하게 해 주는 유일하고 진정한
암호를 소유하고 있다고 주장했다. 영지주의의 다양한 그룹들은 이러한 신
화적 이야기의 상세한 부분들에 있어서는 서로 많이 달랐다. 그렇지만 근
본적인 형태는 같은 것으로 여겨질 수 있다. 영지주의 윤리는 두 가지 중
하나의 형태를 취하였는데, 양자 모두 자연적 질서는 하나님으로부터 전적
으로 낯선 것이라는 전제에 근거를 두고 있다.

다수가 취한 입장은 육체를 죽이고 특히 결혼을 (또는 최소한 생식을)
금지하는, 그리하여 신적인 영혼이 감각과 육체적 욕망의 사슬로부터 해방
되어, 더 고차적인 삶을 지향하도록 하는 금욕주의적인 것이었다. 그렇지
만 어떤 그룹들은 같은 전제로부터 정반대의 결론을 이끌어내어, 그 부도
덕한 난행으로 악명을 떨치게 되었다(신약 성경에서 유다서는 아가페 또
는 사랑의 축제를 악용하여 이것을 방탕한 성적 문란 행위로 타락시켜 버
린 어떤 영지주의 그룹에 대해 경고하고 있다).

이 후자의 그룹은 그리스도인은 율법으로부터 자유로우며, 천국의 자녀
로서 은총 아래 산다는 바울의 가르침에 호소하며, 또한(이러한 점들에 있
어서 그들은 결코 교육받지 못한 조야한 사람들은 아니었다) 플라톤의
「향연」(*Symposium*)이 사랑이란 하나님과의 신비적 교통이라고 가르친다
고 주장하면서 자신들의 정욕주의를 교묘하게 정당화시켰다.

플라톤의 「티마이오스」(*Thmaeus*)의 우주 발생론과 창세기 제1장은 거
의 같은 정도로 영지주의 신화 형성에 기여하였다. 그렇지만 아담과 이브
의 타락 이야기는 영지주의자들의 상상력에 불을 붙이는 참으로 매력적인
것이었다. 이브의 타락은 여성신 즉 '어머니'(Mother)가 하나님이 의도하
신 길로부터 벗어난, 창조 이전의 재앙을 상징하는 사건으로 여겨졌다. 또
는 이 이야기는 뱀의 역할에 관한 흥미진진한 사변을 제시해 주기도 한

다: 오파이트파(Ophites: 뱀을 숭배하는 자들)는 아담과 이브와 뱀을 통해 선악을 분별하는 지식을 갖게 되었기 때문에, 뱀이야말로 선한 영이며, 영원을 상징하기 위해 자신의 꼬리를 물고 우주를 감싸고 있는 리바이어선(Leviathan)이고, 열등한 창조주와 그의 아들 예수(오파이트파는 자신들의 예배에서 엄숙하게 예수를 저주했다)를 능히 물리친 존재라고 주장했다. 창세기의 이야기와 상관없이 영지주의자들이 유대교로부터 끌어들인 근본적인 요소는 변형된 묵시주의이다. 유대교의 묵시문학에서는 이 세상을 대단히 어둡게 채색했다. 이 세상은 초자연적 영들, 선과 악의 대결의 장소이며, 또한 선택된 자들을 구속하는 하나님의 극적인 간섭이 기대되는 무대이다. 대부분의 영지주의자들은 묵시문학의 이러한 관념으로부터 일체의 역사적이고 문자적인 요소들을 배제해 버리고, 아마겟돈의 묵시적 세계상을 세상의 기원에 관한 또는 내적인 심리적 경험에 관한 신화로 재해석했다.

영지주의가 그리스도교로부터 끌어들인 주된 요소는 '구속'(redemption)이라는 중심적 관념이었다. 그러나 2세기의 모든 종파들이 모두 다 예수를 구속자로 받아들였던 것은 아니다. 사마리아인들의 한 대중적 영지주의에서는 마술사 시몬(Simon Magus)을 구속자로 믿었다. 다른 형태의 영지주의에서는 헬라의 영웅 헤라클레스가 구원을 주는 주된 인물이었으며, 예수는 대단히 종속적인 역할만 수행한다. 심지어는 정통 그리스도교와 대단히 유사한 그룹들, 예를 들면 이집트인 바실리데스(Basilides)나 플라톤주의자 로마의 발렌티누스(Valentinus) 등에 의해 창설된 그룹에서조차도, 물질이란 지존의 하나님에게는 낯선 것이라는 태도 때문에, 어떤 진정한 성육신도 받아들일 수가 없었다. 신적인 그리스도는 어리석은 세상 사람들에게는 우리가 만질 수 있는 살과 피를 가진 것처럼 나타나 보였을 수도 있지만, 고차적인 통찰력을 가진 사람들은 그가 순수한 영이며, 그의 육체적 모습은 우리의 착시이고, 단지 그런 것처럼 보일 뿐(dokesis: 이로부터 이 주장이 Docetism이라고 불리게 되었다)이라는 것을 알아차렸다. 신적인 그리스도가 '육체로' 이 세상에 왔다는 것은 어떤 궁극적인 진정한 의미에서도 생각할 수 없는 것이었다. 그리스도가 이 땅에 계셨을 때 사람들이 그에게서 볼 수 있었던 것은 각 개인의 영적인 능력에 따라 달랐을 것이다.

영지주의자들이 자연적 질서가 그 도덕적 가치에 있어서 지고의 하나님으로부터 참으로 멀리 떨어져 있다고 생각하게 된 것은 천상계로부터의 구원자에 대한 절대적 필요성 때문이었다. 통속적 점성술과 마술로부터 비롯된 숙명론적 관념의 영향이 예정에 관한 바울의 용어들로부터 도출된 관념과 혼합되어, 엄격한 결정론적 틀을 만들어 냈다. 구속이란 인간의 책임있는 행위의 결과로 주어지는 것이 아니라 운명에 의한 것이며, 신적 불꽃을 갖고 있는 예정된 택자들에게만 주어지는 것이었다. 발렌티누스는 인류를 빛에 속한 그룹과 어둠에 속한 그룹으로 양분하는 것을 수정하여, 양극단 사이에 회색의 중간 지대가 있다는 것을 인정하였다. 그는 바울의 구절로부터(살전 5:23) 암시를 얻어 인간이 영과 혼과 육체로 이루어지며, 이 삼중적 구분을 인간 뿐만이 아니라 전 우주에도 적용시켰다.

영지주의자들은 영의 사람들이고 선택된 자들이며, 이들의 구원은 확실하고 상실될 수 없는 것이었다. '지식'이 아닌 신앙을 갖고 있는 교회의 일반 구성원들은 혼(psyche)의 사람들이다. 반면 이교도들은 희미한 빛 한 줄기조차도 갖지 못한 또한 구원의 가능성이라고는 전혀 없는 흙덩어리나 마찬가지였다. 발렌티누스는 자신의 추종자들에게 혼에 속한 사람들도 죽은 후에는 약간의 중간적 행복을 부여받을 수도 있을 것이라고 가르쳤다. 그렇지만 사람들이 어떤 그룹에 속하는가는 영원 전에 이미 결정되어 있는 것이다. 자연적 인간은 그 본질상 더 고차적인 영적 사물들을 분간할 능력을 갖고 있지 못하다.

창조된 질서에 대한 영지주의자들의 평가절하가 초래한 또 다른 결과는 구약 성경에 대한 폄하였다. 이것은 율법과 복음의 대립(antithesis)이라는 바울의 신학적 입장을 철저하게 이용함으로써 대단히 촉진된 것이었다. 영지주의자들은 구약 성경의 하나님을 눈에는 눈, 이에는 이라는 원칙을 가진 정의의 하나님으로, 예수에 의해 선포된 사랑이 넘치는 아버지와 대조시키는 것을 좋아하였다. 이러한 대립은 특별히 **마르키온**(Marcion)에 의해 이루어졌는데, 그는 영지주의의 주류와는 상당한 거리를 두고 있던 인물이었다. 그의 사고 체계는 우주의 발생이나 천사들의 이름에 대한 사변을 포함하지 않고 있지만, 그러나 율법과 복음의 대립이라고 하는 이 점에 있어서는 참으로 극단적이며, 교회에 가장 커다란 위협이 되었던 인물이다. 마르키온은 소아시아로부터 로마로 왔으며, 144년 로마 교회로부터 출교당했다. 그는 「대립」(*Antitheses*)이라는 이름을 가진(이에 대해서는 아마도 딤전 6:20이 참고가 될 수 있을 것이다) 책을 저술했는데, 그는 이 비참한 세계의 창조주인 유대교의 하나님이 예수 그리스도의 아버지인 하나님과 얼마나 다른가를 입증하기 위해 구약 성경과 신약 성경 사이의 많은 불일치들을 열거하고 있다. 예수께서 새롭게 가르쳐 주신 이 하나님은 예수께서 갑작스럽게 나타나 복음을 전하신 티베리우스 황제 15년까지는 세상이 그 존재에 대해 전혀 알지 못하던 그러한 분이었다. 신적인 구속자가 한 여자에게서 태어났다는 것은 생각조차 할 수 없는 일이었으며, 마르키온은 그리스도의 출생과 어린 시절 이야기를 원래의 이야기에 덧입혀진 위조라 하여 배척하였다.

　구약의 지위에 대한 마르키온의 공격은 두 공리에 의존하는 것이었다: (1) 우의적 해석(allegorical interpretation)의 배척과 (2) 첫 세대의 유대인 그리스도인들은 예수의 정신을 오해하고 잘못 해석했다는 것이다. 만일 우의적 해석이 허락되지 않는다면, 구약에는 납득하기 어려운 부분들이 많이 있었다. 유대인들의 하나님은 변덕이 심한 분이라고 마르키온은 주장했다: 그는 우상 만드는 것을 금지시킨 다음, 모세에게는 구리로 된 뱀을 만들도록 명령한다. 그는 또한 전지한 것이 아니었다: 그는 아담이 어디 있는지 물어야만 했으며, 소돔과 고모라의 상태가 어떤지 알기 위해 땅으로 내려오지 않으면 안되었다. 뿐만 아니라 아담의 창조주로서 그는 이 세상에 악이 들어오게 된 것에 대해 책임이 있다. 구약 성경의 한 구절에서 하나님은 "나는 악을 짓는다"고 고백했다. 그가 피에 굶주리고 방탕한 악한 다윗 왕을 좋아했다는 것은 그 성품에 어울리는 일이라고 마르키온은 주장했다. 참으로 수치스러운 성적 생식의 방법, 임신의 불쾌함, 출산의 고통 등을 고안해 낸 이는 바로 이 창조주였으며, 이것들에 대해 생각만 해도 마르키온은 속이 뒤집혔다. 그렇기 때문에 마르키온의 공동체는 결혼을 이 열등한 창조주의 혐오스러운 사업을 도와주는 것이라 하여 엄격하게 배척했다. 우의에 대한 마르키온의 배척은 예언의 성취라는 논증에 호소하는 가능성을 완전히 파괴해 버렸다. 왜냐하면 구약 성경의 예언자들은 자비로우신 예수의 아버지에 의해 영감을 받은 것이 아니기 때문이다. 예언자들은 유대인의 민족적 메시야를 기대했으며, 유대인들의 하나님은 그들만을 특별히 사랑하는 편협된 분이었다. 구약 성경에 대한 마르키온의 평가에는 끊임없이 반(反) 유대주의(anti-Semitism)의 함축이 묻어난다.

첫 세대의 그리스도인들이 자기들의 주를 잘못 해석했다는 마르키온의 주장은 그에게는 필요한 것이었다. 신약 성경은 옛 언약과 새 언약의 연속성을 전제하고 있다는 것이 분명했기 때문이다. 마르키온은 신약 문서들이 유대주의자들(Judaisers)에 의해 상당 부분 왜곡되었다고 결론지었다. 이들의 교묘한 방법에 대해 바울은 갈라디아서에서 분통을 터뜨리고 있다는 것이다. 그렇기 때문에 마르키온은 참된 텍스트를 복원하는 작업에 착수했다. 사도 바울은 그의 영웅이었다. 그러나 바울의 서신들은, 구약이 신적 계시를 포함하고 있다고 어떻게든 이 사도로 하여금 말하게 하고자 했던 유대주의자들의 관심에 의해 가필되고 고쳐 쓰여졌다고 그는 생각했다.

바울 서신들조차도 어떤 구절들은 삭제되고 원상이 회복되어야만 했다. 복음서의 경우 마르키온은 좀더 간편한 방법을 취했다. 그는 복음서들 중에서 단지 하나만이 권위를 갖고 있다는 것을 당연하게 여겼으며, 그것은 누가복음서임에 분명하다고 결론지었다. 그렇지만 기존 텍스트 형태에 있어서 누가복음은 구약 계시의 타당성을 모든 면에서 인정하고, 과거에 모세에게 또 예언자들에게 주어진 말씀과 복음의 연속성을 전제하고 있는 것이었다. 그렇기 때문에 이 텍스트 역시 유대주의자들에 의해 오염된 것이었다. 뿐만 아니라 원래의 텍스트는 바울 사도 자신의 저술이라고 마르키온은 믿었다. 그렇기 때문에 마르키온은 바울을 이해하지 못한 그의 친구들과 제자들이 복음서를 고쳐쓰기 이전의 복음의 진정한 텍스트를 복원하는 일에 착수했다. 마르키온은 이렇게 하여 정경 목록을 정확하게 확정한 최초의 인물이 되었는데, 이 목록은 구약 성경과 신약 성경의 대부분을 제외한 것이다. 이는 열두 제자들은 예수의 참된 의미를 이해할 수 있는 통찰력을 갖지 못했었다는 그의 기본적인 전제 때문이었다.

발렌티누스(Valentinus)는 성경을 매우 다른 방식으로 다루었다. 그는 우의적 해석을 배척하지 않았는데, 이는 그의 플라톤주의적인 정신에 근본적으로 잘 들어맞는 것이었다. 일부 발렌티누스 추종자들은 구약 성경에서 하나님의 영감에 의해 기록된 부분, 사람들의 마음의 완악함 때문에 이에 맞추어 모세가 삽입한 부분, 그리고 유대 장로들에 의해 삽입된 열등한 구절들로 구분했는데, 이 세번째 부분은 아무런 권위도 갖지 않는 것이었다. 그렇지만 발렌티누스 추종자들은 구약 성경을 폄하하는데 특별한 관심을 갖고 있지는 않았다. 또한 이들은 예수의 원래의 사도들을 비판하는 어떤 말도 하지 않았다. 발렌티누스파의 신화는 예수에 의해 제자들에게 비밀리에 가르쳐졌으며, 이들로부터 비의적인 구전 전승에 의해 교회의 공식적인 가르침과 나란히 전수되었다고 이들은 주장했다.

목회와 성경

이러한 교사들에 의해 야기된 근본적인 어려움은 어떤 권위있는 근거에 의해 이들의 주장을 논박할 수 있는가 하는 것이었다. 간단히 말하면 중심적인 논쟁점은 '권위'의 문제였다. 구약과 신약에 대한 올바른 해석은 무엇인가? 누가 사도들의 가르치는 직분을 계승했으며, 혼란에 빠진 신자들에게 명확한 방향을 제시해 줄 수 있는가? 어디에서 사도들이 참으로 가르쳤던 것에 대한 신뢰할 만한 증거를 발견할 수 있는가?

안디옥의 이그나티우스는 일치의 구심점으로서 지역 감독(주교)의 권위를 강조함으로써 이러한 원심 운동의 문제를 해결해 보고자 하였다: 감독이 없이는 생명을 주는 성례를 집전할 수 없다. 그는 감독은 지상에 있는 하나님의 대리자이며, 천상의 군주에 대응하는 지상의 파트너이므로, "우리는 감독을 주님 자신을 대하듯 대해야만 한다"고 주장함으로써, 자신의 해결책에 대해 말하자면, '수직적 정당화'(vertical justification)를 꾀하였다.

목회적 권위에 대한 좀더 항구적인 정당화는 로마에서 비롯되었다. 1세기 말 무렵 고린도 교회에는 옛 성직자들을 축출하고 새로운 인물들로 대체하는 혁명적 처사가 있었다. 깊은 형제애적 관심을 가지고 로마 교회는 정중하면서도 (결과에 있어서) 성공적인 항의 편지를 보냈다. 이 편지는 아마도 로마 교회의 수석 장로이거나 또는 감독인 클레멘트에 의해 쓰여진 것이다. 매우 조심스럽고 정중하면서도 영감된 것임을 주장하고 있는 이 편지는 고린도 교인들에게 성경이 명령하는 일치를 보존하고, 거룩한 사제단을 폐위시킨 사람들에 의해 야기된 스캔들을 시정하도록 촉구하고 있다. 이 사제단은 비록 사도들에 의해 직접적으로 안수를 받은 것은 아니라 할지라도, 사도들로부터의 정당한 계승권을 갖고 있으며, 거룩한 성만찬 예식에 있어서 '하늘의 은총을 흠없이 전달해 준' 사람들이다.

고린도 교회에서 클레멘트는 교리적 탈선은 발견하지 못했다. 그렇지만 사도들로부터의 계승이라는 이러한 관념 속에는 이후 영지주의자들과의 투쟁에 있어서 발전될 수 있는 무기가 들어 있었다. 부활 이후 40일 동안 예수께서 사도들에게 말씀하신 것에 대한 비밀 전승을 소유하고 있다는 어떤 이단적 주장에 대해서도, 만일 이러한 비밀 전승이 실제로 있었더라면, 베드로와 바울과 같은 사도들은 자신들이 교회에 세운 감독들에게 이것을 반드시 전수했었을 터이지만, 사도들이 세운 이러한 교회들에 있어서 공식적으로 인정을 받은 교사들에 의해서는 이러한 이단적 관념은 전수된 적이 없다고 교회는 명백히 논박하였다. 이러한 '계승' 논증은 당대의 감독들 예를 들면 로마나 안디옥의 감독들의 가르침은 모든 점들에 있어서 사도들의 그것과 동일하다는 의미를 함축하고 있다.

이것은 두 가지 이유 때문에 중요하다. 첫째로 신자들은 어떤 의미에서는 이를 통해 계시가 사도들의 저작이나 일화성 이야기로부터 비롯되는 회고적인 역사적 지식에 의해 알려질 뿐만 아니라, 하나님의 말씀을 지금 선포할 수 있고 또 그러한 자격을 갖고 있는 주교 안에서 현재적 권위를 갖고 있다는 확신을 가질 수 있었다. 두번째로 '계승' 논증은 정통의 옹호자들 특히 리용의 이레니우스와 같은 사람으로 하여금 영지주의 종파들이 번성하고 있지만 서로 일치하지 않고, 각 그룹이 끊임없이 자기들의 견해를 수정해 가는 반면, 교회는 통일되어 있고, 공간적으로는 보편적으로 확장되어 있으며, 시간적으로는 끊어지지 않는 과거와의 연속성을 소유하고 있고, 그 불변의 계시를 소유함에 있어서 하등의 차이가 없다는 교회의 통일성에 대한 주장을 가능하게 하였다.

정통의 옹호에 있어서 두번째 무기는 신약 정경의 점진적 형성이었다. 1세기에 그리스도교 성경은 단지 구약 성경이었다(70인역으로 읽혔다). 이 구약 성경과 주님의 말씀이 권위를 소유하고 있었는데, 후자는 고린도 교회에 보내는 클레멘트의 서신에서 명백히 드러나는 것처럼, 오랫동안 구전 전승의 형태로 유포되었다. 이 구전 전승은 주님의 말씀과 행적이 마가, 누가, 마태 또는 요한과 같은 이들에 의해 '복음서'로 기록되어진 이후에도 높은 권위를 가지고 있었다. 심지어는 이레니우스의 시대에까지도(약 185-190) 이 주님의 말씀의 구전 전승은 아직까지 완전히 문자화되지 않은 것으로서 독자적인 권위를 가지고 있었다.

그러나 마르키온과 또 영지주의자들과의 논쟁을 거치면서 교회는 진정한 전승을 통제해야 하는 날카로운 필요성을 느끼게 되었는데, 기록된 문서는 이것이 수월했지만, 구전 전승은 그렇지 못했다. 4정경 복음서를 모두 알고 있었던 것으로 보이는 순교자 저스틴은 마태, 마가, 누가 복음서를 사용하여 조화 복음서(a gospel harmony)를 만들었던 것으로 보이는데, 그의 제자 타티안(Tatian)은 이에 요한 복음서를 더하여 「4복음 조화서」(*Diatessaron*)를 저술하였다. 공관 복음서들은 요한 복음서보다 이른 시기에 일반적으로 정경으로 받아들여졌던 것으로 보이는데, 후자의 권위는 일부 사람들에 의해 논란이 되기도 했다. 복음서가 넷이 존재한다는 것은 그 자체로서 곤란한 문제였다.

마르키온은 단지 한 복음서만을 받아들였다. 발렌티누스 그룹은 잘 알려진 4복음서들 뿐만이 아니라, 예수의 비밀스런 말씀들의 전승을 포함하고 있다고 고백되는 여러 다른 문서들, 예를 들면 최근에 이집트의 사막에서 발견된 도마 복음서(*Gospel of Thomas*) 등을 받아들였다. 이레니우스는 복음서가 넷이 존재하는 이유를 숫자상의 원리에 근거하여 교묘하게 옹호하였다. 넷이란 네 방향, 에스겔에 나오는 네 얼굴을 가진 천사, 요한 계시록에 나오는 사자, 송아지, 사람, 독수리를 닮은 천사 등에 상응하는 거룩한 숫자라고 주장했다. 그러나 교회에서 널리 쓰이고 있다는 것과는 별도로 정경의 근본적인 기준은 사도성이었다. 마가와 누가는 각각 베드로와 바울에 의해 인정을 받았기 때문에, 마태와 요한과 나란히 놓이게 되었다.

요한 복음서는 다른 세 복음서와 비교할 때 명백히 드러나는 일치하지 않는 요소들 때문에 논쟁을 야기시키기도 했지만, 이레니우스는 이것이 세베대의 아들 요한의 저술임을 능란하게 옹호하였으며, 계시록도 또한 그의 저술이라고 주장했다.

로마에서는 사도성이라는 기준을 엄격하게 적용한 결과 서방의 신약 정경에서 히브리서가 제외되는 결과를 초래했는데, 서방 전통은 이 서신이 바울의 저술이 아니라고 여겼고, 후에 200년 이상이 지나서야 동방 교회의 권위에 근거하여 받아들여지게 되었다. 또한 이로 인해 사도적 저술이 아닌 「헤르마스 목양서」나 「고린도 교회에 보내는 클레멘트의 서신」 등은 결과적으로 정경에서 제외되게 되었다. 대략 200년 무렵으로 추정되는 로마의 신약 정경 목록 단편('무라토리 정경')[1]에서는 「목양서」는 개인적으로 읽어 유용하기는 하지만, 그 저자가 사도도 예언자도 아니고 최근의 저술가이기 때문에, 예배시에 읽을 성경으로서의 자격을 갖지 못한다고 설명하고 있다.

'정통성'과 '사도성'이 같은 의미로 여겨지게 된 것은 당연한 일이었다.

---

1) 이렇게 불린 이유는 이 문서가 1740년 L.A.Muratori에 의하여 8세기경의 사본으로부터 처음으로 출판되었기 때문이다.

이로 인해 베드로 후서와 같은 정통 문서들이 사도들의 저술이 아니라는 것을 밝혀낸다는 것은 어려운 일이었다(그럼에도 불구하고 그 비사도적 기원은 오랫동안 논란의 대상이 되었다). 논란이 되기는 했지만 결국 성공적으로 정통 문서로 인정받게 된 것은 요한 계시록, 야고보서, 유다서, 그리고 요한 2서, 3서 등이었다. 마찬가지로 논란이 되었지만 정통으로 인정받지 못한 문서들 중에는 「바울과 테클라의 행전」(*Acts of Paul and Thecla*), 「베드로 계시록」(*Apocalypse of Peter*)이 있다. 때로 현대 학자들은 그 불일치에 놀라기도 한다. 그러나 진정으로 놀라운 것은 그토록이나 짧은 기간 동안에 그토록이나 광범위한 일치가 이루어졌다는 사실이다.

이단에 대항하는 세번째의 마지막 무기는 '신앙의 규준'(Rule of Faith)이었다. 이 용어는 이레니우스와 터툴리안에 의해 구속사의 주된 계시적 사건들에 대한 간단한 요약을 가리키는데 사용되었다. 이레니우스는 전 교회가 "전능하사 하늘과 땅과 바다와 그 가운데 만물을 만드신 한 분 아버지 하나님을, 그리고 우리의 구원을 위하여 육신이 되신 하나님의 아들 한 분 예수 그리스도를, 그리고 성령을 믿는 바, 성령은 예언자들을 통하여 구속의 경륜과 사랑하는 우리 주 예수 그리스도의 오심과 동정녀 탄생과 수난과 죽은 자 가운데서의 부활과 육체를 입으신 채 승천하심과 …… 모든 육체를 다시 살리시기 위해 아버지의 영광으로 하늘로부터 다시 오실 것을 선포하셨다"고 선언하고 있다. 논쟁적 목적으로 쓰여진 이러한 요약의 핵심은 구약 성경으로부터 신약 성경에 이르는 하나님의 섭리의 통일성을 주장하는 것이다. 이러한 통일성은 이레니우스가 자신의 '총괄갱신'(recapitulation), 즉 아담과 그리스도 사이의 상응의 교리를 통해 발전시킨 것이다. 이단들은 지고의 하나님이 하늘과 땅의 창조주라고 믿지 않았으며, 구약 성경을 낮게 평가했고, 예언의 성취에 관심을 갖지 않았다.

이러한 '규준'은 지금 주교들이 가르치는 것이며, 그렇기 때문에 사도들로부터 전승된 것이라고 이레니우스는 주장했다. 그 내용에 있어서 '규준'은 세례 지원자들을 위한 질문의 그것과 유사하며, 신약 성경에 근거한 신앙 고백 형태를 갖고 있다. 터툴리안은 '규준'이 성경으로부터 독립적인 것으로 다루었다. 왜냐하면 이단들과의 논쟁에 있어서 그것은 성경보다 효과적인 방어 도구인 바, 성경의 해석에 대해서는 간단하고 직접적인 대답을 원하는 일반 대중을 혼란시키고자 하는 유일한 목적으로 이단들이 계속 논쟁을 벌일 수 있기 때문이다. 터툴리안은 성경이 가끔 해석하기 어렵다고 주장했다. 난해한 구절들은 간명한 구절들에 의해 해석되어야만 한다. 뿐만 아니라 성경은 오래된 것이다. '신앙의 규준'에 호소하는 것은 사도들이 세운 교회들에서 지금 가르쳐지고 있는 것에 호소하는 것이다. 이렇게 하여 터툴리안은 선배 이레니우스를 따르면서 그러나 그보다 상당히 더 나아가서, 성경과 전통이 마치 계시의 구별되는 근원이기나 한 것처럼, 여기서 양자를 구별했던 것으로 여겨진다.

그럼에도 불구하고 터툴리안은 '신앙의 규준'이 성경으로부터 도출된 것임을 잘 알고 있었다: 그가 '규준'이 성경을 해석하는 열쇠라고 말하는 것은 난해한 구절은 간명한 구절에 의해 해석되어야 한다고 말하는 것과 전혀 다르지 않다. 이 논증은 물론 순환적이다: 교회의 가르침의 전통은 성경적 계시에 의해 그 정통성이 입증되어야만 한다: 그렇지만 계시성이 의심스러운 문헌들은 교회 전통의 기준에 비추어 볼 때 정통적이기 때문에 신약 정경에 받아들여졌으며, 그리하여 오직 전통만이 성경 해석이 건전하다는 것을 보증해 줄 수 있었다.

목회의 형태

'사도'라는 이름과 역할은 주님으로부터 복음 전도자로 보냄을 받았다는 사실로부터 비롯된 것이다. 사도들만이 성령의 은사들을 받은 유일한 사람들은 아니었다. 이들 외에 아가보와 같은 '예언자들'(행 11:28; 21:7)이 있었고, 또한 신앙을 가르치는사람으로 인정받은 교사들이 있었다. 고린도 교회에서는 황홀경 속에서 알아들을 수 없는 말을 하는 은사('방언으로 말함')를 특히 높이 평가했다. 바울은 이러한 황홀경의 은사가 성령의 진정한 현현에서 비롯된 것임을 부정할 수는 없었지만, 그것이 초래할 수 있는 분열의 가능성 때문에 몹시 놀랐으며(고전 13장), 고린도 교인들에게 그들이 특히 높이 평가하고 있는 방언은 초자연적 은사들의 등급에 있어서 가장 낮은 것이라고 말했다: 방언은 "첫째는 사도요, 둘째는 선지자요, 셋째는 교사요, 그 다음은 능력이요, 그 다음은 병고치는 은사와 서로 돕는 것과 다스리는 것"(고전 12:28) 다음에 온다. 이 일곱 단계의 등급에 있어서 첫 세 등급은 첫 세대의 복음 전도자들에게 있어서 주된 '성직들'이었다.

60년 내지 70년이 지나 이그나티우스는 안디옥과 소아시아의 교회들에 있어서 장로들, 집사들과 더불어 군주적 주교에 대해 말하고 있다. 그의 시대에는 사도들도 없었고, 선지자들도 없었다. 두 세대 안에 사도들, 선지자들, 교사들로부터 주교, 장로들, 집사들로의 이러한 변천에 관한 정확한 역사는 ─ 우리가 갖고 있는 자료들이 때때로 그 과정에 대해 부분적인 빛을 비추기는 하지만 ─ 대체적으로는 어둠 속에 묻혀 있다. 로마의 클레멘트가 고린도 교회에 보내는 서신은 목회에 있어 두 구별되는 성직, 즉 감독들 또는 장로들(이 명칭들은 같은 사람들에게 적용되었다)과 집사들이 있었다는 것을 암시한다. 이 이중 성직은 신약 성경에서도 명백하게 드러난다: 바울은 빌립보서에서 '감독들과 집사들'에게 대언하고 있다. 좀더 후의 신약 문헌들(행 20:17; 딛 1:5-7)도 마찬가지로 '장로'와 '감독'을 같은 사람에게 적용하고 있다. 순회 복음 전도자들에 의해 세워진 교회들에는 곧 지역적 책임을 갖고, 그 곳에 정주하며, 순회하는 사도적 권위자의 전반적 주교 아래 있는 성직자들이 생겨나게 되었다는 것이 분명하다.

한 세대 또는 그 이상 기간 동안 사도직과 선지자직은 주교들과 집사들의 지역적 목회와 함께 존재했다. 이러한 상황은 「디다케」(*Didache*) 즉 '사도들의 가르침'[2]에 실제적으로 반영되고 있다. 이 문서는 많은 초기 교부들에 의해서는 성경으로 여겨졌지만, 이후 사라졌다가 1883년 브리엔니

---

2) 이 제목은 또한 '복음 전도자들을 위한 지침'으로 번역될 수도 있다.

오스(Bryennios)의 대주교가 1056년으로 추정되는 — 지금은 예루살렘에 보존되어 있는 — 한 사본으로부터 인쇄를 함으로써 다시 세상에 나타나게 되었다. 이 사본의 텍스트는 1056년 이전에 여러 세기를 거치면서 일부 수정되었을 수도 있다.

처음부터 「디다케」는 여러 단편들을 조합하여 만든 저술이었다. 저술 시기와 목적에 대해서는 많은 논란이 있었지만, 「디다케」가 「바나바의 서신」(*Epistle of Barnabas*)(대략 130-40년대에 알렉산드리아에서 쓰여진 것으로 추정됨)에 의존하여 쓰여졌다는 잘못된 견해 때문에, 종종 후대의 창작(fiction)이라는 판단을 받기도 했다. 그러나 「디다케」에 전제되고 있는 교회의 성직에 관한 상황을 살펴보면, 초대 교회의 역사에 있어서 대략 70-110년 사이의 어간을 제외하고는 마땅히 위치시킬 곳을 발견하기 힘들다. 이 시기에 위치시키는 것이 이상할 수도 있지만, 다른 시기에 위치시키는 것은 더더욱 이상하다.

「디다케」는 현존하는 유대교 소책자 '두 길'(The Two Ways)로부터 차용된, 개종자들을 위한 도덕적 권면으로 시작한다. 이어서 세례를 위한 지침, 수요일과 금요일에의 금식, 주기도문의 정확한 형태(매일 세 번 암송하도록 되어 있다), 성만찬 때의 기도 등이 뒤따르고 있다. 성만찬 때의 기도에서 특이한 것은 (그리 놀라운 일은 아니지만) 바울이 해석한 것처럼 그리스도의 대속적 죽음에 대한 언급이 결여되어 있다는 점이다. 마지막 부분은 (약간 후기의 첨가인가?) 특별히 가짜 전도자들의 위험에 대단히 예민하다: 이 부분은 사도들과 선지자들, 그리고 공동체의 후대((厚待)를 요구하는 다른 방문객들을 어떻게 대접할 것인가 하는 문제와, 거짓된 선지자들을 구별해 내는 방법, 특정한 회중과 항구적으로 함께 머물기로 결심한 선지자에 대한 적합한 사례 문제, 순회 전도자가 아닌 지역 목회자의 성직 임명 문제 등이 다루어지고 있다:

> 그렇기 때문에 여러분들을 위해 주님께 합당한 감독들과 집사들을 임명하시오. 온유하고, 돈을 사랑하지 않으며, 진실되고 신뢰할 만한 사람이어야 합

니다. 이들 역시 여러분들을 위하여 선지자들과 교사들의 사역을 감당하기 때문입니다. 그렇기 때문에 이들을 경멸해서는 안됩니다. 왜냐하면 이들은 선지자들과 교사들과 더불어 영예로운 직분을 맡은 사람들이기 때문입니다.

이 저자는 지역 목회자들이 순회하는 은사가들(charismatics)만큼 존경을 받지 못할까 염려하고 있음이 분명하다. 회중들이 조직화됨에 따라, 순회 전도자들과 선지자들에 의해 수행되던 역할은 뒷전으로 물러나게 되었다. 영감있는 설교가 일반적인 지역 목회에 기대되었다. 안디옥의 이그나티우스에게 있어서 하나님의 경이로운 은총은 성령으로 말하는 감독을 중심으로 한 교회의 성례전적 삶에서 발견되는 것이었다. 「디다케」에 있어서는, 고린도 교회에 보내는 클레멘트의 서신이나 비교적 늦은 시기의 신약 문서들(딤전 3장 참조)과 같이, 지역 목회는 두 계층, 즉 감독들 또는 장로들과 집사들로 이루어진다는 것이 특이하다. 모든 증거에 따르면, 이 두 계층 사이에는 그 예전적 기능에 있어서 차이가 존재한다: 일반적인 성만찬에 있어서 장로-감독이 집례를 하는 반면, 집사는 보조 역할을 한다. 집사들은 또한 교회 재산의 관리나 자선 구제의 시행에 있어서 감독들을 도왔다. 3세기에 이르면 교회 회중의 규모가 팽창하여 집사들이 고유한 서열을 유지하지 않으면 안되었다: 키프리안의 시대에 북아프리카에서는 집사들이 성만찬의 잔을 나누어 주었다. 순교자 저스틴의 기록에 따르면, 150년경 로마에서는 집사들이 투옥되거나 병들어 성만찬에 참여하지 못한 형제들에게 축성된 떡과 포도주를 가져다 주었다. 후에 모든 교회들은 아니지만 일부에서는 집사들이 예배시에 복음서를 낭송하는 것이 관습이 되기도 했다.

교회가 도시들을 그 일차적 대상으로 삼았다는 것은 자연스런 선교 전략이었다. 그리고 이러한 도시의 행정적 통제 하에 있는 지역에는(상당히 넓을 수도 있었는데) 도시가 집사들을 파송함으로써 시골의 회중에 봉사하는 것이 일반적인 관례가 되었다. 2세기와 3세기 동안에는 집사들이 실제적으로 성만찬을 집전하는 경우가 많이 있었던 것이 분명하다. 이러한 관례는 환영을 받지 못했으며, 아를(Arles: 314) 회의와 니케아 공의회 (325)에서 명시적으로 금지되었다. 이때 쯤에는 시골의 회중을 위해 그곳에 정주하는 장로가 성만찬을 집전하는 것이 일반적이었다.

사도행전 6장의 칠인에 관한 누가의 보도는 아마도 집사직의 기원을 설명하려는 의도에서 비롯되었을 것이다. 비록 이 칠인과 집사를 처음으로 분명하게 동일시한 것은 이레니우스이기는 하지만 말이다. 로마 교회가 항상 일곱 집사를 두고 있었다는 것은 특기할 만한 일이다. 또한 3세기와 4세기의 소아시아 교회들에 있어서도 일곱 집사가 일반적이었다.

집사직은 원래 장로직을 위한 수습 성직이 아니었으며[3], 집사가 감독이 되지 않는 한, 보통은 평생에 걸친 것이었다. 로마와 같은 큰 도시들에 있어서는 집사직은 힘있는 성직이었다. 기록에 남아 있는 최초의 '수석집사' (archdeacon)는 4세기 초 북아프리카에서 나타난다. 고대의 수석집사는 오늘날처럼 장로가 아니라, 큰 재정적·행정적 책임을 떠맡은 나이든 집사였다. 많은 집사들이 특히 수석집사들이 감독직을 계승했다.

집사직에 있어서 (예배가 아닌) 구제와 관련된 책임은 여집사들도 함께 맡았는데, 이들은 특히 여자 성도들을 돌보는 일을 맡았다.

집사의 보조적 위치는 히폴리투스의 「사도적 전승」(*Apostolic Tradition*)에[4] 기록되어 있는, 알려진 바로는 최초의 안수 형태를 통해 분명히 드러난다: 모든 장로들이 감독과 함께 장로 후보생들에게 안수를 하는 반면, 집사에게는 감독만이 안수를 한다. 그것은 "집사는 사제직을 위해서가 아니라, 감독을 보좌하기 위해 임명되기 때문이다."

---

3) 모든 성직들을 거친 것으로 알려진 최초의 인물은 로마의 코르넬리우스(251-3)이다. 4세기 즈음에는 성직자는 연속적인 등급의 성직들을 마치 사다리의 계단처럼 단계적으로 거쳐야 한다는 것이 일반적으로 확립된 관념이 되었다.

4) 이 문서는 약 400년경의 라틴어 번역본 단편으로만 존재하며, 일부는 헬라어, 에디오피아어, 콥틱어, 시리아어, 그리고 아랍어로 쓰여진 다른 교회 문서들에 통합되었다. 유감스럽게도 텍스트의 전승은 4세기 후반 이전으로는 소급해 추적할 수 없다. 그렇기 때문에 이 문서외 증거를 사용함에 있어서는 주의를 기울이지 않으면 안된다.

이러한 두 계층의 성직 구조는 전체적으로 성만찬 집례와 연관되어 있다. 그러나 장로-감독들 중에서 한 사람이 수석(superiority)의 위치로 올라서게 되었으며, 다른 동료들이 '장로'라고 불리는 반면, 그는 '감독'이라는 칭호를 얻게 되었다. 이러한 발전에는 4가지 요소가 기여하였다. 장로단의 연장자에게 당연히 돌려진 첫번째의 독특한 권한은 안수할 수 있는 권한이었다. 이것은 그의 특권이 되었다. 둘째, 교회들 사이의 연락은 보통 수석 장로-감독에 의해 수행되었다. 셋째, 안수례를 행하는 엄숙한 경우, 다른 공동체의 지도자들이 자기들의 회중을 대표해서 참여하여 안수와 기도에 동참하였는데, 이는 성령의 능력과, 그리스도의 몸으로서의 공동체의 권위를 부여해 주는 것이었다. 빈번한 서신 교환과 상호 방문은 교회의 통일성과 보편성의 구체적 실현에 기여하는 것이었다. 마지막으로, 영지주의 종파들이 초래한 위기 때문에 한 사람이 교회의 통일성의 구심점이 되어야 한다는 것이 분명히 드러났다.

예루살렘에서는 처음부터 한 인물이 장로단을 지도했다. 이그나티우스의 서신은 안디옥에 다른 어떤 체계가 있었다는 암시를 전혀 보여주지 않는다. 「디다케」(시리아역)는 다른 체계를 암시하는 것처럼 보이기도 한다. 감독직이 장로단과 같은 수준에 있으면서도 장로단의 상위 성직으로 높여진 것은 사도적 권위가 사라지고 있거나 사라져 버린 다음에 일어난 일이었다. 이러한 과정에는 예루살렘과 안디옥의 예가 도움이 되었을 수도 있다. 감독은 장로들 사이에 '동등한 자들 중의 수석'(first among equals)으로 남아 있었으며, 수세기 동안 계속하여 장로들을 '동역자 장로들'이라고 불렀다. 장로들 역시 성만찬을 집전할 권위를 갖고 있었으며, 권징을 시행할 수 있는 '열쇠의 능력'(power of the keys; 마 16:19; 18:18; 요 20:23)을 위임받았다. 이 '열쇠의 능력'에 의해 공동체의 순결이 보존되고, 죄를 지은 형제들은 파문되었다.

동시에 감독이 사도들과 선지자들의 역할을 계승한 반면, 장로들은 좀더 낮은 '교사'의 역할을 계승하였다. 장로들이 장로의 안수례에 함께 참여하기는 하지만, 장로에게 안수를 하는 것은 일차적으로는 감독이었다. 그런

데 감독 자신이 임직할 때는 그 교회의 장로들이 안수에 함께 참여하는가 하는 문제에 대해서는 지역에 따라 관습이 달랐다. 알렉산드리아에서는 3세기까지 장로들이 함께 안수에 참여했던 것으로 기록되어 있으며, 방문 감독들에 대한 언급이 전혀 없다.

그러나 히폴리투스(Hippolytus) 시대의 로마에서는 단지 다른 교회들에서 방문한 감독들만이 임직할 자에게 안수를 행했으며, 그 감독들 가운데서 주례자를 선출하였다. 임직 예배는 주일에 거행되었다. 감독의 선출은 전체 회중 즉 성직자들과 일반 신자들 모두에게 달린 것이었는데, 이것은 만장일치의 형식을 취하는 이상적인 제도이기는 하지만, 실제로는 분열을 초래할 수가 있었다. 이와 마찬가지로 장로와 집사의 안수에 있어서도 회중에 의한 선출은 큰 역할을 하였다.[5]

4세기에 그리스도인 황제가 나타나게 되면서, 특별히 일부 지역 교회가 격정적인 분열에 휩싸이게 되면서, 중요한 도시들의 감독은 황제에 의해 임명되는 것이 일반적 관례가 되었다. 그렇지만 어떤 선출 체계나 임명 방식도 오용의 소지가 전혀 없는 것은 아니며, 황제라고 해서 항상 사심이 없지는 않다는 것이 곧 드러나게 되었다.

감독이 동료 장로들 중에서 우월한 위치를 차지하는 것이 분명하게 드러나는 그 때에 순회적 전도 사역은 지역적 목회적 사역으로 바뀌고 있었다. 부분적으로는 사도 시대를 이상화시키는 경향 때문에, 이러한 두 변화 외에도 동시에, 역동성으로부터 형식주의로, 자유로부터 엄격성으로, 심지어는 일반 신자 중심의 민주주의로부터 성직자 중심의 권위주의 체제로의 이행이 이루어졌다고 주장하는 학자들이 종종 있었다. 그렇지만 사실은 그렇게 단순하지 않다. 실제로 속사도 시대(sub-apostolic age)만큼이나 권

---

5) 새로운 감독을 선출하는 과정은 날카로운 분열상을 노정할 수 있었다. 만장일치에 의한 선출은 특별한 은총이라고 여겨질 만큼 매우 드문 일이었다. 적지 않은 경우들에 있어서 일반 신자들의 선택은 특별한 고려에 의해 이루어지기도 했다. 3세기 중반 로마의 파비안(Fabian)은 비둘기 한 마리가 그의 머리 위에 내려 앉았기 때문에 감독으로 선출되었다. 신자들은 이것을 성령의 선택을 상징한다고 믿었다.

위가 스스로를 주장함에 있어서 어려움을 겪고, 자유란 거의 무정부 상태를 의미했던 시기는 교회의 역사에 있어서 거의 없었을 것이다.

2세기 중반 이후 교회 안에 신앙과 질서에 있어서의 표준화를 향한 강한 노력이 있었다는 것은 사실이다. 교리상의 다양성들, 예전적 관습상의 문제들(예를 들면 부활절 준수), 그리고 성경 선택의 문제들이 점점 통일되어 갔다. 이러한 과정에 있어서 모든 사람들이 원칙적으로 동의했던 전제는 교회는 하나이기 때문에, 그 신앙과 관습들이 통일되어야 한다는 것이었다. 교회의 직제에 있어서 다양성은 초기 선교 사역의 유산이었다. 어떤 교회들에 있어서는 한 사람에게 모든 권위가 위임되었으며, 다른 교회들에 있어서는 한 사람의 지도자만을 세우기가 적합하지 않아, 장로단에 책임을 맡기는 것이 최상으로 보이기도 했다.

선교 사역의 많은 부분은 어떤 교회나 사도와도 관계를 갖지 않은 채 활동하는 개인 전도자들에 의해 이루어졌으며, 속사도 시대의 지도적 교회들에게는 이렇게 하여 생겨난 회중들을 교회 안에 연합시키는 것이 중요한 과제였다. 2세기에는 한 도시 안에 한 감독, 장로들, 집사들이 있는 세 계층 구조가 논란없이 교회에 받아들여졌다. 자연스럽게 이루어진 그 이상의 발전은 지역 체계(provincial system)였다. 3세기에는 이 지역 체계에 의해 제국 지역의 대도시의 주교(감독)들에게는 특별한 권위가 부여되었으며, 제국의 가장 큰 세 도시, 즉 로마, 알렉산드리아, 안디옥의 주교들에게는 더욱더 큰 영예가 돌려지게 되었다. 이 세 도시는 니케아 공의회의 여섯번째 법 조항(canon)에서는 행정적 경계를 넘어서는 관할권을 갖는 것으로 선언되고 있다. 이러한 모든 발전은 혼란스런 교회 조직이 좀더 분명하게 질서잡힌 체제로 이행하는 과정을 보여준다.

직접적인 영감과 간접적인 권위 사이의 대립은 170년대의 몬타누스 주의 위기에서 날카롭게 드러난다. 프리기아(Phrygia) 출신의 몬타누스는 브리스가(Prisca)와 막시밀라(Maximilla)와 함께 성령에 사로잡혀, '황홀경' 상태에서, 즉 정상적인 지각을 상실한 상태에서 보혜사가 주시는 말씀을 대언했다. 다른 그리스도인들이 반대했던 것은 말씀이 대언되는 이러한 특정 방식이었다. 이러한 황홀경 속의 예언은 성경의 선지자들의 예언과 같이 삼인칭으로 이루어지는 것이 아니라, 성령께서 선지자의 입을 도구로 사용하시면서 직접적으로 말씀하시는 형태를 취했기 때문이다. '새로운 예언'의 내용은 영지주의가 종말론적 대망을 제거한 것에 적대적이었으며, 문자적인 육체의 부활과 종말의 임박성을 주장하는 것이었다. 요한 계시록에 예언된 것처럼, 주님께서는 성도들과 함께 천년 동안 세상을 통치하시기 위해 곧 오실 것이다. 애향심 때문에 이들은 하늘의 예루살렘이 프리기아에 내려올 것이라고 주장했다.

몬타누스주의자들은 주님의 백성이 모두 선지자라고 생각하지는 않았으며, 동료 그리스도인들에게 보혜사가 선택한 세 사람의 예언의 초자연적 성격을 '인정할 것'을 요구했다. 이들을 거부한다는 것은 성령에 대한 신성모독이라는 것이었다. 이러한 요구는 소아시아의 교회를 분열시켰다. 일부는 새로운 예언이 하나님이 주시는 것이라고 생각했으며, 일부는 사탄적이라고 생각했다. 궁극적으로는 몬타누스주의에 반대하는 입장이 승리를 거두었지만, 대가를 지불하고서 였다.

두아디라(Thyatira)에서는 전 교회가 거의 한 세기 동안 마지막 한 사람까지 몬타누스파에 남게 되었는데, 비석에 새겨진 글들을 보면 이 종파가 어떻게 존속해 나갔는지 알 수 있다.[6] 대부분의 교회들에서는 인정을 받지 못했지만(로마에서는 두 파가 모두 주교의 지지를 얻기 위해 한동안 경쟁했었다), 그 도덕적 엄격주의와 부흥 윤리때문에 아프리카에서는 탁월한 수사학자 터툴리안을 개종자로 얻게 되었다. 터툴리안은 가톨릭 신자들이 교회가 영적인 사람들이 아니라 주교들에 의해 구성된다고 여겼기 때

---

6) 이 비문들은 몬타누스주의자들이 세상 앞에서 자기들의 신앙을 공개적으로 고백함에 있어서 가톨릭 교인들보다 훨씬 더 비타협적이었다는 것을 말해준다. 3세기에 명백하게 그리스도교적 묘비를 발견할 수 있는 곳은 실제적으로는 몬타누스주의의 본 거지인 중부 프리기아 지방에서일 뿐이다. 이 묘비들에서는 종종 '그리스도인들이 그리스도인들에게'라는 도전적인 문구가 사용된다. 다른 지역들에서는 이 시기의 그리스도인들의 무덤에 관해 중립적 표현들이 사용되었다.

문에 죽음의 순간까지도 그들을 맹렬히 비난하였다.

로마의 히폴리투스에 의해 제시된 것처럼, 정통 진영의 대답은 정확하게 몬타누스주의의 치명적 약점, 즉 그 분열적 성향을 향해 가해졌다: 기적적 은사들의 문제는 받아들일 수도 있다. 그러나 가장 놀라운 기적은 개종이며, 따라서 모든 신자들은 한결같이 성령의 은사들을 소유하고 있다는 것이다. 하나님의 초자연적인 은사는 말씀과 성례의 정상적인 사역 안에서 분별되는 것이지, 교만과 다른 사람들에 대한 비판으로 이끄는 비이성적 황홀경 속에서 찾아지는 것이 아니라고 그는 주장했다.

가톨릭 교회에 끼친 몬타누스주의의 주된 영향은 계시는 이미 사도 시대와 더불어 종말을 고했다는 확신을 크게 강화시켰으며, 따라서 신약 정경이 완결되도록 촉진시켰다는 것이다. 이레니우스는 여전히 자신이 기적과 계시의 종말론적 시대에 속해 있다고 생각하는 최후의 저술가였다.

제 3 장

확장과 성숙

성공의 원인들

사도행전의 저자와 같은 초기의 저술가에게조차도(아마도 약 80년 무렵), 교회의 확장은 참으로 불가능한 것들이 연속적으로 실현되는 것으로 여겨졌다. 어떤 정상적인 기대의 기준을 가지고 본다 할지라도 교회의 성공보다 더 가능성이 낮은 것은 없어 보였다. 그것은 이상한 우연의 긴 이야기처럼 보였다. 이 이야기 속에서는 인간의 의도는 종속적인 역할만을 하고, 신앙의 눈만이 지혜로운 섭리의 조용한 사역을 분별할 수 있는 능력이 있었다.

이교도 저술가 켈수스(약 180년 무렵)는 적대적인 외부의 관찰자로서 차가운 눈으로 이 모든 것을 지켜 보았다. 그는 하나의 사회적 그룹으로서 그리스도인들이 긴밀한 구조와 응집력을 갖고 있음을 알았고, 그 안에서 그리스도인들이 갖고 있는 힘의 주된 원천을 발견하였다. 그렇지만 그의 견해에 따르면 이러한 사회적 응집력은 어떤 내적인 원리의 결과가 아니라, 단지 박해받고 있다는 사실의 결과일 뿐이었다: "그들의 사회적 일치는 상당히 놀랍다. 어떤 신뢰할 만한 기초 위에 세워진 것이 아님을 안다면 더욱 그러하다. 그렇지만 그들은 사회적 일탈과 그것이 가져다 주는 장점, 그리고 외부인들에 대한 두려움에 서로간 일치를 위한 신뢰할 만한 토대를 갖고 있다. 이러한 요소들이 그들의 신앙을 강화시키는 것들이다."

그리스도인들이 촉발시킨 박해는 분명히 그들을 결속시킨 중요한 요소로 여겨질 수 있을 것이다. 비록 그들의 사회적 추진력이 단지 자신들이 사회에 의해 배척당하고 있다는 사실에 대한 일종의 내부적인 보상 현상이라고 설명하는 것이 분명히 지나치게 단순한 것이기는 하지만 말이다. 켈수스는 그리스도인들이 체포를 두려워하여 비밀리에 예배를 드린다는 것도 또한 잘 알고 있었다. 사람들에게 널리 알려진다는 것은 위험한 일이었다. 또한 때로는 성만찬 때 충분히 희석되지 않은 포도주의 냄새가 약간 나서 들통이 날 수도 있었다. 초기의 교회당은 개인의 집을 그대로 사용했으며, 회중이 증가하면서, 점차적으로 내부를 변경시켰다.

4세기에 이르러서야 교회당은 비로소 '공공의'(public) 건축물 양식을 갖게 되었으며, 외관만 보고도 알아볼 수 있게 되었다. 그럼에도 불구하고, 박해 때문에 교회가 지하 묘지로 숨어들었으며, 성례는 일종의 혈거적 생활 속에서 이루어져야만 했다고 생각하는 것은 착각이다. 박해는 교회를 지하로 쫓아내기는커녕 정반대의 효과를 가져왔다. 2세기에 소아시아의 한 지방 총독이 그리스도인들을 박해하기 시작했을 때, 이 지역의 모든 그리스도인들이 자신들의 신앙의 공개적 고백과 불의에 대한 항거의 표시로 총독의 관저 앞에서 시위를 했다. 처음부터 그리스도인들은 외부의 견해에 비정상적일 정도로 예민한 집단이었다. 그들이 극복해야만 하는 적은 편견과 오해였다.

그리스도교로 개종을 하게 되는 동기들은 의심의 여지 없이 오늘날만큼이나 다양하다. 부도덕의 혐의를 받고 있는 비밀스런 종파에 대한 호기심, 순교의 목도, 친구가 그리스도인인 경우 — 이 모든 것들이 사람들로 하여금 그리스도교를 더 알고 싶어하게 만든 원인들이었다. 좀더 깊은 차원에서 말한다면, 그리스도교 복음은 그리스도 안에서의 하나님의 은총에 대해, 병든 영혼들을 위한 죄의 용서와 악한 세력의 정복에 대해 말했다. 병든 영혼들은 삶에 지쳐있고 죽음 앞에는 두려움을 느끼는, 개인이 숙명에 굴복하는 것 외에는 다른 도리가 없는 이 세상에서 불멸에 대한 확신과 안전과 자유를 갈구하는 사람들이었다.

개종의 조건은 세례시의 서약이었다: 죄를 포기하고, 악한 영들, 우상, 점성술, 마술 등과 관련된 모든 것들을 거부하는 것과, 아버지 하나님에 대한, 그리스도의 삶과 죽음 그리고 부활이라는 구속적 행위에 대한, 그리고 교회 안에 활동하고 계신 성령에 대한 믿음을 선언하는 것이었다. 비록 모든 개종자들이 자신들을 병든 영혼으로 인식했던 것 같지는 않으며(상대적으로 소수의 사람들만이 죄책과 눈물로 그리스도교로의 길을 발견했으며, 다른 시대보다도 이 시대에 많은 사람들이 고통과 불안에 겨워했다는 어떤 증거도 없다), 세례와 거룩한 식사에의 허입은 과거와의 단절과, 이제 그리스도인이 자신의 양심이 인식한 이상과 도덕적 명령에 따라 살아갈 수 있는 은총의 선물을 뜻하는 것이었다.

간단히 말하면, 그리스도교는 진정한 행복에(그것은 단지 행복하다고 느끼는 것 그 이상이었다) 대한 인간의 갈망에 직접적으로 응답했다. 귀족 출신의 세네카의 저술들과 노예였던 에픽테투스, 그리고 (현저하게 개인적·내성적·사변적인 분위기의) 황제 마르쿠스 아우렐리우스에게서 고상하게 대변되는 고대의 스토아주의는 행복이란 우리가 획득하고 보유할 수 없는 일체의 사물들에 대한 욕망을 억제함으로써 성취할 수 있다고 가르쳤다: "이 세상의 외적인 무질서와 육체의 질병 앞에서 당신 자신 안으로 물러나서 그곳에서 신을 발견하라." 스토아적 영혼은 고통의 바다 한가운데 감정에 의해 전혀 동요되지 않은 채 당당하게 서 있었다.

그리스도인들은 스토아 윤리에서 마음에 맞는 많은 것을 발견했으며 ("세네카는 종종 그리스도인처럼 말한다"고 터툴리안은 기술하고 있다), 스토아주의의 지혜에 많은 빚을 지고 있다는 것을 부정하려 하지 않았다. 양자의 차이는 그리스도인들이 그리스도인의 삶을 가능케 하는 것으로서 하나님의 은총을, 인간의 노력이 지향해야 할 목표로서 (개인의 자존심이 아니라) 하나님에 대한 사랑을, 그리고 동료 인간들에 대한 '사랑' (charity)의 실천을 강조했다는 점이다.

사랑의 실제적 실천은 아마도 그리스도교의 성공에 있어서 가장 주된 유일한 원인이었다. "이 그리스도인들이 서로를 얼마나 사랑하는지 보라"

(터툴리안에 의해 보고된)는 이교도의 논평은 빈정대는 말이 아니었다. 그리스도인들의 사랑은 가난한 자들, 과부들과 고아들을 돌보는 데서, 감옥에 갇히거나 또는 광산에서 죽음 같은 노역을 선고받은 형제들을 방문하는 데서, 그리고 기근, 지진, 역병, 또는 전쟁과 같은 재난의 때에 사회적 봉사 활동을 펼치는 데서 잘 드러났다.

(회당의 선례를 따라) 교회 공동체가 가난한 형제들에게 제공했던 특별한 봉사는 이들의 장례를 치러주는 것이었다. 2세기 후반에 이르면 어쨌든 로마와 카르타고에서는 신자들을 위한 묘지들을 구입하기 시작한다. 이러한 가장 오래된 묘지들 중의 하나가 로마의 남쪽 아피아 가도(Appian Way)에 위치한 카타쿰바스(Catacumbas)라는 이름의 장소이다. 이로부터 지하의 회랑 형태로 된 공동 묘지가 '카타콤'(catacombs)이라는 이름을 얻게 되었다.

나그네들에 대한 환대는 특별히 중요한 사랑의 행위였다. 그리스도인 형제는 자신의 신앙에 대한 증거를 제시하기만 하면, 최대 사흘 동안은 아무런 질문도 받지 않고 확실하게 숙식을 제공받을 수 있었다. 감독은 특별히 전도 여행 중인 선교사들을 위해 이러한 환대를 제공할 일차적 책임을 가졌다. 따라서 감독은 이러한 목적을 위해 교회의 수입을 관할해야 했다.

처음에는 성직자의 사례비는 그때 그때 교회의 수입에 따라 적당히 지불되었다(카르타고의 키프리안의 시대에는 매달 1회). 교회에 기부금이 늘어나면서 모든 교회들은 아니라 할지라도 최소한 많은 교회들에서 성직자들에게 고정된 사례비를 지불하는 것이 가능하게 된 것은 상당한 기간이 경과한 다음이었다. 교회의 수입을 나누어 주어야 할 여러 종류의 사람들에게 이것이 배분되는 비율은 지역에 따라 차이가 있었다. 5세기 로마에서는 수입의 1/4은 주교에게 지급되었고, 나머지 3/4으로 다른 성직자들, 구제 목록에 올라있는 병들고 가난한 자들, 그리고 교회 건물의 유지에 똑같이 삼등분하였다. 각 교회가 재정적으로 독립해 있었기 때문에, 대도시나 또는 사람들이 많이 찾는 성당에서 봉직하는 성직자들은 부유한 반면, 시골 성직자들의 사례비는 빈약한 형편이었다. 교회 재정 담당자의 일차적 책임은 가난한 자들을 돕는 것이었으며, 부유한 장식과 화려한 교회당에 헌금을 사용하는 주교들은 일반적으로 비난을 받았다. 어쨌거나 콘스탄티누스 이전 시대에는 교회의 화려한 장식 문제는 제기되지 않았다.

헌금의 분배는 명백히 잘못될 소지가 있었다. 1세기에 이미 「디다케」의 저자는 거짓 형제들에 의한 착취에 관해 경고하고 있다. 이교도 풍자가인 사모사타의 루키아노스(Lucian of Samosata)는 이에 관해 생생하고 비참한 묘사를 제시하고 있다. 그에 따르면, 페레그리누스 프로테우스(Peregrinus Proteus)라는 이름의 사기꾼이(다른 2세기의 이교도들은 그에 관해 좀 더 친절하게 말하고 있다) 대단히 세속적인 이유만으로 그리스도인이 되었다가, 주교직에까지 올랐으며, 시리아 총독에 의해 감옥에 갇히게 되었다. 그러나 그는 고상한 고백자(confessor)에 대한 자기 교회의 헌신을 교묘하게 이용하여, 풀려나기 전에 상당한 물질적 이득을 얻고, 다음 모험을 위해 떠난다는 것이다. 루키아노스는 인간에 대해 경멸적인 견해를 갖고 있었으며, 그리스도교란 단지 인간의 불합리성과 어리석음에 대한 또 다른 증거에 불과하다고 생각했다. 그렇지만 그는 그리스도인들이 재물에 대해 믿을 수 없을 정도로 관대하며, 수혜자들을 지나치게 꼬치꼬치 조사하기보다는 너그러운 편을 택한다는 것을 알고 있었다.

251년 무렵 로마 교회의 재산은 엄청나게 불어나, 그 일반적 수입만으로 주교와 46명의 장로, 7명의 집사, 7명의 부집사, 42명의 복사(acolytes), 52명의 축귀사, 독경사 그리고 문지기들 뿐만이 아니라 1,500명 이상의 과부와 가난한 사람들을 부양하고 있다. 후자의 사람들은 모두 '주님의 은총과 자비에 의해 부양되는' 사람들이었다. 로마 교회는 또한 3세기 야만족들의 침략으로 인한 황폐화로 고통받던 지역들의 어려운 그리스도인들에게 너그러운 도움을 베푼 것으로 잘 알려져 있다. 250년 데키우스(Decius) 황제 치하의 박해시에는 많은 수의 도망자 주교들이 로마로 피신하여 그 광대한 도시에 몸을 숨기고, 자신들을 부양하는 로마 교회의 부(富)에 의지해 있을 수 있었다.

그렇지만 헌금의 분배는 신자들에게만 국한된 것은 아니었다. 교회에 의해 제공된 이러한 도움은 당시의 세계에 있어서는 매우 인상적인 것이었다. 2세기의 짧은 시기와 다시 배교자 율리아누스(Julian the Apostate)가 교회의 이상을 이교에 통합시키고자 시도했던 짧은 시도를 제외하고는, 당시 제국 정부는 사회 복지를 위한 일반적인 프로그램을 시도할 엄두조차 내지 못하고 있었던 것이다.

그리스도교가 불법이었기 때문에, 교회는 그 자체로서는 재산을 소유할 수 없었다. 4세기 초부터, 아마도 심지어는 260년 갈리에누스(Gallienus)의 관용 칙령 때부터 이미 헌금과 토지가 유언에 의해 교회에 증여되기 시작했다. 이러한 증여를 합법화시키는 321년 콘스탄티누스의 법 제정은 이미 이러한 증여가 이루어지고 있었으며, 몇몇 경우들에는 그 타당성이 논란이 되고 있다는 것을 전제하고 있다. 이 법 제정의 결과 4세기에는 교회에 증여된 재산이 매우 증가하게 되었다. 소아시아와 시리아에서는 4세기 후반 개인 재산의 일정 비율을(보통 1/3) 교회에 증여하는 것이 일반적이었다. 서방에서는 교회에 할당된 비율이 재산 상속자가 또 하나의 아이가 있을 경우를 가정하고 그에게 돌아갈 수 있는 몫과 같은 것이었다. 즉 서방에서는 가족들의 필요에 좀더 많은 관심을 기울였던 것이다. 마르세유(Marseilles)의 장로였던 살비안(Salvian; 400-480)은 색다른 견해를 표방하고 있는데, 야만족의 침략 때문에 구호 대상자들이 늘어나게 되자, 재산 상속을 비난하면서, 가족에게 무엇인가를 상속해 준다는 것은 영원한 유익에 해를 끼치는 행위라고 가르쳤다.

그리스도교는 특별히 여인들 사이에서 매우 성공적으로 전파되었던 것으로 보인다. 처음에는 그리스도교가 부인들을 통하여 사회 상류층에 침투하는 일이 종종 있었다. 그리스도인들은 하나님 앞에서 남자와 여자의 동등성을 믿었으며, 남편은 아내를 마치 그리스도께서 교회를 사랑하신 것과 같은 그러한 사랑과 관심을 가지고 대해야 한다는 신약 성경의 계명을 발견하였다. 결혼의 거룩성에 관한 그리스도교의 가르침은 결혼한 여인들에게는 강력한 보호를 제공해 주었다.[1] 그리스도교의 성 윤리는 이교 사회의 관습적 기준과는 달랐다. 그리스도교는 남편의 부정을 아내의 부정 못지않은, 성실성과 신뢰에 대한 심각한 침해로 간주했다. 그리스도 안에는 남자도 여자도 없다는 사도의 가르침(갈 3:28)은 정치적 해방을 위한 프로그램을 의미하는 것으로 여겨지지는 않았는데, 이것은 고대 사회에서는 생각조차 할 수 없는 것이었다. 그리스도교에 있어서도 여성들의 사회적 역할은 가정을 돌보는 주부와 아내의 역할로 여전히 남아 있었다. 동시에 그리스도교는 다른 어떤 종교보다도 일상적인 사회적 형태에 깊은 영향을 끼쳤으며, 거의 예외적이라고 여겨질 만큼 개인의 도덕적 선택에 따르는 책임을 강조했다.

그리스도교는 여성이나 노예들에게 정치적 해방을 선사하지는 않았지만, 모든 사람은 하나님의 형상으로 창조되었으며, 또한 모두가 같이 그리스도 안에서 구속함을 받았으며, 따라서 절대적인 존중심을 가지고 대해져야만 한다는 가르침으로 이들의 가정 내에서의 위치를 매우 고양시켰다. 하나의 사회적 제도로서의 노예제에 관해 교회가 보수적 태도를 취하게 된 것은 정치적 무관심 때문이 아니라, 로마서 13장에 기술되고 있는 것과 같은 국가와 법에 대한 존중 때문이었다. 한 인간이 다른 인간에 대해 소유권을 갖는다는 것은 악으로 여겨졌으며, 따라서 아담 이후 인간의 타락상태에서 비롯된 결과라고 생각되었다.

바울 사도에 따르면, 노예제도는 불신자와의 결혼과 같은 것인데, 그리

---

1) 결혼이 깨어졌을 때, 어려운 목회적 문제들이 발생했다. 배우자의 부정이 반드시 이혼을 요구하는 것인지, 아니면 단지 허락하는 것인지에 대해서는(후자가 지배적 견해였다) 견해의 차이가 존재했다. 마태복음 5:32, 19:9에 근거하여 배우자의 부정이 이혼의 사유가 된다는 것에 대해서는 견해가 일치했다. 이혼한 사람들의 재결혼에 대해서는 더 큰 견해차가 존재했다. 아우구스티누스의 경우는 부정을 범하지 않은 배우자가 재결혼하는 것은 경미한 죄라고 판단했다. 3세기에는 어떤 목회적 상황 하에서는 재결혼하는 사람들을 교회가 축복하는 것이 가능하다고 생각하는 주교들도 있었다. 그리스도인 황제들의 입법은 이혼을 좀더 어렵게 만드는 경향이 있었는데, 그것은 아이들의 필요에 대한 고려 때문이었으며, 결혼에 대한 일관성 있는 가르침에 근거한 것은 아니었다. 이러한 가르침은 아우구스티누스 이전의 저술들에서는 거의 발견되지 않는다.

스도인 배우자가 먼저 이혼을 추구해서는 안된다는 것이다(고전 7:17-24). 바울이 (아마도 도망한) 노예 오네시모를 자신의 친구 빌레몬, 압비아, 그리고 아킵보에게 돌려주면서, 위트와 진지함이 조화를 이룬 멋진 편지를 썼을 때, 그는 그리스도인은 원칙적으로 그를 해방시켜 주어야 한다고 요구하지 않았다. 비록 이 특별한 경우에 있어서 바울은 의심의 여지없이 소유주 빌레몬이 그렇게 하기를 원했음에도 불구하고 말이다. 왜냐하면 그는 오네시모를 '복음을 위하여' 자기에게 돌려주기를 요청하고 있기 때문이다.

노예를 해방시키는 것은 '선한 일'로 여겨졌으며, 교회의 재정은 혹독한 주인 하에 있는 노예나 전쟁 포로로 인해 노예가 된 사람들을 해방시키는 데 사용되곤 했다. 그리스도인 주인은 주교의 입회 하에 노예를 해방시키겠다는 자신의 의지를 엄숙하게 선언하기도 했다. 이것은 콘스탄티누스에 의해 관리 앞에서의 공식적인 노예 해방과 동등한 법적 효력을 부여받았다. 교회 안에서 주인과 노예는 형제였다. 한때 노예였다가 해방된 여러 사람들은 나중에 주교직에까지 오르기도 했는데, 잘 알려진 이로는 3세기의 로마의 칼리스투스(Callistus)가 있다.

4세기 후반 무렵 제국법은 주인의 허락이나 금전적 보상 없는 노예의 안수를 금지시킴으로써 재산권을 보호하기 시작했다. 로마법 하에서는 노예가 합법적인 결혼을 할 수 없었지만, 교회는 노예와 자유인 사이의 결혼을 해소할 수 없는 것으로 여겼다. 노예 제도 그 자체에 대한 저항은 4세기에 이르러 그리스도인들이 사회적 정책에 영향을 끼칠 수 있는 위치를 차지하게 되었을 때, 비로소 나타나게 되었다. 그러나 이 시기에 교회는 재산 증여로 인해 거대한 토지 소유주가 되었고, 성직자들에 대한 사례비를 지불하기 위해 기부에 의존하고 있었기 때문에, 주도적으로 경제적 변화를 추구하기에는 어려운 위치에 있었다. 노예 제도에 대한 이러한 저항은 고대 세계의 경제 체제를 근본적으로 변혁시키기에는 너무나 미미했고, 또 너무나 때늦은 것이었다. 다만 미래를 위한 프로그램의 윤곽을 제시한다는 역사적 의미만을 가질 뿐이었다.

교회의 지리적 확장

그리스도교는 시리아에서 급속도로 확장되었고, 북서쪽으로 소아시아와 헬라로 전파되었다. 그렇지만 북동쪽으로는 제국의 경계 뿐만 아니라 언어 장벽과도 만나게 되었다. 수도가 에데사(Edessa)인 오스르호에네(Osrhoene) 왕국이 제국 바깥에 216년까지 존속하고 있었는데, 에데사의 지식인들은 헬라어를 할 줄 알았지만, 이 왕국의 언어는 시리아어였다. 2세기 중에 그리스도교 공동체가 에데사에 세워졌다. 구성원 중 가장 저명한 신자인 바르데사네스(Bardesanes)는 대왕 아브가르(Abgar the Great) 9세와 친한 사이였는데, 왕 역시 나중에 그리스도교로 개종했다. 바르데사네스는 학식이 뛰어난 사람이었으며, 그의 시는 시리아 문학에 있어서 거의 고전적인 위치를 차지할 정도로 높은 수준을 가진 것이었다. 그는 개종하기 전에는 점성술의 대가였다.

한 학생이 그의 가르침을 요약해 책으로 펴냈는데, 많은 표절이 있기는 하지만 광범위한 비교 연구에 근거를 둔 것이었다. 이 책은 다양한 종족들의 서로 다른 종교적 관습들은 점성술의 신념을 무효화시키지만, (켈수스와 같은) 이교도들이 주장하는 것처럼, 성경의 유일신론에 반대하여 다신론이 진리라는 것을 입증해 주지는 않는다고 주장한다. 그렇지만 그는 예배에 있어서의 모든 다양성과 또 모든 악이 단지 자유 의지에 근거한 것이라고는 인정하지 않는다. 자연에도 또 인간의 의지에도 귀속시킬 수 없는 세상의 이러한 요소들은 천사들과 악마들의 싸움, 그리고 운명에서 기인하는 것이라고 그는 말하고 있다. 운명은 점성술사들이 생각하는 것처럼 그렇게 강력한 것은 아니지만, 그래도 상대적인 어떤 힘을 갖고 있다는 것을 그는 인정한다. 이 점에 있어서 많은 영지주의 주제들과 표상들이 세상에 대한 그의 시적 환상 안으로 들어오기 시작한다. 비록 그가 에데사에 있는 마르키온주의자들을 격렬하게 반대하기는 했지만, 그가 정통이라고 생각한 것은 안디옥에서는 신뢰를 받지 못했다.

에브라임(Ephraem: 306-73)과 같은 후의 시리아 그리스도인은 그를 위험한 천재로 여겼다. 그의 영향을 차단시키기 위하여 안디옥의 주교 세라피온(Serapion)은 200년 무렵 팔루트(Palut)라는 이름의 에데사 그리스도인을 에데사 주교로 세웠다. 처음에 팔루트는 단지 작은 소수파 그룹만을 목회했다. 그러나 나중에 에데사가 제국의 일부가 되고난 다음에는, 팔루트 그룹은 자신들은 바르데사네스의 추종자들이 누리지 못하는 안디옥과 로마와의 가톨릭적 친교를 누린다는 것을 보여줄 수 있었다.

　3세기의 에데사 교회는 예수의 72인의 제자 중 하나인 아다이(Addai)가 에데사 교회의 창설자라고 주장했다. 아다이는 흑왕 아브가르(Abgar the Black: 약 주후 9-46)가 예수께 쓴 편지에 대한 응답으로 에데사에 파송되었다는 것이다. 에데사 교회는 에데사가 결코 정복당하지 않으리라고 약속하는 예수의 답장을 만들어 냈다. 아브가르와 예수가 주고받았다는 서신은 악을 물리치기 위해 집에 새겨진 대중적인 부적이 되었다(가장 이른 예는 5세기의 소아시아에서 찾아 볼 수 있다. 이 사본들은 아직도 20세기 영국에서 발견할 수 있다). 216년 제국에 통합되면서 안디옥과의 관계는 더욱 긴밀해졌는데, 이는 적절한 시기에 한 가지의 중요한 변화를 메소포타미아의 그리스도인들에게 초래하였다: 그들은 각각의 복음서들에 대한 초기 시리아 번역본을 갖고 있었지만, 일반적으로는 '조화 복음서' 즉 타티안의 「디아테사론」을 사용하였다. 「디아테사론」의 헬라어 단편이 유프라테스 강가의 두라(Dura)에 위치한 로마 요새 유적지에서 발견되었는데, 이곳에서 또한 가장 오래된 교회당이 발굴되었다. 4세기 또는 5세기에 「디아테사론」은 페쉬타(Peshitta) 즉 표준 시리아 번역본에 그 자리를 내주게 되었는데, 「디아테사론」의 텍스트는 오늘날 이로부터 나중에 개작된 아랍어판, 페르시아판, 라틴판, 화란판, 이탈리아판, 그리고 중세 영어판들로부터 재구성되어야만 한다.

　「도마 행전」(*Acts of Thomas*: '영혼의 찬양'[2]이라는 경이로운 시로 유명하다)에 있는 3세기의 전설에 따르면, 페르시아뿐만 아니라, 심지어는

---

2) M. R. James, *Apocryphal New Testament*, pp. 364-438.

인도, 아마도 말라바르(Malabar) 해안에 그리스도인들이 존재했다는 개연
성 있는 증거가 있다.

선교 사역의 주류는 서쪽으로 흘러갔으며, 바울 사도의 눈이 이탈리아와
스페인을 바라보고 있었다는 사실은 그리스도교와 유럽의 문화를 장차 동
일시하게 되는데 결정적인 것이었다. 로마서가 쓰여졌을 당시, 로마에는
이미 상당히 큰 교회가 존재했으며, 이탈리아의 다른 도시들로 복음은 빠
른 속도로 퍼져 나갔다. 주후 79년 베수비우스(Vesuvius) 화산의 폭발로
파괴된 폼페이(Pompeii)에서는 정사각형 형태로 된 비문이 발견되었다.

R O T A S
O P E R A
T E N E T
A R E P O
S A T O R

이 글자들은 A와 O를 사용하여 PATERNOSTER('우리 아버지'라는
라틴어 주기도문의 첫구절)가 되도록 재배열할 수 있으며, 생각건대 아마
도 그리스도인들의 암호가 아니었나 싶다.[3] 만일 이러한 추정이 정확하다
면, 폼페이에는 79년 이전에 그리스도인들이 존재했다는 말이 된다. 250
년 무렵 이탈리아에는 약 100개 정도의 주교 교구가 있었다.

갈리아(Gaul), 브리튼(Britain) 그리고 스페인에서는 선교가 좀더 느리
게 진행되었다. 갈리아 지장의 그리스도교는 바울의 제자 그레스게
(Crescens: 딤후 4:10)와 더불어 시작한 것으로 보인다. 2세기 론
(Rhône) 계곡에는 리용(Lyons)의 주교를 중심으로 소아시아와 긴밀한

---

3) 아마도 107년으로 추정되는 이러한 또 다른 비문 형식이 최근에 한때 판노니아
(Pannonia) 지방의 수도였던 아퀸쿰(Aquincum: Budapest)에 있는 로마의 총독 관저
에서 발견되었나.

관계를 갖고 있는 헬라 그리스도인 공동체가 성장하고 있었으며, 한 집사의 지도 아래 비엔느(Vienne) 부근에도 선교 교회가 있었다. 이들은 177년 마르쿠스 아우렐리우스 황제의 박해 때에 엄청난 고통을 받았으며, 이후 얼마되지 않아 영지주의 교사들의 침입을 받게 되었다. 이 때문에 리용의 주교 이레니우스는 '잘못하여 지식이라 불리는 주장에 대한 논박'(A Refutation of the Knowledge falsely so-called)이라는 명저를 썼다. 이레니우스는 헬라어는 물론 켈트어로도 설교를 했는데, 그 결과 원주민들의 복음화가 시작되었다. 4세기가 시작할 무렵 여러 주교 교구들이 새로 생기게 되었는데, 아를(Arles), 베종(Vaison), 오텡(Autun), 루앙(Rouen), 파리, 보르도(Bordeaux), 트리어(Trier), 그리고 랭스(Rheims) 등이 포함된다.

　그리스도교가 얼마나 이른 시기에 영국에 도달했는지는 분명하지 않다. 터툴리안과 오리겐은 복음이 머나먼 브리튼이라는 야만인들의 섬에까지도 전파되었다고 수사학적으로 말하고 있지만, 그곳에 교두보를 구축한 것은 아마도 3세기 중반이 지나서였을 것이다. 아를 회의(314)에는 세 명의 브리튼 주교들이 참석했는데, 런던, 요크(York) 그리고 콜체스터(Colchester) 아니면 링컨(Lincoln)의 주교였다. 브리튼 주교들은 또한 359년의 불행한 아리미눔(Ariminum: Rimini) 회의에도 참석하였다. 이들 중의 세 사람은 너무나 가난하여 여행 경비를 부담하기 어려울 정도였지만, 다른 주교들은 충분히 감당할 수 있었다는 이야기를 들을 수 있다. 베룰라미움(Verulamium)에서의 알반(Alban)의 순교에 관한 이야기는 너무나 두껍게 전설로 덧입혀져 있기는 하지만, 그의 사당이 5세기 초반 무렵 순례지였다는 것을 보면, 최소한 아마도 기본적인 이야기는 사실일 것이다.[4]

---

4) 성 알반을 제외한다면, 6세기 라틴 교회력에서는 한 사람의 브리튼 순교자도 찾아 볼 수 없다. 즉 소위 '거룩한 순교자 명록' (*Martyrologium Hieronymianum*)은 브리튼과는 아무런 관련을 갖고 있지 않다.

콘스탄티누스 대제의 아버지인 콘스탄티우스(Constantius)의 보호 하에
서 브리튼은, 대박해를 겪었던 갈리아 지방과는 달리, 박해를 겪지 않았다.
실체스터(Silchester)와 캐어웬트(Caerwent)에서는 교회당이었을지도 모
르는 작은 바실리카(basilica)들이 발굴되었다. 켄트 지방의 룰링스톤
(Lullingstone)에서는 4세기의 부유한 별장에 속해 있는 분명한 그리스도
교 예배당(chapel)이 발굴되었다. 야만족들의 침략을 목전에 둔 400년 무
렵, 제국령 브리튼은 이제는 정통 가톨릭 신앙을 갖게 된 제국 안에서 광
범위하게 그리스도교화한 지역이었으며, 신앙은 원주민들에게도 침투해
들어갔다.

현존하는 가장 초기의 브리튼 저술가는 이 시기의 그리스도인인 수도사
펠라기우스(Pelagius)인데, 그는 브리튼 사람들 가운데 여러 동조자들을
두고 있었다. 성 패트릭(Patrick)이 아일랜드에서 선교 사역을 시작했을
때는(대략 432년), 이미 색슨족의 침략이 서서히 시작되고 있었다. 이교도
였던 색슨족은 브리튼 원주민들에게 배척당했는데, 이들은 색슨족에게 복
음을 전하기 위한 아무런 노력도 기울이지 않았다. 색슨족은 콘월
(Cornwall), 웨일스, 그리고 아일랜드 지방으로 물러났다.

성 패트릭은 아일랜드를 복음화시키고자 하는 자신의 노력이 이에 적대
적인 브리튼 성직자들에 의해 훼방받고 있다고 불평하고 있으며, 그리스도
인 군주 코로티쿠스(Coroticus: 아마도 카르디간 왕조의 창시자 쿠네다
〈Cunedda〉의 아들)에게 공식적인 항의 서한을 보내지 않을 수 없었다. 코
로티쿠스의 병사들이 새로 세례를 받은 개종자들을 노예로 팔아 넘기기
위해 끌고 갔다는 것이다. 켄트 왕국이 제공한 기회는 597년이 되어서야
비로소 교황 대 그레고리우스에 의해 포착되었다. 그리고 앵글로 색슨족을
개종시키기 위한 노력이 시작되었다.

초기 이집트의 그리스도교의 발전에 대해서는 현존하는 증거가 별로 많
지 않다. 파피루스 단편들에 의하면, 2세기에 멀리 나일 계곡까지 선교가
이루어졌다는 것을 알 수 있다. 초기 이집트 그리스도교의 성격은 후대의

기준에 의해 판단하면 완전히 정통적이었던 것으로 보이지는 않는다: 「이집트인들의 복음」(*The Gospel according to the Egyptians*)의 현존하는 단편에 따르면, 다른 많은 묵시적 복음서들과 마찬가지로, 결혼은 그리스도인의 완전과 양립할 수 없다는 '엥크라테이아파'(Encratite)적 견해로 기우는 경향을 보이기는 하지만, 다른 점들에 있어서는 이단적이라고 할 수 없다. 2세기 말 알렉산드리아의 클레멘트에 의해 증언되고 있는, 사도 베드로의 제자인 성 마가가 알렉산드리아 교회를 세웠다(벧전 5:13 참조)는 이야기는, 로마 교회가 마르키온주의자들 및 발렌티누스 주의자들과 생사를 건 투쟁을 벌이고 있던 2세기 중반 무렵, 로마로부터의 선교에 의해 정통 교회가 세워졌다는 것을 반영할 수도 있다. 한 파피루스 단편에서 우리는 이레니우스의 영지주의 논박 책자가 발행된 바로 몇해 후에 이 책이 옥시린쿠스(Oxyrhynchus)에서 읽혔다는 증거를 찾아볼 수 있는데, 이것은 이집트에서 정통을 수호하고자 하는 관심이 높았다는 것을 암시해 준다. 알렉산드리아 그리스도교의 성격은 클레멘트나 오리겐에 이르러서야 비로소 명백하게 드러난다.

문화적으로나 경제적으로 북쪽 즉 유럽을 바라보고 있는 로마령 북아프리카 해안 지대는 옛 페니키아인들의 무역 도시였던 카르타고(Carthage)가 자연적 수도였는데, 이곳에 그리스도교 전파의 첫번째 증거는 180년 누미디아(Numidia) 지방의 스킬리움(Scillium)의 순교자들의 「행전」(*Acts*)에서 나타난다. 선교의 기원은 그보다 훨씬 이전으로 거슬러 올라간다. 200년 무렵 터툴리안은 카르타고와 아프리카의 총독 식민지(Africa Proconsularis: 북부 튀니지아)에서의 교회의 활력 뿐만 아니라, 멀리 떨어진 비자케나(Byzacena: 남부 튀니지아), 누미디아, 그리고 마우레타니아(Mauretania: 알제리아)에서의 교회의 존재에 대해서도 증언하고 있다. 또한 터툴리안의 시대에 그리스도인 인구는 대단히 많았다. Hesterni sumus et vestra omnia implevimus: "우리는 어제 시작했지만, 당신들의 모든 세계를 가득 채웠다 — 도시, 섬, 요새, 촌락, 시 의사당, 심지어는 병영, 부족, 시의회, 궁정, 원로원과 재판소 등. 우리는 당신들에게 단지 신전들만을 남겨 두었다."[5]

첫 선교사들의 기원은 알려져 있지 않다. 터툴리안은 로마를 아프리카 그리스도교가 긴밀한 연관을 가지는, 가까이 위치한 사도적 기원을 가진 교구로 여겼다. 그러나 카르타고는 레반트와 무역이 활발했으며, 첫 선교사들은 그곳으로부터 왔을 수도 있다. 200년 무렵에는 헬라어를 주로 사용하는 많은 아프리카 그리스도인들이 존재했으며, 헬라어를 사용하는 그리스도인들과 라틴어를 사용하는 그리스도인들 사이에는 관습의 차이들이 있었다. 통속적이고 구어적인 표현을 써서 성경을 라틴어로 처음 번역한 사람은 아마도 아프리카 선교사들이었을 것이다. 아마도 이들은 한 시기에 한 장소에서가 아니라, 필요에 따라 조금씩 조금씩 성경을 번역했던 것으로 여겨진다. 많은 개인적 노력들이 합해져서 첫 라틴 성경이 되었으며, 400년 무렵에는 표준역(Authorized Version)으로서의 확고한 위치를 차지하게 되어, 제롬의 개역본(Revised Version; 소위 불가타)이 나오자 큰 반대를 불러일으켰다.

바울이 계획한 여행을 별도로 한다면, 스페인 교회에 관한 최초의 증거는 이레니우스와 터툴리안의 암시적 언급에서 나타난다. 키프리안은 레온(Leon), 아스토르가(Astorga), 메리다(Merida), 사라고사(Saragossa)와 같은 주요 도시들의 교회에 관해 언급하고 있다. 4세기 초에 당시 교회의 엄청난 확장과 교회의 도덕적 해이에 관한 생생한 묘사가 엘비라(Elvira) 회의의 교회법 조항들에 잘 드러나고 있다. 이 회의 지도자 중 한 사람이었던 코르도바(Cordova)의 오시우스(Ossius 또는 Hosius)는 콘스탄티누스의 종교 자문관이 되었다.

그리스도인들 자신이 콘스탄티누스 이전에 교회가 성장해 가던 속도와 범위에 놀라움을 금하지 못했다. 교회는 마치 파도 머리에 올라앉은 것 같은 느낌으로 자신감에 충만하여 세상을 대하였는데, 이는 별로 놀라운 것이 아니다. 그리고 이러한 자신감이 초기 변증가들의 뚜렷한 특색이었다.

---

5) Tertullian, Apol. 37.

신앙의 변증

교회가 처음부터 비판자들과의 논쟁에 휘말려 들었다는 것과 교회의 교리가 자체 안에서의 또한 외부 사람들과의 지적인 대화를 통해 형성되었다는 것은 교회의 존재의 본성에 속하는 것이다. 교회에 대한 최초의 비판자는 정통 유대인들이었으며, 상당히 오랜 기간에 걸친 교회와 회당 사이의 논쟁은 그리스도교 사상가들의 관심을 점령하였다. 2세기의 그리스도인이 쓴 현존하는 가장 중요한 저술이 160년경 순교자 저스틴에 의해 쓰여진 「유대인 트리포와의 대화」(*Dialogue with Trypho the Jew*)라는 것은 우연이 아니다. 이 책은 폭넓은 문학 장르의 가장 긴 예인데, 근본적으로 그리스도교가 구약의 선지자들이 대망하던 보편적 종교라는 교회의 주장을 다루면서, 특정한 예언서 본문들로부터의 상세한 논증이 주류를 이루고 있다.

지극히 당연한 일이지만, 교회가 하나님의 선택된 백성의 과거 역사와 연속성을 갖고 있다고 주장했을 때, 정통 유대인들은 이에 분개하였으며, 할례, 안식일, 희생 제사, 음식법 등의 준수를 명하는 모세 율법에 대한 교회의 (「바나바 서신」에서 제시되고 있는 것과 같은) 우의적 해석을 궤변이라고 배척하였다. 정통 유대인들에게 있어서 그리스도인들은 위험한 기회주의자였다. 이들은 모세에게 계시된 변개할 수 없는 종교를 이방인들의 편견에 좀 더 구미가 맞도록 뜯어 고치는 자들이었다. 그리스도인들의 눈으로 볼 때는 유대교의 강력한 배타성은 그 유일신론적 원칙과 양립할 수 없는 것이었다: 그들의 하나님이 또한 이방인들의 하나님은 아닌가?(롬 3:29-30 참조).

그리스도인들은 모세 율법의 의식법을 상당한 이유가 있어 한시적으로 부과된 특별한 규칙이지 하나님의 최초의 또는 결정적인 말씀으로 여겨질 수는 없다고 생각했다. 그들은 모세 이전 내적 양심의 도덕적 명령 외에는 지켜야 할 아무런 율법을 갖고 있지 않았던 족장들을 회상하기 좋아했으며, 유대인들이 이교를 섬기는 가나안인들과 동화되는 경향을 보이게 되자, 그들을 이들로부터 구별하고 분리시켜 주는 엄격한 체계가 필요했기 때문에, 모세가 불가피하게 레위기의 특별한 의식법들을 부과하게 되었다고 주장했다. 이러한 필요성은 이제 사라졌다. 산상수훈에서 순교자 저스틴은 유대교의 최고의 열망과 통하면서도, 그러나 하나님의 수많은 창조물들 중에서 오직 한 족속에게만 특별히 해당되던 모든 의식법의 족쇄로부터 자유로운, 보편적 타당성을 가진 윤리를 발견했다.

그리스도인들은 메시야 예수에 의해 시작된 새로운 언약 하에서는 아브라함과의 혈통 관계는 아무런 중요성을 갖지 않는다고 주장하여, 유대인들을 더욱더 혼란시켰다. 유대교 정통 회당은 모든 유대인들이 단지 선택된 백성에 속한다는 그 이유 때문에 최소한 씨앗 상태로라도 믿음을 가지고 있다고 여기는 경향이 있었다. 비록 자신들의 믿음을 행위로 실천하지 않는 많은 유대인들이 있다는 것을 인정하지 않을 수는 없었지만 말이다. 다른 한편 그리스도인들에게 있어서 신앙과 불신앙의 구별은 좀더 날카롭고 절대적인 것이었으며, 신앙의 동의란 더 철저한 충성의 결심을 요구하는 것이었다. 비록 세례를 받고 교회에 허입되는 것이 그리스도교 공동체와의 관계 속에서 대단히 통합적인 사회적 행위이기는 하지만, 그리스도교에 있어서 신앙의 행위란 유대교에 있어서보다 훨씬 더 개인적인 것으로 개인주의적 방식으로 이해되었다.

그리스도의 복음은 가족을 나누어 놓고, 사회적 행위의 전통적 양식을 혼란시켰다. 어떤 경우들에 있어서 그리스도교의 영향은, 요한 계시록에서 비난받고 있는 '니골라당'의 경우처럼, 감정적 열광과 반(反)율법주의를 부추겼다는 것은 놀라운 일이 아니다. 또한 율법으로부터의 자유와 천국의 자녀됨의 상속에 관한 바울의 용어가 오해되면, 문제는 쉽게 더욱 악화될 수 있었다. 2세기의 그리스도교 문헌들이 강력하게 도덕주의를 강조하게 된 것은 바로 이러한 도덕적 무정부 상태의 위험에 대한 응답이었다. 이러한 도덕주의 경향을 사도 시대의 원래의 활력으로부터의 이탈이라고 비난하는 것은 참으로 너무나 쉬운 일일 것이다. 대략 100년경 새로운 이방인 개종자들에게는 명백한 도덕적 규율과 선행을 위한 권면이 그 어떤 것보다 더 절실하게 필요했다고 여겨졌음이 분명하다.

그리스도인들이 그 특수성과 배타성 때문에 유대교를 비판하였다는 사실에도 불구하고, 그들 스스로가 이교의 관찰자들에게는 유대교 못지 않게 배타적으로 여겨지지 않을 수 없었다. 그들은 이교의 신들과 황제 숭배에 대한 유대교의 배척을 물려 받았다. 그리스도인들 대부분은 우상에게 희생 제물로 바쳐졌다가 시장에서 팔리는 고기를 양심상 먹을 수가 없다고 느꼈다. 그들은 사회로부터 물러나, 가끔은 비밀리에 따로 만났으며, 대중의 유희를 위하여 제공되던 공개적 쇼와 검투 시합에 참여하지 않았다. 그럼에도 불구하고 그들은 제국 사회 내의 모든 계층과 그룹으로부터 신자들을 얻을 수 있었다. 이교도들의 눈에는, 종교적 이유에서 비롯된 비정상적 행위는 도덕적으로 타락한 것이거나 정치적으로 위험한 것이 아니라면, 또한 그 종교가 한 민족의 종교여서 조상들의 전통을 계승한다는 명예스러운 명분이 있을 때는, 제국 내에서 관용될 수 있다고 여겨졌다.

그렇지만 2세기에 그리스도교는 비밀스런 악덕의 혐의를 광범위하게 받고 있었고, 로마 군대에서의 병역 의무 수행에 일반적으로 유보적이었으며, 전통적 관습이라고밖에는 옹호할 수 없는 모든 종교적 태도들에 대해 아무런 존경심을 보이지 않았다는 점에 있어서 단연코 눈에 띄었다. 마르쿠스 아우렐리우스의 시대에 반(反) 그리스도교 저술가 켈수스는 이런 문제들을 간명하게 기술하였다. 그는 진심으로 유대인들을 싫어하고 경멸했지만, 이들의 괴상한 종교적 관습들에 대해서는 원칙적으로 관용의 자세를 갖고 있다고 말했다: "유대인들의 종교는 매우 괴상하지만, 최소한 조상들의 관습인 것이다."

다른 한편 그리스도인들은 아무런 조상의 전통을 따르지 않았다. 심지어는 자기들의 기원이 되는 유대인들의 전통 역시 따르지 않았다. 그리고는 제국 전체에 걸쳐 사람들로 하여금 수세기에 걸쳐 사회 구조에 통합된 오랜 다신론을 버리도록 권면했으며, 이에 있어서 위험스러울 정도의 성공을 거두고 있었다. 비록 켈수스가 다신론적 전통을 유지하기는 했지만, 이 문제에 있어서 그는 마음이 편치 않았으며, 철학자들의 회의적 논증에 분명히 감동을 받고 있었다. 그렇지만 철학적 회의론은 종교적 사회적 보수주의를 강화시켜 주는 경향이 있었다. 키케로(Cicero)와 같은 회의론자는 어떤 사물에 대해서도 확실한 지식을 갖는다는 것은 불가능하기 때문에, 오래된 전통과 고대의 종교적 관습들을 엄격하게 계속 지켜야 한다는 입장을 분명히 갖고 있었다. 이것들을 포기한다는 것은 그렇게 하는 이유에 대해, 그리고 그러한 포기 행위가 더 우월하다는 것에 대해 인간이 확신을 갖는다는 것을 의미할 것이기 때문이다. 이와 비슷하게 켈수스도 전통에 대해 보수적이었으며, 그리스도인들이 잘못된 편견을 갖고 있다고 여겨 그들을 배척했다.

유대인들이 그리스도인들보다 더 큰 관용을 얻는 것이 가능했다. 부분적으로 그것은 유대인들이 이교들에 대한 대중적 비난에 더 강하게 반대했기 때문이다. 필로(Philo)나 요세푸스 모두 성경의 하나님은 유일하게 참되신 하나님이지만, 다른 사람들의 종교적 감정을 모욕하는 것은 잘못된 것이라고 생각했으며, 동료 유대인들에게 다른 종교들에 대해 정중한 태도를 가질 것을 권고했다. 그들은 제국 정부에 다른 민족 종교들에 허여된 만큼의 관용을 요구하는 것에 만족했지만, 이교도들을 개종시켜 이들을 '개종자'(proselyte)로 만들기 위한 적극적 선교보다는, 유대교와 그 예배의 자유를 옹호하는데 더 많은 관심을 갖고 있었다.

이와 대조적으로 그리스도인들에게 있어서는 교회의 '존재 이유'는 유대인과 이방인, 종교가 있는 자와 없는 자 모두를 포함한 전 인류를 위해 그 화목케 하는 역할을 감당하는 것이었다. 필로와 마찬가지로 바울 역시 이교의 신전을 모욕하는 것을 승인하지 않았지만, 다신론적 종교를 극히 낮게 평가했다. 교회의 역설은 그것이 종교적으로 혁명적인 운동이면서도, 의식적인 정치적 이데올로기를 갖고 있지 않다는 것이었다. 교회는 사회의 모든 계층을 사로잡고자 의도했지만, 동시에 이 세상에서의 권력 획득에 무관심하다는 특징을 갖고 있었다.

켈수스는 이 비정치적·정숙주의적(quietist), 그리고 평화주의적 공동체가 제국의 사회적·정치적 질서를 변혁시킬 능력을 갖고 있다는 것을 깨달은 우리에게 알려진 최초의 인물이다. 그는 그리스도교의 공격에 저항할 수 있는 일련의 정합적인 철학적·신학적 원리들을 다신론적 전통에 제공하고자 의식적으로 노력하였다. 이러한 작업을 수행함에 있어서 그가 그리스도인 논적들에게 커다란 양보를 하고, 그리스도인 변증가들의 많은 논증을 자기의 것으로 차용하지 않을 수 없었다는 것은 의미심장한 일이다. 이제 미래는 순교자 저스틴이 최초로 제시한 프로그램에 놓여 있었다. 이 프로그램으로 교회는 플라톤의 형이상학과 스토아 주의의 윤리와 공통의 목적을 갖게 되었다. 반면 교회는 이교의 신화와 예배를 사탄적, 미신적이며 거짓된 종교라 하여 배척하였다. 이것은 악한 영들에 의해 선전되고, 교회의 본질에 관한 편견과 잘못된 정보에 의해 유지된다는 것이다.

그리스도교의 초자연적 기원에 대해 증명하도록 압력을 받자, 2세기의 교회는 일차적으로 예수에 의한 구약 예언의 성취와, 신앙의 보편적 확산에 대한 가시적 증거를 제시했다. 때로는 그러나 좀 덜 빈번하게는 신적 권능의 증거로서 예수의 기적에 대한 복음서의 기록들을 제시하기도 했다. 그렇지만 이러한 논증은 심지어는 대중적인 변증에 있어서조차도 대단히 종속적인 역할만을 했다.

순교자 저스틴은 고대 예언의 성취를 자신에게 알려진 가장 설득력있는 논증으로 여겼다. 그는 이것에서 단지 형식적인 율법주의에 대한 충분한 공격들을 발견했다: 하나님은 희생 제사가 아니라, 자비를 원하시며, 유대교의 의식들에 불쾌해 하셨다. 그는 또한 새로운 언약과 메시야의 도래에서 위대한 회복에 대한 충분한 약속을 발견했다. 그렇기 때문에 구약 성경 스스로가 유대교가 항구적인 체계가 아니라는 것과 교회가 보편적으로 확장될 것이라는 증거를 제시해 준다고 그는 생각했다. 저스틴에 따르면, 교회의 확장은 그리스도의 승천과 최후의 심판 사이의 중간기를 형성한다. 세상의 역사는 하나님의 섭리 아래 이 최후의 정점을 향하여 달려가고 있다. 초기 그리스도교 신학의 많은 부분은 복음의 전조(foreshadowing)로서의 구약의 예언에 대한 해석이다.

저스틴과 그의 동시대인들은 그리스도의 구속에 대한 '유형'(types) 또

는 '예시'(prefigurations)를 이집트로부터의 탈출에서, 약속의 땅에 들어
가기 위하여 요단강을 건너는 여호수아에게서, 새로워진 인간성의 상징적
인물로서의 노아에게서, 아말렉의 패배를 가능케 한 모세의 펼친 손에서,
그리고 다른 많은 이야기들에서 발견하였다. 구약 해석에 있어서 이러한
전통의 중요성은 여러 세기 동안 세례 지원자들이 그리스도의 인격에 대
하여 교육받을 때 이러한 교육의 근본적 내용을 이룬 것은 예언에 대한
주석이었다는 사실에서 짐작해 볼 수 있다. 2세기의 교회는 십자가에 못박
히신 주님이 악의 세력을 정복했다는 것을 알고 있었다. 그렇지만 이것이
어떻게 하여 그러한가 설명을 요구받으면, 그들은 수난에 대한 예언, 특별
히 이사야 53장의 고난받는 종이나 시편 22편의 버림받음에 관한 예언을
인용하곤 했다.

　비교적 짧은 시간 안에 그리스도교 신앙이 광범위하게 확장되었다는 사
실에 대한 호소는 성공으로부터의 단순한 논증만은 아니었다. 그렇게 쉽게
여겨질 수도 있겠지만 말이다. 이 논증은 복음의 진리가 도덕적 체험 안에
서 입증된다는 주장을 함축하고 있다. 이 도덕적 체험은 사도들의 확신과
순교자들의 고결성에서 증명된다. 만일 그리스도의 부활이 꾸며낸 이야기
였다면, 사도들은 그것을 위해 목숨을 걸고자 하지는 않았을 것이라고 논
증은 전개된다.

　소수의 무식한 어부들의 신앙이 경탄할 만한 속도로 인도로부터 마우레
타니아로, 카스피해로부터 브리튼의 완전한 야만족들에게로 전파되었다.
복음을 확장시킨 사람들은 위대한 웅변가도 교묘한 논리학자들도 아니다.
이들은 편견에 찌들고 분노한 군중과 적대적인 정부의 반대에 부딪혀야만
했다. 그럼에도 불구하고 교회는 경탄할 만하고 당황스러울 정도의 속도로
확장되었다. 4세기 초에 콘스탄티누스가 개종하였을 때, 그것은 꿈의 성취
처럼 여겨졌다. 당대의 역사가 가이사랴의 유세비우스(Eusebius of
Caesarea: 약 262-339)에게는 황제의 신앙은 복음이 제국 전체에 전파되
는데 본질적인 한 걸음이었다. 적당한 때에 복음은 또한 제국으로부터 변
경 너머의 야만족들에게도 전파될 것이다.

3세기 전반에는 인류 종말시까지의 교회의 확장이 그리스도의 재림에 대한 원시적이며 '신화적'인 대망이 갖고 있는 내적인 상징적 의미라고 믿는 사람들이 일부 있었다. 사르디스(Sardis)의 주교 멜리토(Melito: 약 주후 160-70)의 견해로는 아우구스투스의 평화 확립은 복음을 위한 신적 준비라는 섭리의 한 부분이었다. 교회와 제국의 운명은 하나님의 신비한 목적 안에서 어떤 형태로든 함께 묶여 있었다. 순교자 저스틴은 주후 70년 예루살렘을 파괴한 로마 군대는, 메시야를 배척하고 이제 시작된 새로운 경륜을 분간하지 못한 민족에 대한 하나님의 심판의 도구라고 생각했다. 새로운 경륜의 시대에는 성전의 희생 제사는 폐기되었다. 마찬가지로 가이사랴의 유세비우스는 콘스탄티누스의 회심을 하나님의 행위라고 보았다. 하나님은 그리스도교가 더 확장되도록 하기 위한 수단으로 이를 제국의 결정이라는 요새 안에 세우셨다는 것이다.

그럼에도 불구하고 그리스도교 선교는 단지 권력의 중심부만을 향하지는 않았다. 그리스도교는 의식적으로 일반 백성들을 향했으며, 단순과 겸손이라는 이념은 자기들의 신앙을 전파하는 사람들의 의식에서 결코 떨어져 본 적이 없다. 선교사들은 복음이 죽을 수밖에 없는 인간의 필요에 정확하게 부응하는 것이며, 자신들은 일반 백성과 직접적으로 또한 시장의 언어로 이야기하지 않으면 안된다는 것을 당연한 것으로 여겼다. 그들은 교육받지 못한 사람들이 찬양할 수 있도록 찬송들을 썼으며, 지위와 계층을 엄격하게 의식하고 있는 그러한 세상에서, 즉 서로 신분이 다르다는 것이 단지 예절이나 언어를 통해서 뿐만 아니라, 대언 양식(forms of address)이나 옷을 통해서도 구별되는 그러한 세상에서, 가난한 자들을 존엄한 인간으로 대하고자 생색내지 않고 신중하게 노력하였다.

초기 그리스도교 운동을 미완의 정치적 혁명, 즉 교회의 역사는 부르주아 지도자들이 프롤레타리아의 봉기를 인수하여 이를 무해한 타계적 신비주의로 전환시킨 것이라고 파악하는 입장에는 타당성이 없다. 이러한 주장은 증거들을 왜곡하고 선택적으로 사용할 때에만 유지될 수 있을 것이다. 그렇지만 본질적으로 종교적인 이 운동이 엄청난 사회적·정치적 잠재력

을 갖고 있었지만, 그 중 많은 부분이 로마 제국 시대에 완전히 실현되지
는 않았다는 것은 분명히 사실이다. 다신론의 옛 신들은 본질적으로 특정
한 지역의 사람들에 의해 숭배되던 지역 신(local deities)이었다. 이시스
숭배 종교나 동양의 신비주의 종교들이 원래의 발상지로부터 제국 안으로
전파된 이후에도, 그 숭배 예식에는 이상할 정도로 보편성의 느낌이 없었
다.

　2세기에 이교도들은 이 지역 신들을 지방 총독에 비유할 수 있는 존재
로 해석했다. 지방 총독은, 정부의 소소한 일들에 관심을 갖기에는 너무나
초월적인 최고 권력자를 위해 세상을 다스린다. 그리하여 유일신론 비슷한
것이 식자층에는 일반적으로 받아들여졌다. 3세기에 이르러 유일신론을
향한 이러한 노력은 태양 숭배와 결합되었다. 그렇기 때문에 그리스도교가
제국 내에서 성공을 거둔 것은 부분적으로는 보편적 종교에 대한 제국의
필요에 그리스도교가 가장 잘 응답했기 때문이다. 제국은 스스로와 동일시
될 수 있는 보편적 종교가 필요했다.

　4세기에 일부 그리스도인 저술가들에게는 '로마적'(Roman)이라는 말
과 '그리스도교적'(Christian)이라는 말이 논란의 여지없이 거의 동의어
로 여겨졌다. 그렇지만 실제에 있어서 로마 제국주의와 그리스도교의 종합
은 붕괴되었다. 한편으로는 그리스도교가 적대적인 야만족들에게도 복음
이 전해져야만 한다는 것을 의식하고 있었기 때문이고, 다른 한편으로는
그리스도교가 이 덧없는 세상의 정치적 구조에 대해 일종의 초연함과 심
지어는 무관심이라는 옛 전통을 다시 주장했기 때문이었다.

제 4 장

저스틴과 이레니우스

순교자 저스틴

영지주의 이단자들은 선택된 영혼이 진정한 고향으로 돌아가 지복의 관조(beatific vision)를 누리기 위해서는 물질 세계에 내재해 있는 악으로부터 해방되어야만 한다는 주장을 철학적으로 정당화시키기 위해 플라톤주의의 원리들에 호소하였다. 이 창조된 세상에 대한 이들의 뿌리깊은 비관주의는 플라톤의 저술로부터 올바르게 도출된 것이라고는 볼 수 없지만, 자기들의 주장을 인상적인 것으로 만들려는 이러한 논증에는 상당한 개연성이 있었다. 이교 철학에 대한 영지주의자들의 호소는 영지주의를 진리로부터의 타락이라고 두려워하던 사람들 사이에 철학 연구를 불러일으키지는 않았다. 철학은 이단의 모태처럼 여겨지게 되었다.

리용의 이레니우스에게 있어서 영지주의는 반(反) 이성적인 엉터리 신화를 꾸며내기 위해 여러 다른 철학자들로부터 취한 이교적 사변의 넝마 주머니였다. 반(反) 이단 저술가로서 그의 후계자인 히폴리투스는 학문성과 어리석음이 뒤섞인 괴상한 정신의 소유자였는데, 이단 종파들을 논박하는 긴 저술을 남겼다. 그의 논박은 각 이단 종파들이 이교 철학자로부터 빌려온 원리들로 진정한 복음을 오염시켰다는 전제에 근거를 두고 있다. 이렇게 함으로써 그는 그렇지 않았더라면 우리에게 전달되지 못했을 헤라클레이토스(Heraclitus)와 같은 고전적 철학자들의 여러 단편적인 글들을 우연스럽게도 후세에 전수해 주게 되었다. 터툴리안은 냉소조로 "스토아적, 플라톤적, 그리고 아리스토텔레스적 그리스도교를 주창하는" 사람들을 비웃고 있다. 신앙이 철학적 탐구의 보완을 필요로 한다는 것은 영지주의의 주장이었다. "아테네가 예루살렘과 공통으로 갖고 있는 것이 무엇인가?"

그렇지만 2세기 중반에는 그 분위기가 사뭇 달랐다. 순교자 저스틴은 2세기 초에 헬라인을 부모로 하여 사마리아에서 태어났으며, 젊었을 때 철학을 공부하기 위해 에베소로 갔다. 그는 자신의 진리 추구의 여정을 「트리포와의 대화」에서 기술하고 있는데, 이 책은 약간의 문학적 미화가 가해지기는 했지만, 그 근본 바탕은 사실이라고 여겨진다. 처음에 그는 스토아 교사 — 이 당시에는 아직까지 가장 인기있는 철학이었다 — 밑에서 철학을 시작했지만, 아리스토텔레스 철학을 가르치는 교사에게로 옮겼다. 그렇지만 이 교사는 수업료와 같은 비철학적인 문제로 그를 꿈에서 깨어나게 만들었다. 그후 저스틴은 피타고라스 학파의 교사에게로 옮겼다가, 최종적으로는 플라톤 철학 교사 문하로 들어갔다. 그는 이 교사에게 꽤 만족했다. 무엇보다도 플라톤적 열망이 갖고 있는 종교적 신비적 측면 때문이었다. 플라톤은 영혼이 하나님을 관조하는 것을 황홀한 언어로 묘사하였다.

그렇지만 홀로 바닷가에서 명상을 하다가 저스틴은 한 노인을 만났다. 노인은 영혼에 관한 플라톤의 가르침을 논박하면서, 그리스도의 오실 것을 예언한 구약의 선지자들에 관해 그에게 말해 주었다. 저스틴은 개종했다. 그렇지만 이것이 철학적 탐구를 포기한다거나, 또는 심지어 플라톤 철학으로부터 배운 모든 것을 부정한다는 의미는 아니었다. 그는 그리스도교를 '진정한 철학'으로 여겼으며, 따라서 인정된 철학 교사의 복장을(이것은 그의 시대에는 권위와 능력을 상징하는 것이었는데, 오늘날 서양의 성직자의 칼라와 연관된 것이다) 입기 시작했다.[1]

저스틴은 에베소에서 로마로 옮겨 갔으며, 이곳에서 151년 직후 그리스

---

1) 당시 그리스도교 성직자는 특별한 복장을 하지 않았다.

도교를 위한 「변증」(*Apology*)을 황제 안토니누스 피우스(Antoninus Pius)에게 올렸다. 몇년 후 그는 이 책을 보완하여 새로 펴냈는데, 보통 「제2 변증」(*Second Apology*)이라고 불린다. 당시는 로마의 시장관인 롤리우스 우르비쿠스(Lollius Urbicus)가 교회를 박해하는 위험한 시기였다. 「유대인 트리포와의 대화」는 첫번째 「변증」 이후, 아마도 160년 무렵에 쓰여진 것이지만, 약 135년 경 저스틴이 트리포와 가졌던 논쟁에 대한 이야기 형식으로 제시되어 있다.

저스틴은 이교의 신화와 예배를 순전히 악에 의해 감염된 미신으로 여겨 강력히 배척했지만, 고대의 철학적 전통은 매우 적극적으로 환영하였다. 인간의 이해를 넘어서 있는 플라톤의 초월적 하나님은 바로 성경의 하나님이다. 소크라테스는 옛 종교가 얼마나 타락했는지를 올바로 인식했으며, 그 결과 아테네 사람들에 의해 죽음으로 내몰릴 수밖에 없었다. 그는 그리스도교 순교자의 완전한 모델이다. 저스틴은 플라톤 철학의 다른 많은 것들을 열렬하게 받아들였다. 영혼이 하나님과 특별한 유사성을 갖고 있으며, 인간은 자신의 행위에 대해 책임을 져야 하고, 장차 올 세상에는 심판과 정의가 있다고 플라톤은 옳게 가르쳤다.

플라톤이 오류를 범한 부분도 있다고 저스틴은 생각했는데, 예를 들면, 영혼이 창조주의 의지에 의존해서가 아니라 본래 그 자체로서 자연적이고 내적인 불멸성을 갖고 있다거나, 전생(轉生: transmigration)의 결정론적 신화를 받아들인다거나 하는 점에 있어서 그렇다. 그렇지만 저스틴의 눈에는 플라톤이 얼마나 올바른가 하는 것이 놀랍게 여겨졌다. 플라톤은 최소한 특별한 도움이 없이는 하나님을 발견한다는 것이 대단히 어렵다는 것을 알고 있었고, 아마도 자신이 살고 있었던 다신론적 사회의 뿌리깊은 편견 때문에 자신이 깨달은 모든 것을 다 말하지 못하고 일부는 억제해야 했을 것이라고 저스틴은 생각했다.

어떻게 플라톤이 이러한 심오한 통찰에 도달했는지에 대해 저스틴은 두 가지 가설을 내세운다. 첫번째 가설은 이미 헬라 회당에 있어서 관습적인 변증 주제였는데, 달리 말하면, 플라톤과 헬라의 현인들은 모세 오경의 신비한 우의들을 접했으며, 이것들이 그들에게 진리에 대한 희미한 암시를 제공해 주었다는 것이다. 두번째 가설은 바울 신학의 발전인데, 즉 어떤 특별 계시에 별로 의존하지 않는 보편적인 도덕적 양심의 가치와 타당성에 대한 주장(롬 1-2장 참조)이었다. 모든 사람이 자기 행위에 대해 책임을 져야 하고, 궁극적으로는 변명할 수 없다고 바울이 주장하는 반면, 저스틴은 모든 사람이 가지고 있는 빛이 신적 이성 즉 하나님의 로고스에 의해 심겨진 것이라고 주장했다. 이 하나님의 로고스는 예수 안에서 성육신하였고, 어디에서 발견되든지 간에 최고의 선과 지성 안에서 보편적으로 활동하고 현존해 있다는 것이다.

저스틴은 '씨 뿌리는 자의 비유'를 현저하게 이러한 의미로 해석한다. 그는 다른 근원들에서 비롯된 지혜의 가치를 무효화시키기 위해 히브리인들에게 주어진 신적 계시에 대해 엄격하고 배타적인 권리를 주장하지 않는다. 아브라함과 소크라테스는 다같이 '그리스도 이전의 그리스도인들'이다. 구약의 선지자들의 열망이 그리스도 안에서 성취된 것처럼, 헬라 철학자들이 획득한 정확한 통찰 역시 최고의 도덕적 이상을 구현한 그리스도의 복음 안에서 그 완성에 도달했다는 것이다. 저스틴에게 있어서 그리스도는 통일성의 원리이며, 우리가 진리를 판단할 수 있는 기준이다. 진리는 다양한 철학 학파들이 종교와 도덕을 다루는 한, 나누어진 씨앗처럼 이들 속에 흩어져 있는 것이다.

플라톤 철학에 진 저스틴의 빚은 한 가지 점에 있어서 그의 신학에 대단히 큰 영향을 끼쳤다. 그는 신적 이성 또는 로고스라는 개념을 두 가지 목적으로 사용하고 있는데, 하나는 모든 것을 초월해 계신 하나님이 어떻게 창조된 열등한 세상을 다루시는가를 설명하는 것이고, 다른 하나는 하나님께서 선지자들과 그리스도를 통하여 주신 계시에 대한 자신의 믿음을 정당화시키는 것이다. 이 신적 로고스는 선지자들에게 영감을 주었고, 예수 그리스도 안에 전체로서 현존해 있다고 그는 주장했다. 로고스의 이러한 영감 활동과, 성육신 안에서 정점에 도달한 사건은 신적 내재성(divine immanence)의 특별한 경우들이나.

저스틴의 주장에 있어서는 '아버지'와 '아들' 사이의 구별이 초월적 하나님과 내재적 하나님 사이의 구별에 상응한다는 것이 암시적으로 드러난다. 아들-로고스는 초월적 아버지와 물질적 세상을 중재하기 위하여 필요하다. 그렇기 때문에 저스틴은 로고스는 아버지와는 '다른' 존재이며, 어떤 방식으로도 아버지의 존재를 감소시키거나 나누지 않는 과정 속에서, 그러면서도 한 횃불이 다른 횃불로부터 불이 옮겨붙는 것과 같은 그러한 방식으로 아버지로부터 도출된 존재라고 주장한다. 그는 빛으로부터의 빛이다.

저스틴은 영지주의 이단의 존재를 잘 알고 있었고, 이를 논박하는 (현존하지 않는) 소책자를 썼다. 그는 인간의 자유 의지를 믿었고, 따라서 구원이 인간의 도덕적 덕과는 관계없이 미리 결정되어 있다는 영지주의의 가르침에 비판적이었다. 또한 예언의 성취라는 논증을 강력하게 신뢰했기 때문에, 마르키온이 구약을 폄하하는 것에 극력 반대했다. 영지주의가 자연적·물질적 세계를 부정적으로 평가하는 것을 비판하면서, 저스틴은 창조는 로고스를 중재자로 하여 활동하시는 최고의 하나님의 사역이라는 점을 강조했다. 성육신을 통해 로고스는 완전한 인성, 즉 영과 혼과 육을 취하였으며, 그리스도는 수난 속에서 '진정으로 고통을 받았다.' 무엇보다도 죽음 이후 인간의 운명은 육체의 속박으로부터 불멸의 영혼이 구원받는 것이 아니라, 그가 가장 문자적인 방식으로 해석한 '부활'이라는 것이다. 요한계시록의 권위와 영감을 받아들이면서, 저스틴은 그리스도인의 희망은 천 년 동안 성도들과 함께 다스리기 위하여 그리스도께서 새 예루살렘을 세우시고자 돌아오실 것이라는 기대를 의미한다고 이해하였다.[2]

---

2) 천년왕국 신앙은 여러가지 요소들의 혼합으로부터 비롯되었다. 바벨론 점성술은 일곱 혹성의 지배 하에 있는 천년이라는 관념 형성에 기여하였다. 시 89:4("주께는 하루가 천년같나이다" ― 우리 성경으로는 90:4)이 창세기 1 장의 이레에 걸친 창조에 대한 해석의 열쇠를 제공하였다. 그리고 히브리서(4:4-9)는 안식일을 하늘의 휴식에 대한 상징으로 해석하였다. 이러한 요소들이 함께 뒤섞여, 이레니우스와 히폴리투스에게서 발견되는 관념, 즉 세상의 역사는 6,000년 동안 지속될 것이며, 일곱번째 천년은 그리스도의 통치 아래 있을 것이라는 관념이 자연스럽게 형성되었다. 알렉산드

그리스도께서 "때가 차매"(in the fullness of time) 오셨다는 바울의 함축적 표현은 역사에 대한 신학적 해석의 의미를 갖게 되었다. 저스틴은 인류의 연대기를 그리스도의 오심을 분기점으로 갖는, 거룩한 역사와 세속적 역사의 이중적 이야기라고 생각한 최초의 사람이었다. 저스틴의 태도에 있어서 근본적인 원리는 창조주께서는 진리의 씨앗을 영감된 선지자들의 글들뿐만 아니라 여러 곳에 심어 놓으셨다는 것인데, 이는 후대의 그리스도교 저술가들에 의해 더욱 발전되었다. 저스틴은 세상의 종말에 대한 예언은 시벨레교의 신탁(Sibylline Oracles)과 헬라화된 조로아스터 교인들이 아베스타의 휘스타스페스(Hystaspes of the Avesta) 왕의 이름으로 작성한 계시 속에서 발견된다고 직접 언급했다.

마찬가지로 4세기 초에 락탄티우스(Lactantius) 역시 동일한 휘스타스페스 계시를 앞에 펴두고 있었으며, 시벨레교의 신탁에서 그리스도교적 진리에 대한 귀중한 증언들을 발견했는데, 이중 상당한 부분은 유대교 운문 작가들에 의해 작성되고 후에 그리스도교적으로 개작되었다.「진노의 날」(*Dies Irae*)이라는 13세기 문헌에는 다윗 왕과 시벨레가 다같이 최후의 우주적 대재앙에 대한 예언자로 등장하는데, 그리스도교 역사에 있어서 위대한 고대로부터의 주제를 다시 다루고 있다. 라틴 세계에서는 단테(Dante)와 중세 교회가 베르길리우스(Virgil)의 「전원시」(*Eclogue*) 제4편에 포함되어 있는 시벨레의 신탁을 그리스도에 대한 예언으로 해석했을 때, 콘스탄티누스 대제의 인도를 따르고 있는 것이다.

영감 이론가들은 이러한 '통속적' 예언자들이 발람(Balaam)처럼 의지에 반하여, 또는 가야바(Caiaphas)처럼 자기들이 무엇을 하는지 알지 못하는 상태에서 영감을 받은 것인지에 대해 견해의 차이를 보일 수 있을

리아의 클레멘트와 오리겐은 요한 계시록이 연대기 계산을 위한 근거를 제공해 준다는 생각을 근본적인 오류로 여겼는데, 이들 이후 극히 소수의 헬라 교부들만이 문자적인 천년왕국 희망을 받아들였다. 그러나 서방에서는 이러한 해석이 더 오랫동안 살아 남있다.

것이다. 그렇지만 논증의 목적을 위해서는 이러한 신탁들에서 신적 진리에
대한 귀중한 증언을 발견할 수 있다는 것만으로 충분했다.

머지않아 그리스도의 위엄에 대한 유사한 증언들이 '세 배나 위대한 헤
르메스'(Thrice greatest Hermes)의 계시라 주장되는 문헌이나 또는 아
폴로 자신의 신탁에서 발견되었다. 그러한 신탁적 증언들은 그리스도교를
반대하고 옹호하는 사람들 모두에게서 계속하여 대량으로 생산되었다. 3
세기에 그리스도교를 비난하는 이교 대적자들은 한 신탁을 유포시켰는데,
그 내용은 천지와 하계를 다스리는 여신(Hecate)이 그리스도를 숭배하는
자들의 어리석음을 한탄하기는 하지만, 그의 거룩성은 인정한다는 것이었
다.

가이사랴의 유세비우스는 플루타르코스(Plutarch)에게서 티베리우스 황
제 시대에 (따라서 그리스도의 출생과 같은 시기에) 항해를 하고 있던 몇
몇 여행자들이 "위대한 판(Pan: 헬라 신화의 목양신 — 역주)은 죽었다"고
외치는 큰 고함 소리를 들었다는 이야기를 발견하고 기뻐하였다. 그의 오
심으로 그리스도께서 세상에서 악한 영들을 제거하셨다는 것이다. 그렇지
만 단순한 그리스도인들이 신비한 미래에 대한 예언의 근거로서 신탁을
찾기를 포기한 것은 그 후로도 오랜 시간이 경과한 후였다. 심지어는 아우
구스티누스까지도 귀신들이 미래를 예지하는 약간의 능력을 갖고 있다는
것을 부정하지 않았다. 비록 이러한 예언적 능력이 원칙적으로 의사의 진
단이나 일기 예보 그 이상의 초자연적인 것이라고는 생각하지 않았지만
말이다.

순교자 저스틴은 2세기의 그리스도교 사상사에 있어서 중심적 위치를
차지한다. 헬라의 철학적 전통에 대한 그의 관대하고 낙관적인 접근은 다
른 사람들에 의해 답습되었다. 일반적으로 인정된 것처럼, 메소포타미아
출신의 그의 제자 타티안은 저스틴의 주장들에 반(反) 헬라적이며 논쟁적
인 요소들을 가미시켰는데, 이것은 저스틴을 가슴 아프게 만들 수 있는 것
이었다. 그렇지만 저스틴의 자유롭고 평화 애호적인 정신은 아테네의 아테
나고라스(Athenagoras)와 같은 사람의 「그리스도인들을 위한 청원」(*Plea*

for the Christians)에서 다시 나타난다. 아테나고라스는 그의 책을 177년 경 마르쿠스 아우렐리우스와 콤모두스(Commodus)에게 바쳤다.

저스틴의 정신은 또한 특별히 알렉산드리아의 클레멘트에게서 드러난 다. 저스틴의 좀더 엄격한 신학적 성취는 안디옥의 주교 테오필루스 (Theophilus)에게 영향을 끼쳤는데, 그는 180년경 아우톨리쿠스 (Autolycus)라는 사람에게 그리스도교를 변호하는 산만한 글을 남겼다. 저스틴은 또한 리용의 주교 이레니우스의 사상 형성에도 영향을 끼쳤다.

이레니우스

이레니우스와 더불어 그리스도교 신학은 안정되고 체계적인 형태를 갖게 되었다. 단편들을 제외한다면, 그의 펜에서 나온 두 완전한 저술이 보존되어 있는데, 둘 다 원래의 헬라어로는 아니다: 하나는 친구에게 그리스도교의 중심적 교리들에 대한 지침을 제공하기 위해 간략하게 쓴 「사도적 가르침의 증명」(*Presentation of the apostolic preaching*)이고, 다른 하나는 다섯 권으로 이루어진 「잘못하여 지식이라 불리는 것에 대한 논박」 (*Refutation and overthrow of the knowledge falsely so called*)이라는 책으로, 심지어는 많은 영지주의 문헌들이 최근에 발견된 이후에도, 2 세기 종파들의 역사 연구에 있어서 본질적으로 중요하고 여전히 현저하게 공정한 정신으로 쓰여진 자료로 남아 있는 책이다. 이레니우스의 논박은 주로 마르키온과 발렌티누스를 향하고 있다. 그의 반(反) 마르키온 논쟁은 저스틴과 2 세기 중반 소아시아의 이름이 알려지지 않은 다른 저술가들의 노선을 따르고 있는데, 이들의 저술들로부터 이레니우스는 중요한 문구들을 인용하고 있다. 그는 고대 예언의 성취에서 명백하게 드러나는 구약과 신약의 확연한 통일성에 주장의 논거를 두고 있으며, 특별히 바울에게서 발견한 아담과 그리스도 사이의 대비(parallelism)를 강조한다. 새로운 언약을 위한 하나님의 계획은 원래의 창조의 '총괄갱신'(recapitulation)이다. 그리스도 안에서 하나님의 말씀(Word)은 아담이 타락 이전 취했던 것과 같은 인성을 취했다. 아담은 하나님의 형상(image)과 모양(likeness)으로 창조되었다. 형상은 침해받지 않고 남아 있으나, 하나님의 모양은 죄로 인해 상실되었다. 그리스도에 대한 믿음을 통해 인간은 상실한 하나님의 모양을 회복할 수 있다.

이레니우스는 구원을 타락 이전 낙원에서의 상태의 회복이라고 여겼기 때문에, 저스틴의 지상의 천년 왕국 희망을 받아들이기가 수월했다. 또한 타락에 있어서 단지 하나님에 대한 도덕적 유사성(모양)만을 상실했을 뿐, 근본적인 형상 자체는 상실하지 않았다고 믿었기 때문에, 그는 영지주의의 뿌리깊은 비관주의와는 매우 다른 방식으로 타락을 이해할 수 있었다. 인류가 성숙을 향하여 자라고 있기 때문에, 오류가 들어 왔다고 그는 생각했다. 인류의 유아기에 있어서 연약하고 미성숙한 아이들(이들은 아담과 이브를 말한다)이 실수를 범하는 것은 자연스러운 일이다. 하나님께서는 인간의 교만을 잠재우고, 훈련과 경험으로 그를 가르치기 위하여 타락을 허용하셨다. 그리하여 구원의 역사는 점진적인 교육 과정이며, 하나님께서는 이 구원 역사 안에서 오랜 과정을 통해 점진적으로 인간을 한 걸음 한 걸음 앞으로 나가도록 도우신다.

이 구원사의 정점은 하나님의 말씀의 성육신이며, 교회에 의해 보편적 복음이 온 세상에 퍼지게 된다. 이레니우스의 체계는 영지주의의 질문과 더불어 시작하지 않는다: 완전하신 창조주의 완전한 작품인 세상이 어떻게 오늘날의 세상이 명백하게 그러한 것처럼 잘못될 수 있었단 말인가? 그는 처음부터 세상에 불완전이 존재한다는 것을 인정했다. 그렇지만 그것은 커나가는 아이가 저지른 실수와 같은 것이며, 우리가 존재하는 목적은 난관과 시험을 극복함으로써 인격을 형성해 나가는 것이다.

계시를 점진적 과정으로 보는 방식에 의해 이레니우스는 구약의 도덕적 난제들에 대한 마르키온주의자들의 공격의 예봉을 꺽을 수 있었다. 그렇지만 발렌티누스의 추종자들은 그에게 다른 어려움을 불러일으켰다. 이레니우스가 발렌티누스 신학을 다루는 방식은 그의 저술에 있어서 가장 독창적이고 창조적인 부분이라고 할 수 있다. 그는 온갖 노력을 기울여 영지주

의의 실제적인 신조들을 정확하게 파악했으며, 근본적인 문제는 다름아닌
'권위'(authority)의 문제라는 것을 명백히 간파하였다.

발렌티누스의 추종자들은 사도들의 저술들을 자신들의 비밀스런 구전
전승과, 마태, 마가, 누가, 요한의 친숙한 네 복음서들 이외에도 몇몇의 부
가적인 복음서들로 보완할 수 있다고 주장했다. 이레니우스는 마르키온이
한 가지 점에 있어서는 옳다는 것을 깨달았다. 즉 권위있는 신약 문서들에
대한 고정된 목록 즉 정경을 갖는 것이 필요하다는 점이었다. 여태까지 교
회의 예배시에 읽혀질 수 있는 지위를 가진 책들과 정통으로 인정을 받은
책들 사이의 구분은 명확하지 않았다. 이레니우스는 이 양자를 명확하게
구분했으며, 그의 신약 성경은 전통적인 것으로 받아들여지게 된 정경에
실제적으로 일치하는 바,[3] 이 점에 있어서 그는 최초의 저술가이다.

이레니우스에게 있어서 독창적인 것은 네 복음서, 사도행전, 서신서들,
요한 계시록 등을 받아들였다는 점이 아니라, 이러한 책들을 받아들이고
다른 책들을 받아들이지 않는 데 대한 납득할 만한 규정을 제공했다는 점
이다. 기록되지 않은 전승에 대한 발렌티누스 그룹의 호소에 대해 이레니
우스는 사도들이 세운 교회들에 호소함으로써 응답했다. 만일 사도들이 발
렌티누스 그룹의 괴상한 공상적 신화들을 참으로 가르쳤다면, 그들은 자신
들이 세운 교회를 위탁한 권위있는 교사들에게 이것들을 말하지 않았겠는
가? 이 교사들은 이것들을 이러한 교회들의 주교 자리를 물려받은 자신들
의 계승자들에게 전수해 주지 않았겠는가?

이레니우스는 사도들이 세운 어떤 교회에서도 교사들의 이러한 계승에
호소함으로써 그 정통성을 옹호할 수 있다고 설명한다. 그는 특별히 좋은
실례로서 영광스러운 순교자 베드로와 바울까지 소급해 갈 수 있는 로마
교회의 계승 목록을 제시하는 것으로 나아간다. 진정한 신앙은 온 세상을
통해 동일한 것이기 때문에, 어떤 교회도 다른 교회와 불일치하지 않으며,

---

3) 이레니우스는 요한 3서, 야고보서, 또는 베드로 후서로부터는 결코 인용하지 않
는다.

교리의 다양성은 생각할 수 없는 것이다. 그럼에도 불구하고 그 위대한 이름 때문에 로마 교회의 계승 목록이 강력한 실례를 제공하며, 신자들은 온세상을 통하여 로마 교회에서 가르치는 것과 반드시 일치할 것임을 우리는 확신한다. 그렇기 때문에 이레니우스는 에베소, 고린도 및 다른 교회들을 생략하고 사도가 세운 단지 한 교회의 계승 목록만을 인용하는데 만족한다. 이러한 교회들의 목록 역시 그의 주장을 마찬가지로 잘 입증해 주겠지만 말이다.

이레니우스는 그리스도교 교리의 정합성은 신실한 가르침의 전통에 의존하며, 성경에 흩어져 있는 진술들이 하나의 체계로 정리될 때에만 영지주의 이단이 성공적으로 논박될 수 있다는 것을 인식하고 있다. 그렇지만 독창성이란 신학자에게서 기대되어야 할 가장 최후의 덕목이라고 그는 주장한다. 성경과 사도적 교회들의 명백한 전통이 갖고 있는 권위에 의해 구축된 길을 따르는 것이 본질적으로 중요하다. 권위는 혁신과 위험스런 사변에 대한 저항에 있어서 가장 좋은 보증이다. 이단은 새로운 어떤 것에 대한 근질근질한 욕망에서 비롯된다. 그것은 '호기심'에서 나오는 것인데, 호기심이란 인간의 정신이 알 능력도 없고, 심지어는 생각할 자격조차 없는 그러한 문제를 슬쩍이 들여다 보려는 것을 말한다.

이레니우스는 반석과 같은 사도적 기초 위에 세워진 불변의 동일한 (semper eadem: 항상 동일한) 정통 교회와 서로간에 다투면서 항상 체계를 변경시키는, 분열을 일삼는 이단 종파들을 대조시키는 것을 좋아하였다. 영지주의 종파는 명백히 추적할 수 있는 역사와 발전 과정을 갖고 있는데, 최초의 이단인 마술사 시몬(Simon Magus)에게로 소급될 수 있다. 그는 베드로가 사마리아에서(행 8:9-24), 그리고 전승에 따르면 로마에서 또한 심하게 꾸짖은 인물이다. 이레니우스의 저술은 영지주의 이단의 각종 변형된 종파들의 역사를 제시한다. 그리고 이러한 종파들을 하나의 참된 교회와 비교한다. 이 교회는 시간과 공간 안에서 변함이 없으며, 권위있는 교사들로부터 그 창설자인 사도들에게까지 소급되는 계승의 연결 고리와, 온 세상에 흩어져 있는 신자들의 빈틈없는 일치를 통하여 그 참됨이 보증된다.

이레니우스는 곧 뒤따르는 세대에 광범위한 영향을 끼쳤다. 로마의 학식 높은 장로 히폴리투스와 카르타고의 터툴리안은 모두 이레니우스의 저술들로부터 자유롭게 인용하였다. 그리고 그에 대한 관심과 흥미는 파피루스에 보존되어 있는 그의 단편들로부터, 그리고 그의 저작이 3세기 또는 4세기에 라틴어로, 그리고 6세기에는 아르메니아어로 번역되었다는 사실로부터 연역될 수 있을 것이다. 그렇지만 지나치게 문자적인 그의 지상의 천년왕국 소망 때문에, 그의 저술들은 헬라 동방에서는 별로 널리 읽히지 않았다(374-5년에 이단을 논박하는 방대한 저술에서 이레니우스 저술의 일부를 옮겨 적은 살라미스의 에피파니우스를 제외하고는 말이다). 그리고 그의 저작이 전체로서 보존되어 있는 것은 단지 라틴어로일 뿐이다. 이 라틴어 번역본에서조차 한 사본 전승에서는 제5권의 마지막 몇 장들이 누락되어 있는데, 이 부분은 이레니우스가 천년왕국 소망을 지상의 실체라기보다는 천상의 상징으로 해석하고자 했던 사람들을 공격하고 있는 장들이다.

제 5 장

부활절, 단일신론 논쟁, 그리고 터툴리안

부활절

　이레니우스는 보편적 교회가 마치 모든 주제에 대해 완전한 일치와 통일된 사상으로 특징지워지는 공동체이기나 한 것처럼, 이상적이고 거의 낭만적인 용어들로 교회에 대해 기술하였다. 관습과 태도, 그리고 신학적 표현에 있어서 발견되는 차이들을 기술하고 분석하는 것은 확실히 그의 목적에 맞지는 않았을 것이다. 그는 소아시아 교회 출신인데, 이 소아시아 교회들이 몬타누스의 새로운 예언의 지위에 대해 격렬한 내부적 분열을 경험하게 되었을 때, 그는 커다란 고통을 느끼지 않을 수 없었다. 뿐만 아니라, 소아시아 교회들은 부활절 날짜를 결정하는 가장 오래된 방식을 보존하고 있었다: 그들은 부활절을 유대교 유월절과 같은 날짜에, 즉 그 날이 언제든지 간에 유대력으로 니산월 14일에 지켰다. 부활절이 로마에 소개되었을 때(약 160년), 부활절 축제는 알렉산드리아와 마찬가지로, 유대교의 유월절 직후의 일요일에 축하되었다. 이 날은 실제적으로는 춘분 이후 첫 만월이 지난 다음의 일요일로 계산되었다.

　190년경 로마의 주교 빅토르(Victor)가 부활절을 지킴에 있어서 일치를 요구하게 되었을 때, 이레니우스는 이에 충격을 받았다. 소아시아의 교회들은 로마의 이러한 요구를 전제적이며 공격적이라고 여겼다. 빅토르는 로마의 관습은 베드로와 바울의 가르침으로부터 물려받은 것이라고 믿었던 것이 분명하다. 그는 다른 어떤 날에 부활절을 지키는 사람은 가톨릭 그리스도인으로 여겨질 수 없다고 선언하였다. 이레니우스는 약 35년 전에 서머나의 주교 폴리갑이 로마의 주교 아니케투스(Anicetus)와 일부 관습상의 차이들에 대해 논의하기 위해 로마로 갔던 것을 상기했다: 당시 로마는 부활절을 매년 지키지는 않았지만, 어느 편도 이러한 차이를 친교를 단절해야 할 이유로 생각하지는 않았으며, 그들은 우애 넘치는 불일치 속에 헤어졌던 것이다.

이레니우스가 엄청난 충격을 받기는 했지만, 빅토르의 단호한 행위는 마른 하늘에 날벼락 같은 갑작스런 사건은 아니었다. 소아시아에서는 170년경 이와 연관된 문제, 즉 최후의 만찬이 유월절 식사인지 아닌지에 대해 격렬한 논쟁이 있었던 것이다. 사르디스의 주교 멜리토(Melito of Sardis)는 부활절을 유대인들과 같은 '14일에' 지키는 고대로부터의 보수적 관습을 열렬히 옹호하였다. 멜리토의 부활절 설교는[1] 그 텍스트 전체가 고대의 세 파피루스 두루마리로부터 최근에 복원되었는데, 유대교 유월절과 같은 날에 부활절을 지키는 사람은 유대교에 대한 특별한 호감에 그 동기를 갖고 있지 않다는 것이 이 설교로부터 너무나 분명하게 드러난다(유대인들의 비참한 영적 상태에 대한 웅변적인 그리고 때로는 섬뜩한 묘사 속에서 드러나는 그의 과잉 보상 심리는 아마도 멜리토 자신이 '유대화'라는 날카로운 비난을 받은 때문이기는 하지만).

빅토르의 간섭은 결국 그의 견해가 승리를 거두게 되었다는 의미에서 성공적임이 판명되었다. 그렇지만 14일에 부활절을 지키는 사람들(Quartodeciman〈14〉이라고 불리게 된)이 완전히 사라지게 된 것은 상당한 시간이 지난 다음이었다. 교회 회의들이 이들을 격렬히 비난함에도 불구하고, 이들은 9세기까지도 여전히 살아남아 있었다. 그처럼 중대하고 실제적인 문제에 있어서 차이를 허용한다는 것은 불가능했을 것이지만, 자신

---

1) 이 설교는 매우 인기가 있어서, 나중에 라틴어, 콥틱어, 시리아어, 그리고 게오르기아이로 번역되었다.

들이 가장 오래된 사도적 관습을 보존하고 있다는 '14일 주의자들' 의 생
각이 옳았다는 것에는 하등의 의심이 있을 수 없다. 이들은 단지 시대에
뒤떨어졌기 때문에 이단이 되었다.

단일신론 논쟁

빅토르가 주교좌에 있을 때, 로마에서는 또 다른 논쟁이 촉발되었다. 그
렇지만 이레니우스는 이에 참여하지 않았으며, 아마도 그 반향이 론 계곡
에 있는 교회들의 관심을 끌기 전에 사망했는지도 모른다. 이것이 소위
'단일신론 논쟁'(Monarchian controversy)인데, 저스틴과 변증가들의 로
고스 신학에 대한 반동으로 일어난 것이다. 저스틴은 신적 로고스를 대담
하게 아버지와는 다른 '다른 하나님'(another God)이라고 말했는데, "'다
른' 이라는 말은 의지(will)에 있어서가 아니라, 수(number)에 있어서 그
렇다는 뜻"이라고 한정하고 있다. 헬라화된 유대인들은 우리가 사고 속에
서만 해와 햇빛을 구별할 수 있는 것처럼 그러한 매우 정교한 의미에서만
신적 로고스가 하나님으로부터 구별될 수 있다고 생각했던 반면, 저스틴은
이를 반박하며 한 횃불로부터 불이 옮겨붙은 다른 횃불의 유비가 훨씬 더
만족할 만한 표상이라고 주장했다. 횃불의 유비가 로고스의 독자성(오리겐
이후 후대의 신학에서는 이를 위해 '휘포스타시스'〈hypostasis〉라는 전문
용어를 사용한다)을 더 공정하게 표현해 주기 때문이라는 것이다.

이러한 언어는 혼란을 불러일으켰다. 영지주의자들과의 투쟁에 있어서
중심적 논쟁점들 중의 하나는 하나 이상의 궁극적인 제일 원리가 존재하
는가의 여부였다. 정통주의자들은 창조주 하나님 외에는 어떤 제일 원리도
없다고 주장했다. 하나님과 동등한 악도, 하나님과 함께 영원한 물질도 없
으며, 단지 한 '유일자'(monarchia)가 있을 뿐이다. 저스틴의 언어는 이러
한 주장을 손상시키고, 이신론(二神論)이라는 비난을 충분히 극복할 수 없
는 것으로 생각되었다.

이레니우스의 언어에 큰 빚을 지고 있는 안디옥의 테오필루스는 하나님

의 이성(Reason)과 지혜(Wisdom)는 창조 사역을 위하여 펼친 두 손과 같다고 좀더 조심스럽게 말했다. 테오필루스는 하나님과 관련하여 '트리아드'(Triad)라는 용어를 사용한 최초의 인물인데, 그의 유비로부터 이러한 복수성은 더 궁극적인 통일성에 대해 이차적인 것임이 분명히 드러난다. 이레니우스에게 있어서 아들과 성령은 구속의 신적 경륜 안에서 연속적인 사명을 가지고 있다. 그리고 트리아드가 계시되는 것은 이 경륜이 펼쳐지는 과정 속에서이다.

로고스 신학을 비판하는 단일신론자들 앞에는 두 가지 길이 펼쳐져 있었다. 하나는 세상을 창조하신 하나님이 예수 안에 성육신하여, '아들'과 '아버지' 사이에는 아무런 차이도 없다고 말하는 것이다('아들'이 그리스도의 물리적 육체 또는 인간성에 대한 이름이며, '아버지'는 그 안에 있는 신적 영에 대한 이름이라는 것만 제외하고는). 다른 하나는 예수는 다른 사람들과 같은 사람이고, 단지 절대적이고 유일한 방식으로 하나님의 영이 그 안에 내주하고 있다는 점에서만 차이가 있다고 말하는 것이다. 이 후자의 견해는 공관 복음서에서 폭넓은 지지 근거를 발견할 수 있지만, 이미 순교자 저스틴이 제기한 심각한 반대에 부딪히지 않을 수 없다.

저스틴은 그리스도는 단순한 인간이 아니며, 또한 하나님이라고 주장했다. 탄생시에 그는 동방 박사들에게서 경배를 받았으며, 신적 위치로 고양됨으로써 보상된 그의 거룩한 삶에 대해 의문이 있을 수 없다는 것이다. 주님이 어떻게 '지혜가 자랐는가' 하는 복음서 이야기는 그의 지식은 항상 그가 도달한 성숙의 단계에 적합했다는 뜻이라고 저스틴은 이해했다. 그가 세례를 받은 것은, 자신이 그럴 필요가 있어서가 아니라, 우리를 위하여이다. 주님은 진정으로 동정녀 마리아로부터 출생했는데, 어떤 신적 양친도 갖고 있지 않다는 점에서, 그의 동정녀 탄생은 다른 모든 이교의 신화들과는 구별된다.

2세기 후반 무렵 요한 복음서의 권위가 온 교회 안에 확립되면서, 저스틴이 제시한 이러한 논증의 힘은 압도적인 것이 되지 않을 수 없었다. 그렇지만 전장(戰場)은 여전히 첫번째 대안을 향해서는 개방되어 있었는데,

이에 따르면 아버지와 아들은 하나이며 동일한 분이며, 차이란 단지 동일한 인격적 존재의 다른 측면들을 기술하기 위한 명칭상(nomenclature)의 차이에 불과한 것이었다. 이것은 3세기 초 로마에서 사벨리우스(Sabellius)라는 사람에 의해 전파된 견해인데, 그의 생애와 사상에 대해서 실제로는 거의 알려진 것이 없기 때문에, 이 베일에 싸인 인물의 이름이 최소한 헬라 동방에서는 이러한 유형의 신학에 끊임없이 붙어다니는 것을 보면 역설적이라는 느낌이 든다. 서방에서는 이 신학에 붙여진 논쟁적 꼬리표가 통상 아버지가 십자가에서 수난을 받았다는 '성부수난설'(Patripassianism)이다. 현대의 저술들에서는 이 교리가 종종 '양태론'(Modalism)이라 불리는데, 이 견해에 따르면 아버지, 아들, 성령이 한 동일한 존재의 '양태'(modes)에 불과할 뿐이기 때문이다. 이 양태는 아마도 구속이라는 신적 경륜의 목적을 위해 수용된 한시적이고 연속적인 역할이기는 하겠지만, 어떤 경우에도 신성의 궁극적 본성 안에 있는 어떤 것에 상응하지는 않는다. 왜냐하면 아버지, 아들, 성령이라는 세 이름은 순전히 (역할을 묘사하는 — 역주) 형용사적인 것이기 때문이다.

로마에서 이 논쟁은 빅토르의 후계자인 제피리누스(Zephyrinus: 198-217)에 이르러 더욱 가열되었다. 사벨리우스는 로마 교회에 하나의 극단적인 견해를 제시했다. 반대의 극단적인 견해는 히폴리투스에 의해 옹호되었는데, 그에게 있어서는 아버지와 로고스가 두 구별되는 '위격들'(persons) 즉 prosopa라고 말하는 것이 본질적으로 중요했다(히폴리투스는 '아들'이라는 이름을 선재하신 주님이 아니라, 단지 성육신하신 분에게만 적용했다).

이 양자 사이에는 중도적 인물로 칼리스투스(Callistus)라는 집사가 위치해 있었다. 히폴리투스의 말을 믿을 수 있다면, 칼리스투스는 젊었을 때에 황제의 친척 가문인 부유한 그리스도인의 집에 노예로 있었다. 그는 주인을 위해 은행을 관리했는데, 교인들이 이에 많은 돈을 맡겼다. 그러나 젊은 칼리스투스는 재정적으로 난처한 상황에 처하게 되었는데, 주인은 그가 횡령을 했다고 생각했다. 교인들의 중재로 치욕적인 형벌을 면제받은 그는 유대교 회당에서 실없는 농담으로 신용을 얻게 되었다. 그렇지만 이로 인해 다시 시 장관 앞에 고소를 당하게 되었으며, 사르디니아(Sardinia)에 있는 광산으로 유배되었다. 그는 콤모두스 황제의 첩인 마르키아가 그리스도인들을 위해 성공적인 중재를 해주었을 때, 다른 고백자들과 함께 방면되었으며, 제피리누스 주교 아래서 새 공동 묘지의 관리 책임을 맡게 되었다. 이 공동 묘지는 아피아 가도 상에 있으며, 카타쿰바스라 불리는 곳 가까이에 위치한 것이었다.

이 교리 논쟁에 있어서 칼리스투스의 역할은 히폴리투스의 설명에 있어서는 별로 영예스러워 보이지 않는다. 그렇지만 히폴리투스가 칼리스투스를 불신하고 좋아하지 않았기 때문에, 아마도 이에 기인하는 바가 클 것이다. 히폴리투스에 따르면, 칼리스투스는 아버지와 아들의 실제적 차별화(real differentiation)를 인정함으로써, 자신의 입장을 사벨리우스의 받아들일 수 없는 견해로부터 구별하였다. 그렇지만 그 차이란 '아버지'는 그리스도의 인간적 육신인 '아들' 안에 내주하는 신적 영에 대한 이름이라는 것이다. 칼리스투스는 히폴리투스의 견해를 순전한 이신론(二神論)이라 하여 공개적으로 비난하였다.

217년 히폴리투스가 경악하게도, 칼리스투스는 제피리누스의 뒤를 이어 로마의 주교가 되었다. 칼리스투스가 교회는 정결한 짐승과 부정한 짐승을 모두 싣고 있었던 노아의 방주에서 예시(prefigure)되었기 때문에, 세례 이후 죄를 범한 사람에게도 그 죄가 어떤 것이든 용서를 베푸는 것이 합당하다는 주장을 펴게 되었을 때, 히폴리투스는 그런 사람과는 신앙의 친교를 나눌 수 없으며, 그에 대한 자신의 최악의 혐의가 실제로 입증된 것이라고 생각했다. 칼리스투스는 또한 상류 계층 여자와 열등한 사회적 위치에 있는 남자의 결합을 인정했다. 이러한 결혼은 로마법 하에서는 중대한 형벌에 처해지는 것이었다. 원칙적인 일부일처 하의 축첩 인정은 이 당시 로마 그리스도인들의 사회적 위치를 보여주는 중요한 증거이기는 하지만, 이러한 사례가 하나 이상이었다고 추정하는 것은 객관적 증거를 넘어서는 것이 될 것이다.

히폴리투스는 217년 칼리스투스와의 신앙 친교를 단절했으며, 예전의 초기 발달 과정에 대한 귀중한 증거를 싣고 있는, 교회의 직제에 관한 「사도적 전통」(*Apostolic Tradition*)을 저술한 것은 아마도 자신의 독자적인 회중을 위해서였을 것이다. 또한 그 대좌(臺座)에 히폴리투스의 주된 업적들이 기록되어 있는 조상(彫像)을 제작한 것 역시 이 그룹일 것이다. 이 조상의 하반부는 1551년에 발굴되어, 지금은 바티칸 도서관에 소장되어 있다.

단일신론 논쟁은 칼리스투스가 제시한 불만족스런 표현 양식으로 종결되지는 않았으며, 3세기 내내 이런저런 형태로 계속하여 교회를 혼란시켰다. 단일신론 논박의 필요성을 느낀 북아프리카의 터툴리안은 소아시아 출신의 단일신론자 프락세아스(Praxeas)를 논박하는 책자를 썼다. 프락세아스 역시 몬타누스주의에 대한 격렬한 적대감으로 터툴리안을 화나게 만들었다. 그는 또한 로마 교회로 하여금 이 새로운 예언에 대한 어떤 인정도 하지 말도록 강력한 영향을 행사하였다. 터툴리안의 입장에서 보자면, 프락세아스는 사탄의 사업 두 가지를 성취해 주었다: 그는 "보혜사를 추방하고, 아버지를 십자가에 못박았다." 터툴리안은 아버지와 아들과 성령의 삼자됨(threeness)이 역사 속에서 하나님의 경륜이 펼쳐지는 과정에서 비로소 복수성(Plurality)으로 계시되었다고 생각한다는 점에서 이레니우스의 노선을 따르고 있다.[2]

"셋 모두는 한 분(unus)이다"고 그는 말한다. 그렇지만 터툴리안은 "셋은 무엇인가?" 또는 심지어 "하나는 무엇인가?"하는 질문에 대답할 수 있어야만 한다고 생각했다. 그렇기 때문에 그는 하나님은 "세 위격으로 존재하는 한 본질"(one substance consisting in three persons)이라고 말할 것을 제안했다. 터툴리안의 사용법에 있어서 라틴어 '수브스탄티아'

---

2) 이러한 하나님의 경륜을 뜻하는 헬라어는 oikonomia 즉 경세(economy)였다. 이로부터 하나님에 관한 이 교리가 때때로 간단한 말로 '경세적 삼위일체론'(economic Trinitarianism)이라고 불리게 되었다.

(substantia)와 '페르소나'(persona)의 정확한 의미를 결정하는 것은 쉽지 않다. 그는 엄밀한 철학자라기보다는 잘 교육받은 웅변가였으며, 그의 용어를 아리스토텔레스의 엄격한 철학적 틀 안에서 해석하려는 것은 아마도 오류가 될 것이다.

그는 비물질적인 것은 아예 존재하지 않는 것이라는 스토아 철학 사상에 영향을 받았고, 하나님은 세 모든 '위격들'에 있어서 '영'(Spirit)이라고 기꺼이 설명할 수 있었지만, '영'이라는 말을 불가시적이며, 만져볼 수 없는, 그러나 궁극적으로 비물질적이지는 않은 생명력으로 해석한 것으로 보인다. 그렇기 때문에 그는 '수브스탄티아'라는 말의 철학적 사용법에 물질적 함축을 끌어들였다. 그의 정신의 이면에는 항상 헬라어 '우시아'(ousia) 즉 '존재'가 자리잡고 있었다. 마찬가지로 히폴리투스가 아버지와 아들에게 적용한 용어 '페르소나'는 아마도 헬라어 '프로소폰'(prosopon)의 영향을 받은 선택일 것이다.

히폴리투스와 터툴리안은 동시대 사람이었으며, 한 사람이 다른 사람에게 영향을 끼쳤는지, 그리고 어떤 용어들이 먼저 쓰여진 것인지 밝혀낼 방도가 없다. 터툴리안에게 있어서 '수브스탄티아'는 성격, 혹은 본성의 의미로 사용될 수 있었다. 그리스도에 대해 말하면서 터툴리안은 그는 '두 본성'(two substances), 즉 신성과 인성이 결합된 '한 인격'(one person)이라고 말할 수 있었는데, 두 본성은 존재와 심지어는 활동에 있어서의 차별성이 보존되지만, 하나의 단일한 '페르소나'를 형성하는 것이었다.

프락세아스를 논박하는 책자에서 터툴리안은 미래에 있어서의 라틴 신학의 용어들을 결정적으로 확립하였다. 그는 라틴어로 저술한(비록 그가 헬라어에도 동일한 능력을 갖고 있었으며, 그의 저술들 중의 일부를 헬라어를 말하는 북아프리카의 많은 그리스도인들을 위해 헬라어로 출판하기도 했지만) 최초의 그리스도인이었다. 히폴리투스는 헬라어로 저술 활동을 한 최후의 서방 신학자였다. 3세기 초까지 로마 교회는 주로는 헬라어를 말하는 사람들로 구성되어 있었다. 3세기에 그리스도교 신앙이 상류 계층에 침투하기 시작하면서, 로마에서는 라틴어를 말하는 그리스도인들이 헬라어를 말하는 사람들을 수에 있어서 능가하기 시작했다.

3세기 중반 로마 교회의 장로 노바티아누스(Novatian)는 확신있고 잘 다듬어진 라틴어로 「삼위일체론」(*On the Trinity*)이라는 책자를 저술하였다. 이 책은 터툴리안의 가르침을 요약하면서도, 스토아적 물질주의와 몬타누스주의적 열정이 배제된 것이었다. 이 책에 드러나는 차가운 분위기는 히폴리투스가 생생하게 설명하고 있는 로마에서의 뜨거운 논쟁이 이제는 과거사가 되었다는 것을 증명해 준다.

터툴리안

북아프리카는 제국의 주요한 곡창 지대의 하나로서 매우 중요한 지역이며, 서방에서는 카르타고가 로마 다음으로 큰 도시였다. 옛 카르타고 원주민들과 베르베르(Berber)인들은 시골 지역에 많이 살았지만, 지주들과 관료 계층이 많은 도시들에는 대부분 로마 사람들이 살고 있었다. 인구의 대다수는 헬라어를 사용하였다(4세기의 마지막 20년 어간에도 히포 〈Hippo〉와 같은 중요한 도시에 헬라어를 쓰는 주교가 있었는데, 그의 라틴어는 서투르고 쩔쩔 매는 수준의 것이었다). 이들은 동방이나 또는 남부 이탈리아와 시칠리아(Sicily)에서 이주해온 가계(家系) 출신이었다. 그리스도교가 어떻게 이 지역에 도달하게 되었는지는 명확하지 않지만, 2세기 중반 무렵에 이곳을 대상으로 정열적인 선교 활동이 이루어졌던 것 같다. 180년 스킬리움(Scillium)의 12 그리스도인이 카르타고에서 순교했다. 셉티무스 세베루스(Septimus Severus) 황제 치하에서 카르타고에 무서운 박해가 가해진 202년에는 그 고통이 더욱 컸다. 카르타고의 원형 경기장에서 페르페투아(Perpetua)와 펠리키타스(Felicitas)가 순교했는데, 이들의 순교를 보도하고 있는 현존 자료, 즉 페르페투아의 옥중 수기는 참으로 소중한 문헌이다.

그렇지만 터툴리안의 많은 저술들은 북아프리카 교회의 공적이고 외적인 역사에 대해서는 별로 밝혀주는 것이 없다. 그의 저술들은 대신 이 교회의 내적인 논쟁의 많은 부분과 무엇보다도 터툴리안 자신이 어떤 인물인가를 보여 줌으로써 이를 보상한다: 터툴리안은 명석하고, 분통 터지게 하고, 냉소적이고, 편협하고, 그러면서도 참으로 열정적이고, 논쟁에 있어서 신랄하고, 논리적 속임수 쓰는 것을 즐기며, 논적을 바보처럼 만들 수만 있다면, 변호사의 영리한 궤변을 사랑하는 그러한 사람이었다. 그러면서도 또한 유창하고 폭포수 같은 글을 쓰는 저술가였다.

약 197년에 쓰여진 「변증」(Apology)에서 그는 그리스도교에 대한 통속적이고 철학적인 비난들에 방어적으로 응답할 뿐만 아니라, 다신론적 사회의 부패와 몰합리성, 그리고 정치적 불의에 대해 전투적이고 통렬한 공격을 가하고 있다. 책의 한 면 한 면이 논적들의 오류와 불합리성 때문에 그들에게 불쾌한 고통을 가하는 즐거움으로 쓰여져 있는데, 그의 친구들과 지지자들까지도 당황스럽게 만들 정도였다.

터툴리안의 가장 흥미로운 저술의 일부는 이교적 관습들로 둘러싸인 사회 안에서 그리스도인의 합당한 행위에 관심을 기울이고 있다. 터툴리안은 그리스도인이 우상을 숭배하는 타락한 세상으로부터 자신을 전적으로 흠없이 지켜야 한다고 주장했다. 그리스도인은 잔인한 공개적 쇼를 멀리해야 한다. 그것은 두말할 필요도 없이 자명하다. 순결에 대한 터툴리안의 가장 엄격한 요구는 동료 그리스도인이 군에 복무하는 것, 공직에 봉사하는 것, 심지어는 학교에서 봉사하는 것조차도 금지하였다. 그리스도인은 간접적으로라도 우상숭배와 관련이 되는 것들을 생산하는 그러한 직업으로 생계를 유지해서도 안된다. 그리스도인의 삶에 대한 터툴리안의 개념은 일차적으로 사탄과의 전쟁이라는 것이었다. 이 때문에 그는 '우상숭배'와 최소한의 타협에도 반대했다. 심지어는 단지 관습적인 습관일 뿐이며, 전혀 무해한 것으로 보이는 것까지도 단호히 거부하였다. 그는 또한 그리스도인 사상가의 지적 과제는 사탄적 세력과의 투쟁이라고 생각했다.

터툴리안이 이러한 방식으로 자신의 지적인 역할을 이해했기 때문에, 그는 잘못된 논증이라도 이것이 자신의 목전의 대적을 패배시키고 자신에게 승리를 안겨주기만 한다면, 그것을 사용하는데 조금도 주저하지 않았다.

만일 변증법적 정교함으로 사탄을 농락할 수만 있다면, 그것은 더더욱 좋은 것이다. 뿐만 아니라 그는 대중적 인정에는 무관심했다. 그는 작은 엄격주의자 소수 집단(몬타누스 그룹 — 역주)의 목적을 옹호할 때, 그 어느 때보다 행복했다. 그의 친구들은 그가 열렬한 청교도 윤리를 가진 몬타누스파의 예언을 받아들이게 되리라고 예견할 수 있었는지도 모른다. 상당한 시간 동안 몬타누스주의에 대한 그의 옹호는 가톨릭 교회 안에서 수행되었다.

그렇지만 가톨릭 교회가 이 새로운 예언을 인정하지 않을 것임이 분명해지자, 그는 가톨릭 교회를 영적이지 못하며, 제도화되어 있고, 세상적인 것들과 타협하고 있다고 정죄하면서, 교회를 떠났다. 가톨릭 교회의 한 권위있는 인물이(그는 이름을 밝히지 않고, 이 사람을 '주교들 중의 주교' 그리고 진정한 '대사제'〈pontifex maximus〉라고 묘사하고 있다) 교회는 심지어는 세례 후의 중죄, 예를 들면 간음과 신앙 부인과 같은 죄들까지도 용서해 줄 수 있는 권세를 갖고 있다고 선언했을 때, 터툴리안은 전율을 느꼈다. 이것은 로마의 칼리스투스를 암시하는 말일 수도 있지만, 아마도 이 권위있는 인물이란 카르타고의 주교였을 것이다.

가톨릭 교회 바깥에서 생을 마감했음에도 불구하고, 터툴리안은 후대의 서방 신학에 지속적으로 강력한 영향을 끼쳤다. 제롬은 키프리안 (Cyprian)이 그를 '선생님'(the master)이라고 부르면서, 매일 그의 저술들을 연구했다는 일화를 소개하고 있다. 프락세아스를 논박하는 소책자에서 비롯된 많은 표현과 용어들이 삼위일체와 그리스도에 관한 교리를 논의하는, 서방 신학 어휘의 항구적 일부가 되었으며, 5세기에 교황 대 레오 (Leo the Great)의 권위있는 교서(Tome)와 같은 문헌들에서 반영되게 되었다. 그의 도덕적 에세이들에 나타나는 불꽃 같은 열정 속에는 강력한 윤리적 진지성과 정열이 있다. 그의 냉소적인 논증과 무자비한 독설을 견디내는 독자는 이것들로부터 많은 것을 얻을 수 있을 것이다. 어떤 구절들, 보통은 반(反) 영지주의 문맥에서 터툴리안은 진리로 사람을 가르친다는 철학자들의 능력을 냉소에 부치면서, 도전조로 이렇게 외치고 있다: "불합리하기 때문에 나는 믿는다."

그렇지만 터툴리안은 실제로는 철학적 논쟁에 관한 상당한 지식을 가진 잘 교육받은 사람이었으며, 은총을 별도로 한 '자연인'(natural man)에 대한 그의 평가는 결코 비관적인 것이 아니었다. 비록 인간이 흠결있는 본성을 유전받기는 했지만, 하나님의 형상은 단지 흐려졌을 뿐 완전히 파괴된 것은 아니며, 원래의 의와 선의 많은 흔적들을 분별해 낼 수 있다고 그는 믿었다. 그는 평범한 사람들이 별 생각 없이 외치는 탄성들("아이고 하나님!") 속에서 진리를 추구하는 직관적 감정을 찾아 볼 수 있었다. 이러한 탄성들은 신적인 진리에 대한 무의식적 인정을 드러내 보여줄 수 있다는 것이다. 그는 복음을 이교적 관습의 편견들을 벗기고, 영혼을 자유롭게 만들어 창조주의 의도에 맞는 자연적 성취를 이루어 주는 것이라고 생각했다. 그가 항상 키에르케고르(Kierkegaard)의 역설에 대한 즐거움을 가지고 글을 썼던 것은 아니었다.

터툴리안의 정신에 있어서 이러한 좀더 유화적인 측면을 공유하고 있는 아프리카의 또 다른 저술가가 미누키우스 펠릭스(Minucius Felix)이다. 200년부터 245년 사이에 그는 섬세하고 매력적인 대화를 싣고 있는 한 책을 저술했는데, 이 대화는 옥타비우스(Octavius)라는 이름의 그리스도인과 카이킬리우스(Caecilius)라는 이름의 다신론자가 오스티아(Ostia)의 해변을 거닐면서 나누는 형식을 갖고 있다. 옥타비우스는 카이킬리우스의 비판을 논박하면서 유일신론과 부활에 대한 신앙을 옹호하고 있다. 미누키우스는 독창적인 사상가라기보다는, 세련된 문장가이며 또한 지적인 편집자이다. 그는 플라톤, 베르길리우스, 세네카, 키케로, 프론토(Fronto: 마르쿠스 아우렐리우스 황제의 스승), 그리고 특별히 터툴리안을 자유자재로 인용한다. 미누키우스가 터툴리안의 영향을 받았는지, 아니면 그 빛이 정반대 방향의 것인지에 관한 현대의 논쟁은 터툴리안의 우선성을 옹호하는 쪽으로 결정되어야만 한다.

미누키우스는 좀 덜 전투적이며, 까다로운 식자층의 취향에 좀 더 잘 맞는 방식으로 터툴리안의 논증들을 제시했다. 그는 자기 스승의 통렬하고 비타협적인 역설과 거친 열정을 빠뜨렸다. 그는 자신의 학식있는 친구들을 구덩이 위에 매달아 두기보다는, 조심스레 왕국으로 인도해 들이는 편을 택했다. 그는 심지어는 그리스도에 관하여 한 마디도, 성경과 성례에 관하여 아무것도 말하지 않을 정도로 자제력을 행사한다. 미누키우스는 터툴리안보다 좀더 매력적이고, 좀더 예민하다. 그렇지만 읽기에 터툴리안보다 덜 흥미롭다는 것은 부정할 도리가 없다.

제 6 장

알렉산드리아의 클레멘트와 오리겐

알렉산드리아의 클레멘트

2세기 마지막 10년 어간에 알렉산드리아의 클레멘트가 갑작스럽게 출현하기 전까지 이집트 교회의 역사는 안개 속에 가려 있었다. 그의 전기는 그의 저술들로부터 추론해 낼 수 있는 것을 제외하고는 거의 알려져 있지 않다. 그의 저술들은 (후대의 저술가들이 단편적으로 인용하고 있는 글들을 제외한다면) 부유한 젊은 관원에 관한 복음서 이야기의 강해, 발렌티누스의 영지주의와 성경 주석에 관해 이따금 쓰여진 약간의 주해들, 그리고 실제적인 삼부작, 「회심에의 권고」(*Exhortation to Conversion : Protrepticus*), 「교사」(*Tutor : Paedagogus*), 그리고 끝내 완성시키지 못한 「잡기(雜記)」(*Miscellanies : Stromateis*)가 있다.

「권고」는 변증 문학의 전통에 서 있으며, 이교의 예배와 신화의 미신, 조잡성, 정욕주의(eroticism)를 비판하고, 위대한 철학자들이 이교의 부패상을·깨달았음에도 불구하고 그것과 단절하는데 실패했음을 기술하는 공격적인 글이다. 「교사」는 식자층 사회에 속해 있는 그리스도인을 위한 윤리와 예절의 지침서이다. 클레멘트는 원래는 삼부작의 세번째 책을 '교사'로 이름 붙이려 했으며, 이 책에서 그리스도교 교리에 관한 조직적 강해를 다룰 생각이었다. 그렇지만 그는 의도했던 이 책을 쓰지 못했다. 그는 신학의 심오한 문제들은 신적 신비와 관련되어 있기 때문에 경외감을 가지고 다루어야 하며, 누구나 읽을 수 있는 완전하고 폭넓은 글을 쓴다는 것이 위험할 것이라고 생각했다. 그렇기 때문에 클레멘트는 그 대신에 전혀 다른 성격의 책을 쓰기로 결심했다. 그 시대의 몇몇 이교 저술가들은 고대적·철학적 관심에 대한 잡문 모음집을 출판했는데, 그 형식은 의도적으로 비체계적이어서, 몇 페이지가 지난 다음에는 주제가 완전히 바뀌는 식이었다. 2세기의 이러한 라틴 문학의 현존하는 예로는 아울루스 겔리우스(Aulus Gellius)의 「아테네의 밤」(*Attic Nights*)이 있으며, 비슷한 작품들이 플루타르코스 아일리아누스(Aelian), 아테나이우스(Athenaeus) 등에 의해 쓰여졌다.

클레멘트는 부분적으로는 의심의 여지없이 당대의 문학적 유행 때문에, 그러나 주로는 이러한 스타일이 특별히 자신의 목적에 잘 들어맞기 때문에 이러한 문학 양식을 채택하기로 결심했다. 그의 목적이란 규정하기보다는 암시하는 것이며, 그의 심중에 있는 모든 것을 다 말해 버리고, 그렇게 하여 자격없는 돼지 같은 독자들 앞에 함부로 진주를 내던지는 것보다는, 독자가 스스로 탐구하고 여유를 가지고 숙고해 보도록 생각의 실마리를 던져 주는 것이었다. 「잡기」의 내용은 확실히 클레멘트가 기술해도 안전하다고 여긴 만큼의 교리적 진술들로 이루어져 있다고 여길 수 있지만, 주제들은 의도적으로 안개같은 암시적 문체로 감싸여 있다. 즉 명백하고 직설적인 산문이라기보다는 시적인 회상의 형식을 갖고 있다. 그렇지만 이러한 문체는 전략적 이유 때문에 채택된 단순한 문학적 양식만은 아니다. 그것은 어느 정도는 바로 신학의 본질에 대한 클레멘트의 견해에 상응하는 것이다. 그는 실재(reality)는 언어적 상징을 초월한다고 생각하며, 따라서 불가피하게 이러한 실재를 암시해 주는 용어로 신학을 표현해 내고자 한다. 종교적 언어란 시와 유사하다고 그는 느낀다. 단정적이지 않은 일종의 함축(diffidence)이 그 고유한 특징이다.

클레멘트는 알렉산드리아에서 태어나지 않았다. 그는 많은 다른 그리스도인 선생들로부터 배우면서 다양한 여행을 거친 후에 그곳에 왔다. 클레멘트가 알렉산드리아에 매력을 느낀 주된 이유는 스토아 철학으로부터 그리스도교로 개종한 판타이누스(Pantaenus)라는 사람 때문이었는데, (믿을 만한 보고에 의하면) 그는 인도를 방문한 적이 있다고 한다. 클레멘트는 판타이누스가 고도의 지성을 사도적 전통에 대한 충실성과 조화시키는 뛰어난 능력이 있다고 말하고 있는데, 이는 발렌티누스의 영지주의 영향이 대단히 강력했음이 분명한 2세기의 알렉산드리아에 있어서 결코 평범한 현상은 아니었다. 그리스도교가 알렉산드리아의 식자 계층에 침투하기 시작하면서, 이제 그리스도교로 개종한 사람은, 한편으로는 교묘하고 유창하게 옹호되는 이단과 다른 한편으로는 불명확하고 반계몽적(obscurantist)인 정통 사이에서, 무엇을 선택해야 할지 기로에 서 있는 것으로 보였다.

클레멘트의 주된 성취 중의 하나는 이러한 딜레마가 비사실적이며 잘못된 것임을 드러내 보였다는 점이다. 판타이누스는 클레멘트가 바른 길을 발견하도록 도와주었다. 알렉산드리아에서 클레멘트는 교회가 헬라 철학과 이교 문학을 두려워하면서, 이에 방어적 입장을 취하고 있음을 발견했다. 영지주의는 철학을 수상쩍은 것으로 만들어 놓았으며, 이교가 고전 문학에 너무 깊이 침투해 있어서, 학문과 문학을 이교적 가치와 다신론적 신화로부터 분리하는 것은 결코 쉬운 일이 아니었다. 「잡기」는 헬라 철학의 진리와 고전적 시가(詩歌)의 가치에 대한 대단히 긍정적인 확신을 가지고 쓰여진 것인데, 클레멘트의 서술 방식은 철학에 두려움을 느끼고 있던 그리스도인 독자들의 의구심을 한결 덜어줄 수 있었다.

클레멘트는 철학이 영지주의의 토대가 되기보다는, 그것을 파괴시킬 수 있는 합리적인 방법을 제공해 준다고 생각했다. 영지주의자들은 더 고차적인 이성에 대해 많은 말을 했지만, 실제로 그러한 것을 행사하지는 않았다. 따라서 「잡기」는 철학 연구의 필요성에 대한 진술로부터 영지주의 이단을 공격하는 진술로 옮겨가며, 동시에 헬라 세계의 지식인들에게 친숙한 언어와 범주들로 성경의 주제들에 대한 예리하고 잘 구성된 해석 체계를 제공해 준다. 이교의 국외자를 향한 변증적 동기가 영지주의의 왜곡된 체계에 반대하는 참된 신앙에 대한 옹호와 뒤섞여 있다.

어떤 때 클레멘트는 플라톤이 모세와 선지자들을 정당한 인정없이 표절했다고 말한다. 그리고는 헬라 철학은 — 바울에 따르면 모세의 율법과 같이 — 헬라 사람들을 그리스도에게로 인도하고 죄를 억제하는 몽학 선생으로 주어졌다고 주장한다. 그리고는 또한 사랑과 자유에 관한 영지주의의 가르침은 어떤 진지한 윤리도 규율을 존중한다는 사실을 무시하고 있다거나, 영지주의는 하나님과 세상 사이의 간격은 너무 크게 벌려 놓았고, 하나님과 영혼 사이의 간격은 너무 좁게 해 놓았다고 논박한다. 뿐만 아니라 클레멘트는 헬라 지식인들이 성경의 단순하고 대중적인 문체에 접했을 때 느끼는 당혹감을 잘 이해하고 있었다. 어떤 부분에서는 산상수훈의 도덕적 가르침을 요약하여 놀라운 재주를 부려서 신피타고라스 학파의 격언 형식의 지혜로 번역하여 제시하기도 했다. 그럼에도 불구하고 클레멘트는 비록 표현 형식은 비성경적이고 또한 성경 본문에 대한 어떤 호소도 없지만, 그럼에도 불구하고 자세히 들여다 보면 그 가르침의 내용은 신약 성경과 일치한다는 것을 의구심을 갖고 있는 모든 독자들에게 확신시켜 주어야 할 필요성을 느꼈다.

클레멘트는 '정통'(orthodox)이라는 말을 약간은 풍자적인 변명이 없이는 사용하기 어렵다고 느꼈다. 그는 일반적으로 그렇게 불리는 사람들과 연합되어 있다는 것이 진정 행복한 것인지 확신하지 못했다. 그럼에도 불구하고 그는 자신이 사도적 전통의 헌신된 수호자라고 생각했다. 사도적 전통은 이단 종파들이 제시하는 잘못된 '지식'에 정반대되는 '참된 지식'을 포함한다고 그는 믿었다. '진정한 영지자'는 철학을 두려워하지 않는다. 그는 자신의 목적을 위하여, 즉 교회 안에서 믿게 된 것을 올바로 이해하고, 잘못된 혼합을 논박하기 위하여 철학을 사용할 수 있다.

클레멘트에게 있어서 영의 더 고차적인 삶은 도덕적 영적 상승(ascent)이었다. 덕이나 인격을 연마하는 일에 관심이 별로 없다는 것이 영지주의 이단자들의 특징이었다. 클레멘트에게 있어서 진정한 영지자는 영적 통찰은 마음이 깨끗한 자들, 아이가 아버지와 함께 손을 잡고 걸어가듯 하나님과 함께 걸어가는 참으로 겸손한 자들, 윤리적 행위의 동기가 형벌에 대한 두려움이나 상급에 대한 기대를 넘어서서 오직 선 그 자체에 대한 사랑에

서 비롯된 자들에게 주어진다는 것을 안다. 구속받은 자들이 모세의 성막
에 있어서 '지성소'(holy of holies)로 상징되는, 또는 시내산에서 모세가
흑암 속에 들어갔다는 것으로 상징되는 '신화'(神化, deification) 속에서
하나님과 하나가 될 때, 그것은 신앙으로부터 지식을 통하여 이 세상을 넘
어서는 지복의 관조(beatific vision)에 이르는 상승이다. 이러한 신비적
연합의 가능성의 근거는 창조에 의해 우리 안에 심겨 있는 하나님의 형상
이다.

　클레멘트의 사상에 있어서 중심 원리는 창조 교리이다. 창조가 구속의
근거이다. 뿐만 아니라 하나님께서는 자신의 모든 이성적 피조물들 안에
진리의 선한 씨앗을 뿌려 놓으셨기 때문에, 플라톤의 형이상학과 스토아
학파의 윤리, 그리고 아리스토텔레스의 논리학으로부터 배울 것이 많이 있
다고 클레멘트는 확신하였다. 어디에서 발견되든지 간에 모든 진리와 선은
창조주로부터 온 것이다. 동일한 근거 위에서 클레멘트는, 물질을 지존의
하나님으로부터 전적으로 소외시킴으로써 창조 세계를 폄하고, 그 결과
윤리적으로는 극단적인 금욕주의나 또는 반율법주의적 정욕주의에 빠지게
되는 영지주의자들을 반대하였다.

　그리스도인의 성 윤리에 대해 길게 논하면서, 클레멘트는 성(sex)이란
좀더 고차적인 영적 삶과는 아무 관련이 없거나 또는 이러한 삶과 양립할
수 없다는 영지주의의 주장에 강력하게 반대하였다. 개인적인 독신
(celibacy)에의 소명은 존중할 것이라고 인정하였지만, 결혼이란 본래적으
로 이에 비해 열등한 영적 상태라는 어떤 주장도 그는 용납하지 않았다.
동일한 이유로 그는 모든 그리스도인은 금주(禁酒)주의자 또는 채식주의
자가 되어야 한다는 주장을 배척했다. 이런 것들은 클레멘트에게 있어서
개인적인 양심의 문제이지, 보편적인 금지의 문제가 아니었다. 그렇지만
클레멘트가 창조된 세상의 선함에 대한 기쁨을 이야기한다고 해도, 그는
자연주의적 쾌락주의와는 참으로 거리가 멀었다. 물질적 세계의 선한 것들
은 감사와 더불어 초연한 마음으로, 창조주께서 부여해 주신 질서 위에서,
그리고 절제심을 가지고 사용해야만 한다고 그는 주장했다.

클레멘트는 돈을 사용하는 문제로 인해 혼란을 느끼는, 그리고 특별히 주님께서 젊은 부자 관원에게 주신 절대적 명령 즉 "네가 온전하고자 할진데 가진 모든 것을 팔아 ……"라는 말씀 때문에 걱정하는 그리스도인들을 돕기 위해 특별한 소책자를 썼다. 얼른 읽으면, 이 책은 마치 클레멘트가 이 명령의 명백한 의미로부터 교묘히 빠져 나오려고 노력하는 타협자로만 보일 수도 있다. 그렇지만 그의 이 소책자를 좀더 공정한 시각으로 읽어보면, 그는 복음의 윤리를 율법주의적 의무를 부과하는 것이 아니라, 최선을 다해 주님을 따르고자 하는 사람들을 위한 하나님의 최고의 목적에 대한 진술로 여기고 있다는 것을 알 수 있다. 참으로 중요한 것은 재물의 소유라는 사건이 아니라, 그 사용이다. 그렇기 때문에 클레멘트는 알렉산드리아 교회의 부유한 개종자들을 위한 지침을 제시했는데, 그것은 검약과 자기 훈련에 있어서 대단히 엄격한 기준을 부과하는 것이었다. 그는 어떤 사치나 허영에도 극력 반대하였으며, 합법적이라고 생각될 수 있는 많은 것들이 매우 부적절한 것들이라고 여겼다.

젊은 부자 관원에게 주신 말씀에 대한 강해와 「교사」와 「잡기」의 여러 구절들은 클레멘트가 교회 안에서 영적인 지도자로 활동하고 있었다는 것을 보여준다. 그는 그리스도인의 삶을 그리스도 안에서 하나님의 모양 (likeness)을 이루어 나가는 진보의 과정으로 이해했다. 그렇기 때문에 그는 그리스도인의 삶을 그리스도교 교리의 성격을 점차 깨달아 나가는 역동적인 진보일 뿐만 아니라, 배우는 사람이 때로는 회개가 필요한 잘못을 범할 수도 있는 교육의 과정이라고 생각한다. 그는 교회를 '학교'라고 말하고 있는데, 그 안에는 많은 학년이 있고 학생들은 능력에 있어서 차이가 있으며, 그 안에서는 모든 선택된 자들은 동등하지만, 일부 사람들은 다른 사람들보다 '더 선택된' 사람들이다. 이에 따라 클레멘트는 교회가 배교한 자들에게 회개의 여지를 허여하면서도, 또한 동시에 모든 그리스도인들에게 신앙과 삶에 있어서 최고의 요구를 해야 한다는 입장을 취할 수 있었다.

「잡기」 제7권(이것은 그가 생전에 완성시킨 마지막 장이다. 소위 제 8권은 그의 사후 발견된 논문들에서 발견된 논리학에 관한 단편적인 생각들을 모아 놓은 것으로 추측된다)은 진정한 영지자의 영적 이상을 묘사해 준다. 이것은 바울의 높은 열망(빌 3장)과 영혼의 신에게의 동화(assimilation)에 관한 플라톤의 언어와, 무감정(passionlessness)에 대한 스토아주의의 이상을 혼합한 그러한 용어들로 표현되고 있다. 그가 하나님에 대한 지식을 정적인 소유가 아니라 동적인 진보로 여기게 된 것은 플라톤주의자들보다는 바울에게서 배운 것이라 보여진다. 그는 한 번은 진정한 영지자라면 영원한 구원과 하나님에 대한 지식 사이에서 택일하도록 요구 받는다면, 망설이지 않고 후자를 택할 것이라고 말한 적이 있다.

영적인 삶을 끝없는 진보로 여겼기 때문에, 클레멘트는 하나님의 교육 과정이 죽음과 더불어 끝나리라고 생각하지 않았다. 그에게는 저스틴과 이레니우스에게 빚을 지고 있다는 생각이 별로 없어서, 지상에서 천년 동안 그리스도와 함께 통치하기 위하여 성도들이 육체적으로 부활할 것이라는 이들의 지나치게 문자적인 믿음에 대해 그는 별로 호의적 입장을 보이지 않았다. 죄인들을 위해서는 타는 불이 기다리고 있는데, 이 불은 하나님의 형상을 파괴시키는 것이 아니라, 죄의 나무와 그루터기와 풀을 파괴시키는 정화의 불이다. 이 세상에서 어떤 사람도 지혜로운 불에 의해 정화될 필요가 없이 곧바로 하나님의 면전에 서게 될 정도로 높은 거룩함을 이룰 수는 없다.

클레멘트는 과묵한 성품이기 때문에 자신에 대해서 말하는 경우가 별로 없지만, 그의 개인적 이상만은 뚜렷하게 알아 볼 수 있다. 그 문화적 배경과 기질에 있어서 클레멘트는 터툴리안의 전투적 열정과는 전혀 다른 모습을 보여준다. 그러나 도시의 만찬 파티 대화 같은 그의 글들의 행간을 주의깊게 음미해 보면, 우리는 결코 터툴리안 못지 않은 그의 뜨거운 도덕적 열정을 발견할 수 있다. 클레멘트는 자기가 속해 있던 교회의 외적인 생활에 대해서도 마찬가지로 과묵하였다. 그는 당시 알렉산드리아 교회의 주교였던 데메트리우스(Demetrius)에 대해 결코 말하는 법이 없다. 그리고 또한 알렉산드리아 공동체의 제도적 발전을 실명해 줄 수 있는 것도 그의 글에서는 별로 끌어낼 수가 없다. 순교자 저스틴과 마찬가지로, 그 역시 평신도로서 그의 주저를 저술했다. 그는 학생들에게 문법, 수사학, 예의 범절, 그리고 특별히 종교적인 문제들을 가르치는 '그리스도교 철학' 교사로서, 독립적으로 일하면서 주저를 썼던 것이다. 어떤 확실하지 않은 증거에 따르면, 그는 215년 직후 사망하기 전에 장로로 임명되었을 수도 있다. 만일 그가 장로로 임명되었다면, 그것은 클레멘트와 같은 평신도 교사들을 자신의 좀더 긴밀한 통제 하에 두려는 알렉산드리아의 주교 편에서의 요구의 표현으로 해석되는 것이 온당할 것이다.

오리겐

오리겐(185-254)은 초기 그리스도교 사상가들 가운데 거인으로 우뚝 서 있다. 자신의 저술들 속에서 클레멘트를 언급한 적이 결코 없지만, 그는 분명 주의깊게 그의 글들을 읽었으며, 많은 점들에 있어서 클레멘트의 노력을 계승하고 있다. 그 자신의 초기 저술들 가운데 하나는 「잡기」(*Stromateis*)라는 이름이 붙어 있다. 이 글의 현존하는 몇몇 단편들은 이 책이 클레멘트의 동명의 수상록을 닮은 것이며, 그리스도교 개념들을 플라톤의 전통에 친숙한 언어로 해석하면서, 철학적 논의와 성경의 요점들에 대한 강해를 혼합한 형태(안디옥에서 베드로와 바울 사이에 있었던 견해 차이와 같이 말이다. 오리겐은 이 사건을 교훈을 주려는 연극이라고 해석한다)라는 것을 말해준다.

그렇지만 오리겐의 정신적 기질은 클레멘트와는 대단히 달랐다. 클레멘트의 저작들 전체에는 명랑함과 창조주의 자비를 마음껏 구가하는 개방적 정조가 흐르고 있다. 오리겐의 글들 안에는 모든 악한 것들은 물론, 더 고차적인 목적에 방해가 되는 것이라면 자연적인 선들까지도 거부하는 준엄한 엄격성과 단호한 의지의 결정이 번득이고 있다. 오리겐은 헬라의 고전 시가(詩歌)들에 정통한 지식을 갖고 있었지만, 그러나 이러한 사실을 거의 노출하려 하지 않았다. 아마도 그는 형식과 표현의 아름다움이 자신을 미혹하거나 주의를 산만하게 만드는 것을 두려워했기 때문인지도 모른다. 또는 아마도 단지 이런 사소한 것들에 신경쓸 시간이 없었기 때문이었을 수도 있다.

그는 혹독한 노력을 기울여 대 철학자들을 공부했다. 그렇지만 무엇보다도 성경을 열심히 공부해서, 웬만한 모든 본문을 마음대로 암송할 수 있는 정도에 이르렀다. 이러한 탁월한 기억력은 자연스럽게 그에게 자만심을 불러일으켰는데, 이 때문에 그는 때때로 참고 문헌을 밝히지 않은 채 인용을 하면서 사소한 잘못을 범하기도 했다. 오리겐에게 있어서 이교 문학은 이교 사회의 전통과 분리할 수 없는 일부였다. 박해받는 교회의 일원으로서 그는 이러한 전통에 화해할 수 없는 적대감을 느꼈다. 그가 이러한 감정을 갖는 데는 가족에 대한 기억이 일정한 역할을 했던 것 같다.

그가 18세 되던 주후 202년 셉티무스 세베루스 황제의 박해 때에 그의 아버지 레오니다스(Leonidas)는 순교했었다. 오리겐은 항상 순교자 교회의 일원으로서 글을 썼다. 이교의 철학과 문화에 대한 그의 태도는 클레멘트보다 훨씬 덜 동정적이어서, 때로는 얼음장처럼 차가운 비난을 퍼붓기도 하였다. 클레멘트에게 있어서 플라톤은 대단한 권위를 누렸다. 그렇지만 오리겐의 눈에는 플라톤은 아무것도 아니었다. 오리겐도 물론 플라톤이 많은 현명한 것들을 말했으며, 그의 대화가 참된 많은 것을 포함하고 있다는 점을 인정했다. 그렇지만 오리겐은 플라톤이 말했기 때문에 어떤 것이 진리가 아니라, 플라톤이 말했음에도 불구하고 진리라고 믿고 있다는 인상을 우리에게 불러일으킨다.

그는 그리스도인들에게 중요한 일부 원리들을 위대한 철학자들의 이름에 의존하여 보호하고자 하는 욕구를 추호도 갖지 않았다는 점에서 클레멘트와 다르다. 그럼에도 불구하고 상당히 무의식적으로 오리겐은 내적으로는 클레멘트보다 플라톤주의에 덜 비판적이었으며, 클레멘트의 저술들에 명백히 드러나는 것보다 더 많은 비율의 플라톤의 주장들을 받아들인 이러한 체계를 제안하기도 했다. 그는 헬라 철학 학파들의 주장에 완전히 정통하였으며, 스토아주의, 에피쿠로스주의, 플라톤주의, 아리스토텔레스주의 등 서로 다른 입장들 사이를, 자신의 주장에 도움이 되는 것은 무엇이든 사용하면서, 대가다운 정통함을 갖고 자유롭게 돌아다녔다. 그렇지만 어떤 학파와도 자신의 입장을 동일시하지는 않았다.

저스틴, 또 바로 앞의 클레멘트와 마찬가지로, 오리겐은 윤리적 문제와 섭리에 관하여 스토아주의의 논증이 제공하는 도움을 기꺼이 받아들였다. 그는 또한 영혼이 하나님과 '닮은'(akin) 존재이지만, 진정한 고향이 아닌 물질 세계에 살지 않으면 안된다는 플라톤의 가르침에 매우 공감을 느꼈다. 그렇지만 신적 진리를 발견함에 있어서 플라톤이 실제로 영감을 받았는다는 점에는 의문이 있을 수 없다. 오리겐에게 있어서 계시의 유일한 원천은 성경이었으며, 그는 매일 여러 시간을 기도와 성경 연구에 바쳤다. 그는 거의 끝없는 노력을 분투적으로 스스로에게 강요하면서, 적게 자고 적게 먹었다. 그는 온 마음으로 교회의 사람이 되기를 원하였으며, 모든 대적들, 유대교도, 이단, 또는 이교도에 반대하여 교회의 가르침을 옹호하였다.

오리겐은 그의 경력 초기에 유대인들과의 논쟁을 통해 그리스도인들이 회당의 대표자들과 양측에서 공히 인정한 성경 텍스트에 근거하여 논쟁을 하는 것이 본질적으로 중요하다는 것을 깨닫게 되었다. 교회는 70인역을 사용하였다. 헬라 회당은 이제 심마쿠스(Symmachus), 테오도티온(Theodotion), 그리고 특별히 아킬라(Aquila)가 번역한 좀더 문자적인 번역본들을 사용하고 있었다. 이중 아킬라는 원래 이방인이었는데, 잠시동안 그리스도인이 되었다가, 나중에 유대교 개종자(proselyte)가 된 사람으로, 140년경 거의 광적일 정도로 문자주의 입장을 취하고 있는 헬라어 번역본을 출판했다. 뿐만 아니라, 그리스도인들은 이러한 번역본 사용에 있어서, 특별히 메시야에 관한 예언들의 발췌 모음집에 있어서, 일부 본문들을 자기들의 목적에 더 잘 들어맞도록 만들기 위해 가벼운 수정을 가하는 경향이 있었다.

순교자 저스틴은 "주께서 나무 위에서 통치하셨다"라는 구절이 시편 96 편의 진정한 본문의 일부라고 믿었으며, 70인역의 유대 사본들에 이 구절이 없는 이유를 유대교 논쟁가들이 이 구절을 의도적으로 빼뜨렸다는 가설로 설명하였다. 이러한 상황 속에서 그리스도인들이 이러한 사실로 인해 논쟁가 랍비들로부터 비난을 받지 않으려면, 구약 성경의 정확한 텍스트를 발견하는 것이 얼마나 중요한가를 오리겐은 인식했다. 그렇기 때문에 오리겐은 「헥사플라」(*Hexapla*)라는 이름을 가진 구약 성경 번역본들의 방대한 공관서(synopsis)를 편집하였다. 그는 나란히 구분된 6개의 난(欄)에 히브리어, 히브리어 본문의 헬라어 음역(아마도 자음으로만 된 본문의 발음을 돕기 위해서일 것이다. 회당에서는 헬라어로 강해를 하기 전 히브리어 성경 본문을 읽는 오래된 관습이 있었는데, 교회에서도 이를 따랐던 것 같다), 그리고 4가지의 주된 헬라어 번역을 대조하여 위치시켰다.

시편을 위해서는 두 가지 번역이 추가되었다. 둘 중 하나는 오리겐이 요르단 계곡의 항아리에서 발견한 것인데, 부분적으로는 사해 사본의 발견에 비견할 만한 것이다. 「헥사플라」의 주된 목적은 모든 헬라 교회들에서 사용되던 공인된 번역인 70인역의 정확성을 보증하는 것이었따. 오리겐은 70인역 본문에 주로는 테오도티온의 번역본으로부터의 보완을 가했는데, 히브리어 텍스트와는 다른 70인역 구절들에는 (이 구절들의 진정성에 관해 확신하지 못한다는 것을 표시하기 위해) 의구표(疑句標)를 달아 놓았다. 텍스트 상의 이러한 차이들은 상당한 것이었다.

예를 들면, 헬라어로 된 다니엘서에는 '수산나의 이야기'(History of Susanna)가 실려 있는데, 히브리어 성경에는 이에 상응하는 것이 없었다. 오리겐은 수산나가 다니엘서의 진정한 일부라는 것을 의심하지 않았다. 왜냐하면 그것이 70인역과 테오도티온 번역본에 모두 실려 있었기 때문이다. 뿐만 아니라 이 이야기는 유대교 장로들을 별로 좋지 않은 관점에서 그리고 있기 때문에, 회당 측에서는 이 이야기를 숨기고자 하는 분명한 동기가 있었다는 것이다.

그렇지만 이 점에 대한 오리겐의 견해는 좀더 나이든 그리스도인 학자 율리우스 아프리카누스(Julius Africanus)와의 극적인 서신교환을 통해 정확하게 도전을 받게 되었다. 당대에 아프리카누스는 상당한 관심을 불러일으키는 인물이었다. 예루살렘(아일리아) 출신으로 그는 폭넓게 여행을 했다. 그는 한 번은 에데사의 아브가르 9세 대왕의 궁전을 방문하여, 바르데사네스를 만나 그와 또 왕세자와 함께 사냥을 나간 적도 있었다. 그는 노아의 방주를 찾아 아라랏(Ararat)까지 간 적이 있으며, 팔레스타인에 있는 사해와 야곱의 테레빈 나무를 구경하기도 했다. 주후 220년경 팔레스타인의 엠마오(Emmaus: 당시에는 개명되어 Nicopolis라고 불렸다)에 정착하였는데, 222년에는 이 도시의 사절 자격으로 로마를 방문하였다. 로마에서 그 박학다식으로 황제 알렉산더 세베루스(Alexander Severus: 222-35)에게 깊은 인상을 주어, 황제는 로마의 만신전(Pantheon) 안에 자신의 도서관 세우는 일을 그에게 맡겼다. 그의 학식은 전형적인 고문헌 수집가(antiquarian)의 그것이었다.

그는 세계 역사 연대기를 편집했는데, 이에 따르면 성육신은 창조로부터 5,500년 이후의 사건이었다. 그는 또한 방대한 수상록을 썼는데, 그 내용에 있어서 플리니의 「자연사」(*Natural History*)와 유사한 것이었다. 현존하는 단편들을 보면 가축을 치료하는 약, 군대의 전술, 수사학, 호메로스의 본문 비평, 그리고 마술에 관한 흥미진진한 지식들이 실려 있다. 아프리카누스는 그의 모든 저술이 반드시 그의 신앙과 관련되어 있지는 않은 최초의 그리스도인 저술가이다. 성경에 대한 아프리카누스의 태도 역시 마찬가지로 그 성격에 있어서 고문헌 수집가적이다. 그는 복음서의 예수 연보들을 조화시켰으며, 수산나 이야기는 지독한 헬라어 동음이의(同音異義)의 풍자를 포함하고 있다는 것을 발견했다.

그는 한 번은 신학 논쟁에 참여했다가 오리겐이 수산나의 이야기에 호소하는 것을 들었는데, 후에 그에게 아버지다운 질책을 편지로 써서 보냈다. 즉 오직 헬라어로만 표현될 수 있는 이 동음이의의 풍자는 수산나 이야기가 원래의 다니엘서에 덧붙여진 것임을 입증해 주는데, 오리겐이 이를 간파하지 못했다는 것이다. 오리겐은 이 동음이의의 풍자가 번역자들에 의해 도입되었을 수는 있지만, 이것이 수산나 이야기가 히브리어 원문에는 없었다는 증거는 되지 않는다고 발끈하여 응답하였다. 교회를 구속하기 위하여 자신의 모든 것을 다 주신 주님께서 그처럼 중대한 문제에 있어서 오류가 발생하도록 내버려 두었다는 것은 상상할 수 없다고 오리겐은 주장했다.

최소한 이 점에 있어서 70인역에 대한 오리겐의 태도는 매우 보수적인 것이었다. 그는 70인역의 정경이 교회에 의해 받아들여졌다는 사실에 구속감을 느꼈다. 그렇지만 오리겐은 많은 교회들과 더불어 회당이, 단지 70인역에서만 발견되며 히브리어 성경에서는 발견되지 않는 그러한 책들(이나 책의 부분)의 권위와 정경성을 받아들이지 않기 때문에, 이러한 책들을 교리 논쟁에 있어서 사용하는 것은 불가능하다는 점을 인정했다.

이단에 반대하여 정통을 옹호하는 것은 오리겐이 많은 관심을 기울인 일이었다. 그는 영지주의에 대한 대응이 특정한 어떤 문제들에 대해 단편적이고 고립적으로 이루어져서는 안되고, 그리스도교 교리의 본질에 대한 정합적이고 포괄적인 체계를 제시함으로써만 비로소 가능하다고 생각했다. 그럴 때에만 영지주의의 중심적 질문들(악의 문제, 신적 목적에 있어서 물질의 위치, 자유의지, 신적 정의)이 좀더 포괄적이고 깊이있는 관점에서 관찰되면서 해답을 발견할 수 있을 것이다. 오리겐이 그의 논쟁적 저술 「제일 원리」(*On First Principles*)를 저술한 것은 바로 그리스도교 신학에 대한 이러한 포괄적인 해석을 제시하려는 것이었다.

이 책은 4세기 말에 아킬레이아의 루피누스에 의해 라틴어로 번역되었는데, 루피누스는 오리겐의 다른 저술들에 나타나고 있는 좀더 정통적인 견해들과 일치되도록 하기 위해 자신이 몇몇 구절들을 수정했다고 솔직히 설명하고 있다. 그렇지만 제롬이 루피누스가 이렇게 완화시키고 수정을 가한 주요한 구절들에 대한 정확한 번역을 후에 출판하였기 때문에, 오리겐의 이 저작의 원래의 의미를 발견하는 것이 아직 가능하다.

오리겐의 사변적 체계에 의하면, 하나님께서는 처음에 바로 이 물질 세계를 창조하신 것이 아니라, 이성과 자유 의지를 부여받았으며, 창조주에게 의존적인 영적 존재들의 영역을 먼저 창조하셨다. 타락을 설명하기 위해 오리겐은 알렉산드리아의 필로의 생각을 빌리고 있다. 영적 존재들은 하나님을 찬양하는 일에 '싫증을 느끼게' 되었고, 태만으로 인해 타락하게 되어 점점 사랑이 식어지면서, 하나님으로부터 떨어져 나가 열등한 것으로 향하게 되었다는 것이다. 물질 세계는 바로 이러한 타락의 결과로 존재하게 되었으며, 이단들이 주장하는 것처럼, 우연의 결과가 아니라, 창조주 자신의 직접적 목적의 표현이다. 따라서 창조주 하나님의 선함이 이 세계의 아름다움과 질서 속에 명백히 드러나고 있다.

그리하여 물질 세계는 잔인한 우연에 의해 인간이 어쩔 수 없이 휩쓸려 있는 재앙스런 실수의 결과로 존재하게 된 것이 아니라, 지존의 하나님의 의지 아래 창조되었으며, 하나님의 선함, 정의, 그리고 구속적 목적이 표현되고 있는 영역인 것이다. 하나님의 구속적 목적은 인간을 안락하게 만들어 주려는 것이 아니라, 그를 교육시키고, 훈련시키고, 새롭게하여 자신의 창조주를 향하도록 만들려는 것이다. 하나님이 없이는 인간은 진정한 자아가 될 수 없다. 오리겐은 악의 '문제'는 그 명백한 무목적성(purposelessness)에 놓여 있다고 생각했다. 해결책을 찾기 위해 그는 이레니우스의 사상과 플라톤적 전통 양자에 의존하였다.

이레니우스의 사상은 세상은 인간에게 부단한 요구를 하도록 만들어졌으며, 인간은 자기가 직면하는 난관들을 극복하도록 요청받고 있다는 것이다. 플라톤적 전통은 악이란 선의 결여(privation)이며, 이 세상의 무질서에 대한 책임은 자유의지의 오용(misuse)에 있다는 것이다. 오리겐에게 있어서 물질 세계는 한시적이고 잠정적인 것이며, 이 세상에서의 삶이란 이보다 훨씬 더 긴 영혼의 삶 속에서 짧은 일부에 불과하다. 영혼은 육체와 결합하기 이전에도 존재했고, 이 세상에서의 삶이 끝난 이후에도 존재할 것이다. 그렇기 때문에 구속의 과정은 점진적인 것이다. 대속은 항상 계속되는 것이며, 강제력을 사용하는 것이 아니라 자유를 존중하는 것이 하나님의 방식이기 때문에, 하나님의 뜻과 일치하기까지의 회복의 사역은 느리고 고통스러운 오르막길이다.

다른 영혼들이 모두 타락할 때도 한 영혼만은 결코 하나님으로부터 떨어지지 않았다. 이 영혼은 인간에게서 육체와 영혼의 결합과 같은, 또는 불속에 있는 작열하는 쇳덩어리와 같은 그러한 긴밀한 연합을 신적 로고스와 이루도록 선택되었다. 마리아로부터 비롯된 육체 또한 한 분의 성육신 하신 주님을 구성하도록 긴밀한 결합을 이루었다. 그렇지만 '인자'(Son of Man)에게서 하나님의 현존을 발견하는 것은 은총이다. 그리스도는 사람들의 영적 진보의 정도에 따라 각각 다른 사람들에게 각각 다른 것을 의미하였다. 우리는 '인자'로서의 그분으로부터 시작한다. 그렇지만 우리는 그분을 점점 더 깊이 이해하는 것을 배운다. 그리스도는 '모든 사람들에게 모든 것'이 되셔서, 개인적인 필요와 열망에 따라 응답해 주신다. 이러한 것들은 우리의 신앙이 성숙하여 지식이 됨에 따라, 그리고 도덕적 통찰력이 점점 예민해짐에 따라 변하게 된다.

모든 계시는 이를 받는 사람의 능력에 따라 제한된다는 것은 오리겐에게 있어서 자명한 것이었다. 성육신은 필연적으로 하나님의 은밀한 행위(incognito)이다. 죄악된 인간은 하나님의 직접적 광휘를 견뎌낼 수 없기 때문이다. 교회는 복음을 전파한다. 이 복음은 이 세상의 삶의 가능성 안에서는 절대적인 것이지만, 이 세상 이후에 계시될 진리와 비교하면 상대적인 것이다. 우리는 안경을 통하여 흐릿하게 본다. 내세에서는 우리의 이해력이, 최소한 신약 성경이 구약을 초월하는 것만큼이나, 현재 우리가 알고 있는 것을 초월하게 될 것이다. 그리고 이러한 이해력에 있어서 영혼의 상승은 이 물리적인 틀이 깨어진 이후에도 계속될 것이다. 죽음에 처하여 어떤 사람도 하나님의 거룩함과 사랑 앞에 바로 나아갈 정도로 죄가 없는 사람은 없기 때문에, 정화하는 '불'이 우리를 기다리고 있을 것이다. 영혼으로부터 모든 더러운 것들을 제거하는 불이다.

천국과 지옥에 관한 모든 언어는 비유적 상징으로 표현된다. 오리겐에게 있어서 지옥의 불의 온도를 잰다는 것은 불가능한 것이었다. 상징적 언어가 표현하고 있는 진리는 하나님의 형벌이 있다는 것이다. 그렇지만 진정으로 중요한 질문은 이 형벌의 목적에 관한 것이다. 오리겐은 '하나님의 진노'(오리겐이 지치지 않고 설명하는 것처럼, 이것은 하나님 안에 있는 감정적 반응이 아니다)에는 치유적 목적이 반드시 포함되어 있다고 주장한다.

오리겐은 초기 그리스도교의 종말론의 — 천국, 지옥, 부활, 그리스도의 재림 — 상징들은 이것들을 문자적으로 신봉하는 사람들이 조야하고 유치한 방식으로 이해했다는 단순한 그 이유 때문에 배척되어서는 안된다고 확신했다. 이 모든 상징들을 배타적으로 단지 지금 여기에서의 내적인 심리적 체험으로 재해석하는 것은 영지주의의 정반대의 오류라고 그는 생각했다. 오리겐 자신은 이러한 견해에 대해 상당한 내적 공감을 갖고 있었으며, 예를 들자면, 지옥을 영혼이 철저한 무관계성 속에서 완전히 해체되는 것이라고 설명할 수 있었다. 그렇지만 그는 이러한 상징을 '하나님의 위대함에 어울리는' 의미로 해석할 수 있는 방법을 찾고자 했으며, 이는 교회의 전통의 본질적 의미를 보존하는 것이었다.

'중도'(via media)에 대한 그의 추구는 종종 언어 사용에 있어서의 혼란으로 귀결되었으며, 정통주의자들의 눈에는 그의 재해석이 경악스러울 정도로 이단적으로 여겨졌다. 그렇지만 오리겐은 고린도 전서 15장에서 바울이 논하는 것에 의해 자신이 정당하다고 생각했다. 바울은 이 장에서 '부활'이 순전히 내적인 또는 신비적 체험이라는 입장을 암시적으로 배척하고 있을 뿐만 아니라, 몸의 부활이 이 현재의 물리적 틀의 문자적 소생(resuscitation)을 의미한다는 견해도 비판했다.

종말에 관한 오리겐의 언어는 6세기의 어떤 공상적 사변들에 자극제가 되었다. 당시 팔레스타인의 일부 열광주의적 수도사들은 부활한 육체는 구형(球形)일 것이라고 주장하면서, 이를 위해 오리겐의 권위에 의존하였다(플라톤은 구〈球〉가 완전한 형태라고 설명하였다). 오리겐 자신이 이러한 주장을 했는지에 대해서는 명백한 증거가 없다.

오리겐은 마귀는 타락한 천사이며, 악마들은 하나님에 의해 악하게 창조된 것이 아니라고 믿었다. 그들은 하나님을 태만히 하여, 그리고 교만 때문에 즉각적인 회개를 하지 않아 타락한 것이다. 그렇지만 악마들은 자유와 이성을 갖고 있다. 어떤 존재도 완전히 타락한 것은 아니다. 그렇지 않으면 어떤 의미에서도 책임적이고 이성적인 존재로 남아 있을 수 없을 것이다. 그리고 그 불행한 상태에 대해 우리는 단지 동정을 느낄 뿐일 것이다. 그렇기 때문에 심지어는 마귀 그 자신도 진리를 인정할 수 있는 약간의 능력을 갖고 있다. 마귀까지도 최후의 마지막 순간에는 회개할 수 있다. 대속은 모든 사람들이 구속에 이르고, 하나님이 모든 것의 모든 것이 되기 전까지는 불완전한 것이다.

그렇지만 이러한 보편주의자로서의 희망은 발생하는 모든 사건은 반드시 발생하게 되어 있다는 식의 자연적 과정에 대한 편안한 믿음은 결코 아니다. 자유는 이성적 존재의 양도할 수 없는 소유이며, 하나님의 사랑은 각 개인을 절대적으로 존중하면서 다루신다. 참으로 자유란 양도할 수 없는 것이기 때문에, 구속받은 자가 또 다시 하나님을 사랑하는 것을 태만히 할 수 있으며, 그리하여 타락과 구속의 끝없는 순환이 계속하여 반복되는 사변적 가능성이 존재한다는 것을 오리겐은 인정하지 않을 수 없었다. 오리겐은 질문으로 끝내고 있다. 그는 인간의 자유가 상실된다는 것도, 하나님의 사랑이 실패한다는 것도 믿을 수 없었기 때문에, 그는 그 대답을 알 수가 없었다.

영지주의와의 논쟁을 거치면서 또한 오리겐은 성경 해석을 위한 올바른 원칙들에 대해 폭넓은 연구를 하지 않을 수 없었다. 마르키온과 같은 문자주의자들에 반대하여 그는 우의(allegory)를 성경 주석의 한 방법으로서 옹호하였다. 성경의 일부는 단지 의식에 관한(ceremonial) 법이거나 또는 고대의 부족적 전통처럼 보일 수도 있다. 그렇지만 법, 역사, 그리고 심지어 지리의 베일 아래서조차 오리겐은 영원한 진리를 분별할 수 있었다. 이 점에 있어서 필로는 그에게 길을 제시해 주었으며, 오리겐은 성경 해석에 있어서 필로의 많은 기본적 원리들을 그대로 받아들였다. 그렇지만 오리겐에게 있어서 신약과 구약을 연결시켜주는 성경의 통일성의 열쇠는 바로 그리스도였다. 마르키온주의자들이 지적하기 좋아했던 해석상의 난제들은 오리겐에게 있어서는 영적 해석의 필요성에 대한 섭리적 이정표로 이해되었다.

네 복음서 기자들이 단지 사건들에 대한 건조한 사실 기록만을 제시하고자 의도하지 않았다는 것은 그리스도의 성전 청결 사건에 대한 각각 다른 설명들에서 분명히 드러난다. 이러한 차이들은 문자적 · 역사적 차원에서 해소될 수 없으며, 복음서 기자들의 영적 목적이 고려될 때에만 전적으로 설명되어질 수 있다. 그렇기 때문에 오리겐은 성경의 일차적 목적은 영적인 진리를 전달하는 것이며, 역사적 사건에 대한 설명은 이에 비해 부차적인 것이라고 결론지었다.

대부분의 성경 구절들은 둘, 셋 혹은 매우 이따금씩은 심지어는 네가지 차원의 의미를 갖고 있다고 그는 주장했다. 문자적 의미 외에도 본문 말씀은 또한 사회로서의 교회에 관한, 또는 개별적인 영혼들의 하나님과의 관계에 관한 가르침을 갖고 있을 수도 있다는 것이다. 이 점에 있어서 성경의 다중적 의미에 관한 오리겐의 가르침은 동방과 서방 모두에서 심원한 영향을 끼쳤다. 모세오경과 여호수아에 관한 그의 설교는 루피누스의 라틴어 번역으로 오랫동안 읽혔으며, 교황 대 그레고리우스에게 깊은 영향을 끼쳤다. 그는 또한 제롬의 중재를 통해서도 큰 영향을 끼쳤는데, 제롬은 오리겐의 성경 주석에 있어서 많은 요소들을 자신의 것으로 받아들인 인물이다.

성경의 문자적 의미에 대한 오리겐의 태도는 동시대인들과 또한 4세기의 비우호적인 독자들에 의해 비판을 받게 되었다. 오리겐은 성경에서 극소수의 구절들만이 문자적 의미는 전혀 없고 단지 영적 의미만을 갖고 있다고 믿었다. 그렇지만 그가 과연 문자적 의미가 그 자체로서 중요하다고 진지하게 여기고 있었는가는 명확하지 않다. 성경이 많은 참된 역사적 이야기를 싣고 있다는 것은 거의 우연적인 것이며, 신학적으로는 주변적인 것이다. 성경의 육체 안에 있는 영혼이 중요하다.

오리겐에게 있어서 인간이 문자로부터 영으로, 감각적 세계로부터 비물질적 세계로, '인자'(Son of Man)로부터 '하나님의 아들'(Son of God)로 일어나기 위해서는 교육받지 않으면 안된다는 것은 계시와 구속의 전 원리와 일치하는 것이었다. 그렇지만 성경에 있어서 신적인 요소와 인간적 요소의 결합이 그리스도에게 있어서 신성과 인성의 결합에 비견될 수 있다고 생각하는 오리겐과 같은 신학자는 문자적이고 역사적인 의미를 전혀 중요하지 않다고 생각하는 그러한 사상가일 수가 없다. 사실상 기도에 관한 오리겐의 교리나 그의 개인적인 '신비주의'(mysticism)는 항상 성경에의 애착에 그 뿌리를 두고 있다.

그는 한 번은 "명상의 바로 최고의 정점에서조차도 우리는 단 한 순간도 성육신을 잊지 않는다"고 말한 적이 있다. 그리하여 기도에 있어서도 영혼의 영적 상승은 성경적 명상의 사다리에서 그 발판을 발견하는 것이다. "우리는 매일 성경을 읽지만, 하나님께서 우리 영혼의 허기를 채워 주시기 위해 양식을 내려 주시기 전까지는 영혼의 삭막함을 경험한다." 그리하여 은총에 의해 영혼은 지상적 관심을 초월하여 높이 올려지며, 주님의 영광을 반영하는 내적인 거울을 들여다보면서 오직 하나님만을 즐거워하게 된다. 그리고 하나님의 영광의 빛이 비침에 따라 그의 형상으로 변화되게 되는 것이다. 그와 같은 기도에 있어서는 소리를 내어 간구할 필요가 전혀 없다고 오리겐은 덧붙이고 있다. 왜냐하면 영혼은 내재하는 '세계 영혼'(world-soul)이신 그리스도와의 일치감에 도달하게 되고, 영혼이 져야 하는 모든 짐들과 어려움들을 감사함으로 받아들일 수 있게 되기 때문이다.

오리겐은 성경 주해를 자신의 일차적인 과제로 여겼으며, 그의 방대한 저술들의 대부분은 성경 주석들과 특정한 성경에 대한 설교들로 이루어져 있다. 이 주석들은 너무나 방대한 규모로 쓰여졌기 때문에, 그 중 아무것도 완전한 형태로 전승된 것이 없다. 아킬레이아의 루피누스가 오리겐의「로마서 주석」을 번역하게 되었을 때, 그는 이 책의 틀을 다시 짜서, 철저하게 요약하여 쓰지 않으면 안되었다. 얼마 지나지 않은 루피누스 시대에도 일부 주석서들은 이미 상실되었으며, 그는 일부 간격을 자기 자신의 설명으로 채워 넣지 않으면 안되었다. 제롬은 (오리겐을 찬성하던 시절에) "누가 도대체 오리겐이 쓴 모든 것을 다 읽을 수 있단 말인가?"하고 물은 적이 있다. 그의 지칠 줄 모르는 노력 때문에 오리겐은 '철인'(鐵人: Adamantius)이라는 별명을 얻었다. 그는 그 가혹하고 금욕주의적 기준 때문에 항상 다른 그리스도인들의 사랑을 받은 것은 아니었으며, 그는 가끔 자신이 시기, 악의 그리고 심지어는 증오의 대상이라는 것을 발견한다고 고백했다.

가이사랴의 유세비우스가 소문을 듣고 기록한 바, 젊은 시절의 열광주의적 경향 때문에 오리겐이 순결을 지키기 위하여 스스로 거세했다는 이야기는 사실일지도 모른다. 금욕주의의 이러한 극단적 행위의 적지 않은 사례들이 초기 교회에서는 실제로 발생했기 때문이다. 그렇지만 오리겐 자신이 마태복음 19:12 말씀("천국을 위하여 스스로 고자된 자들도 있느니라")을 주해할 때에, 그는 이 말씀에 대한 어떤 문자적 해석도 강력하게 비난하였다. 아마도 유세비우스는 오리겐의 적들이(오리겐은 적이 많았다) 퍼뜨린 악의에 찬 소문을 무비판적으로 기록한 것으로 여겨진다.

오리겐은 알렉산드리아의 주교 데메트리우스(Demetrius)와 좋은 관계를 유지하기가 어렵다는 것을 발견했다. 그는 데메트리우스가 자만심에 불타며, 큰 도시에서 부유한 공동체를 다스리는 영예를 즐기는, 세속적이며 권력에 굶주린 성직자라고 생각했다. 데메트리우스는 2세기에는 드물 정도의 무정부 상태에 빠져 있던 알렉산드리아 교회에 질서를 세우고 이를 주교의 통제 아래 두려고 노력하였다. 주교라는 권위를 가지고 말해진 주장이 전제적(autocratic)이라는 인상을 불러일으키기는 쉬운 일일 것이다. 오리겐의 친구들은 그에 대한 데메트리우스의 태도에는 질시(嫉視)의 요소가 있다고 느꼈다. 오리겐은 어떤 공개적인 논쟁에 참여하도록, 또는 어떤 신학적 난제의 해결에 도움을 주도록 여러 교회들에 자주 초청을 받았다.

최근에 발견된 한 파피루스에는 아마도 요르단 동편(Transjordan)에서의 논쟁을 두 사람의 속기사가 기록한 것이 실려 있는데, 오리겐은 이 논쟁에 헤라클리데스(Heraclides)라는 어떤 주교의 단일신론적 견해를 논박해 주도록 주교들의 회의에 의해 초청을 받았다. 그의 명성이 너무나 드높아서, 그는 한 번은 황제 알렉산더 세베루스(Alexander Severus)의 어머니인 마마이아(Mamaea)와[1] 대화를 나누도록 안디옥에 초청되는 영예를 누리기도 했다. 황제의 가속(家屬)들 중에는 그리스도인들이 많이 있었고,

(유감이지만 신뢰하기 어려운 역사적 자료에 의하면)[2] 그의 개인적인 예배당 안에는 티아나의 아폴로니우스(Apollonius of Tyana), 아브라함, 오르페우스(Orpheus), 그리고 그리스도의 조상(彫像)들이 있었다고 전해진다.

229년경 오리겐은 칸디두스(Candidus)라는 이름의 문제많은 발렌티누스 이단자를 논박해 주도록 아테네 교회에 의해 초청되었다. 헬라로 가는 도중에 그의 많은 추종자들이 있던 팔레스타인을 통과하게 되었는데, 가이사랴에서 그는 장로로 안수를 받았다. 아테네에서 칸디두스는 정통주의자들은 구원과 유기에 대한 발렌티누스의 예정 교리에 반대할 수 없다고 주장했다. 왜냐하면 정통주의자들 자신이 마귀는 구원의 희망을 가질 수 없다고 생각하기 때문이라는 것이다. 오리겐은 심지어 마귀까지도 구원받을 수 있다고 응답했다. 가이사랴에서의 안수와 아테네에서의 논쟁 소식이 알렉산드리아에 전해지자, 알렉산드리아에서는 오리겐에 대한 분노가 폭발했다.

데메트리우스는 로마의 주교에게 불평을 털어 놓았고, 이집트 주교들과의 회의를 통해 오리겐을 정죄했다. 오리겐은 심오한 진리가 그것을 이해할 만한 가치가 없는 자들에게 노출된 것을 유감스러워 하면서, 또한 자기를 정죄한 주교들보다 마귀에 대해 더 나쁘게 말하고 싶지는 않다고 덧붙이면서, 자신을 변호했다. 이후 그는 254년경 두로(Tyre)에서(12세기까지도 십자군은 이곳에서 그의 무덤을 찾아볼 수 있었다) 사망하기까지 팔레스타인의 가이사랴에 정주해야 했다.

235년 황제 막시미누스(Maxmin)가 알렉산더 세베루스의 뒤를 이었는데, 그는 전임 황제의 그리스도인 가속들에게 베풀어진 호의를 못마땅하게

---

1) 히폴리투스는 마마이아에게 부활에 관한 강론을 했다. 이 강론은 후대의 저술가들에 의해 보존된 9개의 인용문을 제외하고는 모두 유실되었다.

2) 400년 무렵 쓰여진 역사적으로 신기한 이야기 모음집인 「황제사」(*Augustan History*).

여겨, 짧은 기간 동안 박해가 가해지게 되었다. 이 박해는 지방 총독의 태도가 결정적 요인이었던 이전의 대부분의 박해들과는 달리 황제의 개인적 결심에 의해 시작된 것으로 보인다. 오리겐은 친구이자 부유한 후원자인 암브로스(Ambrose)를 대동하고 잠시 가이사랴를 떠났다. 암브로스는 오리겐의 설교를 기록하던 속기사들에게 급료를 지불해주는 사람이었다. 오리겐의 「순교에의 권면」(*Exhortation to Martyrdom*)은 이 암브로스를 위해 쓴 글인데, 암브로스와 같은 사회적 지위를 가진 그리스도인들이 타협하고자 하는 어떤 유혹에도 굴하지 않아야 한다는 탄원이 그 내용이다. 암브로스에게 그는 또한 「기도론」(*On Prayer*)을 헌정했는데, 기도가 상황을 변화시킨다고 믿지 않는 사람들의 결정주의적 철학에 대해 응답하는 것이었다.

248년 암브로스는 오리겐으로 하여금 이교의 비판을 논박하면서 그리스도교를 옹호하는 주요 저술 하나를 쓰도록 설득했는데, 이 책이 바로 「켈수스 논박」(*Contra Celsum*)이다. 켈수스에 대한 응답인 이 책은 느슨한 구조를 가지고 있는데, 켈수스의 그리스도교 비판서(「참된 말씀」 — 역주)로부터 하나씩 인용을 하면서 이를 논박하는 형식으로 되어 있다. 그 결과 이 논쟁의 양측의 목소리를 모두 듣는 것이 가능하다. 현대 독자들에게 오리겐의 이 저작은 초기 그리스도교 저술들 가운데 가장 매력적인 것들 중의 하나로 남아 있다. 켈수스와 오리겐 사이의 논쟁은 매우 치열한 것이었다. 그것은 켈수스와 마찬가지로 오리겐 역시 플라톤주의자였으며, 논쟁에 임한 양측이 모두 동일한 철학적 전제들을 공유하고 있었기 때문이다. 오리겐은 논쟁의 핵심은 기적, 성취된 예언, 그리고 교회의 기적적 성장과 같은 대중적인 변증의 논거들보다 훨씬 더 깊은 차원에 놓여 있다는 것을 명확하게 간파했다. 이러한 논거들에 대해서는 오리겐 자신도 부분적으로는 유보적인 태도를 보이고 있었다.

오리겐의 눈에는 핵심적 질문은 플라톤적 형이상학의 체계 안에서 과연 하나님 안의 자유에 대해 말하는 것이 가능한가, 아니면 '하나님'이란 영원히 자기 궤도 위에서 움직이고 있는 우주의 비인격적 과정에 대한 또 다른 이름에 불과한가 하는 것이었다. 켈수스는 후자의 방식으로 생각하고 있었기 때문에 종교적으로는 보수적이었으며, 그리스도교에 의해 발산되고 있는 잠재적으로 혁명적이기까지 한 새롭고 강력한 힘에 충격과 경악을 금치 못했다. 오리겐은 자유라는 이념이 그리스도교 철학에 전형적으로 특징적인 것으로 강조되고 있다고 생각했다. 그것은 변화, 도덕적 회심, 자발성과 창조성, 그리고 일반적으로 수용되는 관습과 전통에 대한 비판적 초연의 가능성을 의미하는 것이었다.

그리스도교에 대한 오리겐의 이러한 변증이 이교도 지식인들 사이에 얼마나 공정하게 받아들여졌는지는 대단히 불분명하다. 철학자 플로티노스 (Plotinus)의 문하생이요 전기작가인 포르피리오스(Porphyry)는 오리겐의 저작 일부를 읽었던 것이 분명한데, 플라톤과 헬라의 고전 문학에 대한 오리겐의 불경스러운 태도를 용서할 수가 없었다. 이것들은 포르피리오스에게 있어서는 영감된 권위들이었던 것이다. 아마도 오리겐은 철학자들에 대한 냉정하고 비판적인 언급들 때문에 그의 잠재적 영향력을 일부 상실했을 수도 있다.

그렇지만 또한 다른 사람들도 있었는데, 그들에게는 오리겐의 말은 금과 같은 것이었다. 그에게는 많은 문하생들이 몰려 들었으며, 그들 중 가장 탁월한 이는 그레고리우스(Gregory)라는 이름의 젊은 귀족이었다. 그는 당대의 관습에 따라 오리겐을 종교와 철학 교육의 대가로 찬양하는 현존하는 책을 펴냈다. 그레고리우스는 베리투스(Berytus: 지금의 Beirut)에 있는 법률 학교의 학생이었는데, 오리겐의 강의를 들으면서 그리스도교로 개종하였다. 그는 소아시아에 있는 본도(Pontus)에서 선교사로서의 개척 사역을 감당하기 위해 오리겐의 강의실을 떠났다. 한 세기 후에 이곳의 농부들은 그의 귀신 축출에 관한 경이로운 이야기들을 말하고 있다. 그레고리우스는 이곳에서 '기적 수행자'(Thaumaturgos)로 알려지게 되었으며, 성자로서 대중적인 숭앙을 받게 되었다.

오리겐은 그의 사후 한 세기가 지난 다음에도 또한 팔레스타인과 소아시아의 교회들에 커다란 영향을 끼쳤다. 교회사가인 가이사랴의 유세비우

스는 그의 역사에 등장하는 영웅적 인물들의 목록에서도 오리겐을 최고의
성자이며 최고의 지성으로 회상하고 있다. 그리고 어떤 헬라의 성경 주석
가도 오리겐을 피해 갈 수는 없었다. 심지어는 오리겐을 헬라 문화의 독
(毒)으로 그리스도교를 부패시킨 이단으로 여기고 있는 키프로스
(Cyprus)의 살라미스의 주교 에피파니우스까지도 그의 성경 주석들 중에
는 뛰어난 것들이 많이 있다는 것을 인정하고 있다.

4세기에 수도원주의 운동이 발달했을 때, 바로 오리겐의 영성 속에서
자신들이 열망하는 것의 신학적 근거를 발견한 많은 금욕주의자들이 있었
다. 그럼에도 불구하고 그를 비판하는 사람들이 많다. 300년경 리기아
(Lycia) 지방의 주교 메토디우스는 오리겐이 부활을 영적으로 해석했다
해서 그를 공격하였다. 그의 가장 극단적인 대적자들(에피파니우스, 후기
의 제롬, 유스티니아누스 황제)은 그의 저술들 안에 있는 정통과 이단 사
상의 혼합을 다음과 같은 가설로 설명했다: 그의 진정한 의도는 이단적인
것이었지만, 단순한 신자들을 유혹하기 위해 정통적 사상을 끌어들였다는
것이다.

그러나 오리겐에 공감하는 사람들과 친구들은 그가 교회의 충성스런 일
원이 되는 것보다 더 원했던 것은 없다는 것을 알고 있다.

알렉산드리아의 디오니시우스와 사모사타의 바울

오리겐은 254년경 사망했다. 그렇지만 그의 정신은 신학적 논쟁 속에
살아 남아 있었다. 그가 사망한 직후 삼위일체 교리에 대한 그의 해석에
반대하는 날카로운 반응이 리비아(Libya) 지방의 교회들과 시리아 지방
의 안디옥 교회들에서 모두 터져 나왔다.

오리겐은 성부, 성자, 성령이 신성 내부의 어떤 차이에도 상응하지 않는
단순한 이름들에 불과하다는 '양태적' 형태나, 또는 그리스도는 독특하게
도 하나님의 영으로 채워진 거룩한 인간이며 현명한 선생이라는 '역동적'
형태를 불문하고, 단일신론에 강력하게 반대하였다. 오리겐에게 있어서 그

리스도는 선재적 로고스이며, 그를 통하여 그리스도인들이 아버지에게 기도 드리는 중보자이다. 이것이 이단이 아니라는 것을 오리겐은 대기도 (great prayer)나 성만찬의 기도(anaphora)가 성자를 통하여 성부에게 드려지고 있는 교회의 전통에 호소함으로써 입증하였다. 따라서 성부와 성자 사이에는 어떤 종류건 간에 차이가 있음을 인정해야만 한다. 오리겐은 성부와 성자가 의지와 능력에 있어서는 하나인 반면, 두 서로 다른 실재들 (two distinct realities)로서, '휘포스타시스'(hypostasis: 본체)에 있어서 다르다고 주장하였다. 이들은 원상(archetype)과 전혀 흠이 없는 모상 (image)처럼 서로 다르다. 이러한 주장은 성자가 신성 안에서 '존재'의 낮은 단계에 위치하며, 어떤 의미에서는 성부에게 종속되어 있다는 것을 인정함으로써 유일신론과 조화를 이룬다. 오리겐은 신적 로고스가 창조 세계에 속한다고 생각하지 않았다. 성자는 창조된 것이 아니라 출생되었으며, 그의 출생은 시간 안에서 이루어진 것이 아니라 영원하다. 그럼에도 불구하고 그는 지존의 성부와 그의 창조된 세계 사이의 중재자이며, 하나님과 인간 사이의 대제사장으로서, 각 편에 다른 편을 대표한다.

247년부터 264년까지 알렉산드리아 교구는 오리겐의 제자인 디오니시우스(Dionysius)가 주교좌에 있었다. 그는 오리겐의 정신을 깊이 받아 들이고 있었는데, 지상의 천년왕국을 믿는 사람들과 만났을 때 경악을 금치 못했다. 이러한 만남 때문에 디오니시우스는 요한 계시록의 문법과 문체에 신랄한 비판을 가했다. 요한 계시록이 요한 복음서의 저자에 의해 쓰여졌을 수가 없다는 것을 입증하기 위함이었다. 259년 로고스 신학의 추종자들과 일부 양태적 단일신론자들 사이에 리비아 지방의 교회에서 논쟁이 일어났을 때, 디오니시우스는 도움을 요청받게 되었다. 디오니시우스는 자신의 말을 별로 주의깊게 숙고하지 않았다. 그는 격렬하게 양태론자들의 입장을 공격했다. 그는 심지어 성부와 성자는 배와 뱃사공만큼이나 다르며, 양자가 '동일본질'(homoousios)이라는 것을 부정했다. 리비아 단일신론자들은 로마의 디오니시우스에게 호소했다. 로마의 디오니시우스는 알렉산드리아의 디오니시우스를 책망하면서 하나님의 통일성을 강조하고,

'하나님의 단일성을 세 분리된 휘포스타시스(hypostases)나 세 신성
(deities)으로 분열시키는 자들'을 정죄했다. 이 서신 교환은 동방과 서방
사이에 점점 더 벌어지게 될 균열의 간격을 보여주는 최초의 표지였다. 오
리겐주의자들의 신학은 서방에는 삼신론(tritheism)처럼 보였다. 서방의
교리는 동방의 눈에는 '사벨리우스주의'에 위험스럽게 근접해 있는 것으
로 보였다.

260년부터 300년 어간 사이에 동방 전체를 통하여 오리겐주의가 지배
적이었다는 것은 사모사타의 바울(Paul of Samosata)과 관련된 위기에서
명백하게 예증된다. 바울은 160년 시리아에 위치한 안디옥의 주교가 되었
다. 그는 오리겐을 전혀 존중하지 않았다. 그는 로고스 신학에 대해 경멸적
으로 말했으며, 세 구별된 휘포스타시스 교리에 대해 유보적이었다. 그는
말씀의 선재(先在)에 관한 언어를 이해하지 못했다. 바울에게 있어서 하나
님과 그의 말씀 또는 지혜는 아무런 차이 없이 하나(homoousios)였으며,
아들의 선재를 인정한다는 것은 두 아들, 두 그리스도를 고백하는 것이었
다. 예수는 독특하게 영감된 사람이라는 것이다.

사모사타의 바울의 교리는 그리스도에 대한 원시 유대 그리스도인들의
사상과 유사한 것이었다. 그의 근본적인 분위기는 헬라적이라기보다는 시
리아적이었다. 그렇지만 당대의 교회에 그의 교리는 명백한 이단으로 여겨
졌다. 268년 안디옥 회의에서 사모사타의 바울을 정죄한 주교들에 따르면,
정통은 그리스도가 선지자들과 정도에 있어서(in degree)가 아니라 그 본
질에 있어서(in kind) 다르다고 가르친다. 선지자들은 단지 '바깥으로부
터'(from without) 영감된 반면, 신적 로고스는 마리아에게서 태어난 육
체 안에 '실체적으로'(substantially) 현존하며, 참으로 인간의 영혼을 대
신하고 있기 때문이라는 것이다.

주교들은 바울을 정죄하기는 했지만 추방하지는 못했다. 그리고 바울은
(화가 난 주교들이 불평하는 것처럼, "각자의 손수건을 흔들고 박수를 치
는") 그 열렬한 추종자들의 지지를 힘입어 주교로서 교회를 계속 차지할
수가 있었다.

260년 발레리아누스 황제는 페르시아의 황제 샤푸르(Shahpuhr) 1세에게 포로로 잡혔으며, 동방에서 로마 제국의 세력이 붕괴하자, 시리아 사막의 변경에 위치한 팔미라(Palmyra) 왕국의 왕자들이 이 틈을 타 제국의 모든 동방 지역에 대한 통치권을 장악하는데 성공하였다. 272년에 팔미라 왕국은 아우렐리아누스 황제에 의해 멸망당했다. 바울은 팔미라 왕국의 신뢰를 누리면서, 심지어는 주교직과 더불어 고위 공직을 맡기도 했다. 그러나 아울렐리아누스의 승리는 그의 운명을 결정지었다. 무력한 주교들은 이교도 황제에게 호소했다. 황제는 교회 건물에 대한 법적 권리는 '이탈리아와 로마의 주교들이 서신으로 연락을 취하는 자들에게' 귀속되어야 한다고 결정했다. 이것은 교회의 분쟁이 세속 권력에 의해 해결된 최초의 사례였다. 교회와 국가 사이의 관계라는 곤란한 문제가 교회의 내적인 교리적 논쟁 안에 복잡한 영향을 끼치는 요소로서 서서히 나타나고 있었다.

제 7 장

제3세기의 교회, 국가, 사회

이교의 부흥과 데키우스의 박해

3세기에 접어들었을 때 기독교는 제국 전역에 두루 퍼져 있었다. 교회가 성장하면서 이교(異敎)도 제한된 범위 내에서 지적 부흥을 맞이했는데, 그렇게 된 데에는 기독교의 공세 앞에서 의식적으로든 무의식적으로든 저항을 했던 것이 적지 않은 원동력이 되었을 것이다. 플라톤주의자 켈수스(Celsus)가 기독교에 가한 비판(177-80년경)은 기독교가 천박한 종교이고, 신(神)이 역사에 개입했다는 기독교 교리가 플라톤의 사상과 공존할 수 없다는 부정적인 진술에 머물지 않았다. 켈수스는 한편으로 기독교를 비판하면서도 다른 한편으로는 다신교의 정당성을 신학적으로 옹호할 필요를 느꼈으며, 그런 이유로 기독교의 가르침에도 어떤 점에서는 일말의 진실이 있을 수 있다고 하여 기독교를 변호하고, 심지어 기독교 비평가들에게 양보적인 자세마저 취했다.

스토아주의(Stoicism)가 3세기에 들어와서 독립된 학파로서의 위상을 상실하고, 마르쿠스 아우렐리우스(Marcus Aurelius)가 그 학파의 마지막 대변자가 되었다는 것은 스토아주의 역사에 수수께끼로 남아 있다. 이 의문에 대한 가장 개연성 높은 설명은 윤리 분야에서 교회가 스토아주의 고유의 이론들을 수용하는 한편, 철학 분야에서 플로티노스(Plotinus, 205-70)가 등장하여 플라톤의 호방한 형이상학으로써 스토아 학파의 윤리학과 아리스토텔레스 학파의 논리학을 철학적으로 종합했기 때문이 아니겠는가하는 것이다. 플로티노스는 틀림없이 기독교를 알았을 것이다. 그는 알렉산드리아의 암모니우스 사카스(Ammonius Saccas)라는 베일에 싸인 교사의 학생이었다(그에 앞서 몇 년 전에 사카스의 강의실에서 오리겐도 철학을 배웠다). 플로티노스는 영지주의를 상당히 깊이 알고 있었음에 틀림없고, 자신의 제자들 틈에 파고 들어온 영지주의를 논박하기 위해서 특별한 논문(*Enneads* II, 9)을 썼다. 플로티노스의 전기작가 포르피리오스(Porphyry, 232-305)는 기독교를 철저히 그리고 얕잡아볼 수 없을 만큼 강력히 비판했는데, 그는 젊었을 때 플로티노스와 어느 정도 면식이 있었을 것이다. 포르피리오스가 종교 문제에 관해 쓴 무수한 글들을 읽어보면 과거의 다신교 전승에 대한 회의적 합리주의와 미신적 경신(輕信)이 이상하게 혼합되어 있으며, 내면의 깊은 불안이 강력하게 암시되어 있다. 그는 한때 자살을 결심했다가 플로티노스의 직접적인 개입 때문에 단념한 적도 있다.

포르피리오스는 학문을 대단히 현학적으로 대하긴 했어도, 틀림없이 박학다식한 사람이었다. 그는 열다섯 권으로 된 특별한 논문뿐 아니라 율리우스 아프리카누스(Julius Africanus)를 비롯한 기독교 연대기 저자들(성경의 유일신교가 인류의 가장 오래된 종교로 추산한)을 논박하기 위해 집필한 세계사 연대기에서도 학문 역량을 총동원하여 교회를 비판했다.

이교 옹호자들이 수세적 입장에 몰리면서 날카롭고 예민한 반응을 보인 것은 자연스러운 일이다. 그러나 초창기에는 교회가 주로 지역적 요인들로 인해 박해를 받았던 것과는 달리, 3세기에 접어들면서부터는 갈수록 황제 개인의 태도가 교회의 운명을 좌우하게 된 것은 교회의 사회적 위상에 그만큼 변화가 있었다는 증거이다.

알렉산더 세베루스가 교회에 보였던 우호적인 태도는 235년에 그의 계승자 막시미누스(Maximin)에게 첨예한 반감을 일으킬 정도로 두드러진 것이었다. 아랍계 황제 필립(Philip, 244-49)도 기독교에 동정적인 태도를 보여서 혹시 신자일지 모른다는 소문이 널리 나돌았다. 하지만 설혹 그 소문이 사실이었을지라도 그의 신앙은 교회에 관용을 베푼 것을 제외하면, 그 개인의 삶에도 그의 제국 정책에도 아무런 영향을 주지 못했다. 게다가 247년 4월 21일에 로마 건국 천년을 기념하는 자리에서 그는 아내와 함께 이교 의식을 주도했다. 거만하게 '로마 아이테르나'(영원한 로마)를 선포하는 그의 주화들은 로마가 옛 신들의 은총으로 천년간 이룩한 업적의 위대함을 광고했다.

248년에 고트족이 본격적인 침공을 시작한 데다 도처에서 반란과 폭동이 줄을 잇자, 많은 사람들은 과연 하늘이 과거처럼 지금도 로마에 호의적인가 의문을 품었다. 오리겐은 248년에 쓴 글에서 민간에 교회에 대한 적대감이 급격히 조성되고 있다고 진술했다. 그리스도인들은 벌써 그러기 전부터 각종 의식에서 발을 끊었고, 249년에는 알렉산드리아의 군중이 그리스도인들을 대상으로 학살을 자행했다. 250년에 새 황제 데키우스(Decius, 249-51)는 체계적인 박해를 지시하면서, 누구든 특별 감독관들 앞에서 신들에게 제사를 드리고 증명서(리벨루스)를 받으라고 요구했다. 이집트의 모래땅에는 이런 증명서들이 많이 묻혀 있다. 그것은 그리스도인들을 색출하려는 의도적인 조치로서, 이로 인해 교회는 일찍이 받아본 적이 없는 강한 공격을 받았다. 그런 상황에서 특히 지주 계층에서 배교자들이 많이 생겼는데, 동방은 어땠는지 몰라도 아프리카에서는 교회가 이교 제사를 드린 사람들뿐 아니라 우호적인 감독관들에게 증명서를 구입한 사람들까지도 '배교자들'(lapsed)로 간주했다.

키프리안

카르타고의 키프리안(Cyprian)과 알렉산드리아의 디오니시우스(Dionysius)는 박해가 발생하자 은거하면서 비밀 편지로써 교인들을 주교했다. 로마와 안디옥과 예루살렘의 주교들은 순교를 당했고, 그로 인해 로마 교구의 주교직은 250년 1월부터 251년 3월, 즉 두 경쟁 파벌이 각각 코르넬리우스(Cornelius)와 노바티아누스(Novatian)를 주교 후보로 내세울 때까지 공석으로 남았다. 카르타고에서는 키프리안이 교회에 대한 주교권을 주장한 것이 현안이었다. 그는 박해 때 도피함으로써 신망을 잃었으나, 그보다 더 심각한 문제는 자신의 지위가 '고백자들'에게 조롱을 당한다는 데 있었다. 옥중 성도들인 고백자들은 자신들만이 성령께 사로잡힌 사람들이고(참조. 막 13:11), 따라서 자신들이 열쇠의 권세를 가졌다고 믿었다. 키프리안은「배교자들에 대해서」(*On the Lapsed*)라는 성명서를 작성하여, 어떠한 인간도 배교를 사죄할 권세가 없으며, 그 죄는 하나님의 심판에 맡겨져야 한다고 주장했다.

하지만 그는 251년에 다시 평화가 찾아오면서 지위를 회복하게 되자, 입장을 바꾸어 그런 중대한 문제에 대한 열쇠의 권세가 고백자들의 조언에 따라 행동할 수 있는 주교에게 부여되었다고 주장했다. 아프리카의 주교들은 참회자들이 어떤 주교에게는 가혹한 처분을 받고 다른 주교에게는 관대한 처분을 받는 현실을 막기 위해서 공의회에서 만나 공동 정책에 합의하고, "우리끼리 독단적으로 처리했다는 인상을 주기 않기 위해서" 그 합의안을 로마에도 통보했다.

키프리안에 대한 카르타고인들의 반감은 대립 주교를 선출할 정도로 극심했다. 이에 대해 키프리안은「교회의 일치에 관하여」(*On the Unity of the Church*)라는 열정적인 소책자를 써서 답변했다. 그 내용을 간추려 보면 이러하다. 즉, 교회는 본질상 분열될 수 없다. 그 이유는 그리스도께서 훗날 모든 사도들에게 부여하신 열쇠의 권세를 먼저 베드로 한 사람에게만 부여하심으로써 일치가 교회의 본질에 해당하는 것임을 시사하셨기 때문이다. 사도들은 지위와 명예가 베드로와 동등했지만, 그리스도께서 그것을 먼저 베드로에게 부여하신 이유는 교회가 하나 이상이 될 수 없음을 보이시기 위함이었다. 일치의 중심은 주교이다. 주교를 버리는 것은 교회를 버리는 것이며, "교회를 어머니로 모시지 않는 사람은 하나님을 자신의 아버지로 모실 수 없다."

변절자들과 교회 분열의 문제는 로마 교회에게도 고통스러운 문제였다. 로마에서 박식한 장로 노바티아누스(Novatian)는 살인과 간음과 배교의 죄를 범한 자들에게 교회는 사죄권이 없고, 다만 그들을 위해 하나님께서 최후의 심판 때 자비를 베푸시도록 구할 수밖에 없다는 전통적인 견해를 옹호했다. 그보다 덜 엄격한 장로 코르넬리우스는 주교가 그런 대죄들까지도 사죄할 수 있다고 주장했다. 251년에 발생한 이 분열은 교회가 성도의 사회라는 전통적인 견해와 교회가 죄인들을 위한 학교여야 한다는 이제 막 대두하고 있던 견해(칼리스투스〈Callistus〉가 주장함) 사이의 갈등을 예리하게 부각시켰다. 그리스도인들의 수가 워낙 많았기 때문에 코르넬리우스의 정책이 우세하게 되는 것이 불가피했으며, 그 결과 다수파는 코르넬리우스를, 소수파는 노바티아누스를 각각 로마 주교로 선출했다.

키프리안은 지나치게 저울질을 한 끝에 결국 노바티아누스 대신에 코르넬리우스와 손을 잡았다. 254년에 로마와 아프리카에 있던 노바티아누스 지지자들은 노바티아누스가 다른 곳에서 인정을 받는 데 실패한 게 완연해지자 그를 저버렸고, 그중 많은 수가 코르넬리우스-키프리안 측 교회에 재가입을 신청했다.[1] 키프리안은 성령 충만한 교회 밖에서 받은 세례는 세례가 아니며, 분리주의자들은 전혀 교인으로 인정할 수 없다고 주장했다: "성령이 없는 사람이 성령의 은사들을 수여한다는 것은 언어도단이 아닌가?"

하지만 로마에서 새 주교 스테파누스(Stephen, 254-6)는 전통에 따라 삼위일체의 이름으로 물세례를 받았으면 어디서 받았든 유효하며, 교회 밖에서 세례를 받은 사람들에게는 다시 세례를 줄 것이 아니라, 교회 내의 참회자들에게 하듯이 안수로써 받아들여야 한다고 주장했다. 스테파누스에 따르면 성례는 교회의 것이 아니라 그리스도의 것이며, 목회자 신앙 사상의 정통성에 달려 있지 않고 신앙고백(form)에 달려 있다고 한다. 이 근본적인 성례 신학의 쟁점에 관하여 로마와 카르타고 사이에 벌어진 논

---

1) 노바티아누스파 교회들은 4세기와 5세기에 소아시아와 특히 콘스탄티노플에 적지 않은 교세를 유지했지만, 점차 사라져갔다. 로마에서는 교인수가 400명 가량으로 크게 줄었다.

쟁은 스테파누스가 키프리안을 적그리스도로 단죄하자 절정에 달했다. 그의 공격은 로마 주교가 자신의 수장권(首長權)을 주장하기 위해서 "너는 베드로라……"는 본문에 호소한 첫번째 사례로 알려졌다는 점에서도 주목할 만하다.

키프리안은 이 점에 대해서도 스테파누스의 견해를 인정하지 않았다. 키프리안은 사도들이 동등했듯이 모든 주교들이 이론상 동등하다고 보았다. 각 주교는 오직 하나님께만 책임을 진다고 보았다. 그 논쟁은 256년에 스테파누스가 죽고 258년 9월 14일에 키프리안이 황제 발레리아누스(Valerian)의 박해 때 순교를 당함으로써 진정되었다. 알렉산드리아의 디오니시우스가 중재안을 가지고 개입했고, 로마와 카르타고는 마지못해서 서로의 차이를 존중하기로 합의했다. 55년 뒤에 도나투스파(the Donatists) 분쟁이 생겼을 때, 로마 교회는 비로소 카르타고 주교에게 키프리안의 성례 신학을 포기하도록 설득할 수 있었다.

3세기의 50년대에 자행된 박해는 실로 모진 것이었다. 특히 발레리아누스의 박해가 극심했는데, 그는 예배를 위한 모임을 금하고 주교들과 상급 성직자들을 색출하여 처형했다(그의 박해 방식은 훗날 디오클레티아누스에 의해 답습된다). 하지만 당시에 제국은 야만족들이 물밀 듯 침공해 들어오는 상황에서 생존을 위해 투쟁하고 있었고, 그랬기 때문에 박해가 교회에 항구적인 해를 가할 만큼 지속적이지도 체계적이지도 못했다. 교회가 입은 가장 큰 해는 박해 때문이 아니라 내부 분열 때문에 초래되었다.

260-61년에 황제 갈리에누스(Gallienus)는 칙령을 공포하여 교회에 관용을 부여했고, 주교들의 청원을 받아들여 몰수된 예배당들과 교회 묘지들을 되돌려 주었다. 이제는 공격이 칼로 오지 않고 펜으로 왔다. 아우렐리우스(Aurelian)가 제국의 모든 종교들을 끌어안을 수 있는 포괄적인 유일신교로서 태양신 숭배를 독려할 때인 274-75년을 제외하면, 교회는 303년까지 이렇다 할 박해 없이 평화를 누렸다. 심지어 그리스도인들인 속주 총독들조차 제사 참여를 은밀히 면제받았다. 스페인에서는 정부와 교회의 협력이 깊숙이 진척되어서 300명 가량의 그리스도인들이 벌 어려움 없이

교회에 다니면서 시 행정부의 사제직을 유지할 정도였다.

대 박해와 그 결과들

284년부터 305년에 퇴위할 때까지 황제 직을 유지한 디오클레티아누스 (Diocletian)는 3세기의 두려운 위기를 겪은 뒤에 제국에 대해 대대적인 재편 작업을 단행했다. 국방과 통화와 조세와 물가 등 모든 분야를 재편했다. 제국은 두 명의 황제(아우구스투스)에 의해 양분되고, 각 황제가 부황제(카이사르)를 거느렸다. 디오클레티아누스와 그의 부황제 갈레리우스 (Galerius)는 아드리아해 동쪽 제국을 다스린 반면에, 서쪽은 막시미아누스(Maximian)와 그의 부황제 콘스탄티우스(Constantius. 콘스탄티누스의 아버지)가 다스렸다. 300년경부터 군대의 충성 문제가 중요한 쟁점이 된 상황에서, 갈레리우스는 그리스도인들을 협박할 필요성을 역설했다. 그의 본영은 니코메디아에 있었는데, 이곳에서 그는 기독교를 극단적으로 혐오한 신플라톤주의자인, 비시니아의 총독 히에로클레스(Hierocles)라는 사람에게 큰 영향을 받았다. 디오클레티아누스와 갈레리우스가 참석한 엄숙한 제사 의식에서 복점관들은 제물로 잡은 짐승의 간에서 일상적으로 발견되는 징조가 발견되지 않자, 그 탓을 제사에 참석한 몇몇 그리스도인들에게로 돌렸다.

디오클레티아누스는 밀레토스에 있는 아폴로 신전에 사람을 보내 신탁을 구했다가, 몇몇 그리스도인들 때문에 잘못된 신탁이 나온 것이라는 답변을 받았다. 303년 2월 23일에 니코메디아의 황제 궁전 맞은편에 있던 기독교 대성당이 철거되었고, 다음 날에는 황제의 칙령이 공포되어, 모든 예배당들을 철거할 것과 모든 성경책들과 전례서들을 폐기할 것, 그리고 모든 교회 기물들을 몰수할 것과 기독교의 모든 집회를 금지할 것이라고 고지했다.

그로부터 몇 달 뒤에 두번째 칙령이 공포되어(이것은 동방에만 한정된 것이었음에 틀림없다) 성직자들을 체포하도록 명령했지만, 감옥의 규모가 그렇게 많은 수의 성직자들을 수용할 만큼 크지 못했기 때문에, 가을에 가서는 제사를 드리는 조건으로 사면이 부여되었다. 그러다가 304년이 되면서부터 제국의 모든 시민들에 대해 제사를 드리지 않으면 사형에 처한다는 법령이 공포되었지만, 이것도 사실상 동방에만 한정되었다.

박해는 모든 지역에서 동일한 강도로 자행되지는 않았다. 갈리아와 브리타니아와 스페인에서, 콘스탄티우스(Constantius)는 예배당 몇 곳을 철거하는 수준을 넘어서지 않았다. 사람을 처형하는 데까지 나아가지 않았다. 그가 305년 7월 25일에 죽었을 때, 군인들은 그의 아들 콘스탄티누스(Constantine)를 황제로 옹립했다. 콘스탄티누스는 자기 아버지처럼 '정복되지 않는 태양'을 숭배했다. 하지만 그에게 아나스타시아(Anastasia. 아나스타시스=부활)라는 이복누이가 생기면서부터 그의 가문에는 기독교의 영향이 들어왔다. 콘스탄티누스는 312년에 서방의 유일한 통치권을 놓고 전쟁이 벌어진 상황에서 인생의 갈림길에 섰을 때 기독교의 하나님께 도움을 청했고, 그것은 헛수고가 아니었다. 305년에 그가 권좌에 오르면서, 그의 통치를 받는 속주들은 박해의 위협에서 완전히 벗어나게 되었다.

그리스도인들이 훨씬 많이 분포해 있던 동방에서는 상황이 판이했다. 디오클레티아누스(Diocletian)는 피흘리기를 원치 않았다. 하지만 304년에 그가 공직을 사임하고 305년에 달마티아의 스플리트로 영구 은퇴하기로 선언한 뒤로, 갈레리우스(Galerius)는 광신의 고삐가 풀린 상태에서 부황제 막시미누스 다이아(Maximin Daia)의 사주를 받아 소규모로나마 학살을 자행했다. 갈레리우스의 감정이 얼마나 강렬했는가 하는 것은 그가 311년 4월 30일에 큰 고통 속에서 죽어가면서 공포한 칙령에 잘 나타난다. 그 칙령에서 그는 자신이 그리스도인들에게 그들의 선조의 종교로 돌아오라고 설득했으나, "아주 많은 수가 고집을 꺾지 않았다"고 설명한 다음, 그래서 그들이 자신의 건강과 국방의 안전을 위해 기도해 주는 대가로 그들에게 관용과 집회의 권리를 부여한다고 말한다.

갈레리우스가 죽음으로써 고통이 다 끝난 것은 아니다. 312년에 열정적인 이교도들이 막시미누스 다이아에게 불충한 그리스도인들의 '기괴함'을 제재해 달라고 봇물 터지듯 청원을 쏟아 부었다.[2] 그러나 막시미누스는 곧 리키니우스(Licinius)와 내전에 휘말렸으며, 311-12년에 전쟁과 음모의 와중에서 두 명의 인물이 실력자로 떠올랐다. 서방에서는 콘스탄티누스였고, 동방에서는 리키니우스였다. 313년 2월에 밀라노에서 두 사람은 그리스도인들과 이교도들을 포함한 모든 사람들에게 종교의 자유를 허락하는 정책과, 개인 그리스도인들에게 속했든 교회에 속했든 모든 부동산을 되돌려 주는 정책에 합의했다.

박해가 남긴 최악의 유증은 이번에도 분열이었다. 현대와 마찬가지로, 그리스도인들은 국가에 저항하지 않으면 안 되는 선이 어디까지인가를 놓고 의견이 엇갈렸다. 동방에서는 제사를 배교로 간주하되, 거룩한 책들과 교회 식기류를 내주는 행위는 배교로 간주하지 않았다. 하지만 서방에서는 견해가 양분되었고, 상대 견해에 대한 비판 의식이 지나치게 고조되었으며, 그 결과 비록 박해가 동방에 비해 짧았고 대다수 속주들에 아무런 영향도 끼치지 않았는데도 불구하고 박해의 상흔은 동방보다 훨씬 심각했다.

카르타고의 주교 멘수리우스(Mensurius)는 당국자들에 협조하여 공예배를 드리지 않았다. 비록 거룩한 책들을 넘겨주지는 않았지만, 이교의 서적들을 받아들임으로써 우호적인 정책을 충족시킬 수 있었다. 그의 정책은 폭풍이 지나갈 때까지 납작 엎드려 지내는 것이었다. 마찬가지로 로마의 주교 마르켈리누스(Marcellinus)도 거룩한 책들을 내주었다. 하지만 특히 누미디아에서는 성경이나 국가가 성경에 준하는 책으로 간주하는 책들을 내주는 행위(어떤 주교는 의학 논문들을 내주었다)를 배교로 간주했다. 달리 생각하는 것은 내주기를 거부하다가 죽은 사람들의 영예를 더럽히는 행위로 간주되었다. 그 생각에는 "뭐 꼭 그럴 필요까지 있었느냐"는 빈정거림이 내포되었기 때문이었다.

멘수리우스는 그 자신이 격렬한 비판의 표적이 되었다. 그는 경찰에 협

---

2) 참조. 리키아 지방의 아리칸다에서 출토된 비명(碑銘)(1892년에 발견). Stevenson의 *A New Eusebius*(p. 297)에 번역되어 실림.

조하기를 거부한 사람들을 단순한 도발자들로 간주했다. 게다가 그의 대부제 카이킬리아누스(Caecilian)는 감옥에 가서 그곳에서 자기들의 주교와 그의 모든 행위를 비판하는 '고백자들'에게 식사가 반입되지 못하도록 감시했다. 이렇게 골이 깊게 패인 반목이 광적인 도나투스파 분열로 이어졌다.

도나투스파 분열이 발생한 경위를 설명하자면 다음과 같다. 멘수리우스가 죽자 그 지방의 주교 세 사람이 카이킬리아누스를 서둘러 주교로 축성했는데, 그 주교들 중 한 사람은 성경을 경찰에게 넘겨주었다는 소문이 항간에 유력하게 나돌던 사람이었다. 이 축성은 키프리안의 질문, 즉 (배교나 분열에 의해서) 성령을 상실한 사람이 성령의 은사를 수여할 수 있는가 하는 질문을 새롭게 대두시켰다. 누미디아의 주교들은 반대 의사를 천명한 뒤 또 다른 카르타고의 주교를 축성했다. 그는 마요리누스(Majorinus)라는 사람으로서, 카이칼리아누스와 오랫동안 반목하며 살아온 루킬라(Lucilla)라는 완고한 부인의 가문 사람이었다. 박해 전에 루킬라는 성찬 때 죽은 자를 기념하는 동안 습관적으로 순교자의 유골을 꺼냈다. 교회 당국자들이 승인하지 않는데도 불구하고 당당하게 유골에 수없이 입을 맞추곤 하다가 결국에는 대부제 카이킬리아누스에게 꾸지람을 받았다. 그 결과 루킬라와 카이킬리아누스 사이에 생긴 증오는 순전히 원칙적인 쟁점들이 어떻게 사적인 증오감에 의해 극악한 분열로 발전해 갔는가를 여실히 보여준다.

카르타고의 주교가 된 카이킬리아누스는 콘스탄티누스에게 강력한 지원을 받았기 때문에, 그리고 313년에 키프리안의 성례 신학을 포기한다는 조건으로 로마와 지중해 북부 교회들과의 교제를 유지했기 때문에 겨우 살아남을 수 있었다. 도나투스(Donatus, 마요리누스의 계승자)는 항소했다. 이 항소를 콘스탄티누스는 아를 공의회(314년 8월 1일)에 회부했다. 그는 이 공의회를 로마의 판결을 재검토하기 위한 항소 법원으로 설치한 것이다. 아를의 주교들은 자연히 과거의 판결을 지지했다. 그 뒤로 도나투스파는 갈수록 비타협적인 색채를 띠면서, 이미 타협했거나 디협하려는 가

톨릭 세력과의 교제로 교회의 순결을 더럽히지 않기로 작정했다. 그 분열
은 다음 세기 동안 아프리카 교회의 운명을 완전히 결정지었고, 도나투스
파 교회와 가톨릭 교회가 이슬람에게 휩쓸릴 때까지 존속했다.

이집트에서도 분열이 있었다. 이곳에서의 쟁점은 종교 서적들을 넘겨주
는 행위에 관한 것이 아니라, 집회를 금한 칙령에 굴복하는 행위에 관한
것이었다. 알렉산드리아의 주교 페테루스(Peter)가 박해를 피해 이집트를
떠난 상태에서, 테베족의 수도대주교인 뤼코폴리스의 멜리티우스
(Melitius)가 알렉산드리아에 도착했다가 그곳 교회가 황제의 칙령에 굴
복하여 예배도 드리지 않고 목회도 손을 놓고 있는 것을 발견하고는 크게
분개하여 두 명의 목회자(그중 한 명은 훗날 이단의 시조 아리우스였던
것 같다)를 세워 알렉산드리아 교회를 돌보도록 했다. 그러던 중에 페테루
스가 급거 귀국하고 멜리티우스가 체포됨으로써 위기가 해소되었고, 분열
은 비록 오래 가긴 했으나 확대되지는 않았다.

하지만 이 사건은 니케아 공의회의 주목을 받았고, 아타나시우스
(Athanasius)가 328년에 알렉산드리아 주교가 되었을 때 그를 크게 당혹
스럽게 만들기에 충분했다. 아리우스 자신은 곧 멜리티우스파를 버리고 페
테루스의 계승자들과 손을 잡았으며, 알렉산드리아에서 신망과 인기를 얻
는 장로가 되었다. 많은 젊은 여성들과 항만 노동자들(그는 그들을 위해서
신학적인 뱃노래를 지어주었다)이 그를 따랐다. 그러다가 318-20년에 이
르러서 아리우스의 정통 신앙이 크게 의문시되는 징후들이 생기기 시작했
다. 그는 성육신하신 성자가 초월적인 제1창조 원인(First Cause of
creation)과 한 분이라는 것을 믿을 수 없었던 것이다.

제 8 장

콘스탄티누스와 니케아 공의회

콘스탄티누스의 개종은 교회사와 유럽사의 방향을 틀어놓은 사건이다. 그것은 단순히 박해가 끝났다는 것만 뜻하지 않고, 훨씬 더 많은 것을 뜻했다. 황제가 교회의 발전에 어쩔 수 없이 즉시 개입하게 되었고, 반대로 교회는 갈수록 황제의 정치적 판단에 연루되었다. 서방 교회는 콘스탄티누스의 개종과 그 결과에 대해서 동방 교회에 비해 대체로 부정적인 시각을 견지했다. 서방 교회는 황제가 교회에 주는 유익의 양면성을 동방 교회에 비해 예리하게 의식했다. 그러나 만약 그의 개종이 은혜의 내적 체험으로 해석할 수 없는 것이라면, 그것은 마키아벨리적인 교활함이 깔린 냉소적인 행동도 아니었다. 그것은 군사적인 문제였다. 그가 기독교 교리를 어떻게 받아들였는가 하는 것은 한 번도 분명하게 나타난 적이 없었지만, 그는 전쟁에서의 승리가 그리스도인들이 믿는 하나님의 선물임을 확신했다.

312년에 그는 열등한 병력을 이끌고 병법의 상식을 무시한 채 신속하게 이탈리아를 침공한 뒤 로마에 있는 자신의 경쟁자 막센티우스를 공격했다. 막센티우스는 아우렐리우스의 장벽 뒤에서 안전히 방어전을 치르지 않고 장벽 바깥으로 나와서 티베르 강을 등지고 싸웠다. 따라서 콘스탄티누스가 밀비아 다리에서 승리를 거둔 사건(312년)을 하늘의 호의의 징조로 보는 것은 매우 어리석은 일이다. 로마 원로원은 그의 승전을 기념하여 개선문을 세웠다. 오늘날까지 콜로세움 곁에 서 있는 이 개선문에는 막센티우스의 병사들이 티베르 강물에 빠져 죽는 모습과, 콘스탄티누스가 "신의 격려에 힘입어" 승리를 거뒀다는 비명이 새겨져 있다. 로마 원로원이 언급한 신은 정복되지 않는 태양신이었다.

그리스도인들은 자기들이 믿는 유일하신 하나님이 콘스탄티누스에게 승리를 안겨 주었다고 믿었다. 소아시아의 니코메디아에서 수사학을 가르친 라틴계 변증가 락탄티우스(Lactantius)는 콘스탄티누스가 꿈에서 병사들의 방패들과 군기들에 승리의 부적으로서 '카이-로'라는 결합 문자를 새겨 넣으라는 지시를 받았다는 이야기를 전한다. 315년부터 콘스탄티누스의 주화들에 나타나는 그 문자들은 그리스도의 이름을 뜻하는 헬라어 문자들이었다. 4세기 말의 저자들은 그것을 가리켜 '라바룸'(Labarum, '카이-로'가 새겨진 로마 군대의 군기 ─ 역자주)이라고 불렀다. 그 명칭과 모양은 고대 제우스 종교의 상징이었던 쌍도끼(라브뤼스)를 암시하는 것일 수도 있었다. 하지만 그 의미가 보편적으로 그리스도로 이해되었다는 것은 배교자 황제 율리아누스 때 그 문양이 폐지되었던 사실에서 엿볼 수 있다.

아마 콘스탄티누스는 312년이 되기 전부터 기독교의 문양을 자신의 군기로 삼을 것을 결정했을 것이다. 그가 훗날 가이사랴의 유세비우스에게 말한 바에 따르면, 그는 제국 변경을 침공해 들어오는 야만족들과 전투를 벌이기 전에 정오의 태양을 가로지르는 십자가를 보았는데, 거기에 "이것에 힘입어 정복하라"는 글귀가 새겨져 있었다고 한다. 그 사건은 311년에 오툉 근처에서 프랑크족과 전투를 벌이는 동안 발생했을 가능성이 크다. 당대의 이교 웅변가는 그가 이 전투에서 승리를 거두기 전날에 태양신의 환상을 보았다고 언급한다.

다시 말해서 콘스탄티누스는 기독교와 자신이 믿던 정복되지 않는 태양 사이의 상호 배타성을 의식하지 않았던 셈이다. 유일신교인 태양신 숭배(당시의 이교권에서 가장 인기 있던 종교)에서 기독교로 옮겨가기란 어려운 일이 아니었다. 구약성경에는 그리스도에게 '의의 태양'이라는 칭호를 붙인 예언이 있었다. 알렉산드리아의 클레멘트(Clement, 주후 200년경)는 그리스도께서 태양신처럼 병거를 몰고 하늘을 가로지르신다고 말한다. 최근에 로마에서 발견된 무덤의 모자이크(4세기초에 제작된 것으로 추정됨)는 그리스도를 병거를 몰고 하늘에 오르는 태양신으로 묘사한다. 터툴리안(Tertullian)은 많은 이교도들이, 그리스도인들이 일요일에 모여 동쪽을 향해 기도하는 것을 보고서 그들이 태양신을 숭배하는 것으로 상상했다고 전한다. 더욱이 4세기 초에 서방에서는 그리스도의 탄생일을 태양이 동지(冬至)의 지점에서 탄생하는 날인 12월 25일로 기념하기 시작했다(어디서 누가 이 관습을 시작했는지는 알려지지 않는다). 기독교와 태양신 종교가 얼마나 쉽게 결합했는가 하는 것은 5세기 중반에 교황 대 레오(Leo the Great)가 행한 설교에 여실히 드러난다. 그는 자신의 교인들이 성 베드로 성당의 서쪽에 자리잡은 바실리카에 들어가 예배를 드리려고 계단을 올라갈 때 태양에게 경의를 표하기를 잊지 않는 행위를 질책한다.[1]

콘스탄티누스의 주화들에 오랫동안 태양의 상징이 새겨졌다고 한다면, 313년부터 작성된 그의 서신들은 그가 교회의 통일을 지키는 것을 사명으로 삼은 기독교 황제로 자임했음을 분명히 보여 준다. 그는 337년에 임종할 때까지 세례를 받지 않았지만, 이것은 그가 내심으로는 기독교 신자가 아닐 수도 있었다는 증거가 되지 못한다. 당시에는 임종 때까지 세례를 연기하는 것이 관행이었다(주후 400년경까지 이런 관행이 지속되었다). 특히 국가 관리로서 죄수를 고문하고 처형하는 일을 맡아야 했던 사람들의 경우에는 더욱 그러했다. 당시 사람들이 세례를 연기했던 이유 중 하나는 세례에 따르는 책임을 심각하게 받아들였던 데에 있었다. 콘스탄티누스는 백성들이 신봉하는 여러 종교들 가운데 기독교를 선호했지만, 기독교를 제국의 공식 종교 혹은 '국교'로 삼지는 않았다.

콘스탄티누스는 신적인 꿈에 순종하여 제국의 절반을 위해 보스포루스

---

1) 반대로 율리아누스 때에는 기독교에서 태양신 종교로 개종하기가 쉬웠다. 트로이의 주교는 진실성을 의심받을 염려 없이 배교를 했다. 왜냐하면 주교로 있을 때조차 은밀히 태양에게 기도해왔기 때문이다.

해협에 위치한 비잔티움이라는 전략 요충지에 새로운 수도를 건설하기로 결정할 때, 그곳을 '새 로마'로 만들 계획을 세우고, 그 도시에 '사도들'과 '평화'(이레네)를 기리는 교회 두 채를 봉헌했다.[2] 하지만 그는 아울러 광장에 자신의 용모를 닮은 태양 신상을 세웠고, 심지어 모신(母神)인 퀴벨레(Cybele)의 신상이 들어설 공간까지 마련했다.[3] 그는 330년 5월 11일에 기독교 성직자를 시켜 거행한 예식에서 그 도시의 '수호신'에게 엄숙하게 기원했다.

콘스탄티누스가 교회에 부여한 혜택은 막대한 것이었다. 교회가 박해로 입은 피해에 대해서 성경을 새로 필사하여 보급하고 교회당들을 건립함으로써 보상해 주었다. 특히 로마에서 전통적으로 사도 베드로와 사도 바울의 성소로 알려진 곳들과, 성지에서 베들레헴과 성 묘지에 바실리카들을 건립했다. 과거에 라테란 가(家)의 재산이었던 자신의 둘째 아내의 궁전을 로마의 주교들에게 주교의 공관으로 기부했다(이것은 1308년까지 주교 공관으로 남았다). 심지어 속주의 세입 가운데 일정 비율을 교회 기부금으로 할당했는데, 이것은 막대한 액수여서 훗날 이교도 황제 율리아누스 때 보류되었다가 원래의 1/3 규모로 삭감된 채 복원된 상태에서도 결코 적은 액수가 아니었다. 뿐만 아니라 콘스탄티누스는 어린이들과 노예들과 농부들과 죄수들을 보호하는 법령을 제정하여 자신의 법률에 기독교적 이상을 표현하려고 노력했다. 316년에 공포된 법령은 "사람은 하나님의 형상으로 지음을 받았기 때문에" 죄수들의 얼굴에 낙인을 찍어서는 안 된다고 규정한다.

---

2) 두 교회당은 모두 6세기에 유스티니아누스 때 재건되었다. 사도들의 교회는 15세기에 터키족에 의해 파괴되었지만, 유스티니아누스의 이레네 교회는 오히려 화려한 화상(畫像)으로 장식되었다. 유서깊은 성 소피아 교회(신적 지혜인 그리스도의 교회)는 콘스탄티누스가 건립한 것이 아니고 그의 아들 콘스탄티우스가 건립한 것이다. 이 교회당은 532년 1월 15일 니카 폭동 때 불에 타 파괴되었고, 그 터에 훗날 유스티니아누스의 걸작이 들어서게 되었다.

3) 하지만 퀴벨레 상을 기도하는 모습으로 묘사함으로써 이교도들의 분노를 샀다.

321년의 법령에서는 '태양의 복스러운 날'[일요일]에 노예를 해방시키는 경건한 목적을 제외한 어떠한 목적으로도 법정의 문을 열지 못하도록 규정했고, 긴요한 농삿일을 제외하고는 일요일에 노동을 일절 금했다. 자그레브 근처에서 발견된 비명에는 콘스탄티누스가 7일간 일하고 8일째 되는 날 장을 여는 오래된 관습을 바꾸어 농부들에게 일요일마다 장을 열도록 지시했다고 적혀 있다. 이것은 일요일이 그리스도인들의 예배일일 뿐 아니라 휴일이 되어가던 과정을 엿보게 해주는 최초의 증거로서, 법률과 비명에 콘스탄티누스가 이 관습을 도입하게 된 동기가 모두 태양을 위해서였다고 진술된 점이 주목할 만하다.

한 주간의 첫째 날에 주님의 부활을 기념하는 기독교 관습은 이미 사도 바울이 고린도전서를 쓰기 전부터 전통으로 자리잡았다. 교회가 주간의 첫날에 모여 예배를 드린 관습의 출처는 태양신을 숭배하는 미트라교가 아니라 유대교였으며, 교회가 일요일을 선정한 이유는 그 날에 주께서 부활하셨기 때문이었다. 하지만 주후 1세기부터 민간 점성술은 일곱 개의 행성(고대인들은 해와 달도 행성에 포함시켰다)이 각각 하루를 지배한다는 사상을 퍼뜨렸다. 로마 시인들인 티불루스(Tibullus)와 오비디우스(Ovid)에게 토성의 날은 노동과 여행에 불길한 날이었다. 2세기의 이방 그리스도인들(이그나티우스, 저스틴, 알렉산드리아의 클레멘트, 터툴리안)은 주일(主日)과 빛과 태양의 날이 겹치는 데서 풍부한 상징을 보았다. 따라서 고전 시대에는 몰랐던 주간의 제정이 민간 점성술에 의해 점차 널리 퍼져 나갔는데, 그 과정에서 기독교의 확산으로부터 부가적인 자극을 받았다. 교회는 이교식의 날짜명을 숫자로 바꾸려고 시도했는데, 이 시도는 그리스 동방에서는 성공을 거두었으나, 서방의 기독교권에서는 행성들의 명칭을 제거할 수 없었고, 따라서 오늘날까지 포르투갈을 제외한 서유럽 모든 지역에서 그 명칭들이 살아남아 있다.

321년에는 콘스탄티누스의 신앙이 정치적 요인이 되어 있었다. 그의 동방 지역 동료 황제 리키니우스(Licinius. 콘스탄티누스는 그와 함께 313년에 종교 관용에 합의한 바 있다)는 이교도였는데, 서로간에 의혹이 증폭

되면서 콘스탄티누스는 동방에서 기독교 세력의 지원을 받으려고 시도했다. 그는 최근에 기독교 국가가 된 아르메니아와 동맹을 맺음으로써 리키니우스를 포위하는 데 성공했다. 리키니우스가 아르메니아 접경 근처의 그리스도인들을 약탈하고 교회회의의 소집을 금지하자, 콘스탄티누스는 그것을 구실로 삼아 전쟁을 선포했고, 324년 9월에 보스포루스 해협에서 최종 승리를 거둠으로써 제국의 유일한 통치자가 되었다.

콘스탄티누스는 동방으로 천도함으로써 제국의 무게 중심에 자리를 잡게 되었다. 아울러 그는 성지를 방문하고 싶어했고, 요단 강에서 세례를 받는 게 소원이라고 말했다. 하지만 그가 기독교권 동방에 건 기대는 큰 실망으로 끝나고 말았다. 서방에서 아프리카의 도나투스파 분쟁이 그에게 실망을 안겨주었듯이, 이제 동방에 와서 보니 그리스 교회들이 첨예한 분쟁에 휘말려 있었다. 그것은 알렉산드리아의 주교 알렉산더(Alexander)와 그의 장로 아리우스(Arius) 사이의 난해한 견해 차이에서 비롯된 분쟁이었다. 이 분쟁은 지역 갈등으로 시작했다. 하지만 아리우스가 이집트 바깥에서 비중 있는 지지를 이끌어낸 반면에, 알렉산드리아의 알렉산더는 박식한 역사가인 팔레스타인 가이사랴의 유세비우스(Eusebius), 비시니아의 황제 주둔 도시인 니코메디아의 강력한 주교 유세비우스 같은 유력한 주교들에게 반대를 받았다. 그 문제로 그리스의 주교단이 양분되어 서로간에 반감이 고조되었다. 콘스탄티누스는 예정된 성지 순례를 즉각 취소하고서 교회 문제 고문인 코르도바의 주교 호시우스(Hosius)에게 중재와 조사 임무를 맡겨 파견하고, 325년 부활절 이후에 앙키라(앙카라)에서 모든 주교들이 참석하는 공의회를 소집하기로 결정했다.

호시우스는 알렉산더에 도착하자마자 알렉산더의 편을 들고서 아리우스를 비판한 다음, 시리아의 안디옥으로 가서 가이사랴의 유세비우스와 그밖의 인물들이 아리우스를 지원했던 사실을 조사했다. 호시우스가 주재한 안디옥 공의회는 유세비우스를 파문하고, 이미 앙키라에 소집된 대 공의회에 그의 파문에 대한 비준안을 상정했다. 그것은 쟁점을 편파적으로 판결하려는 명백한 시도였다. 그 보고를 받은 콘스탄티누스는 자신이 직접 공의회

를 주재하기 위해서 즉각 공의회 장소를 앙키라에서 니코메디아 근처에
있는 니케아(이즈니크)로 옮겼다.

공의회에 참석한 대표들의 분포 때문에 곧 제1차 '에큐메니컬' 혹은 세
계 공의회로 간주될 니케아 공의회에는 약 220명의 주교들이 참석했는데,
거의 대부분이 그리스 주교들이었다. 코르도바의 주교 호시우스와 교황 실
베스터(Slivester)가 파견한 두 명의 로마 장로를 제외하면 라틴계 서방에
서 참석한 주교는 네다섯 명밖에 되지 않았다. 그럼에도 불구하고 교회로
서는 그 공의회가 주목할 만한 사건이었고, 당시에도 그런 비중으로 평가
되었다. 325년 5월 20일에 콘스탄티누스는 엄숙한 개회사와 함께 주교들
에게 일치와 평화를 이끌어내라고 촉구했다. 그리고 그 자리에서 가이사랴
의 유세비우스에게 내려진 견책에 유감을 표시하고, 그의 교리들을 전폭
지지한다고 밝혔다. 하지만 유세비우스를 변호했다고 해서 그의 친구 아리
우스를 지지한다는 뜻은 아니었다. 그 공의회가 상정한 신조는 성자가 "성
부와 하나의 본질"을 지니신다고 확언함으로써 아리우스에 대한 반대 의
사를 분명하게 천명했다. 신조에 결론으로 붙은 아나테마(저주)는 성자가
형이상학적으로 혹은 도덕적으로 성부보다 열등하며, 창조계에 속한다는
주장을 단죄했다. 참으로 뜻밖에도 공의회 전에 강력한 반대 움직임이 있
었는데도 불구하고, 220명의 주교들 가운데 218명이 신조에 서명했다. 그
것은 초조하게 결과를 기다리던 황제를 틀림없이 만족시켜 준 만장일치에
가까운 결정이었다. 하지만 모든 서명자들이 신조의 중요한 표현들의 정확
한 의미를 다 이해한 것이 아니었음이 분명하다.

"하나의 본질"(호모우시오스)이라는 표현은 동질성을 확언했다. 성부와
성자가 '동일한 분'이라는 뜻이었다. 하지만 이것은 모호했다. 일부는 그것
을 개인적 혹은 구체적 동일성으로 이해했고, 보다 많은 수는 보다 광범위
하고 포괄적인 동일성으로 이해했다. 콘스탄티누스로서는 뜻밖에도 이런
모호한 표현 때문에 리비아계의 두 주교를 제외한 모든 주교들의 동의를
얻어낼 수 있었다. 그 두 주교가 서명에 반대한 것도 신조 내용 때문이 아
니라, 자기들의 교구를 알렉산드리아 교구의 관할에 둔 교회법 제6조 때문

이었던 것 같다.

교리 문제를 제외하면, 니케아 공의회는 부활절 날짜 계산 방식에서 시리아를 이집트와 로마와 한 편에 서게 했고, 이집트의 분파인 멜리티우스파(the Melitians)에게 교회에 복귀할 수 있도록 중재했고, 주로 권징에 관한 21개조의 교회법을 공포했다. 기존에는 주교들이 개인의 행동에 거의 아무런 제약도 받지 않았었고, 교회들이 주교를 선출할 때 외부의 간섭을 거의 받지 않았었다. 하지만 니케아 교회법은 주교들이 야심을 가지고 교구를 옮기는 행위를 금했고, 주교를 축성할 때 될 수 있는 대로 관구 내의 모든 주교들에 의해 축성을 받되, 어떤 경우든 세 명 이상의 주교에 의해 축성을 받도록 규정했으며, 관구의 수도대주교에게 거부권을 부여했다. 이 마지막 규정이 수도대주교에게 권력이 집중되는 과정을 가속화했다.

과거에는 세 명의 주교(로마, 알렉산드리아, 안디옥의 주교들)가 전통적으로 관구 바깥 지역에 대해서도 상당한 정도의 관할권을 행사하여,. 알렉산드리아 교구는 이집트 남부와 리비아를, 로마 주교는 이탈리아 남부의 교회들을 다스렸었다. 니케아 교회법은 이들이 누리던 권리를 수도대주교 체제의 변형으로서 그대로 인정했다. 그 권리의 성격과 한계를 명시하지 않은 채 말이다. 교회법 가운데 의미심장한 조항은 가이사랴 수도대주교의 권리를 훼손하지 않은 채 예루살렘 교구에 특별한 명예를 부여했다. 이런 의미심장한 단어들이 5세기에 예루살렘 교구가 가이사랴로부터 갈수록 격렬한 반대를 받아가면서도 결국 총대주교구의 지위를 얻을 수 있게 한 중요한 전기가 되었다.

그러므로 니케아 교회법은 교회의 조직과 '권력 구조'가 발전된 경위를 이해하는 데 많은 도움을 준다. 325년경에 그리스 교회들은 적어도 제국의 속주 체제에 입각한 조직에 익숙해 있었고, 그 단위는 대개 국가의 속주 단위와 일치했다. 하지만 속주(관구) 공의회 위에 어떠한 항소 법원이 설 수 있었을까? 서방과는 달리, 동방은 누구나 수위성(首位性)을 인정하는 단일 교구가 없었고, 다만 알렉산드리아와 안디옥과 (330년부터는) 콘스탄티노플 같은 대도시들밖에 없었다. 대단히 중요한 성스러운 지역들을 보유한 그리스 유일의 도시는 예루살렘뿐이었다. 그곳의 주교들은 자신들이 기독교 세계의 모교회를 주교한다는 강한 의식을 보여주었다.

하지만 예루살렘 교구는 교회에서 한 번도 권력의 중심에 선 적이 없었다. 그러다가 5세기에야 비로소 콘스탄티노플 교구가 알렉산드리아 교구로부터 격렬한 반대를 무릅쓰고 서방의 로마에 견줄 만한 지위를 동방에서 확보할 수 있었다. 하지만 라틴계 주교들에게는 로마가 서방 세계에서 차지하고 있던 신망 때문에 항소 법원에 관한 문제를 간단하게 해결할 수 있었다.

342/3년에 세르디카에 모인 라틴 주교들은 관구 교회회의가 제기한 항소를 교황이 임명한 판사들이 맡아 판결해야 한다고 결정했다. 그럴지라도 세르디카에 모인 주교들은 법원에 끊임없이 들락거림으로써 교회를 분쟁으로 몰아넣는 개인적인 주교들에 대해 유감을 표시하는 특별 결의안을 통과시켜야 했다(그 결의안은 특히 교회 업무가 아닌 친구들이나 본인들의 세속적 승진을 위해서 황제에게 청원하는 주교들을 겨냥했다). 실제로 4세기가 진행되면서, 교회 정책에 관한 최종 판결이 황제에 의해 좌우되는 경향이 갈수록 완연해졌고, 어느 때든 사건을 주도해 가는 교회 내의 그룹이란 황제의 비위를 맞추는 데 성공한 사람들인 경우가 빈번했다.

제 9 장

니케아 공의회 이후의 아리우스 논쟁

4세기의 교회가 조직을 갖춰 가는 과정에서 신학 논쟁에 휘말린 것은 크나큰 불행이었다. 교리적 불화는 곧 질서와 권징과 권위 문제로 비화했다. 무엇보다도 교리적 불화는 그리스 동방과 라틴 서방 사이에 갈수록 증폭되던 긴장과 깊이 연루되어 갔다. 4세기 전반에 동방에서 아리우스파 지도자들은 이런 긴장을 이용하여 그리스 교회들을 상대로 상당한 통일 전선을 형성할 수 있었고, 관용 정책을 표방한 황제 콘스탄티우스 2세(Constantius II, 337-61)와 그뒤에 발렌스(Valens, 364-78)에게 지지를 얻었다. 더욱이 아리우스주의가 동방에서 최종적으로 진압될 때도 논쟁이 끝나고 나서도 동방과 서방 사이의 긴장을 지속시키는 방식으로 진압되었다. 그 경위는 차후에 상술할 것이다.

니케아 공의회 이후에 벌어진 아리우스 논쟁은 세 단계로 나누어 볼 수 있다. 첫째는 콘스탄티누스가 죽은 때(337년 5월 22일)까지이고, 둘째는 콘스탄티누스의 아들들이 즉위한 때로부터 콘스탄티우스 2세가 죽은 때(361년)까지이며, 셋째는 율리아누스가 즉위할 때부터 테오도시우스 1세(Theodosius I)의 치하에서 아리우스주의가 진압될 때까지(381)이다.

니케아(325)로부터 콘스탄티누스의 죽음(337)까지

콘스탄티누스가 살아 있는 동안은 니케아 신조가 이렇다 할 문제 제기를 받지 않은 채 참 신앙의 표준으로 남아 있었다. 그런 상황에서도 아리우스의 동료들은 자신들이 325년 여름에 잃었던 기반을 상당 부분 회복할 수 있었다. 이것은 주로 그들의 탁월한 지도자 니코메디아의 유세비우스의 활약에 힘입은 결과였다. 그는 황궁에 쉽게 드나들 수 있는 자신의 지위를 십분 이용했다. 니케아 공의회가 열리기 전 첨예한 협상이 벌어지고 있을 때 아리우스가 알렉산드리아의 주교 알렉산더와 대치할 때 특히 도움을 호소한 사람이 바로 니코메디아의 유세비우스였다. 그는 325년에 니케아에서 아무런 설명도 달지 않은 채 신조에 서명했으나, 그가 코르도바의 호시우스나 알렉산드리아의 알렉산더와 똑같은 심정으로 신조에 서명하지 않았다는 것은 누구나 다 아는 사실이었다.

니케아 공의회가 끝난 뒤 한 달 남짓한 시기에 유세비우스는 순간적인 실수를 범했다. 아리우스의 사상이 조사를 받고 있던 시점에 그를 니코메디아로 불러들여 성찬에 참여케 했다가, 그 소식을 들은 콘스탄티누스에 의해 즉각 추방당했던 것이다. 하지만 그는 오래지 않아 돌아와서, 아리우스 신학의 주요 대적들의 기반을 무너뜨리는 데 자신의 유능한 지성을 집중적으로 사용했다.

니코메디아의 유세비우스가 공격의 화살을 겨눈 세 명의 주요 주교들은 자신의 존재에 대해 서슴없이 유감을 표현하던 사람들이었다. 그들은 콘스탄티누스의 관용 정책과, 혹시는 니케아 신조의 문구가 지나치게 온건하기 때문에 유세비우스와 그의 도당이 여전히 성직을 맡아 활개를 치고 있는 것이라고 생각했다.

세 사람 가운데 맨 처음에 무너진 사람은 안디옥의 주교 유스타케 (Eustace)였다. 그는 오리겐을 격렬히 비판한 점 때문에 유세비우스의 파벌에 의해 쉽게 제거될 만한 구실을 제공한 데다가, 콘스탄티누스의 어머니 헬레나(Helena)가 326년에 성지 순례차 자신을 방문했을 때 무례한 발언을 했다. 결국 안디옥에서 열린 교회회의가 그를 폐위했고, 콘스탄티누스는 그를 다시는 돌아오지 못할 지역으로 유배를 보냈다.

두번째로 무너진 사람은 유세비우스로서는 무너뜨리기가 보다 힘겨웠던 아타나시우스(Athanasius)였다. 그는 328년 4월에 알렉산더가 죽자 그를 계승하여 알렉산드리아 주교가 되었고, 그때부터 자신의 교회를 보호하고 이단과 분파를 완전히 뿌리뽑는 데 주력했다. 그는 주교에 선출된 직후에 콘스탄티누스로부터 아리우스 본인이 이제 니케아 신조에 서명했으니 이제 그를 알렉산드리아의 교회로 받아들여야 한다고 말했다. 하지만 그는 황제의 요구를 거부했으며, 그 이유로 황제 앞에 소환되었을 때 자신의 인격과 역량으로 황제에게 워낙 강렬한 인상을 심어주었던지라 황제는 자신의 요구를 더 이상 강요하지 않았다. 하지만 불행하게도 아타나시우스는 이집트 내의 사소한 지역 문제에 연루되어 몰락을 자초하고 말았다. 과거에 발생했던 멜리티우스파의 분열은 니케아 공의회의 결정으로 해결되었으나, 그 파벌은 그 뒤로도 계속해서 많은 말썽을 일으켰다. 아타나시우스가 그들을 거칠게 대하자, 그들은 그의 태도에 대해서 불만을 제기했다. 이 분리주의적인 콥트인들이 제기한 비판(최근에 발견된 파피루스 서신들은 그들의 비판에 어느 정도 일리가 있었음을 보여준다)을 니코메디아의 유세비우스는 즉각 놓치지 않고 이용했다. 그 과정은 355년 8월에 티르(두로)에서 열린 교회회의에서 절정에 달하는데, 이 교회회의에서 유세비우스파는 기독교 주교로서 합당치 않은 행위를 했다는 이유로 아타나시우스의 공식적인 파문과 폐위를 얻어내는 데 성공했다.

아타나시우스는 콘스탄티누스에게 탄원서를 보냈다. 하지만 니코메디아의 유세비우스는 아타나시우스가 과거에 황제가 자신을 지원하지 않으면 알렉산드리아의 항만 노동자들에게 파업을 일으키게 하여 콘스탄티노플로 가는 중요한 곡물 수송을 중단시키겠다고 위협했다는 증거를 제시함으로써 그 쟁점을 물고 늘어졌다. 콘스탄티누스는 분개하여 아타나시우스를 갈리아 총독부가 있는 트리어로 추방했다. 어떤 단계에서도 아타나시우스를 교리 문제로 고소한 적이 없었다.

세번째로 무너진 사람은 앙키라의 주교 마르켈루스(Marcellus)였다. 그는 성부, 성자, 성령의 독립된 '세 위격'을 강조한 오리겐의 신학 전승에 맞서서 오랫동안 소책자 전쟁을 벌이고 있었다. 마르켈루스에게는 하나님의 단일성이 일체의 복수성(複數性)보다 앞서는 개념이었다. 하나님은 내면으로 한 분이시며, 창조와 구속의 활동 때문에 상대적인 의미에서 '세 분'일 뿐이라고 했다. 마르켈루스는 플라톤이나 오리겐이 아닌 성경 본문에 기초한 엄격한 성경적 신학을 원했다. 그는 성자가 마침내 나라를 성부께 바치실 것이고, 하나님이 만유의 주로서 만유 안에 계시게 될 것이라는 바울의 말(참조. 고전 15:24-28)에서 자신의 견해를 뒷받침하는 탁월한 증거 본문을 발견하고서, 성자와 성부를 구분하는 것은 창조 질서에 대비한 일시적이고 상대적인 것일 뿐이라고 주장했다. 정치적으로 마르켈루스는 강력한 인물이 아니었으며, 따라서 335-6년까지는 유세비우스파의 공격 대상이 되지 않았다.

하지만 335년에, 그러니까 아타나시우스를 단죄하여 물의를 빚은 티르 공의회가 끝난 직후에, 콘스탄티누스는 동방의 모든 주교들에게 훈령을 내려 자신이 예루살렘에 신축한 성묘(聖墓) 교회 봉헌식에 참석할 것을 종용했고, 자신의 즉위 13주년 기념식 때 니케아 공의회 이래로 굴복해온 모든 아리우스주의자들을 대상으로 성대한 화해 의식을 거행할 계획을 세웠다. 마르켈루스는 양심상 그 행사에 참석하지 않았고, 그 대가로 즉각 황제 모욕죄뿐 아니라 이단죄로 고소를 당했다. 336년 초에 콘스탄티노플 공의회에서 그는 폐위되었다. 그리고는 상례대로 추방이 뒤따랐다.

아리우스가 죽은 것은 이 무렵이었다. 그가 죽은 정확한 정황과 연대가 안개에 싸여 있다는 것은 사건의 과정을 이해하는 데 중요하다. 그는 냉대 속에서 거의 잊혀진 상태로 버려졌다. 그렇게 지내다가 늙고 병든 몸으로 콘스탄티누스에게 죽기 전에 성찬에 참여하도록 허락해 달라고 간청하면서, 니코메디아의 유세비우스 같은 자신의 유력한 친구들이 자기를 귀찮게 여겨 아무 일도 해주지 않는다고 슬픈 어조로 불평을 했다. 황제는 동정의 차원에서 그가 콘스탄티노플에서 정식으로 복권되도록 배려했다. 그로부터 20년 뒤에 아타나시우스는 극적인 이야기를 유포하기 시작했다. 그것은 아리우스의 타락을 막아달라는 콘스탄티노플 주교의 기도대로, 아리우

스가 복권되기 전 날에 가룟 유다와 같은 방식으로 죽음을 맞이했다는 것
이었다. 아마 그 이단자의 죽음은 계획된 화해 행위 전에 찾아온 듯하다.
그리고 아마 아타나시우스의 말과는 달리 고해를 한 뒤에 죽은 듯하다. 하
지만 그것은 역사에 아무런 문제가 되지 않는다. 왜냐하면 아리우스는 진
작부터 문제의 인물이 아니었기 때문이다. 그는 오래 전에 양 진영으로부
터 버림을 받았고, 본인 스스로 고통스럽게 시인했듯이 대수롭지 않은 존
재가 되었다.

아리우스가 죽기 직전인 337년 오순절에 콘스탄티누스는 니코메디아의
유세비우스에게 세례를 받았다. 임종할 때 세례 지원자가 입는 긴 흰옷을
입고 있었고, 숨을 거둔 뒤 자신의 수도 콘스탄티노플에 있는 사도들의 교
회에 묻혔다. 그가 무대에서 사라지자 아리우스 논쟁은 즉각 첨예한 양상
을 띠기 시작했다.

콘스탄티누스 아들들 치하의 교회

아리우스 논쟁의 제2기는 콘스탄티우스(Constantius, 337-61)의 재위
와 겹치며, 정치적·교회적 혼란으로 얼룩지게 된다. 콘스탄티누스는 324
년부터 자신이 유일한 통치자로 군림해온 제국을 디오클레티아누스의 방
식대로 4명의 군주에 의해 분할 통치되게 할 뜻을 품고 있었다. 그래서 황
제의 명령권(imperium)을 세 아들과 조카에게 분할하겠다고 제의했다.
그러나 군대는 콘스탄티누스의 아들들이 아닌 다른 사람의 지휘를 거부했
다. 그 결과 콘스탄티누스의 친척들 중에서 남자들은 어린 두 소년 갈루스
(Gallus)와 율리아누스(Jullian) ― 콘스탄티누스의 이복 형제가 낳은 아
들들 ― 를 제외하고는 모두 살해되었다.

이 유혈 참극이 끝난 뒤에 콘스탄티누스의 세 아들이 제국을 분할했다.
콘스탄티누스 2세(Constantine II)는 서방 속주들을, 콘스탄티우스 1세
(Constantius I)는 동방을, 막내 콘스탄스(Constans)는 이탈리아와 북아
프리카를 차지했다. 형제들간의 관계는 평탄치 않았다. 340년에 콘스탄티

누스 2세와 콘스탄스 사이에 전쟁이 벌어졌다가 콘스탄티누스 2세가 전사함으로써 끝났고, 콘스탄스가 서방의 유일한 군주로 남았다가 그도 350년에 반란자 마그넨티우스(Magnentius)에게 살해되었다.

이러한 정치적 혼란이 교회 정치에 직접적인 영향을 끼쳤다. 337년 여름에 추방당했던 아타나시우스와 마르켈루스를 비롯한 주교들이 자기들의 교구에 복귀하려고 시도했다. 하지만 동방에서 콘스탄티우스는 니코메디아의 유세비우스에게 호감을 갖고 있었는데, 이 당시에 유세비우스는 니코메디아 대신에 사실상 수도가 된 콘스탄티노플로 교구를 옮기기로 작정하고 있었다. 따라서 유배지에서 귀환한 주교들은 적대적인 대접을 받고서 서방으로 돌아갈 수밖에 없었다. 340년에 아타나시우스와 마르켈루스는 박해받는 난민 자격으로 로마에서 주교 율리우스에게 환대를 받았다(337-52). 이 환대 자체가 불길에 기름을 끼얹었다. 그리스 교회회의들이 파문했던 성직자를 로마가 받아들였다는 것은 적지 않은 문제였다.

아타나시우스와 마르켈루스는 자기들을 고소한 자들이 이단들이기 때문에 이런 교회회의들의 판결이 무효라고 주장했지만, 당시에 동방의 시각에서는 이런 주장이 설득력 있게 받아들여지지 않았다. 따라서 대안은 로마가 항소 법원으로서 기능할 교회법적 기능을 갖고 있다고 주장하는 것이었다. 그리스 동방에서 그러한 주장은 훨씬 더 설득력이 없게 받아들여졌다.

341년 1월 6일에 97명의 그리스 주교들이 콘스탄티누스가 착공한 새 대성당 봉헌식을 위해 황제 콘스탄티우스와 함께 안디옥에 모였다. 이들은 교회회의로 모여 상황이 갈수록 갈등에 빠져드는 현실을 개탄했다. 이들은 자신들이 아리우스주의자들이라는 비난을 부정하거나("어떻게 주교들이 일개 장로의 추종자들일 수 있겠는가?"), 자신들이 니케아 신조를 포기하고 싶어한다는 비난을 부정했다. 그들이 니케아 신조에 대해서 가한 비판은 그 신조가 마르켈루스 같은 명백한 이단들을 축출할 만큼 충분하지 않다는 것뿐이었다.

항소 법원의 기능을 수행하겠다는 로마의 주장에 대해서, 그리스인들은 서방의 교회회의가 동방 교회의 판결을 다시 판결한다는 것은 전례가 없으며, 자신들이 로마 교회를 존중하는 이유는 사도적 전승 교리 때문이지만, 사도들이 다름 아닌 그리스 동방에서 로마로 가지 않았느냐는 논리를 내세우며 반박했다. (그렇지 않다면 로마 주교 율리우스는 그 도시의 세속적 위엄에 기초하여 수장권을 주장했던 것인가?) 로마의 신학적 통찰력은 만약 율리우스가 엄격한 교리 표준을 제시하지 않은 채 단순히 로마의 세례 신조만 가지고 순진하게 마르켈루스를 성찬에 받아들이지 않았더라면 그리스인들에게 깊은 인상을 주었을 것이다. 그리스 신학자들의 눈에는 마르켈루스가 성부와 성자의 독특성을 부정하고, 자신의 사벨리우스주의 이단설을 은폐하기 위해서 성부와 성자의 동질성을 규명한 니케아 신조를 이용한 것으로 비쳤다.

안디옥 공의회는 니케아 신조를 보완하기 위한 신조를 작성함으로써 마르켈루스를 제재하기 위한 모든 중요한 구절들을 채택했다. 이것이 그리스도의 "왕국이 영원 무궁할 것이다"라는 진술을 포함한 최초의 신조이다 (마르켈루스는 그 주장을 부정했던 것으로 알려진다).

341년의 안디옥 헌장은 그 논쟁이 얼마나 중대하고 복잡했는가를 여실히 보여준다. 그것은 더 이상 신경 과민증이 있는 알렉산드리아의 대중 설교가의 주장들에 관한 추상적이고 현실과 동떨어진 논쟁이 아니었다. 아리우스 논쟁은 동방과 서방 사이의 분열로 발전하고 있었다. 동방은 로마의 수장권(首長權) 주장에 분개했다. 로마에게서 도무지 그럴 만한 근거를 발견할 수 없었기 때문이다. 아울러 그리스인들은 라틴인들의 지적 역량을 경시했고, 그들의 신학이 순진한 사벨리우스주의가 아닌가 하고 의심했다. 반대로, 서방은 그리스인들이 지나치게 명민하다는 이유로, 그리고 라틴어로 번역하면 삼신론(三神論)처럼 들리는 용어를 사용한다는 이유로 그들을 불신했다('세 실체'〈hypostasis〉란 단어가 라틴어로 '세 본질'〈substantiae〉로 번역되었기 때문이다). 로마는 동방 교회 정책이 니코메디아의 유세비우스에 의해 좌우되는 사실 앞에서 자연히 그리스 주교들이 아리우스주의를 지지하고 있다고 생각했고, 유세비우스가 영향력을 유지하는 한에는 그리스인들이 아무리 아리우스주의를 부정한다고 주장해도 곧이곧대로 들리지 않았다.

만약 상황이 바뀌지 않았다면 동방 교회 지도자들은 오랫동안 서방 교회의 요구를 거부했을 것이다. 하지만 341-2년 겨울에 콘스탄티노플의 유세비우스가 죽었다. 그러자 누가 콘스탄티노플 주교 계승권을 놓고 치열한 대립이 벌어졌는데, 이 대립은 결국 두 명의 대립 주교(파울루스와 마케도니우스)가 등장하여 향후 7년간 서로 번갈아 상대방을 추방하는 것으로 끝났다. 따라서 유세비우스파는 지도자 없이 남겨졌고, 수도의 주교좌는 권력의 공백 상태에 빠지게 되었다. 제국의 정책 역시 동방 교회의 입지를 약화시켰다. 340년 이후에 콘스탄스는 서방 속주들의 유일한 군주가 되어 콘스탄티우스에게 그의 그리스 주교들을 보다 유순하게 만들라고 압박하기 시작했던 것이다.

340-41년의 상황은 분명히 대대적인 분열의 조짐을 보였다. 따라서 황제들은 다급하게 동방 교회와 서방 교회를 대상으로 342/3년에 세르디카(불가리아의 소피아)에서 공의회를 연다고 공고했다. 공의회가 개회되었을 때 참석자들은 두 진영으로 나뉘어 서로를 저주했고, 이로써 분열의 위협이 현실로 바뀌었다. 양분된 공의회들은 서로에게 저주를 선언하는 데에만 시간을 다 탕진하지는 않았다. 그리스인들은 아리우스주의에 대한 아나테마가 실린 신조와 잘 작성된 부활절 날짜 계산표를 작성했다. 라틴인들은 주로 개인주의적이고 권력 지향적인 주교들을 겨냥한 일련의 교회법들을 공포했다.

서방의 교회법들에는 관할 구역에서 불신임을 받은 주교들의 항소를 다룰 판사들을 임명할 권한을 로마 주교에게 부여한다는 규율이 포함되었고, 중요하지 않은 도시들이 주교구의 위상을 얻으려고 하는 경향에서 비롯된 주교들의 사회적 지위와 권위의 하락을 개탄하는 내용이 실렸다. 거기서 멈췄으면 좋았을 텐데, 불행하게도 서방의 공의회는 거기서 한 걸음 더 나아가 앙키라의 마르켈루스를 성찬에 받아들인 자신들의 결정을 정당화하기 위한 순진한 신학적 헌장을 발행했다. 그들은 이 헌장이 니케아 신조라

는 권위 있는 문서를 대체하는 것이 아니라 보완해서 해석하는 것이라고
설명했다.

아울러 그들은 그리스 주교들에 합류한 도나우 강 지대의 두 주교 무르
사(에섹)의 발렌스(Valens)와 시기두눔(베오그라드)의 우르사키우스
(Ursacius)를 탄핵했다. 하지만 이 헌장이 사벨리우스주의에게 제공한 덮
개는 크고 관대했다. 아타나시우스는 그 헌장이 발행되었을 때 유감을 표
명했고, 당시에 이 헌장은 동방으로부터 서방 신학에 대한 존경을 증진하
는 데 아무런 기여도 하지 못했다.

세르디카 공의회가 파국으로 치달은 이후로, 양 진영이 재결합하기까지
는 황제의 강력한 압력하에 양 진영이 힘겹고 표나지 않는 희생을 감수해
야만 했다. 동방은 아타나시우스를 알렉산드리아로 복귀시키는 데 합의한
반면에, 서방은 앙키라의 마르켈루스에 대한 지지를 조용히 포기했다. 아
타나시우스는 346년에 열렬한 환호 속에서 알렉산드리아에 재입성했고,
그 뒤 10년 동안 자신의 교구를 감독했다. 이번이 주교로 취임한 이래 방
해받지 않고 시무한 가장 긴 기간이었다. 하지만 재결합에 대한 암묵적인
합의는 그야말로 합의에 지나지 않았다. 350년에 콘스탄스가 갈리아에서
마그넨티우스(Magnentius)의 모반으로 죽었다. 콘스탄티우스는 마그넨티
우스를 승인하기를 거부했고, 피비린내 나는 내전이 발생한 끝에 결국 무
르사에서 콘스탄티우스가 결정적인 승리를 거두었다. 전투가 벌어지는 동
안 인근의 작은 예배당에서 무르사의 아리우스파 주교 발렌스만큼 콘스탄
티우스의 승리를 위해 열심히 기도한 사람이 없었으며, 이 때부터 발렌스
는 황제의 유력한 교회 분야 고문이 되었다. 발렌스는 아타나시우스를 열
정적으로 반대했고, 콘스탄티우스는 이제 유일한 황제였다.

아타나시우스는 몇 차례 유배 생활을 하는 동안 서방에 견고한 지지기
반을 닦아놓았다. 따라서 콘스탄티우스는 아타나시우스를 제대로 단죄하
려면 서방이라는 요새를 공략해야 한다는 것을 분명히 알았고, 그 과정은
그다지 어려운 일이 아니었다. 서방의 주교들 가운데 많은 수가 논쟁의 실
제 내용을 지극히 막연하게 파악하고 있었기 때문이다.[1] 아를(353)과 밀

라노(355)에서 연속해서 소집된 교회회의에서, 콘스탄티우스는 고분고분
한 주교들에게서 아타나시우스에 대한 단죄를 이끌어냈다. 거부한 소수의
주교들에게는 추방령이 내려졌다. 그렇게 해서 추방된 주교들은 칼라리스
(사르디니아)의 루키페루스(Lucifer), 베르켈라이의 유세비우스
(Eusebius), 밀라노의 디오니시우스(Dionysius. 그는 아리우스주의자 아
욱센티우스에 의해 교체되었다), 푸아티에의 힐라리우스, 그리고 누구보다
도 로마의 주교 리베리우스(Liberius)인데, 리베리우스는 352년에 율리우
스에게 자리를 내주었다.

서방이 완전히 굴복하기 전에 이집트의 아타나시우스에게 마지막으로
철퇴가 가해졌다. 물론 아타나시우스는 앞으로 닥칠 일을 분명히 예측하고
서 미리 충분한 대비를 해놓았지만 말이다. 356년 2월에 군대가 동원되어
그를 추방하고, 그 자리에 게오르기우스(George)라는 아리우스파 사람을
앉혔다. 하지만 게오르기우스는 알렉산드리아 사람들의 신망을 얻을 수 없
었다. 아타나시우스는 광야로 도망쳐 과거부터 아주 가깝게 지내던 수사들
틈에 거하면서 검거의 손길을 따돌렸다. 그곳에서 콘스탄티우스와 그의 아
리우스파 고문들을 격렬히 비판하는 소책자들을 무수히 제작하여 정통파
성직자들이 현 정권하에서 당하는 고난을 생생하게 묘사했다. 이 무렵 그
가 이집트에서 받은 지지는 거의 절대적인 것이었으므로 아무도 그를 당
국에 밀고하지 않았다.

알렉산드리아의 게오르기우스는 급진적인 아리우스주의자였다. 357년
에는 대교구인 안디옥마저 비슷한 성향의 급진주의자 유독시우스
(Eudoxius)의 손에 넘어갔다. 이 중요한 교구들이 극단적인 아리우스주의
자들에게 넘어가자 그리스 동방에는 큰 경각심이 조성되었다. 이 사람들의
언어에서는 경건이나 교리 전승에 관한 내용을 찾아볼 수가 없었다. 그들

---

1) 그들의 이해가 얼마나 막연했는가 하는 것은 푸아티에의 주교 힐라리우스
(Hilary)가 여러 해 주교로 재직해왔으나 니케아 신조에 관해 들어본 일조차 없다고
공언한 말에서 분명하게 엿볼 수 있다.

의 종교관은 노련한 마술사인 안디옥의 교활한 평신도 아이티우스
(Aetius)에게 영향을 받았다.

그는 평소에 유일신론의 원칙과 신이 고통을 당할 수 없다는 원칙이 조
화를 유지할 수 있는 유일한 길은 성자를 성부로부터 단순히 구분하는 데
서 그치지 않고, 성자가 실제로 창조계에 속한다는 것과, 파생된 모든 존재
가 본질상 파생되지 않은 제일원인(the First Cause)과 다르다는 것, 간단
히 말해서 성자의 본질은 성부의 본질과 같지 않다(아노모이오스)고 솔직
하게 시인하는 것이라고 주장했다. 곧 아노모이오스주의(anomoeanism)
혹은 '상이본질설'(相異本質說)이라는 명칭이 붙은 이 견해는 성부와 성
자의 본질이 동일하다(호모우시오스)는 니케아 신조에 위배될 뿐 아니라,
성자의 본질이 원형을 닮은 완전한 형상으로서 성부의 본질과 '유사하다'
(like, 호모이우시오스)는 절대 다수의 그리스 주교들의 견해에도 위배되
었다. 이 호모이우시오스 문구는 앙키라의 마르켈루스 같은 '사벨리우스주
의자들'에게 니케아 신조의 우산 아래서 위험한 보호막을 줄 수 있었던
'본질의 동일성'과는 약간 다르면서도 그것에 가장 유사한 내용을 표방한
다는 점에서 매력을 갖고 있는 듯했다.

안디옥의 유독시우스가 '상이본질설'을 열정적으로 옹호하고 나서자 성
자의 본질이 성부의 본질과 유사하다는 호모이우시오스 문구로 대표되는
'핵심적인' 보수적 전승에 속해 있던 많은 주교들은 그를 경계하게 되었
다. 357-58년에 그들의 지도자는 금욕주의자인 앙키라의 주교 바실리우스
(Basil, 마르켈루스의 계승자)였는데, 그는 유독시우스와 알렉산드리아의
게오르기우스가 교회의 와해를 바라는 불경건한 사람들이라고 보았다. 황
궁에 인맥을 두고 있던 바실리우스는 시르미움(유고슬라비아의 미트로비
카)에 있는 콘스탄티우스를 서둘러 찾아갔다. 그리고 콘스탄티우스에게 호
모이우시오스가 교회의 일치와 참 신앙을 모두 유지할 수 있는 유일한 문
구라고 설득하는 데 성공했다.

한동안 황제의 신임을 받은 그는 지난 6년간 교회 문제에서 콘스탄티우
스를 보좌하며 아리우스주의를 퍼뜨리고 있던 무르사의 발렌스를 축출하

는 데 성공했다. 불과 몇 달 전에 발렌스는 다름 아닌 니케아의 베테랑 코르도바의 호시우스로 하여금 니케아 신조의 '본질의 동등성'과 바실리우스의 '본질의 유사성'을 신자들을 방해하고 인간 지식의 한계를 넘어서는 비성경적인 문구로 비판하는 내용의 신조에 서명하도록 하는 엄청난 개가를 올렸었다.

하지만 발렌스는 추방당한 로마의 리베리우스에게 이 신조에 서명하도록 만드는 데는 실패했다. 하지만 리베리우스는 앙키라의 바실리우스가 주장하는 문구에는 거부감을 느끼지 않았으며, 그가 바실리우스의 문구에 동의하자(그의 이런 입장 표명이 바실리우스의 권위를 높여주었다) 콘스탄티우스는 358년에 그가 로마로 돌아가도록 허용했다.

일년 동안 무르사의 발렌스와 앙키라의 바실리우스는 황제의 호의를 얻기 위해 경쟁을 벌였다. 발렌스는 문제의 단어인 '본질'(우시아)을 사용하지 않은 채 성자가 성부와 '유사하다'(like)고만 표현하기를 원했다. 바실리우스는 그 정도의 모호한 문구를 채택하면 아리우스주의의 홍수에 문을 열어주는 격이 될 것을 내다보고서, 성자의 본질이 성부의 본질과 유사하다고 분명히 표명해야 한다고 주장했다. 359년에 콘스탄티우스는 동방과 서방을 망라한 보편 공의회를 열기로 작정하고서, 편의상 공의회를 두 부분으로 나누어 서방에서는 이탈리아 리미니에서, 동방에서는 소아시아 남해안의 셀레우키아(실리프케)에서 공의회를 소집한다고 공고했다. 공의회가 두 지역으로 나뉘어 열리게 된 것은 바실리우스 진영에는 치명타였다. 발렌스는 서방의 대표들을 콘스탄티우스의 의지에 비굴하게 굴복시킬 수 있었고, 이렇게 서방이 자체의 전승을 확고하게 견지하는 데 실패하게 되자 안디옥의 유독시우스와 알렉산드리아의 게오르기우스가 연합하여 황제의 지원을 얻으려던 바실리우스의 희망을 분쇄하기가 수월했다.

360년에 유독시우스는 교구를 안디옥에서 콘스탄티노플로 옮겼다. 그리고 거룩한 지혜 교회 곧 상크타 소피아 교회의 봉헌을 기념하기 위해 그곳에서 개최된 공의회에서, 아무런 부연 설명 없이 성자가 성부와 '유사하다'라는 신조가 정식으로 공포되었다. 제롬(Jerome)이 리미니 공의회에 관해서 썼듯이, "천하가 아리우스주의의 손아귀에 들어간 것을 발견하고 세계가 신음했다."

외견상으로 357-60년의 복잡한 음모는 아리우스주의의 거의 완벽한 승리로 끝났다. 양심상 성자가 성부와 '유사하다'는 말조차 할 수 없었던 극단적인 아리우스주의자 아이티우스는 추방되었지만, 그것은 사실상 중요한 사건이 아니었다. 360년의 진정한 참화는 앙키라의 바실리우스와 그의 동료들에게 철퇴가 가해진 사건이었다. 그들 중 많은 수가 주교직을 잃고서 추방당했다. 그럼에도 불구하고 일치를 교회 정책에서 가장 중요한 목표로 표방해온 콘스탄티우스는 대다수 성직자들이 동의할 수 있는 문구를 발견하게 되었다. 그는 무르사의 발렌스의 설득으로, 제국 전역에서 교회를 통일할 수 있는 올바른 처방이 모호하고 광범위한 정의라고 판단했다. 황제는 자기 아버지에게 큰 성공을 안겨준 325년의 니케아 신조가 첨예한 분쟁의 원인만 제공했을 뿐 평화에는 아무런 기여도 하지 못했다는 확신을 여러 가지 증거를 바탕으로 갖게 되었다. 그러므로 모든 사람에게 간단한 신조, 즉 성경 이외의 단어들은 피하고, 하나님께서 계시하시기에 적합하다고 생각하지 않으신 문제들에 관해서는 주장을 삼가고, 양 극단의 비타협적인 사람들을 제외한 모든 사람을 포괄할 만큼 광범위한 신조를 작성하는 것이 현명한 방법인 것처럼 보였다.

하지만 이 정책에는 그 자체에 내재된 난제들이 있었다. 콘스탄티우스는 '유사'(likeness)라는 모호한 문구를 원했다. 왜냐하면 그것이 제국의 안녕을 위해 정치적으로 편리하게 보였기 때문이다. 그리스도인들의 불화란 팔짱끼고 구경하거나 그냥 체념해도 괜찮은 일이 아니었다. 그것은 정부가 가장 큰 관심을 가지고 주시하고 있던 정치·사회 문제였다. 정부가 요구한 것은 명쾌한 견해를 채택하는 것이 아니라, 단지 부정적인 입장만 피한 채 타협하는 것이었다. 불행하게도 타협 정책은 유독시우스와 그의 동료들의 아리우스 신학이 관용할 만한 기독교 형태임을 전제로 삼았던 바, 이것은 아타나시우스는 말할 것도 없고 앙키라의 바실리우스로서 도저히 동의할 수 없는 전제였다. 따라서 콘스탄티우스는 아리우스주의를 관용할 의사가 없는 사람들을 박해하지 않을 수 없었다. 그들은 아리우스주의가 근본적으로 오류라고 믿었으며, 양심상 정치적 타협에 굴복하느니 차라리 유배길에 오르거나 심지어 순교하는 편을 택했다.

아리우스 논쟁의 이 단계에 이르러서야 비로소 본격적으로 진지한 사고가 시작된 것은 바로 이런 요인들 때문이었다. 아리우스 신학을 거부한 사람들은 '정통 신학'이 진정한 대안임을 합리적인 논리를 갖추어 입증해야 했다. 역설적이게도 4세기 중반 이전까지만 해도 이 문제가 상대적으로 덜 주목을 받았다. 그 논쟁은 사실상 상대 진영에게 아나테마와 구호를 외치는 식으로 진행되지 않았다. 344년에 동방의 지도자들은 자신들의 신학에 관해 길고 근엄한 진술을 작성함으로써 주요 쟁점들에 관해 서방에게 한수 지도하려고 했다.

니케아 진영에서 아타나시우스는 특히 350년부터 계속해서 아리우스주의를 논박하는 신학적 설명을 위주로 여러 편의 소책자들을 썼다. 그럴지라도 쟁점에 관한 사고가 치밀해진 것은 50년 이후의 일로서, 그 과정에 큰 자극을 준 사람은 주로 앙키라의 바실리우스였다. 로마에서는 신플라톤주의자 마리우스 빅토리누스(Marius Victorinus)가 회심함으로써 니케아 진영에 예리한 철학적 지성을 제공했다. 360년에 아타나시우스는 앙키라의 바실리우스와 자신이 근본적으로 같은 대의를 위해 싸우고 있다는 사실을 깨닫고는, 바실리우스와 그의 동료들이 비록 니케아 신조의 열쇠어인 '동일 본질'(호모우시오스)에 관해 여전히 거리끼는 점을 갖고 있을지라도 유대를 제의했다: "니케아 신조를 받아들이되 호모우시오스라는 용어를 의심하는 사람들을 적으로 대해서는 안 된다. 우리는 형제로서 그들과 그 문제를 논의한다. 그들은 우리와 같은 마음을 품고 있으며, 다만 단어에 관해서 논란을 벌일 뿐이다."

이런 유화적인 발언을 시작으로 아타나시우스는 그 니케아 신조 문구의 의미에 관해 가장 길고 훌륭한 변론을 이어간다. 결국 아타나시우스와 앙키라의 바실리우스 진영은 유대를 하게 되는데, 이것이 최종적으로 아리우스수의를 꺾는 데 크게 이바지했다. 하지만 승리의 순간은 동방에서 그것을 집행할 황제가 등장할 때까지 20년을 기다려야 했다.

율리아누스부터 테오도시오스 1세까지 (361-81)

아리우스 논쟁의 세번째 단계인 율리아누스 때(361)부터 테오도시우스가 동방에서 아리우스파를 진압할 때(380-81)까지의 기간은 과거의 쟁점들을 넘어선 새로운 사람들과 새로운 문제들의 등장으로 두드러진다. 아타나시우스는 373년에 죽을 때 아마 325년에 니케아 공의회에 참석했던 인사들 중 마지막 생존자였을 것이다. 그는 자신의 생애 마지막 15년간은 다른 역할을 수행해야 했다. 이제는 더 이상 비타협적인 열정가가 아니라, 높은 지조 때문에 권위가 크게 신장된 연로한 정치가였다. 새로운 세대 사람들에게 갈수록 많은 자문을 요청받았고, 비록 어휘는 구세대 것이었으나 그들에게 제시한 자문은 높이 평가되어 널리 회람되었다.

이 기간에도 가장 중요한 요인은 역시 황제의 태도였다. 율리아누스는 이교를 부활시킬 때 양 진영에게 모두 관용을 베풀었다. 그는 정부의 규제를 철폐하면 한쪽 진영이 쉽게 다른 진영에 흡수될 것이라고 기대했던 것이다. 하지만 율리아누스의 재위는 짧았다. 363년에 그를 계승하여 요비아누스(Jovian)가 재위했는데, 그는 아타나시우스와 니케아 진영에 호감을 갖고 있었지만 재위 기간이 너무 짧았기 때문에 교회 정책을 구체화할 틈이 없었다. 그는 몇 달 뒤에 죽었고, 그를 계승하여 종교 관용 정책을 표방한 발렌티니아누스 1세(Valentinian I)가 즉위했다.

그는 서방의 속주들을 직접 통치하고 동방은 형제 발렌스(Valens)에게 위임함으로써 제국을 다시 분할했다. 발렌스는 364-378년에 제국의 그리스 절반을 통치하는 동안 아내의 영향으로 콘스탄티노플 주교(378년까지 재위)이자 아리우스주의자인 유독시우스에게 호의를 베풀었고, 그 뒤에는 다소 온건하되 여전히 아리우스주의자였던 주교 데모필루스(Demophilus, 380년에 은퇴)에게 호의를 베풀었다. 유독시우스와 데모필루스와의 사귐을 거부한 사람들은 산발적으로 박해를 받았다.[2] 하지만 아리우스주의를 포용하는 정부의 포괄적인 교회 정책은 갈수록 종교계의 활동과 사상의 본류에서 멀어져갔다. 그 본류는 니케아 진영 쪽으로 흐르고 있었다.

60년대와 70년대에 동방에서는 세 가지 새로운 문제가 쟁점으로 부상했다. 두 가지는 삼위일체 교리에 관한 것이었고, 나머지 하나는 그리스도의 위격에 관한 것이었다.

첫째, 니케아 신조의 입장에 서서 성자와 성부의 동일 본질을 주장하되, 성령께서 신격(Godhead) 안에 들지 않고 창조된 천사의 위계 중에서 맨 윗자리에 계신다고 주장하는 신학자들이 있었다. 357-8년에 아타나시우스는 「세라피온에게 보내는 서신」(*Letters to Seraphion*)에서 이 견해가 성립될 수 없는 불완전한 것이라고 주장했다. 하지만 콘스탄티노플의 마케도니우스(Macedonius)는 성령의 신성을 부정하는 집단을 이끌었다. 이들은 두세 가지 성경 본문을 근거로 내세우고, 325년의 니케아 신조에 "우리는 성령을 믿는다"고만 진술되어 있고 그 이상의 자세한 설명이 없는 점을 근거로 그러한 주장을 했다. 정통 신학자들은 그들에게 '성령과 싸우는 자들', 즉 프뉴마토마키(pneumatomachi) 혹은 마케도니우스파(Macedonians)라는 별명을 붙였다.

둘째, 신학적 혼란이 있었다. 그리스어에서 성자와 성부의 구별성(앙키라의 마르켈루스가 주장한 '사벨리우스주의'와 반대되게)을 표시할 만한 단어는 휘포스타시스밖에 없었는데, 이 단어는 그 자신의 권리로 존재하는 어떤 대상을 가리켰다. 오리겐에게서 유래한 반(反) 사벨리우스주의적 전승은 세 휘포스타시스를 성부와 성자와 성령이 한 분 하나님의 서로 다른 속성들을 묘사하는 수식어에 지나지 않는다는 개념을 막아주는 형식적인 안전 장치라고 말했다. 하지만 '세 휘포스타시스들'이라는 복수형을 앙키라의 마르켈루스와 안디옥의 유스타케(Eustace)는 싫어했고, 아타나시우스 자신도 60년대 전에는 그 표현을 한사코 피했다. 하지만 앙키라의 바

---

2) 그들의 박해는 370년의 가혹한 박해로 악명을 남겼다. 그 해에 데모필루스는 성직 임명에 항의하러 온 성지자들의 대표를 불태워 죽였던 것이다.

실리우스 진영에서는 '세 휘포스타시스들'이라는 문구가 하나의 본질(우시아)에 관한 주장과 결합되어야 하며, 휘포스타시스와 우시아라는 단어들을 각각 특정적인 것과 일반적인 혹은 보편적인 것으로 구분해야 한다는 주장이 제기되었다.

이 용어상의 문제는 현실과 동떨어진 학문적인 문제가 결코 아니었다. 시리아의 오른테스 강 유역의 안디옥에서는 그것이 힘겨운 분쟁의 주제가 되었다. 362년 여름이 될 때까지 안디옥에는 적어도 세 명 이상의 대립 주교들이 등장했다. 첫째로, 장로 파울리누스(Paulinus)가 이끄는 소수의 니케아 신자들의 무리가 있었다. 이들은 추방당한 자기들의 주교 유스타케에 대한 기억을 소중히 간직하고서, 그의 친구 앙키라의 마르켈루스의 저서들을 귀중히 대했다. 362년 초에 파울리누스는 열정적인 반(反) 아리우스주의자인 사르디니아 칼라리스의 루키페루스(Luciferus)에게서 주교로서의 명령을 받았다(루키페루스는 콘스탄티우스에게 이집트로 추방당했다가〈355〉 율리아누스에 의해 복권된 바 있다).

둘째로, 멜레티우스(Meletius)라는 의외의 강력한 존재가 있었다. 그는 360년에 유독시우스가 더 큰 교구인 콘스탄티노플로 영전함에 따라 안디옥 주교로 임명되었으나, 유독시우스와 그의 동료들은 그가 지나치게 아리우스주의를 적대시하고 앙키라의 바실리우스에게 우호적이라는 사실을 발견했다. 그들은 즉각 멜레티우스를 폐위하고 그 대신 신뢰할 만한 아리우스주의자 유조이우스(Euzoius)를 주교로 세웠다. 그러므로 362-3년에 안디옥에서 뜨겁게 달아올랐던 쟁점은 두 개의 반(反) 아리우스파 회중이 결합할 수 있느냐 하는 것이었다. 두 회중 모두 니케아 신조를 받아들였다. 하지만 멜레티우스와 파울리누스가 다 주교라는 사실이 결합을 어렵게 만들었다. 한 도시에 두 명의 주교가 있을 수 없다는 것은 공리와 같았기 때문이다. 두 사람 다 서로를 불신할 만한 전력을 갖고 있었다. 그 불신은 파울리누스가 성부와 성자와 성령이 하나의 휘포스타시스라고 주장한 데 반해, 멜레티우스가 세 휘포스타시스를 주장함으로써 첨예하게 되었다.

362년 여름에 아타나시우스는 혼란을 수습하기 위해 정치가답게 알렉산드리아에서 소규모 공의회를 열었다. 그는 정통 신앙이 신조 문구의 문제가 아니라 의향의 문제라는 것을 인정했다. 멜레티우스파가 정통 신앙에서 벗어나려는 의향을 가지고 세 휘포스타시스를 말하지 않았다는 것과, 그들이 유독시우스의 아리우스주의를 강력히 반대한다는 것을 알았다. 그럼에도 불구하고 그는 파울리누스를 안디옥의 진정한 주교로 인정했고, 로마는 그의 입장을 따랐다. 파울리누스는 앙키라의 마르켈루스와 유사한 사벨리우스주의를 견지하고 있다고 널리 의심 받았기 때문에(그렇게 의심 받을 만한 이유가 있었다), 앞날은 멜레티우스 편에 있었다. 과거는 아타나시우스(그리고 로마)가 파울리누스를 인정한 것을 자연스럽고도 지각 있는 조치로 만들었지만, 그 결과는 불행했고, 멜레티우스는 죽은 뒤에야 비로소 로마 주교와 교제를 허용받았다.

60년대에 세번째로 떠오른 새로운 문제는 보다 까다로웠다. 그것은 아타나시우스의 오래된 친구이자 지지자인 시리아 라오디게아의 아폴리나리스(Apollinaris)가 일으킨 문제였다. 그는 아리우스주의에 극단적으로 반대한 나머지 그리스도의 인성이 아주 중요한 점에서 다른 사람들의 인성과 다르다고 주장했다. 신적 말씀 곧 로고스가 인간의 자연적 정신을 대체했다는 것이었다. 그렇게 생각해야만 그리스도가 인격을 중복해서 소유했다고 생각하는 것을 피할 수 있다고 했다. 아폴리나리스는 고도의 성례전적 신학과 예리한 정신과 날카로운 펜을 가지고 있었다. 하지만 그는 자신이 그리스도의 인성의 온전성과 진정성을 부인하고 있다는 사실을 가릴 수 없었다. 그의 주장이란 인성을 희생시켜야만 하나님과 사람이 결합하여 한 인격, 곧 신적인 말씀이 능동적인 주체가 되시는 단일 본성(physis)을 형성할 수 있다는 것이었다. 그의 견해는 격랑을 일으켰고, 그 격랑은 아타나시우스가 죽은 뒤(373)에 거세게 몰아쳤다.

아타나시우스의 외투는 '카파도키아의 교부들', 즉 가이사랴의 바실리우스, 그의 친구 그레고리우스(그의 부친이 나지안주스의 주교를 지냈다), 그리고 바실리우스의 동생으로서 니사의 주교가 된 그레고리우스에게 넘어갔다. 이들은 사회적 교육적 배경에 힘입어 자연스럽게 지도자들이 되었

고, 당시에 세력을 얻어가던 수도원 운동에 격려와 조직을 부과하는 데 앞
장섰다. 바실리우스는 370년에 카파도키아의 메트로폴리스 가이사랴(카이
세리)의 주교로 선출되었을 때 소아시아의 주교구에 견고한 니케아 진영
을 구축하기 시작했다. 인근 교구가 공석이 되면 그는 어김없이 정통 신앙
을 지닌 후보자가 주교로 선출되도록 최선을 다하였다.[3]

그의 서신들은 오랜 논쟁의 후유증으로 주교가 바실리우스 자신의 모든
동료들에게 이단의 혐의를 두는 듯한 지역에 확신을 심어주는 일이 얼마
나 어려웠는가를 생생하게 묘사한다. 그는 처음에는 교리적인 것을 글로
옮기는 것이 불가능하다고 생각했다. 기록 자료들이 특히 발렌스 정부 치
하에서 대적들에게 이용당할 것을 우려했기 때문이었다. 반면에 바실리우
스가 니케아 신학에 대한 지지를 유보했다는 것은 그가 어떤 대가를 치르
든 진리를 우렁차고 또렷하게 전파했어야 옳았다고 믿는 사람들에게 스스
로 불신을 당했다는 것을 뜻한다.

372년 주현절(Epiphany)에 발렌스는 신하들을 거느리고서 가이사랴의
교회 예배에 참석했다. 그때 그곳의 열정적인 신자들은 자기들의 주교가
아리우스주의를 퍼뜨리던 황제에게 성찬을 거부하는 극적인 장면을 기대
했으나, 바실리우스는 그들의 기대를 무산시켰다. 375년경에 바실리우스
는 보다 과감한 발언을 해도 괜찮을 만한 안전한 지위를 다져놓고 있었다.
그의 책 「성령에 관하여」(*On the Holy Spirit*)는 아타나시우스의 「세라피
온에게 보내는 편지」가 중단한 지점에서 시작하여, 삼위일체 교리에 관한
논쟁에서 큰 걸음을 내디뎠다. 바실리우스가 내세운 주장의 핵심은 세례의

---

3) 372년에 제국 정부가 카파도키아를 두 개의 속주로 분할한 탓에 바실리우스는
작은 지역의 수도대주교로 전락했다. 그는 잃은 영토에 대한 관할권을 되찾으려고
시도했으나 뜻을 이루지 못했고, 이런 노력의 일환으로 자기 친구 나지안주스의 그
레고리우스를 잃은 지역의 도로변에 위치한 사시마라는 작은 읍의 주교로 축성하는
지혜롭지 못한 조치를 취했다. 그레고리우스는 마지못해서 주교 축성을 수락했으나,
사시마를 한 번도 방문하지 않았다. 바실리우스가 자기 동생을 니사의 주교로 축성
한 것도 카파도키아의 교구들을 신뢰할 만한 사람들로 채우려는 계획의 일환이었다.

전례적 성례적 전승과 송영에 호소하는 것으로서, 이로써 그는 대적들의 공격의 칼날을 성경의 서신서와 325년에 작성된 니케아 신조 너머로 돌려놓을 수 있었다.

바실리우스와 두 명의 그레고리우스는 삼위일체에 관한 용어에서 의기투합했다. 그들은 '한 본질 안에 세 휘포스타시스'를 주장했다. 그러므로 그들은 안디옥 공의회가 분열되는 힘겨운 상황에서 자연스럽게 멜레티우스의 주장을 지지했다. 바실리우스는 알렉산드리아와 로마를 향해 거듭해서 파울리누스가 아닌 멜레티우스를 승인해야 한다고 강변했다. 하지만 그는 죽을 때(379년 1월 1일) 좌절밖에 받은 것이 없었다. 그의 서신에 대해 로마에서 보내온 답변에는 몰이해와 거만이 실려 있었다.

378년 8월에 황제 발렌스가 아드리아노플에서 고트족과 전투를 벌이다가 전사했고, 테오도시우스(Theodosius)가 서방에서 부임해 옴으로써 그리스 교회들의 상황은 곧 바뀌었다. 테오도시우스는 동방에 오기 전에 세세한 자문을 받았다. 부임하기 전에 그리스 세계에 미리 경고하기를, 교회적 승인의 조건은 니케아 신조를 받아들이고 교황 다마수스(Damasus)와 알렉산드리아의 주교 페트루스(Peter. 아타나시우스의 계승자)와 사귐을 갖는 것이라고 했다. 이 경고에는 다른 여러 가지 사항들 가운데 안디옥의 파울리누스를 자동적으로 승인한다는 것이 포함되어 있었다. 하지만 콘스탄티노플에 도착한 직후(380년 11월)에 테오도시우스는 보다 우수한 자문을 받고나서 태도를 곧 바꾸었다. 그리스 주교들을 규합하여 연합 전선을 형성할 수 있는 역량이 있는 유일한 사람이 안디옥의 멜레티우스라는 사실과 파울리누스를 조용히 버려야 한다는 사실을 발견한 것이다.

381년 5월에 테오도시우스는 콘스탄티노플에서 대규모 '에큐메니컬' 공의회를 소집했는데, 그가 멜레티우스를 공의회 의장으로 삼은 것은 그의 문제 이해에 큰 변화가 생겼다는 징후였다. 로마에서는 한 사람의 대표도 참석하지 않았다. 알렉산드리아의 새 주교 디모테오(Timothy)는 마지못해서 늦게 도착했다. 공의회는 콘스탄티노플 주교 계승 문제를 결정해야 했다. 테오도시우스기 변화의 바람을 몰고 오기 전에 전임 주교 데모필루스(Demophilus)가 사임했기 때문이다. 처음에 공의회는 나지안주스의 그레고리우스에게 콘스탄티노플 주교로 임명하겠다고 약속했고, 이것은 적절한 약속인 듯했다. 그는 유능한 설교가이자 니케아 진영을 앞장서서 변호한 지식인이었기 때문이다. 하지만 공의회가 진행되는 동안 멜레티우스가 죽었고, 그런 상황에서 그레고리우스가 파울리누스를 안디옥의 후임 주교로 승인하는 것이 서방과의 유대 강화를 위해 유익할 것이라고 제안했을 때, 그레고리우스로서는 감당할 수 없는 큰 폭풍이 불어닥쳤다. "그레고리우스가 사시마에서 콘스탄티노플로 전임한 것이 정당한 일이었는가? 니케아 신조는 전임을 금하지 않았던가?"라는 교묘한 비판이 제기되었다.

그레고리스우스는 크게 실망한 채 카파도키아로 은퇴한 뒤 그곳에서 단장격(短長格)의 운문체로 자기 연민적인 자서전을 썼다. 이쯤 되자 공의회는 안디옥과 콘스탄티노플의 주교들을 다 선출해야 하게 되었다. 공의회는 안디옥 주교로 멜레티우스의 성직자 플라비아누스(Flavian)를 선출했고, 콘스탄티노플 주교로 저명한 정부 관리인 넥타리우스(Nectarius)를 선출했다. 넥타리우스는 과거의 논쟁에서 어느 진영에도 연루되지 않았기 때문에, 아직까지 세례를 받지 못했고, 따라서 세례를 받은 직후에 주교로 축성되었다. 상류층 평신도가 부제직과 장로직을 거치지 않은 채 곧장 주교로 승진한 것은 전례가 없지 않은 일이었지만, 그런 급작스런 승진은 성직자들에게 좋은 반응을 얻지 못했고, 교회회의들에서 번번이 개탄의 대상이 되었다.

공의회는 니케아 신조의 열쇠어인 '동일 본질'(호모우시오스)를 재강조했다는 점에서 니케아 신앙을 재확인했다. 하지만 공의회가 실제로 공포한 신조 문안은 니케아 신조와 다른 단어들로 되어 있었고, 성령에 관한 조항은 세심하게 선별한 단어들이 사용되었다. 이 조항은 가이사랴의 바실리우스의 주장, 즉 예배 때 성령께서 성부와 성자와 함께 경배와 영광을 받으신다는 것과, 성자와 성령의 차이는 성자가 "성부께서 낳으신(begotten)" 분인 반면에, 성령이 "성부로부터 나오신(proceed, 발출하신)" 점에 있다는 것을 반영했다. 공의회는 비록 아폴리나리스주의와 마케도니우스주의

를 단죄했지만, 신조 문안에는 아폴리나리스주의자들과 마케도니우스주의
자들을 받아들일 수 없다는 조항을 포함시키지 않았다.

마지막으로, 공의회는 매우 중요한 교회법 조항에 합의했다. 그것은 "콘
스탄티노플이 새 로마이기 때문에 콘스탄티노플 주교는 로마 주교 다음의
서열을 갖는다"는 조항이었다. 이 조항은 알렉산드리아와 로마로부터 동시
에 원성을 샀다. 알렉산드리아는 오랫동안 제국의 제2의 도시로 자부해왔
기 때문이었고, 로마는 비록 그 조항이 로마가 기독교 세계의 수석 교구임
을 승인하면서도 로마의 수장권이 로마 시의 세속적 지위에 의존한다고
암시했기 때문이었다.

서방은 이 조항과, 넥타리우스가 주교로 임명된 점과, 공의회가 안디옥
의 파울리누스를 승인하지 않은 점에 대해서 오랜 세월을 두고서 투쟁했
다. 하지만 공의회의 교리적 결정은 제국의 교회를 장악하려던 아리우스파
의 시도에 마침표를 찍었다. 아리우스주의는 그 진영의 선교사들에 의해
개종한 고트족 가운데 살아남았다. 아리우스파의 대표적인 선교사는 울필
라스(Ulfilas, 311경-83)로서, 그는 성경을 고트어로 번역했고, 그 자신이
341년에 니코메디아의 유세비우스에게 선교사 주교로 축성을 받은 고트
족이었다.[4]

---

4) 인종상 울필라는 부분적으로 그리스 혈통을 이어받았다. 그의 외가쪽 4대조가
3세기에 고트족이 카파도키아를 침략했을 때 포로로 붙잡혀 그곳에 정착했다. 포로
늘은 기독교가 북방의 야만족들에게 뚫고 들어간 한 가지 빙편이었다.

제10 장

4세기에 이교와 기독교 사이에 벌어진 투쟁

콘스탄티누스가 기독교로 개종한 뒤에도 이교(paganism)는 소멸하지 않고, 오히려 족히 4세기 후반까지 제국 인구의 다수를 점한 종교로 남아 있었던 것 같다.[1] 그리스도인들로서는 고대 신화들이 덕이 되지 못하고, 이교 제의가 미신과 마술에 젖어 있다고 주장하기가 어렵지 않았다. 교육을 받고 생각이 트인 많은 이교도들도 그렇게 생각했다. 하지만 교회가 사회 관습이라는 타성을 극복하기란 쉽지 않았다. 해묵은 다신교가 사회에 깊숙이 뿌리박고 있었고, 그것을 척결한다는 것은 혁명과 같은 위험한 소리로, 그리고 관습과 윤리의 끈을 느슨하게 풀어놓는 행위로 들릴 수 있었다.

---

1) 비그리스도인을 가리키는 '이교도'(paganus)라는 용어는 4세기초에 제작된 두 개의 라틴어 비명(碑銘)에서 최초로 발견된다. 이 단어는 구어체로 남았고, 성경이나 전례(典禮)에 뚫고 들어오지 못했다. 이 단어를 세속적으로 사용할 때는 (1) '촌스러운'이라는 뜻과, (2) 군대와 반대되는 '민간'이라는 뜻을 지녔다. 417년에 집필 활동을 한 오로시우스(Orosius)는 이 단어가 기독교에 의해 쓰이게 된 계기에 대해서, 도시들이 기독교화한 뒤에도 농촌은 여전히 이교 지역으로 남았다는 사실로써 설명했다. 하지만 이 설명은 300년 초반의 상황에는 맞지 않는다. 따라서 정확한 설명은 '이교도들'(pagans)이 세례에 의해 그리스도의 군인들이 되지 않은 사람들, 따라서 악의 세력과 투쟁하는 신앙의 전사들이 되지 않은 사람들을 가리켰으리라는 것이다. 동방에서는 비그리스도인을 가리킬 때 '헬레네'라는 단어를 사용했다.

이러한 보수적인 태도는 중간 정도의 적당한 교육을 받은 사람들 사이에서만 발견된 게 아니다. 고등 교육을 받고 지위가 높은 사람들은 옛 종교를 지지했고, 우주적 혹은 심리학적 용어로 재해석한 신화에 도움을 받았고, 전통적인 제의들이 보이지 않은 세력들과 우호적인 관계를 유지하는 방식으로 간주하고서 그 제의들에 참여했다. 로마의 공식 종교가 일으키는 종교 감정은 애국심과 어떻게든 관계가 있었고, 따라서 순수한 종교 감정을 원하는 사람들은 이시스교, 미트라교, 아티스교, 퀴벨레교, 그리고 시리아 여신 숭배로 눈을 돌리기 십상이었는데, 이 종교들은 모두 유프라테스 강에서부터 브리타니아의 하드리아누스 장벽에 이르는 제국 전역에 널리 보급되어 있었다(하드리아누스 장벽 이북으로는 해로운 것들만 존재한다고들 믿었다). 다양한 사교들 사이에는 분명한 구분선이 없었는데, 예를 들어 이시스교 숭배자가 아티스교나 미트라교 같은 비교(秘敎)에 가입해도 이시스 여신에 대한 충성을 저버리는 것이 아니었다. 그리고 모두가 애국적 행위로서 제국의 공식 종교에도 참여했다.

순교자 저스틴과 알렉산드리아의 클레멘트 때부터 기독교의 정책은 양질의 그리스 철학과 평화를 유지하는 로마 정부의 능동적인 가치를 수용하고 지지하되, 이교와 신화는 적극 반대하는 것이었다. 콘스탄티누스는 비록 초기에는 태양 유일신교와 기독교를 제대로 구분하지 못했지만, 그의 종교 자문을 맡은 주교들이 기독교가 태양을 신의 거처로 간주하지 않는다고 즉시 말해주었음에 틀림없다. 콘스탄티누스의 재위 말년에 다가가면서, 그리스 동방(기독교의 교세가 대단히 강했던)에서 몇 채의 이교 사원들이 파괴될 정도로 이교가 위축되긴 했으나, 로마의 공식적인 전래 의식들을 폐지하는 조치는 취해지지 않았다. 콘스탄티누스는 폰티펙스 막시무스(pontifex maximus, 고대 로마의 종교 수장)라는 직함을 유지했고, "미신적인 의식들을 피한다는 것을 전제로" 황제의 영예를 위해 신전들을 봉헌하는 관습을 지속하는 데 반대하지 않았다. 콘스탄티누스의 아들들 대에 가서는 이교를 제재하는 한층 결정적인 조치가 취해졌다. 제사가 금지되었고, 중요하지 않은 여러 신전들이 철거되었다. 대체로 직접적인 해를 입은 대상은 동양의 신비 종교들이었다.

345년경에 기독교로 회심한 원로원 의원 피르미쿠스 마테르누스 (Firmicus Maternus, 회심 전에 점성술에 관한 탁월한 라틴어 백과사전을 쓴 인물)는 열정적인 문체로 소책자를 써서, 특히 동양의 신비 종교들을 공격 하되, 공격의 칼날을 로마의 베스타교와 로마인들이 집 안에 모셔놓은 가 족 신들의 사당들에까지 확대했다. 그는 로마 황제들에게 이교의 뿌리와 가지를 잘라내라고 다급하게 요청하면서 글을 매듭지었다. 아마 이 소책자 는 황제들이 의도한 정책을 정당화하기 위해 집필되었을 것이다.

콘스탄티우스는 357년에 로마를 방문했을 때, 적어도 자신이 체류하는 동안에는 원로원 의사당에서 승리의 제단(the Altar of Victory)을 치우 라고 지시했다. 351년에 제위 탈취자 마그넨티우스(Magnentius)가 콘스 탄티우스를 견제하기 위해 당시 반체제 인사들인 아타나시우스 같은 니케 아파 주교들에게 호소했을 뿐 아니라 로마의 이교도 귀족들에게 호소했기 때문에, 콘스탄티우스는 그 제단이 미신적일 뿐 아니라 반역적이기도 한 제사 행위로 더럽혀졌다고 간주했을 것이다. 콘스탄티우스는 361년에 죽 었는데, 그가 죽기 전에 로마 원로원과 정부 고위직에 그리스도인들이 진 출해 있었던 것이 틀림없다.

359년에 로마의 장관(prefect) 유니우스 바수스(Junius Bassus)는 임 종하면서 세례를 받은 뒤 복음서의 정경들로 정교하게 장식된 석관에 묻 혔다. 로마에서는 354년에 전문 서예가 디오니시우스 필로칼루스 (Dionysius Philocalus)가 황제들과 집정관들(consuls)과 도시 장관들 (city prefects)과 로마 주교들의 명단, 312-410년의 부활절표, 점성술에 관한 몇 가지 민담, 그리고 두 가지 중요한 달력, 즉 로마 교회의 교회력과 기독교의 절기를 부기하지 않은 채 고대 로마 축일들이 기록된 연감의 발 행 작업을 도왔다. 이 연감에 수록된 내용은 옛 것과 새 것을 소리없이 병 기해 놓은 점에서 4세기 후반에 로마 상류 사회에서 발생한 이교에서 기 독교로의 점진적인 이행 추세를 상징적으로 반영한다.

기독교가 이교의 상류 사회에 점진적으로 파고 들어가던 추세는 율리아누스의 이교 부흥 사업(361-3)에 강한 견제를 받았다. 율리아누스는 인문학에 관용을 보인 기독교 가정 교사들에게 교육을 받으면서 호메로스와 그리스 고전에 관한 탁월한 지식을 쌓았다. 사춘기 때에는 카파도키아의 전원에 있는 궁전에서 살면서 신학 수업과 세례를 받았고, 심지어 교회에서 '독서자'(reader)가 되기까지 했다. 하지만 열여덟 살 때 콘스탄티우스가 황태자에게 부여해도 안전하다고 생각한 것보다 더 큰 자유를 누리고 싶은 마음을 품기 시작했다. 아울러 이교에 관해서 보다 깊이 알되, 옛날 책에서 알기보다 당대의 이교 변증가들과 직접 대화를 나누면서 알고 싶었다. 350-51년에 에베소에서 지낼 때, 막시무스(Maximus)라는 신플라톤 철학자에게 최면에 걸린 듯이 강한 영향을 받았다. 그 철학자는 마술 재능이 탁월하여서 향을 피우고 주문을 외우는 방식으로 헤카테(고대 그리스 여신)의 신상으로 미소짓게 하고 그 여신이 든 조각 횃불이 타오르게 할 정도였다. 그에게 완전히 매료된 율리아누스는 351년에 은밀히 기독교를 버렸고, 마음으로 콘스탄티우스와 멀어지다가 콘스탄티우스가 자신의 형 갈루스(Gallus)를 반역 음모에 가담했다는 이유로 처형한 뒤로는 (354년) 증오를 품기 시작했다. 율리아누스는 355년에 '카이사르'로 지명을 받고서 게르만족의 침공을 저지하기 위해서 라인강 국경 지대로 파견받았다. 그곳에서 360년 2월에 군대에 의해 황제로 옹립된 그는 평소 콘스탄티우스에게 갖고 있던 반감에 떠밀려 동진을 감행했고, 이로써 발생한 내전은 콘스탄티우스가 열병에 걸려 죽음으로써 겨우 잦아들었다(361년 11월 3일).

율리아누스가 황제로 즉위하자마자 그 여파가 교회에 밀어닥쳤다. 그는 얼마 전인 360년 주현절에 갈리아에 있는 교회 예배에 참석했었다. 그것은 아마 자신이 콘스탄티우스와 일전을 벌일 때 기독교의 지원을 받고, 360년에 자식 없이 죽은 자신의 그리스도인 아내 헬레나의 영혼을 달래기 위해서였을 것이다. 361년에 율리아누스는 자신이 옛 종교를 지지해왔으며 기독교를 버렸다는 사실을 공포했다. 제국 전역에서 이교도들의 희망이 되살아났다. 콘스탄티우스가 죽었다는 소식이 알렉산드리아에 전해졌을 때, 아리우스파 주교 게오르기우스는[2] 361년 12월 24일에 능지처참을 당했다(그리스도인들 가운데 소수의 추종자만 거느리고 있던 그는 그 도시의 수호신에게 바쳐진 신전에 대해 유감의 뜻을 표함으로써 이교도들에게 반감을 일으켰었다).

율리아누스는 그 폭행 사건을 온건하게 처리했다. 알렉산드리아인들에게 문제를 자기들의 손으로 해결한 것을 점잖게 나무랐고, 게오르기우스의 유명한 도서관에서 희귀한 보물을 획득했다는 소식에 큰 관심을 보였다. 초기에 율리아누스의 공식 정책은 신전들의 문을 다시 열고 보수하고, 모든 사람들에게 신앙의 자유를 선포하고, 기독교를 반대하되 무력이나 심지어 논쟁으로도 아닌, 조롱으로 반대하는 것이었다. 그는 '갈릴리인들'을 순교자로 만들지 않겠다고 작정했다.

하지만 율리아누스조차 시리아와 소아시아에서 열정적인 그리스도인들이 자신이 새로 건립한 이교 신전들과 신상들을 모욕하고 파괴하자 그들을 탄압하지 않을 수 없었다. 그리스 동방의 도시들에서 이교 부흥에 대한 기독교 인구의 반발로서 이런 유의 사건이 잇따랐다. 시리아 오론테스 강 유역의 안디옥 곁에 있는 다프네에서는 어느 이교도가 대신전에 있는 아폴로 신상 앞에서 참배를 한 뒤 무심코 촛불을 켜놓은 채 자리를 떠나는 바람에 화재가 발생하여 신전이 전소되는 사건이 발생했다. 율리아누스는 그리스도인들이 그 화재를 일으켰다고 주장하면서, 그에 대한 보응으로 안디옥의 대성당을 봉쇄하라고 지시했다. 동방에서 율리아누스와 그리스도인들 사이에서 충돌이 발생함으로써 교회력에 순교자들의 이름이 좀더 덧붙게 되었다.

363년에 율리아누스는 유대인들의 선의를 얻기로 작정했다. 그는 알렉산더 대왕의 동양 정복을 본따서 이미 페르시아 원정을 계획해 놓고 있었다. 알렉산더의 영혼이 자신 안에 되살아났다고 믿었다. 원정길에 분포해

---

2) 아리우스파가 남긴 그의 순교록은 훗날 영국의 수호성인인 된 군인 성인, 리다(룻다)의 게오르기우스(조지)의 전기와 뒤섞이게 되었다.

있는 유대인들의 수가 적지 않을 것이었다. 더욱이 율리아누스는 유대교에 대해 갖고 있던 생각은 경멸밖에는 없었지만, 예루살렘에 재건된 성전에서 다시 제사를 드리도록 제안하면 그리스도인들이 극도로 자극을 받게 되리라는 것을 잘 알았다. 성전 재건 계획은 팔레스타인에 유대인 수장이 통치하는 지역을 설립하자는 반(半) 시온주의적인 정치적 제의와 병행되었다. 하지만 성전 재건 사업은 한 차례 소란을 피운 뒤에 포기되었다. 율리아누스의 계획은 흩어진 유대인들이 수장 정부에 재정 지원을 하지 못하도록 금하는 내용을 포함하고 있었기 때문에, 팔레스타인에 거주하는 유대인들은 아마 그 계획에 시큰둥했을 것이다. 하지만 배교자 황제와 유대교의 밀월 관계는 유대인들에게 불행한 결과를 초래했다. 초창기의 박해를 너무나 선명히 연상시키는 방식으로 반(反) 기독교 정부에 협조한 존재들로 그리스도인들의 뇌리에 기억되었기 때문이다.

이교를 부흥시키기 위해서, 율리아누스는 정부와 군대에 고위직을 임명할 때 그리스도인들을 차별했다. 배교가 승진을 위한 권장 사항이 되었으며, 교회에 이름만 달아놓고 살던 많은 사람들이 그 기회를 놓치지 않았다. 그리스도인들이 신화를 믿지 않은 채 이교 고전을 가르치는 현실을 참을 수 없었던 율리아누스는 그리스도인들을 교직에서 추방하는 정식 칙령을 공포했는데, 이것은 역사가 암미아누스(Ammianus) 같은 이교도들에게도 우매한 짓으로 평가받았고, 율리아누스 못지 않게 고전 문학 전승을 충분히 이해하고 사랑하던 나지안주스의 그레고리우스 같은 식자층 그리스도인들에게 원성을 샀다. 아마 당시 현실을 역설적으로 꼬집으려는 의도로, 라오디게아의 아폴리나리스(Apollinaris)는 모세오경을 6보격 운문체로, 복음서들과 서신서들을 플라톤의 대화 형식으로 펴냈다.

율리아누스는 그리스 동방을 순회하면서 뜨거운 열정으로 체면을 차리지 않은 채 기독교 시의원들을 상대로 다신교의 복음을 설파했다. 그의 이런 행동에 어떻게 대응해야 할지 모를 정도로 많은 조소가 퍼부어졌다. 그는 카파도키아를 순방하고나서 그 속주가 지나치게 기독교 일색이어서 이교 제사를 드리고 싶어하는 소수가 있을지라노 너 이상 예법을 모르더라고 불평했다. 그가 메소포타미아의 어떤 작은 도시를 방문했을 때, 이교도들로 구성된 시의회가 지나치게 그의 비위를 맞추려 하다가 향을 너무 많이 피우는 바람에 안개가 낀 것처럼 사방이 연기로 자욱했고, 그것을 본 그는 의식이 너무 유치하고 과장되다고 느꼈다.

폰티펙스 막시무스로 진지하게 자임한 율리아누스는 이교를 재조직하는 사업에 착수했다. 이교를 기독교라는 혐오스러운 대적의 본을 따서 조직해야만 그 적의 공격에 대응할 수 있다고 생각했다. 그의 친구 살루스티우스(Sallustius)는 이교의 교리를 담은 짧은 교리문답(현존함)을 작성했다. 율리아누스가 임명한 대사제들이 기독교의 수도대주교들의 기능을 수행하게 했다. 설교를 하고 빈민 구제 단체를 조직할 사제들을 위해 연금 제도를 두기로 했다: "유대인이 구걸하는 모습을 본 적이 없고, 저 사악한 갈릴리인들도 자기들의 빈민뿐 아니라 우리의 빈민까지도 구제한다."

이교 사제들의 지위와 도덕적 표준도 현저하게 높여야 했다. 기독교 성직자들처럼 그들에게도 외설적인 공연과 술집과 불명예스러운 일에서 멀리하도록 요구했다. 신전 안에서 사제들이 권위를 행사할 수 있게 했다. 기독교 관습을 좇아, 고위 관리들이 신전에 들어갈 때 군인들을 수행하지 못하도록 했고, 고위 관리들이 신전에 들어갈 때는 평 시민의 자격으로 들어가는 것임을 일깨워 주도록 했다. 율리아누스 자신은 매일 제사 드리는 것을 관습으로 삼았다. 중요한 결정을 앞두고는 복점관들과 점술가들에게 자문을 구했으며, 그가 페르시아 원정길에 나섰을 때 그런 부류의 무수한 사람들이 그를 수행했다.

율리아누스는 자신이 이교 재건에 바친 열정을 그리스도인이 아닌 많은 사람들이 경원과 몰이해로 대한 것이 못내 슬펐다. 그가 제사에 쓰려고 잡은 가축의 수는 일부 지역의 육류 시장의 경기에 영향을 줄 정도로 규모가 컸다. 자신의 이교 부흥 정책에 대한 지지여론이 좀처럼 일어나지 않는데 대해 극도로 예민해진 황제는 그 원인을 그리스도인들의 '전염성 강한 무지몽매'로 돌렸다. 그럴지라도 율리아누스가 점술을 지나치게 신뢰하는 것을 못마땅하게 여기던 이교도들조차, 기독교에 의해 위협받고 있던 과거

유산을 보존하려는 시도를 진지하게 지원하였다. 율리아누스의 친구 리바니우스(Libanius)는 종교적 감정과 감수성보다는 미학적 성향을 갖고 있었는데도 불구하고, 아름다운 신전들과 신상들을 파괴하는 야만적인 행위에 경악을 금치 못했다.

율리아누스는 자신의 종교적 대의에 철저히 헌신했다. 그리스도인들에게든 이교도들에게든 다신교 전승을 몸소 구현했으며, 그 전승의 성패 여부는 그의 노력에 좌우되었다. 황제가 점술가들을 수행하고 나선 페르시아 원정은 옛 신들이 과연 군사적 승리를 안겨준다는 것을 입증할 수 있는 절호의 기회가 될 것이었다. 그러나 율리아누스는 부대간의 교신 체계나 포위의 위험을 감안하지 않은 채 원정을 감행하는 우를 범했다. 363년 6월 23일에 필사적인 격전을 치르는 동안 율리아누스는 허리에 치명적인 창상을 입었다. 그 경위를 확실히 아는 사람은 아무도 없었고, 처음부터 서로 다른 설들이 유포되었다. 가장 널리 퍼진 설은 율리아누스 군대 내에서 미숙한 혹은 평소 그를 혐오한 병사가 그를 찔렀거나, 용병으로 기용한 사라센 병사가 그를 찔렀다는 것이다. 율리아누스의 시체가 니시비스에 운구되었을 때 이미 그곳에 나온 소문은 전세가 절망적으로 기운 것을 감지한 그가 자기 병사에게 부탁하여 창으로 찌르게 했다는 것이었다.

5년 뒤에 리바니우스는 그 책임을 그리스도인들에게 돌렸다. 물론 그리스도인들은 배교자의 죽음에 희색을 애써 감추려 하지 않았으며, 이러한 그들의 태도 때문에 그것이 그들의 계획적인 살해였다는 설이 자연스럽게 나돌게 되었다. 일부 열정적인 그리스도인들은 그런 설을 들었을 때 오히려 거침없이 그것을 적그리스도의 폭정에 항거한 정당한 행위였다고 변호했을 것이다. 하지만 당대에 유포된 설들 가운데 '아마' 어떤 그리스도인이 율리아누스를 살해했을 것이라고 주장한 것은 리바니우스뿐이었으며, 그조차도 그것을 개연성있는 가설 이상으로 제기하지 않았다.

이교 역사가 암미아누스 마르켈리누스(Ammianus Marcellinus)는 그것을 부주의에서 비롯된 비극적인 우발적 사건으로 간주했다. 율리아누스의 이교도 경호원에 따르면 그 사고는 그를 질투한 악령의 소행이라고 했다.

황제가 죽으면서 남긴 말에 관해서도 다양한 설들과 전설들이 있었다. 5
세기 초의 자료에는 율리아누스가 자기 상처에서 흐르는 피를 받아 태양
신을 향해 뿌리면서 "이제 만족하시오"라고 통렬히 외쳤다고 기록되어 있
다. 450년에 집필을 한 키루스의 테오도레투스(Theodoretus)는 널리 알
려지긴 했으나 신빙성이 없는 설을 최초로 글로 남겼는데, 그 내용은 율리
아누스가 공중에 피를 뿌리면서 "갈릴리인이여, 당신이 이겼소"라는 것이
었다. .

율리아누스의 이교 부흥이 실패로 끝나면서 고대 다신교 추종자들이 심
각한 타격을 입었으나, 그의 영향은 그가 죽은 뒤에도 사라지지 않았다. 그
의 서신들과 종교 강연집은 여전히 널리 유포되었다. 그가 죽은지 50년이
훨씬 지난 상황에서도 알렉산드리아의 키릴루스는 율리아누스의 "갈릴리
인들에 대한 비판"이라는 소책자에 장문의 반박서를 작성할 필요를 느꼈
다. 이교도들의 기억 속에 율리아누스는 이상적인 성자로 남았다. 웅변가
리바니우스는 율리아누스의 추모사(365년 말경)에서 율리아누스가 하늘
에서 신의 반열에 올랐으며, 그가 자신에게 기도를 하는 경건한 사람들에
게 이미 응답을 해주고 있다고 주장했다.

제 11 장

율리아누스로부터 테오도시우스까지의 교회와 국가와 사회

이교도든 그리스도인이든 종교를 필요로 하지 않는 사회를 생각하지 못했지만, 고대에는 종교적 확신을 강요할 수 없다는 공감대가 형성되어 있었고, 따라서 콘스탄티우스와 율리아누스 치하에서 일어났던 강렬한 반감은 그 흔적을 남겨놓았다. 364-75년에 서방을 통치한 황제이자 그리스도인이었던 발렌티니아누스 1세(Valentinian I)는 관용을 엄격히 시행하는 정책을 펼쳤다. 이제는 소수파로 전락한 밀라노의 아욱센티우스(Auxentius, 355-74) 같은 서방의 아리우스파 주교들은 이러한 정책에 힘입어 외부의 간섭에서 보호를 받았다.

발렌티니아누스는 흑마술(나쁜 동기로 시행하는 마술)을 두려워했고, 마니교를 탄압했지만, 로마나 엘레우시스 등지에서 거행되는 이교의 공식 행사를 방해하지 않았다. 그런 판국에 아프리카의 도나투스파에 대해서 가톨릭 교회에서 넘어온 개종자들에게 재세례를 시행하지 말라고 금한 칙령이 제대로 먹혀들 수가 없었다. 그 칙령을 반포한 의도는 엄격한 종교 중립 정책을 견지하려는 데 있었을 것이다.

그런 상황에서 어느 지역 교회의 분쟁에 국가가 공공 질서 유지를 위해 개입할 필요가 생겼다. 로마에서 교황 리베리우스가 355-8년에 추방된 동안에 형성된 두 파벌이 리베리우스의 사후(366)에 치열한 투쟁을 빌이게

되었던 것이다. 두 파벌은 각각 우르시누스(Ursinus)와 다마수스
(Damasus)를 주교로 선출했고, 파당심이 추한 패싸움으로 벌써 137명이
목숨을 잃는 사태가 벌어졌다. 다마수스는 로마 장관의 지원을 받아 교황
직을 차지했으나, 그의 교회가 대중으로부터 불신을 당하는 두려운 대가를
지불하지 않으면 안 되었다. 이렇게 도덕적 정통성이 취약한 판국에, 그를
지지하지 않은 신임 로마 장관이 그를 살인죄로 정식으로 고소를 함으로
써 더욱 궁지에 몰린 그는, 부유한 친구들이 황제를 찾아가 그를 위해 개
입하도록 주선한 뒤에야 가까스로 굴욕을 면할 수 있었다.

다마수스는 자신의 지위가 성 베드로의 계승자로서 지고의 영적 위엄을
갖고 있음을 강조함으로써 세속 권력과 도덕적 권위에서의 취약함을 벌충
했다. 무엇보다도 그는 서예가 디오니시우스 필로칼루스(Dionysius
Philocalus)를 고용하여 순교자들과 교황들의 성소들을 경구(警句)들로
장식하게 하고, 이탈리아 북동부의 걸출한 학자 제롬(Jerome)에게 라틴어
성경의 개정판을 제작하게 하는 등[이 개정판은 아주 점진적으로 옛 역본
을 대체하고 보편적으로 인정받는 역본〈불가타〉이 되었다], 로마 시의 교
회들을 미학적이고 전례적인 면에서 풍요롭게 만드는 주목할 만한 업적을
남겼다.

하지만 다마수스가 가이사랴의 바실리우스가 교회 일치를 위해 쏟아부
은 노력에 대해 냉소와 몰이해를 나타낸 것은 국내에서 자신의 지지기반
이 그만큼 약했기 때문이었을 것이다. 지지기반이 약했기 때문에 늘 수세
적인 입장을 취할 수밖에 없었고, 바실리우스에게 근시안이요 교만한 자로
비칠 수밖에 없었다.

로마 사회에는 이교도든 그리스도인이든 다마수스를 상류 사회에 진출
하려고 하는 세속적 야심가로 본 사람들이 있었다. 전하는 바로는 교황이
베푼 접대가 황궁의 수준을 능가했다고 한다. 여러 신들을 모시는 사제이
자 부유한 귀족인 프라이텍스타투스(Praetextatus)는 다마수스를 빗대어
"나를 로마 주교로 만들어 주면 나도 그리스도인이 되겠다"고 말하곤 했
다. 다마수스를 비판하던 그리스도인들은 그를 가리켜 '귀부인들의 가려운

귀를 긁어주는 자'라고 조소했다.

다마수스를 보다 동정의 시선으로 바라볼 수도 있다. 그는 4세기의 여느 주교 못지 않게 로마의 최상류 계층 가문들이 비천하고 로마답지 않은 일이라고 느끼지 않은 채 자연스럽게 기독교로 전향하도록 하는 데 이바지했다. 귀부인들은 일찌감치 개종했지만, 남자들은 오랫동안 이교도로 남는 경향이 있었다. 웅변가 리바누스를 비롯한 그리스 동방의 지식인들처럼, 그들은 미학적이고 골동품 애호가적인 입장에서 과거에 집착했다. 종교에 환멸을 느낀 이 세련된 사람들에게 율리아누스의 열정은 집요한 기독교 전도자만큼이나 당혹스러웠을 것이다. 이들에게는 신분과 재산의 끈이 종교적 차이에서 생기는 구분보다 더 강했다.

어느 이교도 귀족은 어린 손녀가 기독교 찬송을 부르는 것을 늘 즐겨 들었다. 이들의 종교는 슬픈 보수주의, 즉 잃어버린 시간의 추구(à la recherche du temps perdu)로 나타났다. 그것은 키케로(Cicero)의 「스키피오의 꿈」(*Scipio's Dream*)과 베르길리우스(Virgil)의 「아이네이스」(*Aeneid*. 지하세계 여행담)에 대한 사변적인 신플라톤주의적 해석으로 살지운 개인적인 신비주의에 힘입어 로마의 영화를 실현하는 것이었다.

그리스도인들은 같은 본문들을 기독교적 구도에 부합한 방식으로 해석하도록 교육을 받았고, 베르길리우스의 네번째 「에클로그」(*eclogue*. 목가)에서 메시야 예언을 발견하기도 했다. 360년경에 로마의 걸출한 귀부인 프로바(Proba. 그녀의 남편은 351년에 로마 장관을 지냈다)는 심지어 베르길리우스의 시 선집의 형태로 성경 역사를 운문체로 기록했으며, 그 과정에서 기독교에 매우 근접한 신학을 조성해 냈다.

고대 로마의 문민적이고 제국적 자부심을 기독교와 융합시킨 것이 다마수스의 업적이었다. 어떤 의미에서는 콘스탄티누스가 적어도 160-70년 이래로 사도 베드로와 사도 바울과 연관된 성소들에 그 두 사도를 기념하는 웅장한 바실리카들을 건축했을 때 이미 그 융합을 시작했다고 할 수 있다. 최근에 성 베드로 성당의 밑을 발굴한 결과 주후 2세기의 이교도들의 공동묘지가 드러났는데, 그 중간에 160-70년에 성 베드로를 기념하여 건축

된 기념비가 서 있었다. 이 기념비가 과연 실제 무덤을 가리킬까 하는 것
은 불확실하다. 하지만 기념비를 세운 사람들은 그곳이 베드로의 무덤이라
고 믿었을 것이며, 그들이 옳았을 가능성이 크다. 200년에 활동한 가이우
스(Gaius)라는 로마의 저자는 바티칸 언덕에 자리잡은 이 기념비와 오스
티아 가도(街道), 즉 현재 '담장 없는 성 바울 성당'(St. Paul's-without-
the-walls)에 자리잡은 성 바울의 기념비를 동시에 언급한다. 로마 교회는
아울러 아피아 가도의 세번째 이정표가 있는 곳에 세번째 성소를 가지고
있는데, 이곳에서는 6월 29일에 성 베드로와 성 바울을 함께 기념했다(공
교롭게도 그 날은 아우구스투스 시대 이래로 그 이교 도시의 달력에 로물
루스 축일로 표기된 날과 일치한다). 이 공동 성소가 아피아 가도에 세워
진 내력과 그것이 바티칸과 오스티아 가도에 있는 다른 두 성소와 맺었던
관계는 큰 쟁점으로 남아 있다.

가장 지지를 받은 두 가지 설명은, 아피아 가도의 공동 성소가 한때는
두 개의 개별 성소에 대해 경쟁적인 관계에 있었거나, 혹은 사도들의 성유
물들이 아마 258년 발레리우스의 박해 때 일시적으로 개별 성소들에서
아피아 가도의 공동 성소로 이장되었으리라는 것이다(354년의 달력은
258년 6월 29일을 공동 성소와 관련짓는다). 하지만 자료상에는 그런 이
장에 관한 기록이 남아 있지 않다. 교황 다마수스 때 6월 29일의 축일에
는 성 베드로 성당에서 성 바울 성당으로 행렬을 벌였으며, 아피아 가도의
공동 성소에서 마지막 행사를 가졌다. 그러다가 행사가 너무나 길어 사람
들을 지치게 한다는 이유로 400년이 되기 전에 아피아 가도까지 행렬을
벌이는 관습이 중단된 듯하다. 그로부터 오래지 않아 성 바울 성당에서 거
행하던 행사도 6월 30일로 연기되었고, 600년에 이르러서는 성 바울 성당
의 행사에 로마 지역민들보다 방문객들이 훨씬 더 많이 참여했다.

다마수스가 순교자들의 성소들을 화려하게 장식하고 로마 교회를 설립
한 사도들을 강조한 것은 로마의 진정한 영광이 이교의 것이 아니라 기독
교의 것임을 웅변으로 강조한 것과 같았다. 아리우스 논쟁이 벌어지고 있
을 때 동방과 서방간의 긴장을 반영하는 한 경구(警句)에서, 다마수스는

이렇게 주장했다. "비록 동방은 사도들을 보냈지만, 로마는 그들의 순교의 공로 때문에 그들을 시민들로서 내세울 상급의 권리를 얻었다." 그리스도 와 친밀했던 사도들의 유력한 후원하에, 로마 시는 고대의 신들이 부여했 던 것보다 더 확실한 안전과 영구적인 위엄을 확신할 수 있었다. 지금까지 알려진 바로는 다마수스가 로마를 '사도 교구'라고 말한 최초의 교황이었 다는 것은 눈여겨 볼 만한 대목이다.

다마수스는 과거에 없던 새로운 사회 발전을 시작시킨 인물이 아니었다. 3세기에 오리겐은, 대도시들에서 주교들이 '부유하고 세련된 귀부인들'에 의해 사회적으로 양성되고 있다는 신랄한 논평을 남겼다. 콘스탄티누스 이 후에 고위 성직자의 사회적 신분은 급속도로 상승되었다. 로마의 칼리스투 스(Callistus)처럼 해방 노예가 주교가 되는 경우는 갈수록 희귀해졌고, 키 프리안처럼 (아마) 원로원 계급의 인사가 성직자가 되는 경우가 심심치 않게 발생했다. 콘스탄티누스는 주교들에게 유언을 검증하고 분쟁을 조정 할 수 있는 행정 장관의 권한을 부여했다. 313년이라는 이른 시기에 그는 고위 성직자에게 '저명자'(Illustrious)라는 높은 세속 직위를 수여했던 것 으로 보인다.

314년의 아를 공의회는 로마 주교를 '지극히 영광스러운'(most glorious)이라는 칭호를 사용하여 불렀는데, 이것은 세속적 용례로는 서열 이 황제 가문에 버금가는 사람들에게 쓰이던 칭호였다.[1] 주교들은 사회적 지위를 얻어감에 따라 그에 상응하는 표장(標章)을 갖게 되었다. 이 표장 은 교회에서 세속적 용도로 더 이상 쓰이지 않을 때까지 오랜 세월 존속 했다. 이런 경위로 주교들은 홀장(笏杖)과 삼중관(mitre)과 아마 영대(領

---

1) 'Gloriosissime papa'. 라틴어 '파파'나 그리스어 '파파스'는 어린이가 아버지 에게 사용하는 존경과 애정이 담긴 칭호였다. 그리스도인들은 자기들이 교인으로서 관계를 맺고 있는 주교에게 이 칭호를 사용했다. 5세기의 아프리카 주교들은 카르타 고의 수석대주교를 '파파'라고 불렀고, 교황에 대해서는 그냥 '주교'라고 불렀다. 로 마가 '파파'라는 칭호를 독점적으로 주장한 것은 6세기부터 시작된 일이다. 9세기의 교황은 '형제'라는 칭호를 들으면 기분이 상했다.

帶, pallium)까지도 얻었다. 주교의 손에 입을 맞추는 관습은 4세기에 첫 모습을 드러낸다. 반지는 7세기 전에는 일반적으로 사용되지 않았고, 가슴의 십자가는 13세기 전에는 주교들만의 표장이 아니었다.

키프리안 때부터 주교들을 부를 때 당시 상류 사회의 용어를 채용하여 추상적인 칭호(이를테면 '성하'〈聖下, your holiness〉)가 쓰이기 시작했다. 황궁의 의전(儀典)이 심지어 촛대를 사용하는 등 성찬식의 양태에까지 영향을 끼쳤다. 그것이 만왕의 왕께 존귀를 바치기에 적합한 방식이었다. 하지만 서방에서는 성직자들이 심지어 예배를 인도할 때조차 평신도와 구분되는 성직복을 입지 않았다. 428년의 주목할 만한 편지에서, 교황 켈레스티누스 1세(Celestine I)는 갈리아 남부의 성직자들이 이 분야에서의 혁신을 방해한다는 이유로 그들을 책망했다. 서방의 '성직복'은 고대의 평상복이 일반 사회에서는 더 이상 착용되지 않은 뒤에도 교회의 보수성 때문에 교회에 그대로 남은 데서 비롯되었을 뿐이다.

세속 사회가 베푸는 호의를 교회가 받는 것이 유익한가 하는 데 관해서는 자연히 우려의 목소리가 많았다. 4세기 말에 요한 크리소스톰(John Chrysostom)은 자신이 콘스탄티노플 총대주교라는 이유로 황궁 의전관이 자신을 최고위 관료들보다 더 높은 서열에 두고서 예우하는 사실을 개탄스러워했다. 이교 역사가 암미아누스(Ammianus)는 다마수스가 로마 주교로 선출된 이야기를 냉소적인 어조로 진술한 뒤, 대도시 주교들의 화려한 생활을 시골 주교들의 소박한 생활과 대조한다. 물론 대도시의 주교들이 매사에 흠잡을 데 없이 처신하기란 불가능했다. 요한 크리소스톰이 콘스탄티노플에서 인기가 없었던 원인은 금욕적인 생활을 하면서 손님들에게 융숭한 대접을 하지 않아 많은 사람들의 자존심을 상하게 한 데에 있었다.

교황 대 그레고리우스 때에 달마티아의 어느 수도대주교는 자신이 융숭한 접대로써 수많은 사람들을 교회로 인도했으며, 아브라함도 손님을 후하게 접대하다가 천사들을 접대하게 된 선례가 있다는 사실을 지적하면서 자신의 행위를 정당화하다가 금욕 생활을 하던 그레고리우스에게 심한 질책을 받았다. 그 수도대주교는 더 깊이 가라앉을수록 더 많은 고기를 잡을 수 있다고 생각한 것일까?

교회는 그리 오래지 않아 이교 정권 때보다 기독교 황제들 치하에서 자유와 자결에 더 큰 제약을 받을 수 있다는 사실을 발견했다. 심지어 콘스탄티누스 때부터 주요 지역의 주교 임명에 황제의 입김이 작용하기 시작했다. 원래 주교는 교구민의 자유 선거에 의해 선출되었고, 평신도의 목소리가 사실상 동의나 증거의 차원을 넘어섰다. 하지만 지역 회중의 자유가 절대적인 것은 아니었다. 그들이 선출한 사람이 이웃 교회들로부터 승인을 받아야 했기 때문이다. 신임 주교를 기도와 안수로 축성하기 위해 다른 교회들에서 온 주교들이 점차 지역 회중보다 더 중요하게 되었다. 만약 지역 교회가 분열될 경우 주교 임명은 외부의 승인에 의해 좌우되었다. 니케아 교회법(325)은 수도대주교에게 거부권을 부여했다. 381년부터는 수도대주교보다 더 높은 차원, 알렉산드리아와 안디옥과 콘스탄티노플의 '총대주교들'에게 권력이 집중되는 경향이 완연하게 나타나기 시작했으며, 5세기에는 예루살렘도 이 그룹에 합류할 수 있었다.

5세기의 콘스탄티노플 총대주교들(요한 크리소스톰과 네스토리우스)이 인기를 얻지 못한 원인 가운데는 소아시아의 수도대주교들이 기존의 독립성을 유지하려고 한 점도 작용했다. 황제들이 자연히 후보자를 지명하려고 한 콘스탄티노플 교구를 제외하면, 그리스 교회들의 주교 임명은 일반적으로 국가의 간섭 없이 이루어졌다.

대개는 교회와 국가 관계를 이원론적으로 이해한 서방과, 영적 문제에서 황제의 권위를 보다 쉽게 인정한 동방을 대조한다. 하지만 이 대조는 간단하지가 않다. 동방의 이론에서는 황제가 정통 신앙의 소유자여야 한다는 것이 필수적이었다. 만약 그렇지 않다면 격렬한 저항이 일어날 것이었다 (예. 아리우스 논쟁과 화상 파괴 논쟁). '황제교황주의'(caesaropapism)라는 용어는 그리스 동방의 정치 이론을 일반화하기에 유용하거나 적합한 단어가 아니다. 교황 대 레오(Leo the Great) 같은 서방의 저자는 정통 신앙을 지닌 그리스 황제를 가리켜, 그가 명령권(imperium)뿐 아니라 사제의 직무(sacerdotium)까지도 부여받았고, 성령에 힘입어 모든 교리적 오류에서 보호를 받는다고 말할 수 있었다.

교황 겔라시우스(Gelasius)와 교황 대 그레고리우스는 세속 문제에서 교황의 권위를 인정했다. 동방과 서방의 차이는 비잔틴 세계가 자체를 두 개의 '사회', 즉 신성한 사회와 세속적인 사회로 나누어 생각하지 않고, 지상에서 천상의 군주를 대행하는 황제와 조화를 이루는 단일 사회로 생각했다는 데 있다. 이 이론의 균형은 국가가 교회를 지배할 때 심각하게 훼손될 수 있었던 반면에, 보다 이원론적인 서방의 이론은 평신도 사회에 대한 교회의 지배를 낳을 수 있었다. 하지만 왕이 주교를 임명하는 관행이 굳어진 곳은 그리스 동방이 아니라, 서방, 특히 6세기 메로빙거 왕조 치하의 갈리아였다. 대관식 예배가 비잔틴 제국에서 샤를마뉴 치하에 서방으로 전래되었다는 것은 눈여겨 볼 만한 대목이다.

이교도 황제들은 다신교 숭배를 선량한 시민의 자격과 동일시했다. 하지만 오래지 않아 기독교 황제들 치하에서는 이단이나 이교도가 국가에 대한 불충의 의혹을 받게 되었다. 황제가 그리스도인들을 얼마나 우대했는가 하는 것은 325년에 프리기아 지방의 어느 읍이 콘스탄티누스 앞으로 주민 전체가 한 사람도 남김 없이 그리스도인이라는 근거로 조세 특권을 청원한 내용이 기록된 비명에서 볼 수 있다. 마찬가지로 팔레스타인에서도 가자 지역에 딸린 항구 지대인 마이우마 주민들이 기독교로 집단 개종을 한 뒤 규정에 따라 이교 도시인 가자로부터 독립하여 시(市)의 지위를 얻었고, 율리아누스 때까지 그 지위를 유지했다.

세월이 흐를수록 제국의 법률에는 비국교도들에게 불이익을 가하는 내용이 크게 자리를 잡게 되었다. 아를 교회회의(314) 때부터 교회회의에 의해 폐위된 주교들이 사회 불안을 야기하는 것을 방지하기 위해 공권력으로 그들을 추방할 수 있다고 생각했다. 신앙적 오류를 제거할 수 있는 (혹은 적어도 오류를 주장하는 자들에게 시민권을 박탈할 수 있는) 정통 신앙의 제국 개념을 서방 세계에 수립한 장본인은 밀라노의 암브로시우스(Ambrose)였다.

암브로시우스는 많은 점에서 4세기말의 정치적 사회적 상황을 엿볼 수 있는 전형적인 인물이었다. 그는 트리어 주재 갈리아 지사의 아들로 태어나 법조인과 행정가의 길에 들어서 젊은 나이에 밀라노 행정 장관의 지위에 올랐다. 374년에 아리우스파 주교 아욱센티우스(Auxentius)가 죽자 그는 군중의 압도적인 갈채에 의해 주교로 선출되었다. 아직 세례도 받지 않은 몸으로 말이다. 그가 주교 임명을 받도록 하기 위해서 단기간에 하위 성직들이 그에게 부여되었다. 그는 주교가 된 뒤부터 그라티아누스, 발렌티니아누스 2세, 테오도시우스 같은 서방 황제들의 종교 정책에 갈수록 큰 영향력을 행사했다. 382년에 그라티아누스는 승리의 제단을 원로원 의사당에서 제거했다(하지만 승리의 여신상은 그대로 남겨놓았다. 기독교 원로원 의원들이 그 신상을 천사로 간주했기 때문이다).[2]

심마쿠스(Symmachus)가 이끄는 부유한 이교도 귀족들은 그라티아누스가 죽는 날까지(그는 383년에 살해되었다) 그로 인해 모멸을 겪어야 했다. 하지만 384년에 심마쿠스는 젊은 신임 황제 발렌티니아누스 2세에게 웅변적인 청원을 통해서, 로마를 위대하게 만든 모든 것의 상징인 그 제단을 의사당에 도로 갖다놓을 것과, "위대한 신비에 도달하려면 하나의 길을 가지고는 안 된다"는 논리로 적극적인 관용 정책을 펼 것을 요구했다. 그 사실을 안 암브로시우스는 반박의 글을 써서 발렌티니아누스의 마음을 붙들어 놓았다. 385년에 발렌티니아누스 1세의 미망인 유스티나(Justina)가 밀라노의 교회당들 가운데 한 채를 아리우스파인 고트족 군인들에게 양도하라고 요구했을 때, 암브로시우스는 그것을 신성한 건물을 더럽히는 행위로 판단하고는 밀라노 주민들을 동원하여 거부했다.

388년에 유프라테스 강변 칼리니쿰의 회당이 기독교 과격파의 방화로 소실되자, 테오도시우스는 그 지역 주교에게 교회 기금으로 전액을 보상할 것을 명령했다. 이에 대해서 암브로시우스는 (황제의 혹독한 경고를 받아

---

2) 4세기에 아킬레이아에 건축된 교회 바닥의 모자이크에는 성찬의 떡이 담긴 바구니를 옆에 낀, 날개 달린 승리의 여신상이 화려하게 묘사되어 있다.

가며) 황제가 배상령을 취소할 때까지 성찬 집례를 거부하는 특단의 조치를 취함으로써 결국 황제를 설득하는 데 성공했다.

이보다 암브로시우스에게 더 큰 명성을 안겨준 사건은, 390년에 테살로니카 주민들이 야만족 출신 군사령관을 살해했다는 보고를 받은 테오도시우스가 이성을 잃고서 원형극장에서 수천 명의 주민들을 학살하게 만든 일에 대해서 대담하게 그를 파문한 사건이었다. 암브로시우스는 황제가 공개적인 참회를 해야만 성찬에 받아주겠다고 했고, 그로써 교회의 관심사가 교회 내부의 문제뿐 아니라 자연법과 인륜을 거스르는 행위에까지 미친다는 점을 천명했다.

390년에 암브로시우스가 테오도시우스에 대해 결정적인 우위를 점한 사건과 391년부터 황실 문서국에서 이교를 제재하는 칙령들이 연이어 발행된 일 사이에 어떤 관계가 있으리라고 추정하는 것이 자연스럽다. 동방에서는 반(反)이교적 장관 키네기우스(Cynegius, 384-8 재위)의 주도하에 이교 신전들이 줄지어 파괴되었는데, 키네기우스는 열정적인 기독교 수사들이 파괴 작업에 방해를 받지 않도록 군대를 파견하여 성난 농민들을 제재했다. 알렉산드리아 세라피스의 대신전은 391년에 알렉산드리아 주교 테오필루스(Theophilus)의 주도로 파괴되었다. 과거에 게오르기우스가 한탄스러워했던 그 도시 수호신의 신전은 술집으로 개조되었다. 테오도시우스가 이런 행위를 지시하지 않았지만, 사람들은 중형이 부과되지 않으리라고 예상하고서 이런 행위에 가담했을 것이 틀림없다. 훌륭한 예술품들이 소장된 아름다운 신전들을 훼손하지 말라는 특별한 지침이 있었다. 하지만 이렇게 미학을 고려한 주장은 강렬한 도덕적 지탄 앞에서 무력했다.

5세기가 진행되는 동안 카파도키아 코마나의 여신 마(Ma)의 화려하고 웅장한 신전 같은 여러 신전들이 교회당으로 개조되었다. 민중의 애착이 지나치게 강하여 파괴할 수 없는 이교 성지에는 옛 터를 정리하고 그곳에 기독교적 의미를 부여하는 방법이 사용되었다. 테오필루스를 계승하여 알렉산드리아 주교가 된 키릴루스(Cyril)는 메누티스에 있는 이시스 신전에 이집트의 유명한 성인들인 키루스(Cyrus)와 요한(John)의 유골을 안치함으로써 이교 신전의 의미를 제거했다. 아테네에서는 파르테논이 결국 성모 마리아 교회가 됨으로써 파괴를 면했다.

농촌 지방에서는 농민들이 옛 이교적 관습에 깊이 젖어 있었는데, 특히 출생과 결혼과 죽음에 관련된 관습일수록 더욱 그랬다. 서방의 속주들에서는 수세기 동안 목회자들을 괴롭힌 문제가 농민들 가운데 퍼져 있는 미신을 뿌리뽑는 일이었다. 하지만 도시들, 심지어 시리아와 소아시아 같은 기독교의 거점에서조차 제사를 포함한 은밀한 의식들이 적어도 7세기까지도 시행되었다.

테오도시우스가 법으로 규제한 이단 종파들 가운데 가장 심한 탄압을 받은 종파는 마니교(the Manichees)였다. 마니교는 시리아어를 사용한 바빌로니아인 마니(Mani, 216-76)가 이란의 제르바나교(Zervanite)에 기초하여 세운 영지주의 형태의 이원론 종교였다. 마니는 조로아스터교와 불교와 영지주의 형태의 기독교에서 끌어온 요소들을 한데 혼합하여 동방과 서방에 다 유용한 보편 종교를 세우려고 했다. 태초에 빛과 어둠이 투쟁을 벌였다는 마니교의 신화는 왜 현실 세계에 선과 악이 뒤섞여 있는가를 설명하고, 금욕적이고 윤리적인 생활의 근거를 제공했으며, 이런 생활에 힘씀으로써 '선택된 자들'(the Elect)이 자기들의 육체에 갇혀 있는 신적 빛의 분자들을 풀어주게 될 것이라고 가르쳤다. '선택된 자들'보다 하위 계층인 '듣는 자들'(Hearers)에게는 몇 가지 기본적인 윤리적 규율만 지키도록 했고, 그로써 선택된 자들로 환생하고, 궁극적으로 윤회의 수레바퀴에서 풀려나기를 소망하도록 가르쳤다. 마니교도들은 비밀 의식 때문에 문란과 흑마술의 의혹을 받았다.

일찍이 297년에 디오클레티아누스는 그들을 규제하는 강경한 칙령을 공포했다. 발렌티니아누스 1세는 그들의 재산을 몰수하게 했고, 테오도시우스는 보다 가혹한 형벌을 부과함으로써 그들을 몇몇 지역의 지하 세계로 몰아냈다. 아우구스티누스(Augustine)는 아프리카에서 마니교의 '듣는 자'로서 조용히 살 수 있었지만, 383년에 로마로 이사했을 때는 그 종파가 잔뜩 위축되어 있는 것을 발견했다. 5세기 중엽에 교회 법원은 마니교의 은밀한 운동이 로마 교회의 신자들 사이에 깊이 파고 들어간 사실을 밝혀냈다.

380년대에는 마니교도들에 대한 적대 감정에서 비롯된 불행한 사건이 발생했다. 380년경에 스페인에서 프리스킬리아누스(Priscillian)라고 하는 유력한 평신도가 마니교도로 고소되었다. 그는 신지학(神智學)의 이원론적 사색에 영향을 받아 금욕 생활을 했다. 그런데도 그의 친구들은 381년에 그를 아빌라의 주교로 세울 수 있었다. 그의 정적들은 4년에 걸친 노고 끝에 보르도 교회회의에서 그에 대한 단죄를 이끌어냈다. 이에 프리스킬리아누스는 서방 황제 막시무스(Maximus. 그는 383년에 그라티아누스가 살해된 뒤에 즉위했다)에게 항소했을 때, 마술죄로 다시 고소를 당했고, 투르의 마르티누스(Martin)의 항의에도 불구하고 행정 장관은 그를 처형했다. 이단을 세속 기관에 넘겨 죽게 하자 강렬한 반감이 조성되었고, 그 결과 프리스킬리아누스의 고소인들은 밀라노의 암브로시우스와 교황 시리키우스(Siricius, 다마수스의 계승자)에게 파문을 당했다.

유대인들에 대해서 테오도시우스의 법은 그들의 지위를 약간 향상시킨 듯하다. 4세기에 교회와 회당의 관계는 대단히 좋지 못했다. 그렇게 된 데에는 특히 유대인들이 배교자 율리아누스와 결탁한 사실이 크게 작용했다. 기독교 설교자들은 유대인들의 그 행위를 가리켜 금송아지 숭배라고 비판했다. 하지만 기독교 황제들이 유대교에 대해서 시행한 정책은 일관되게 적대시하거나 탄압하는 것과는 거리가 멀었다. 사회가 평온해지면 유대인들은 아무런 방해도 받지 않고서 종교 생활을 할 수 있었다. 유대인 족장들(patriarchs)은 429년(그 해에 그 직위가 폐지되었다)까지 '저명자' (Illustrious)라는 사회적 지위를 누렸으며, 이들이 자기 동족에게 내리는 권징적 판결은 제국 정부의 뒷받침을 받았다.

법률상 회당은 예배의 자유를 위해 보호되었다. 388년에 로마에서 회당한 채가 소각되었을 때 황제의 지시로 배상이 이루어졌으며, 갈리니쿰에서도 같은 사건이 발생했을 때 만약 암브로시우스가 나서서 기독교 황제가 유대인들을 도와주어 그들이 교회를 이기게 하는 것은 죄악이라고 주장하지 않았더라면 같은 조치가 취해졌을 것이다(암브로시우스는 이 사려깊지 못한 행위로 두고두고 비판을 받았다). 회당 화재 사건들은 지역의 특수한 상황에서 국지적으로 발생한 것이지 기독교 세계 전반에서 발생한 것은 아닌 듯하다.

유대인들로서는 자신들이 노예로 부리는 그리스도인들에게 할례를 시행하거나, 그리스도인 여성과 결혼한 뒤에 그 여성을 유대교로 개종시키는 것은 현명치 못한 행동이었다. 선교의 성격을 띤 유대교가 발휘한 강렬한 매력이 기독교 사회에서는 오랫동안 위협으로 받아들였던 것이다. 요한 크리소스톰이 과도한 흥분과 염증을 토해내면서 유대교를 강력히 비판한 것도 안디옥의 그리스도인들에게 유대교의 관습과 의식을 따르려는 성향을 버리도록 하기 위함이었다.

414년에 알렉산드리아에서, 그리고 418년에 미노르카에서 유감스러운 폭동이 발생했다. 두 지역에서 어떤 사건들에 자극을 받은 주민들이 극도의 흥분에 휩싸여 유대인들을 학살했는데, 하지만 이 두 지역의 사건만 가지고 광적인 유대인 학살 사건이 빈번히 발생했다고 단정하는 것은 옳지 않다. 사회가 긴장과 경제 위기에 몰릴 때는 동화되지 않은 집단에서 희생양을 찾는 경향이 있지만, 대체로 유대인들은 두려움 없이 살면서 직업 생활을 할 수 있었다. 6세기가 끝나갈 무렵에 유대인들에게 강제 세례를 집행한 경우가 몇 차례 있었다. 대 그레고리우스는 강제로 세례를 주는 행위를 강력히 비판했지만, 그럴지라도 유대인들에게 후한 동기를 제공하여 개종시키는 데에는 반대하지 않았다.

유대인들이 당한 최악의 박해는 7세기에 유대인들이 오랜 정착으로 많은 인구를 형성하고 있던 스페인에서 서고트족에 의해 자행되었다. 세비야의 이시도루스(Isidore)는 갓 회심했을 때의 뜨거운 열기에 사로잡힌 서고트족 왕들이 열정은 있으나 지식은 없이 행동했다고 비판했다. 유스티니아누스 법은 유대인들이 특정 고위직에 오르는 것을 금했다. 하지만 그 법의 무수히 많은 조항이 그들을 보호하는 성격을 띠었다.

간단히 말해서, 기독교 제국에서 살던 유대인들의 상황은 꾸준히 열악해지기만 한 것이 아니라 지그재그 방향으로 움직이는 경향을 띠었다. 개인적으로는 유대인들과 그리스도인들이 교분을 나누는 정도까지 친해진 경우도 있었다는 증거가 있으며, 비록 유대교의 배타주의가 줄어든 적은 없었지만 지금 이 부분에서 다루는 시기에는 도시들에 게토(유대인 거주 지역) 같은 곳이 없었다.

테오도시우스가 이교 제사를 금하고 신전 문을 닫도록 하는 법을 공포했음에도 불구하고, 이교도들이 심각한 압박을 받은 것은 그로부터 오랜 세월이 흐른 뒤의 일이었다. 테오도시우스 1세는 이교도 웅변가인 테미스티우스(Themistius)에게 자기 아들 아르카디우스(Arcadius)의 교육을 맡겼으며, 그를 콘스탄티노플 도시 장관으로 임명했다. 알렉산드리아에서는 391년에 세라페움 신전이 파괴된 뒤로 자유로운 분위기가 위축되었다. 「팔라티누스 선집」(*Palatine Anthology*)에는 알렉산드리아의 교사 팔라다스(Palladas)가 기독교를 통렬히 비판한 경고들이 많이 실려 있는데,[3] 그는 주교 테오필루스를 목불인견의 존재로 보았으며, 잘 조직된 그의 수사들이 어째서 '은자'(隱者, solitary)라는 칭호를 사용할 수 있는지 도저히 이해할 수 없었다.

그로부터 몇 년 뒤에 알렉산드리아에서 살았던 히파티아(Hypatia)의 경력은 이교도 교사가 누리던 자유와 그에게 따라다니던 폭행의 위협을 잘 보여준다. 이 여성이 415년에 살해당하자 콘스탄티노플의 그리스도인들은 경악을 금치 못했다.

이집트의 번영은 해마다 벌어지는 나일강의 범람에 달려 있었다. 세라페움 신전이 파괴된 해의 여름에 엄청난 규모의 홍수가 발생하자 이집트의 주민들이 대거 기독교로 전향했고, 교육받은 귀족 계층만 여전히 이교 신앙을 고수했다. 이집트 남부의 파노폴리스(아크밈)는 이교의 보루로 남았

3) 하이델베르크의 팔라틴 도서관에 소장된 사본에 실린 주후 980년경의 헬라어 선집으로서, 이교와 기독교의 경구들이 실려 있으며, 이 시기를 이해하는 데 중요한 자료이다.

고, 알렉산드리아의 대학 사회는 517년에 주도권이 아리스토텔레스 주석
가이자 단성론파(單性論派) 신학자인 요한 필로포누스(John Philoponus)
에게 넘어갈 때까지 신플라톤주의를 견지하고 기독교에 대한 비판적인 태
도를 유지했다.

아테네에서는 신플라톤주의 학교가 계속해서 존속하다가, 기독교를 강
렬히 반대한 프로클루스(Proclus, 그의 저서들은 아레오바고 관원 디오니
시우스의 신비주의적 신학에 크게 이바지하게 된다)의 지휘하에 이교를
완강하게 고수했으며, 결국 529년에 유스티니아누스에 의해 폐교되었다.
하지만 유스티니아누스 때가 오기 전까지 이교도들은 아무런 방해도 받지
않은 채 여전히 고위직을 차지했다. 462년에 비잔틴 황제를 치료했던 내
과의사는 그의 이교 신앙보다는 과감한 치료 행위 때문에 기억되었다.

5세기에 접어든 뒤에는 그리스 동방의 많은 지식인들이 기독교로 개종
했으며, 그 과정에서 가끔은 흔치 않은 경로를 밟았다. 441년에 콘스탄티
노플의 도시 장관은 이집트 파노폴리스 출신의 키루스(Cyrus)라는 이교
도 시인이었는데, 그가 그 직위에 오른 데에는 황후 유도키아(Eudokia)의
관심이 적지 않게 작용했을 것이다. 키루스는 콘스탄티노플 시에서 큰 인
기를 누렸으며, 황궁의 내시 크리사피우스(Chrysaphius)에게 질투를 받아
몰락의 위기를 초래했다. 키루스는 그리스도인이 됨으로써 목숨을 건졌으
며, 그 직후에 크리사피우스는 막후 활동을 통해 그를 범죄율이 높은 프리
지아 지방의 어느 도시의 주교로 발령 받게 했다. 그곳 주민들은 다혈질에
다 난폭하여서 주교 발령을 받고 그곳에 간 사람에게 린치를 가해 죽인
일이 벌써 연속해서 네 번씩이나 되었다. 키루스는 그곳에서 아주 짧게 설
교를 해서(그의 첫 성탄절 설교는 한 문장으로 끝났다) 사나운 무리의 마
음을 사로잡았다. 이상하게도 그런 체험이 진정한 믿음을 일으켰다. 451년
에 크리사피우스가 세도를 잃은 뒤에 키루스는 성직을 포기하고서 콘스탄
티노플로 가서 다시 세속 관직에 몸을 담았는데, 이곳에서 가난한 사람들
을 후대하고 인근의 주상 성인(柱上聖人) 다니엘(Daniel the Stylite)과
두터운 교분을 맺어 그를 신앙의 지도자로 삼은 일로 유명해졌다.

흔치 않은 경로로 이교에서 기독교로 전향한 또 다른 사람들로는, 테아게네스와 카리클레스의 사랑을 그린 소설(*Aethiopica*)을 썼다가 테살리지방 트리카의 주교가 된 헬리오도루스(Heliodorus)와, 「디오니시아카」(*Dionysiaca*)를 썼다가 요한복음을 헬라어 운문으로 옮기는 데 자신의 재능을 바친 논누스(Nonnus)를 들 수 있다. 하지만 눈여겨 볼 대목은 이들이 기독교 문학에 남긴 공헌 때문이 아닌, 이교와 고전 전승 내에서 작가들로서의 업적 때문에 후세에 기억되었다는 점이다. 대체로 당시 기독교 사회는 이교 사상을 표현하는 것을 금하지 않았고 이교 문학을 보급하는 행위를 제재하지 않았다.

5세기 초에 마크로비우스(Macrobius)가 쓴 「사투르날리아」(*Saturnalia*)처럼 고대의 다신교 전승을 노골적으로 찬양하는 저서들일지라도 제재를 받지 않았다. 5세기 내내 시와 세속 역사 저술은 대체로 이교도권에 남았다. 6세기 초에 이교 요새도시 가자 출신으로 추정되는 조시무스(Zosimus)는 로마 함락이라는 재앙이 옛 종교를 버린 데 대한 보응임을 입증할 목적으로 콘스탄티누스부터 410년 로마 함락 때까지의 역사를 집필했다(이 책은 현존한다).

하지만 500년경에 가자에서 가장 저명한 문필가는 프로코피우스(Procopius)라는 그리스도인이었다(역사가인 가이사랴의 프로코피우스는 그와 다른 인물로서, 아마 그의 학생이었던 것으로 보인다). 프로코피우스는 일반적인 이교 전승 안에서 시작(詩作) 활동을 했고, 권위 있는 해석학자들의 글을 인용하는 방식으로 신학 주석들을 썼다. 이것은 카테나(catena), 즉 연쇄 주석으로 알려진 유형의 주석으로서, 상당한 인기를 끌었다. 시와 역사에서 고전의 관습이 대단히 강력하게 남아 있었다는 것이 특기할 만한 점이다. 유스티니아누스 때조차 당대의 대표적인 역사가 두 명은 가이사랴의 프로코피우스와 아가티아스(Agathias)로서, 이들은 여전히 마치 기독교가 입에 담기도 부끄러운, 그래서 에둘러 논할 수밖에 없는 현상인 것처럼 여기면서 글을 썼다.

제12장

금욕주의 운동

4세기 말에 접어들면, 교회가 사실상 사회를 장악하고 있었다. 세상적인 표준으로 볼지라도, 어지간한 도시의 주교직은 딱히 종교적인 동기가 아닐지라도 한 번 꿈꾸어 볼 만한 좋은 직위가 되어 있었다. 많은 지역 교회들이 실질상 지주들이 되어 무수한 지역 빈민들의 생계를 지원했다. 사람들은 주교가 자신들의 영적 목자뿐 아니라 세속적 이익의 대변자까지 되어 주기를 기대했다. 고대 사회에서는 성공하려면 후원자가 있어야 했다. 관공서의 좋은 부서에 들어가려고 할 때나 경찰이나 세관과 문제가 생겨서 구속을 면해야 할 때, 심지어는 법정에서 소송을 벌일 때조차 후원자의 청탁이 큰 힘이 되어주었다.

3세기부터 성인들의 대도(代禱)가 하늘에서 영향력이 있을 것이라는 생각에서 그들을 후원자(수호성인)로 삼는 관행이 발전한 것도 지상의 사회적 상황이 천상으로 자연스럽게 옮겨간 것이었다. 세속 행정관에게 고소를 당한 사람이 주교에게 도움을 청하면, 주교는 혹시 행정관의 권력이 자신보다 약할 경우 재판에까지 간섭했다. 가이사랴의 바실리우스와 나지안주스의 그레고리우스, 그리고 동시대의 이교도 리바니우스가 남긴 편지들의 상당 부분은 몇몇 개인들을 위해서 유력한 관리들에게 추천과 청탁을 하는 내용으로 이루어져 있다.

410년에 리비아에서 신플라톤주의 노선의 시인이자 웅변가 키레네의 시네시우스(Synesius)가 프톨레마이스의 수도대주교로 선출되었을 때, 그이면에는 11년 전에 그 지역이 경제 침체를 겪고 있을 때 조세 면제를 받을 수 있도록 주선한 공로도 작용했다. 하지만 그는 여섯 달 동안 그 직위를 수락하기를 주저했는데, 그 이유는 그 직위에 오르면 숱한 중재와 청탁 편지로 끝없는 부담을 짊어지느라 지식인다운 판단과 신사다운 처신을 포기해야 했기 때문이다(이런 현실에 대해 아우구스티누스도 늘 불평했다). 시네시우스 본인도 인정했듯이, 6개월이나 주저한 데에는 다른 이유들도 있었다. 우선 400년경에 교회 관습으로 주교들에게 의무가 된, 아내와의 이별을 원치 않았고(그리스 동방에서는 하급 성직자들에게는 이런 의무가 부과되지 않았다), 부활 교리를 귀중한 상징으로는 받을 수 있었으나 문자 그대로는 받을 수 없었던 것이다.

3세기부터 꾸준히 강도를 높여가며 제기되던 문제가 있었다. 그것은 교회가 과연 도덕적 권위와 독립성을 조금이라도 잃지 않은 채 상류 사회에서 영향력 있는 지위를 얻을 수 있는가 하는 문제였다. 이 쟁점을 크게 부각시킨 몇 가지 상황이 있었다.

초대 교회는 높은 수준의 요구와 엄격한 권징을 부과했다. 그것이 대단히 엄격한 것이었기에, 2세기에 접어들면서 세례 받은 뒤에 지은 죄에 대해 다시 회개할 수 있는가 하는 힘겨운 논쟁에 부닥치게 되었다. 현실의 경험 사회에서 교회의 거룩성에 관한 논쟁은 251년에 노바티아누스(Novatian)가 로마에서 추방되고 엄수파가 패배함으로써 끝났다. 하지만 옛 이상은 사라지지 않았으며, 분열을 일으키지 않은 채 다시 고개를 들고 일어날 수 있었다.

허영의 시장에서 발을 돌이키는 것은 역사가 계속 진행될 것이라고 예상하고 자녀들에게 물려줄 재산도 있는 사람들보다는 세상의 종말이 임박했다고 예상하는 사람들에게 한결 쉬운 일이었다. 사도 바울은 고린도에서 영혼과 물질을 구분하는 영지주의의 이원론을 근거로 혼인을 폐하려는 시도에는 반대했지만, 때가 단축해졌기 때문에 아내가 있는 자들은 없는 것처럼 살아야 한다는 데에는 흔쾌히 동의했다. 하지만 때가 사도가 예상한 만큼 단축되지 않은 것이 분명해졌을 때도, 박해가 난무하는 세상에서 삶이 너무나 불확실했기 때문에 참된 가치란 이 세상의 물질에 있지 않다는 순교자의 교훈이 생생하게 유지되었다.

2세기에는 지교회들에서 결혼을 포기하고 지극히 작은 재산만 남기고 모두 포기하는 그리스도인들이 있었다. 이들은 스스로 앞에서 그리고 지교회 앞에서 세상을 버리고 기도와 자선 사업에 힘쓰겠다고 서약했다. 이 금욕주의자들은 특별한 복장을 착용하거나 재산을 공유하는, 수도회칙 하의 공동체로 조직되지는 않았다. 물론 과거에 유대교의 언저리에는 에세네파나 사해 사본의 출처인 쿰란 공동체, 혹은 알렉산드리아의 필로가 소개한 이집트의 테라퓨테파(the Therapeutae) 같은 재산 공유 공동체들이 있긴 했지만 말이다.

3세기에 교회가 급속히 확장되면서 이중적 윤리 표준을 채택하는 경향이 급격히 증가했다. 세상에서 사는 일반 그리스도인들은 완전의 교훈을 지킬 수 없을지라도 최소한 그리스도의 계명은 지키려고 했고, 문자적으로 명령된 최소한의 계명보다 더 많이 행하면 이후에 큰 상급을 받으리라고 기대할 수 있었다. 바로 이러한 두 가지 유형의 기독교 생활과 윤리에 관한 교리 때문에 격렬한 신학적 문제들이 발생했다. 그 두 가지 유형을 구분한 이유가 윤리와 신앙을 이해하고 실천하는 과정에 적어도 두 단계가 있다는 단순한 것인지, 아니면 결혼하여 이 세상에서 적극적으로 사는 사람들이 가장 높은 기도 생활의 경지에서, 또 하나님을 보려는 열망에서 배제된 열등한 그리스도인들이라는 것인지 오랫동안 모호하게 남아 있었다.[1] 예를 들어, 오리겐의 글을 보면 전자의 해석이 대단히 공통적인 것임을 암시하는 단락들이 있는가 하면, 위험스럽게도 후자의 견해가 암시된 부분들도 나온다. 그는 어떤 설교에서 그리스도의 군대가 소수의 엘리트로 이루어진 전투 병력과, 그들이 악과 싸우는 일을 돕되 전투에는 참여하지 않는

---

1) 이 문제는 4세기 말에 가서 요비아누스가 독신 생활의 우월성을 단호하게 부인했을 때 큰 쟁점이 되었다.

무수한 비전투 병력으로 이루어진다고 말했다.

일단 비전투 병력이 비대해지자 전투 병력들은 효과적으로 임무를 수행할 수 없다고 느끼기 시작했다. 금욕주의자들이 일반 회중을 떠나 따로 살면서 여전히 죄수들과 병자들과 고아들과 과부들을 돌보는 자선 사업을 수행하게 되는 것은 시간 문제였다. 금욕주의자들은 세상사에 방해를 받지 않고서 본무에 전념하기 위해 질서와 훈련이 절실히 필요했다. 하지만 그들이 물러나면 일반 회중이 약해지는 것은 뻔한 이치였고, 적지 않은 주교들이 개인적 방종의 부작용을 우려하는 시선으로 그들의 동향을 바라보았다. 4세기 내내 수도원 운동은 주교들의 깊은 불신을 불식하기 위해 노력했다. 금욕주의자들의 정신은 지나치게 개인주의적이고 분리주의적인 것으로 비쳤다.

많은 금욕주의자들은 지극히 평범한 사람들이었지만, 그리 오래 가지 않아 이 운동은 응집된 신학적 기반을 갖게 되었다. 알렉산드리아의 클레멘트와 오리겐의 저서들에는 벌써 금욕주의 신학에 따르는 모든 기본적인 요소들이 두루 발견된다. 그것은 이 세상에서 아무것도 바라지 않고 다만 주님의 고난에 참여하려고 한 순교자의 이상에 주도된 신학이었다. 십자가가 악의 세력에 대한 하나님의 승리였듯이, 순교자도 죽음으로써 이 승리에 참여했다. 금욕주의자들은 박해가 끝난 뒤에도 이 정신을 계승했다. 세상을 등지는 동일한 자기 희생에 도달하려고 노력했다. 하지만 희생을 요구하는 복음의 교훈과 고전 시대의 유산인 단순 소박한 삶의 태도가 뒤섞였다. 수도원 운동은 소박한 평민들뿐 아니라 플라톤과 그의 이상적인 순교자 소크라테스의 전승, 견유학파의 자족 원칙, 그리고 얻지도 지키지도 못할 것에 대한 욕구를 억누르는 데서 행복이 생기므로 합리적이고 올바른 삶을 살려는 집착도 버리라고 가르친 스토아주의로 교육을 받은 사람들에게까지 파고들었다.

고전 그리스의 영향이 금욕주의의 개인주의적 성향을 자극했다. 오리겐의 아가서 주석에서 그리스도의 신부는 사도 바울의 해석과 마찬가지로 주로 교회였다. 하지만 그의 주석에는 보다 친숙한 해석이 있는데, 그것은

그리스도의 신부가 신성한 방법으로 신적인 말씀과 연합한 개인의 영혼이
라는 것이다. 더러는 플라톤의 「향연」(*Symposium*)에서 빌어온 그 비유는
다른 사람들이 존재한다는 사실이, 혹은 적어도 곁에 있다는 사실이 개인
이 하나님과 연합하는 지복에 오르는 데 대단히 큰 방해가 된다는 개념을
양성하는 데 이바지했다. '혼자서 혼자인 존재(the alone)를 향해 하는 비
상(飛上)'이라는 신플라톤주의의 이상은 육체적 탐닉뿐 아니라 인간 사회
자체를 포기하도록 부추겼다.

　민중은 독거(獨居) 수도를 하는 은수자(隱修者)들을 크게 존경했다. 4세
기 후반에 이집트의 광야 교부들은 무수한 사람들의 방문을 받았는데, 그
들은 정해진 문구에 따라 "제가 살 수 있도록 한 말씀 해주십시오"라고 요
청하곤 했다. 그들의 답변이 「낙원」(*Paradise*)이나 「교부들의 격언」
(*Apophthegms*)으로 엮어졌다. 하나님을 그처럼 가까이 모시고 사는 사람
들의 말이니 당연히 영감(靈感)되었을 것이라고들 생각했을 것이다.

　4세기 초에 두 명의 이집트 금욕주의자인 안토니우스(Anthony)와 파
코미우스(Pachomius)가 향후 수도원 운동의 발전 모델을 제공했다. 아타
나시우스의 전기로 유명해진 안토니우스는 부모에게 물려받은 유산을 포
기하고 사회에서 점차 멀리 떨어져서 살다가 결국에는 귀신들과 싸우기
위해 사람의 손길이 닿지 않는 광야의 묘지로 가서 살았다.

　또한 대략 안토니우스와 같은 시기에 살았으나 훨씬 남쪽에 자리잡은
테베 지방으로 물러가서 생활한 파코미우스는 타베니시의 나일 강변에서
금욕 공동체를 시작했다. 이 공동체 사람들은 엄격한 규율하에 근면하게
노동을 하며 살았다. 이 조직에서는 군대와 같은 철저한 복종이 요구되었
다. 은수자(隱修者)의 이상과, 수도 생활을 하려면 수장에 대한 복종을 큰
원칙으로 삼는 수도회칙에 따라 공동체 생활을 해야 한다는 신념 사이에
는 이념적인 긴장이 있었다. 하지만 실제로는 은수자들도 아니고 공동체
(coenobium)에 속하지도 않은 무수한 금욕주의자들이 이곳 저곳을 방랑
하면서 무책임하고 문제만 일으키는 분자들로 취급받았다.

　수사들의 열정이 일으킨 기본적인 문제는 금욕주의 운동의 분리주의적

이고 개인주의적인 성격이었다. 수사는 자기 자신의 구원만 추구했는가? 아니면 금욕주의 운동이 어떤 사회적 목적을 갖고 있었는가? 사회적 목적의 우월성을 강조한 것이 가이사랴의 바실리우스가 소아시아에 설립한 조직의 특징이자, 그의 업적을 획기적인 것으로 만든 요인이었다. 바실리우스가 파코미우스에게 무엇을 배웠을 가능성은 대단히 희박하다. 그는 은수자 이상을 이웃을 사랑하고 섬기라는 복음의 요구에서 벗어난 사사롭고 개인적인 노력으로 규정하고서 그것을 일축했다. 바실리우스는 최초로 수련 기간과 엄숙한 서약에 제도적 형태를 부여했고, 수도원 운동을 분열시키는 무절제와 경쟁 의식과 위선을 제어하는 수단으로 복종을 강조했다. 바실리우스 이전에는 수사들이 가난과 정절을 복종보다 더 중요한 덕목으로 이해했었다. 바실리우스는 허락 없이 과도한 금식을 하는 수사들에게 엄격한 벌을 부과했다. 이렇게 절제를 일관되게 강조함으로써, 바실리우스는 베네딕투스회 수도회칙의 정신을 예기(豫期)했다.

해결하기 힘든 실질적인 문제가 있었는데, 그것은 어떻게 하면 금욕주의자들이 주교 휘하의 지역 교회를 완전히 떠나지 못하도록 붙잡아 둘 수 있는가 하는 문제였다. 아타나시우스의 「안토니우스의 생애」(*Life of Anthony*)의 밑에 깔린 큰 동기는 그 성인[안토니우스]이 얼마나 정통 신앙에 헌신했는가를 입증하는 것이었다. 340-41년에 소아시아 강그라에서 열린 교회회의는 교회 출석을 전혀 하지 않는 수사들을 강력하게 비판했다. 몇몇 금욕주의 운동에서는 성례를 부차적인 혹은 심지어 시행하지 않아도 그만인 의식으로 간주했다.

4세기 중반에 메소포타미아에서 소아시아로 확산된 메살리우스파(the Messalians) 혹은 유키테스파(the Euchites)라는 경건주의적 탁발 집단은 어떤 사람이든 그 속에 귀신이 내주하고 있는데, 이 귀신을 쫓아내려면 성례의 은혜 가지고는 안 되고, 강렬한 기도와 금욕적 묵상에 힘써야 하며, 그렇게 하면 귀신이 쫓겨난 것을 내면으로 느낄 수 있다고 주장했다.

가이사랴의 바실리우스는 지역 주교의 권위를 보호하는 수도회칙하에 수도원 공동체들을 설립함으로써 이러한 추세를 막으려고 노력했다. 주교의 통제를 받도록 규정한 그의 원칙은 주교가 선량할 때만 제대로 통했다. 바실리우스가 죽고서 30년도 채 못되어서 가이사랴의 주교는 시의 군대가 추방당한 요한 크리소스톰을 보호하자 수사들을 동원하여 군대를 위협했다. 이집트에서는 아타나시우스의 계승자들이 얼마 지나지 않아 농민 출신 수사들의 힘이 이교 신전들을 파괴하고 이단과 투쟁하는 데 이상적인 수단이라는 점을 발견했다.

수도원 운동이 일어난 지 두세 세대만에 금욕 생활 자체에 특별한 문제들이 있다는 사실이 명백해졌다. 수도원 운동은 사회의 의무에서 벗어나려고 하는 사람들, 과중한 세금을 못이겨 파산한 사람들, 혹은 탈옥수들이나 동성애자들, 혹은 보다 많은 경우로서 고행으로 자신을 과시하고 싶어 하는 사람들에게 손쉬운 은신처를 제공해 주었던 것이다. 그리고 최상의 상태에 도달한 때조차 지도자들과 유명 인사들에게 의존하는 운동이 되기 쉬웠다.

때때로 수사들은 노동을 하지 않고 시주에 의존해서 살 권리가 있다고 주장하려는 유혹을 받았다. 401년에 아우구스티누스는 이런 오류를 바로 잡기 위해서 「수사들의 노동에 관하여」(*On the Work of Monks*)라는 책을 쓰지 않으면 안 되었다.

5세기에 유대 광야는 '라브라'(Lavra)라는 새로운 유형의 조직에게 좋은 터전이 되었다. 이곳에서 여러 개별적인 수사들은 저명한 지도자 곁에서 각자 개인 암자를 두었고, 공동 기도와 공동 식사를 위해서 모이되, 여전히 공동체(coenobium)에서 공동 생활보다는 독거 생활 방식을 유지했다. 6세기에 유스티니아누스의 치하에 팔레스타인의 '라브라'들은 오리겐의 정통 신앙 여부를 둘러싼 교리 논쟁으로 분열되었다.

시리아와 메소포타미아에서는 금욕주의가 가끔 기괴한 형태를 띠었다. 이곳의 수사들은 대부분 헬라어를 모르고 시리아어를 사용하는 대단히 단순한 사람들이었다. 이들의 고행 사례들이 적힌 글을 읽으면 섬뜩한 느낌이 든다. 육중한 쇠사슬을 허리띠로 착용하는 것이 흔히 쓰인 고행 수단이었다. 더러는 가축처럼 살면서 풀을 뜯고, 작열하는 햇볕 아래 나무 그늘도 없는 들판에서 최소한의 옷만 입은 채 지냈으며, 이러한 자신들의 행위를 '그리스도를 위한 미련한 자들'이 됨으로써 사회를 부끄럽게 하려는 것이라고 정당화했다.

시리아 텔라니소스(데이르 세만)에서는 주상성인(柱上聖人) 시므온(Symeon the Stylite, 390경-459)이 주상 곧 기둥 꼭대기에 올라가 사는 특이한 방식으로 금욕 생활을 했다. 그의 금욕 생활은 순전히 허영이 아니냐는 비판을 받기도 했지만 대단히 진지했으며, 지역민들에게 깊은 존경을 받았다. 그는 많은 제자들을 그 수도원에 끌어들이고 많은 모방자들을 일으켰는데, 그 중 한 사람인 다니엘(Daniel, 409-93)은 콘스탄티노플 근교(오늘날 루멜리-히사르)에서 기둥에 올라가 33년을 지냈다. 시므온은 학교도 제대로 나오지 않은 사람이었지만, 그의 신망이 워낙 컸던지라 정부는 에베소 공의회(431)와 칼케돈 공의회(451)를 소집하기 전에 그에게 동의를 구해야 했다.

지식이라는 천칭저울을 놓고 볼 때 시므온의 반대쪽에는 오리겐에게 영향을 받은 금욕주의자들이 있었다. 그 중에서 가장 유명한 사람이 바실리우스였다. 물론 그는 오리겐의 신학 가운데 이단 혐의를 받은 사변적 주장들은 받아들이지 않았지만 말이다. 반면에 이집트에는 오리겐의 사상 가운데 보다 사변적인 면까지도 여전히 좋게 여기는 사람들이 있었다. 오리겐의 사변적인 사상은 알렉산드리아에서 소경 디디무스(Didymus the blind, 제롬이 잠깐 그에게 사사를 받은 적이 있었다)가, 그리고 콘스탄티노플에서 나지안주스 그레고리우스의 가까운 친구인 대부제 에바그리우스(Evagrius)가 상세히 소개했다.

에바그리우스는 성적 추문에 휘말려 수도를 떠나 예루살렘으로 갔다가, 마침내 이집트 광야에 정착하여 영적 생활에 관한 영향력 있는 작가가 되었다. 에바그리우스는 제도적 조직뿐 아니라 내면의 명상 과정에도 체계와 방법론을 도입했다. 대죄 혹은 근죄(根罪)를 여덟 가지로 분류했는데, 그 내용을 보자면 탐식, 음행, 탐욕, 우울, 분노, 권태(나태), 허영, 교만이었다.[2] 그리고 이 죄들을 플라톤이 분류한 대로 영혼의 각기 다른 부분들로 분류했다. 명상의 유형들을 이해의 정도에 따라 분류하여, 신체적인 것에서 비신체적인 것으로, 따라서 성 삼위일체에까지 이르는 것으로 분류했다. 명상이 가장 높은 경지에 오르면 기도가 말을 사용하지 않는 정신의 활동이 되고, 악령의 자극을 받아 상상으로 떠올릴 수 있는 하나님의 신체적 상(像)에서 해방된다고 생각했다. 에바그리우스는 예리하고 함축적이고 모호한 격언들을 즐겨 사용했다. 그가 기도의 신비를 설명하면서 사용한 용어의 상당수는 그리스의 금욕주의 신학에 흘러들어가 항구적으로 자리를 잡았고, 요한 카시아누스(John Cassian)를 통해서 서방으로 전달되었다.

카시아누스는 스키티아 출신의 수사로서, 팔레스타인과 이집트에서 오랜 기간 금욕주의 훈련을 받은 뒤 서방에서 개척 사업에 착수했다. 그는 에바그리우스와 그의 오리겐파 친구들의 사상에 동조했고, 따라서 400년 이후에는 알렉산드리아의 테오필루스가 주교하는 이집트에 그대로 체류할 수가 없었다. 콘스탄티노플로 가서 요한 크리소스톰에 의해 부제로 임명되었고, 404년에 요한이 실각한 뒤 로마로 갔다가, 마침내 415년에 마르세유로 가서 동방의 모델을 본따 남자들과 여자들의 수도원 동동체들을 조직했다. 그는 「강요」(*Institutes*)에서 외적인 질서, 즉 단정한 수사복, 적절한 성무일과, 그리고 에바그리우스의 목록에 실린 여덟 가지 대죄를 설명했다.

「집담회들」(*Conferences*)라는 책에서는 이집트의 저명한 금욕주의자들의 입을 빌어 연속 강론의 형태로 광야 전승의 내면성을 설명했다. 「집담회들」의 제13권에서 아우구스티누스의 은혜 교리를 비판했다가 극단적 아우구스티누스주의자인 아키텐의 프로스페르(Prosper)에게 반박을 당했으며, 이 논쟁으로 끝까지 정통 신앙을 의심 받았다. 그럴지라도 훗날 서방의 수도원주의가 카시아누스의 절제와 통찰에 큰 빚을 졌다는 것은 부인할 수 없는 사실이다. 그는 중요한 시점에 서방의 무대에 등장했다.

서방의 그리스도인들은 아타나시우스의 「안토니우스의 생애」와 루피누

2) 대 그레고리우스는 이 목록에 질투를 보탰으며, 우울과 권태를 하나로 묶었다.

스의 이집트 광야 교부들의 이야기의 라틴어 번역서들을 읽고 감동을 받아 자기들도 자기들의 성인들을 갖고 싶어했다. 아키텐 출신의 열정적인 평론가로서 403년경에 저술 활동을 한 술피키우스 세베루스(Sulpicius Severus)는 갈리아가 이집트의 금욕주의자들보다 우수한 성인을 배출할 수 있음을 입증할 의도로, 금욕적인 주교 투르의 마르탱(Martin of Tour)을 대상으로 대부분 허구적인 전기를 써서 큰 명성을 얻었다. 민중들 사이에 마르탱은 비범한 기적들을 일으킨 인물로 부각되었고, 술피키우스의 역사 소설 덕택에 야만족이 지배하던 서방에서 가장 유명한 성인이, 좀더 구체적으로 말하면 군인들의 수호성인이 되었다. 하지만 카시아누스는 이렇게 기적을 들먹이는 행위가 싫었고, 민중이 기적을 요구하는 세태를 몇 번이고 개탄했다. 그것은 권위있는 금욕주의 전승과 거리가 멀며, 금욕주의의 진정한 목적은 순수한 마음으로 기도하는 것이라고 그는 생각했다.

이러한 절제에 힘입어 카시아누스는 바실리우스가 그리스 동방에 해놓은 작업의 상당 부분을 서방에 이루어 놓았다. 물론 그는 독거(獨居) 수행이 공동 수행에 비해 우월하다는 것을 의심하지 않았지만 말이다. 그의 업적은 6세기에 성 베네딕투스(St. Benedict)가 작성한 수도회칙과, 그것과 긴밀히 연관된 '스승의 수도회칙'(Rule of the Master)에 극명하게 나타난다('스승의 수도회칙'은 베네딕투스보다 몇 년 전에 익명의 대수도원장이 쓴 것으로 추정되며, 그중 일부 내용이 베네딕투스회 수도회칙에 유입되었다).[3] 베네딕투스는 카시아누스의 「집담회들」(collationes)을 식사 도중에 낭독하도록 했고, 여기서 새참을 뜻하는 현대 이탈리아어(colazione)와 간식을 뜻하는 영어(collation)가 유래했다.

역사의 우연에 의해서 베네딕투스라는 이름은 금욕 및 학문과 연관을 갖게 되었다. 베네딕투스 자신은 참회적 금욕주의자와 자기 학대적인 고행

---

3) 그 스승은 베네딕투스 자신인 듯하다. 그는 카시노 수도원을 설립하기 전에 수비아코 근처에 열두 개의 수도원을 설립했으며, 따라서 서로 관련된 두 개의 수도회칙은 베네딕투스회의 발전 과정에서 이 두 단계에 해당한 것일 가능성이 있다.

자가 아니라, 절제를 하면서 단순한 생활을 영위한 사람이었다. 그가 세상에서 실패한 사람들이나 양심의 고통을 못 이겨 고행길에 나선 사람들에게서 자신의 수사들을 모집하려 했다고 암시하는 요소는 조금도 없다. 그가 수도원들을 설립할 때 교회나 사회에 각별히 봉사하기 위한 생각을 가지고 한 것은 아니었다. 그의 수사들은 성직자들이 아니라, 이탈리아의 농부들과 시골의 고트족 같은 평민들이었다. 그들은 성경을 낭독하고 성무일과(베네딕투스는 이것을 '하나님의 일'〈opus Dei〉이라고 하여 수도원 생활의 중심으로 간주했다)를 수행하기 위해서 어쩔 수 없이 글을 배워야 했다(하지만 학문을 배웠다는 말은 들을 수 없다). 그들은 모든 수사들에게 공평한 관심을 기울이는 대수도원장을 아버지로 삼는 한 가족이어야 했다. 무엇보다도 자기들의 수도원에만 머물고, 수도원들을 이리저리 떠돌아다녀서는 안 되었다.

베네딕투스의 수도회칙은 한 곳 이상의 수도원을 상정하긴 했지만, 베네딕투스가 수도회를 설립할 생각을 가졌던 것은 아니었음이 분명하다. 그는 하루 일과 중 상당 시간을 노동에 할당하도록 규정했을 때 중세와 현대의 베네딕투스회 학자들이 교육과 연구 분야에서 이룩하게 될 놀라운 업적을 예상하지 못했다. 그보다는 다만 수사들의 마음이 풀어져 나태하게 되지 않기를 바랐을 뿐이다. 수사들이 하나님 앞에서 살다가 천국에 이르게 되도록 하는 것 외에는 아무런 목적도 갖지 않았다.

제 13 장

오리겐에 관한 논쟁과 요한 크리소스톰의 비극

오리겐이 에바그리우스와 그가 이끈 이집트 수사들에게 받았던 존경을 다른 사람들도 다 공유한 것은 아니다. 375년경에 오리겐의 정통성에 본격적인 공격이 가해졌다. 공격을 가한 사람은 367년부터 키프로스 살라미스(파마구스타)의 주교가 된 에피파니우스(Epiphanius, 315경-403)로서, 그 공격은 "모든 이단들을 치유하기 위한 의료 상자"라는 글에 담겨 있었다. 그는 이단에 직접적인 피해를 입고 있었다. 그의 도시 살라미스에서 마르키온주의자들이 적극적인 활동을 벌일 때 그는 무력하게 그들을 대처했다. 그는 과거와 현재에 걸친 모든 기독교 이단들을 집중적으로 연구하여 권위자가 되었다.

금욕주의자였던 그는 신앙을 지키려면 신학적 사색을 포함한 모든 종류의 지적 자만을 엄격하게 배척해야 한다고 생각했다. 모든 교리적 쟁점들이 이미 권위에 의해 판결된 상태이므로, 그런 쟁점들을 공개 연구에 회부할 문제들로 간주하고 (에피파니우스의 판단에) 참 신앙을 이교 문화라는 독으로 오염시킨 오리겐 같은 사람에게는 설 자리가 있을 수 없었다. 에피파니우스는 열정적인 청교도였으며, 교회당 벽을 상징들과 그림들로 장식하기를 바라던 민중의 요구를 혐오했다.

에피파니우스가 오리겐에게서 단죄한 점은 무엇보다도 어느 모로 보나 분명한 문자적 진술들을 영적 상징으로 재해석하는 그의 경향, 특히 부활을 영적으로 해석한 그의 교리였다. 에피파니우스의 공격은 이미 죽은 오리겐을 파내어 재판을 한 것이었을 뿐 아니라, 당대에 오리겐이 '일단의 이집트 수사들'에게 끼치고 있던 영향을 지목한 것이기도 했다.

370년대에 나일강 삼각주에 자리잡은 니트리안 광야에 암모니우스(Ammonius)와 세 명의 형제가 이끄는 오리겐파가 살고 있었다.[1] 이 네 사람은 모두 키가 컸기 때문에 장신 형제들로 알려졌다. 이들은 아타나시우스가 죽은 뒤(373) 이집트에서 아리우스주의와 투쟁을 하느라 고초를 겪었고, 알렉산드리아의 주교 디모테우스(381-5 재위)와, 그리고 400년까지 그의 계승자 테오필루스(385-412 재위)와 대단히 좋은 관계를 유지했다. 에바그리우스가 이집트에 갔을 때, 그는 암모니우스의 지도를 받았다.

에바그리우스의 저서들은 그 집단의 신학을 널리 보급시킨 주요 매체였다. 이 집단은 여러 가지 모호한 점들이 있지만, 기도할 때 하나님을 사람의 형상을 가진 분으로 혹은 특정 지역을 점하고 계신 분으로 상상하는 것을 금한 점만큼은 분명하게 알려져 있다. 그들은 기도자의 마음에 하나님이 공간을 점한 어떤 형상으로 떠오르는 것은 귀신의 속임에서 비롯된 것이라고 가르쳤다. 단순한 신자들은 기도할 때 하나님을 하늘에 계신 아버지와 같은 초인으로 상상하는 것이 뭐가 잘못인가 하는 반응을 보였고, 이 점 때문에 수사들 가운데 '오리겐파'와 하나님이 인간의 형상을 갖고 계시다고 생각한 '신인동형설파' 사이에 논쟁이 벌어졌다.

이 논쟁은 에피파니우스에 의해서 더욱 달아올라 393년에는 팔레스타인에까지 확산되었으며, 각각 감람산과 베들레헴의 금욕주의적 숙소에서 살던 오랜 친구들인 루피누스와 제롬도 이 문제 때문에 냉정하게 갈라섰다. 제롬은 (루피누스가 경솔하게 그에게 자주 상기시켰듯이) 과거에 오리겐의 저작 중 몇 권을 번역하고 그를 '사도 시대 이후로 가장 위대한 교회

---

1) 니트리안 광야는 다만후르의 남서쪽에 자리잡고 있었다. 남서쪽으로 16km 더 가면 많은 은수자(隱修者)들이 살던 켈리아가 있었다. 스케티스(와딘 나트룬)는 남쪽으로 64km 떨어진 곳에 있었으며, 보다 많은 수의 은수자들이 있었다.

의 교사'로 칭송했다가, 이제는 그를 격렬하게 반대하게 되었다. 제롬은 주위에서 쉽게 볼 수 있는 신랄하고 꼬장꼬장한 사람이었다. 간혹 자신의 호방한 학문을 동원하여 증오와 질투를 퍼붓곤 했다. 비판을 견디지 못했으며, 자신에게 가까이 접근한 사람일수록 후에는 완전히 등을 돌리게 되는 경우가 많았다. 하지만 독설을 내뱉되 아주 탁월한 방식으로 내뱉고 큰 학식을 가지고 성경 주석을 썼기 때문에 누구나 그의 책을 읽고 싶어했다. 따라서 서방의 금욕주의자들이 성지에서 벌인 분쟁은 결국 로마에까지 번지게 되었다. 하지만 주요 전장은 이집트였다.

초기에는 알렉산드리아의 테오필루스가 장신 형제들을 지원했고, 심지어 그중 한 사람을 주교로 임명하기까지 했다. 399년에 다음 해 부활절 날짜를 관례대로 고지한 그의 부활절 회칙(encyclical)에는 순진한 '신인동형론자들'을 비판한 장문의 글이 실렸다. 이에 격분한 반 오리겐파 수사들이 즉시 알렉산드리아로 몰려가 소동을 벌이자, 테오필루스의 입장은 돌변했다. 그는 오리겐주의자들을 이집트에서 추방하고, 교황 아나스타시우스의 승인을 얻어 오리겐의 것으로 간주되던 교리들, 특히 에바그리우스의 저서에 실려 선전된 교리들을 공식적으로 금지했다. 에바그리우스는 그 소동이 벌어지기 직전인 399년 1월에 죽었지만, 장신의 형제들은 카시아누스와 그밖의 사람들과 함께 이집트를 떠날 수밖에 없었다. 이들은 콘스탄티노플로 가서 황제에게 하소연을 했고, 갓 임명된 주교 요한(크리소스톰. 6세기에 그는 '황금 입'의 설교자로 알려지게 된다)에게 자신들의 사정을 털어놓았다.

오리겐파가 요한 크리소스톰에게 호소한 것은 비극의 도화선에 불을 붙인 것이었다. 요한은 고매한 인격의 소유자였지만, 몇 가지 점에서는 뒷공론과 음모가 난무하는 대도시의 주교에는 적합하지 못한 사람이었다. 안디옥의 군사령관의 아들로 태어난 그는 청년 시절에 관직으로 나가는 탄탄대로를 버리고 시리아 광야로 나가 수사가 되었다가, 지나친 금욕 생활로 위장을 해친 뒤에 안디옥으로 돌아와 386년에 주교 플라비아누스 밑에서 장로가 되었다. 그는 이교 웅변계를 주도하던 리바니우스에게 수사학을 배웠고, 타르수스의 주교 디오도루스(Diodore)에게 신학을 배웠다. 이제 장로로서 강단에서 자신의 탁월한 웅변 실력을 발휘할 수 있게 된 그는 안디옥의 군중이 과중한 세금에 반발하여 황제의 신상을 부서뜨리는 일이 발생하여 모두가 황제의 보복에 두려워 떨고 있던 387년에 몇 차례에 걸친 연속 설교로 큰 인기를 얻었다. 현존하는 요한의 설교 대부분은 안디옥에서 행한 것으로서, 현존하게 된 원인은 주로 개인 속기사를 둔 덕택이었다. 달변에 직설적인 그 설교들은 교부들이 남긴 설교들 가운데 가장 널리 읽히고 가장 큰 감동을 주는 설교로 남아 있으며, 당시의 사회 역사를 연구하는 데 생생한 자료가 된다.

397년에 콘스탄티노플의 주교 넥타리우스(Nectarius)가 죽었을 때, 당시에 내시 유트로피우스(Eutropius)의 사주를 받고 있던 황실은 넉 달을 망설인 끝에 요한을 안디옥에서 납치하여 수도의 주교로 삼았다.

넥타리우스는 콘스탄티노플에서 스타 대접을 받던 인물로서, 오랫동안 주교직을 수행하는 동안 그 직위의 세속적 교회적 권위를 크게 신장시켜 놓았다. 콘스탄티노플 공의회(381)는 '새 로마'인 그 도시가 옛 로마에 버금가는 서열을 차지해야 한다고 공포했는데, 로마와 알렉산드리아가 모두 이 결정에 분개했다. 알렉산드리아인들은 콘스탄티노플에 약하고 무력한 주교가 부임하기를 일관되게 바랐다. 397년에 그 도시의 주교직이 공석이 되자, 알렉산드리아의 테오필루스는 자신이 천거한 인물을 그 자리에 앉히려고 무진 애를 썼었다. 그럼에도 불구하고 그는 예를 들어 니케아 공의회 직후에 유스타케(Eustace)가 몰락한 이래로 안디옥 교회를 갈라놓은 해묵은 분쟁을 치유하는 데 앞장서는 등 초기에는 요한에게 협조했다. 하지만 오리겐파 수사들이 요한을 찾아가 호소하자 상황이 완전히 바뀌었다. 요한이 테오필루스를 판결하는 자리에 앉게 된 셈이었다. 게다가 요한은 오랫동안 오리겐을 존경하던 금욕주의자들과 두터운 친분 관계를 유지하고 있었기 때문에, 테오필루스는 요한이 공정하지 않을 수도 있다고 의심할 만한 이유가 있었다. 테오필루스는 요한을 타도하기로 작정했고, 요한은 콘스탄티노플에서 스스로 많은 원수들을 만들어 냈다.

요한은 398년 2월에 콘스탄티노플을 처음 방문한 뒤로 여러 가지 개혁을 단행했다. 전임자 넥타리우스는 성직자들에게 친절하고 관대하고 편한 사람이었다. 그가 임명한 성직자들 가운데 더러는 도무지 성직자로서 자격이 없었기 때문에 요한은 냉정하게 그들을 파면했다. 그는 장로로 재직하던 시절에 사제직에 대한 높은 표준을 한 권의 책에 피력한 적이 있는데, 이제 그 표준을 실천할 기회를 맞은 것이었다. 넥타리우스는 로마의 다마수스처럼 성직자들에게 권면하기를, 양들에게 명령만 하지 말고 좋은 음식과 음료로 그들을 먹이라고 했었다. 요한은 광야에서 금욕 생활을 하다가 고질적인 위장병을 얻었던지라 늘 혼자서 식사를 했고, 그로써 그동안 주교의 집에서 성대한 식사를 해온 사람들에게 깊은 모멸감을 안겨주었다.

요한이 전임자보다 못하다는 비판이 여기저기서 쏟아져 나왔다. 부임한지 얼마 지나지 않아서 행한 설교에서, 요한은 "사람들은 현직 주교를 헐뜯으려고 작정할 때만 전직 주교를 칭송하는 법이다"라고 주장했다. 요한이 푸짐한 식탁과 풍부한 포도주 창고를 혼자서 즐기고 "마치 키클로프스(키프로스에 살았다고 하는 애꾸눈 거인 — 역자주)처럼 산다"는 비방이 나돌았다. 그는 끊임없이 자신을 방문하는 무수한 주교들에게 검소한 대접을 해서 돌려보냈다. 좋은 환대와 건축 사업을 위한 재정 지원을 잔뜩 바라고서 찾아온 그들을 말이다.

시리아의 주교 가발라의 세베리아누스(Severian)가 요한을 방문했다가 요한이 명설교로 후한 보수를 받는 것을 알고서 그의 주변에 남아 있다가 몇 달 뒤 요한에게 교구로 돌아가라는 권고를 듣고서 깊은 모멸감을 느꼈다. 요한은 수도원에 비교할 수 없이 화려한 그 도시의 조명을 보고서 부러워한 이삭(Isaac)이라는 유명한 수사에게도 비슷한 모멸감을 안겨주었다. 부유한 과부 올림피아스(Olympias)가 그의 조언을 깊은 관심을 가지고 받아들이자, 다른 귀부인들 사이에 험담이 나돌았다.

더욱이 요한의 개혁 조치들에 대한 우려가 콘스탄티노플 바깥에까지 퍼져나갔다. 요한은 아시아 도의 많은 주교들이 자신들의 연간 수입에서 일정 비율을 에베소 수도대주교에게 축성 수임료로 지불한다는 사실을 발견했다. 에베소 주교는 죽음으로써 요한의 손길을 벗어났지만, 성직 매매에 연루된 다른 모든 주교들은 가차없이 파면당했다. 요한의 비판자들은 이런 행위들을 자신의 관할권을 벗어난 월권 행위로 보았다. 이것이 선례가 되어 장차 콘스탄티노플 주교들이 축성 수임료를 요구하고 소아시아 전역에 대해 관할권을 행사하게 되지나 않을까 그들은 우려했다.

요한은 금욕적이고 초연하고 혈기 왕성한 인물로서, 강단에서 흥분을 하면 이것저것 가리지 않고 노골적인 비판을 토해냈다. 이런 기질 때문에 세련되고 유복한 도시에서 편하게 살기가 쉽지 않았다. 부자들은 요한이 공산주의식으로 사유 재산은 아담의 타락의 결과로 생겼다고 설명하고, 교회 문 앞에 앉은 걸인들을 거들떠 보지도 않으면서 열 채나 되는 대저택과 수백 명의 하인들과 금 세면기를 두고 사는 사람들을 조롱할 때 모욕감을 느꼈다. 그리고 남편이 아내에게 정절을 요구하듯 아내도 남편에게 똑같이 정절을 요구할 권한을 갖고 있다고 거듭 외침으로써 남성들의 감정을 상하게 했다. 유베날리스나 세네카를 연상시킬 정도로 여성들의 사치를 맹렬히 비판함으로써 고급 패션을 즐기던 귀부인들의 비위를 거슬렀다.

알렉산드리아의 테오필루스에게는 이런 점들이 모두 호재였다. 그는 에피파니우스에게 요한을 조심하라고 경계함으로써 원정을 개시했다. 키프로스에서 배를 타고 콘스탄티노플로 간 에피파니우스는 테오필루스에게 들은 대로 요한이 오리겐의 이단자들을 먹여 살리고 있다고 가차없이 공격했다. 하지만 '장신의 형제들'은 자기들이 에피파니우스의 저서들을 개인적으로 흠모하고 있다고 주지시킨 뒤, 그에게서 그가 자신들의 생각을 확인하지 못했다는 시인을 받아냈다. 현실을 파악한 그 선량한 주교 에피파니우스는 수도를 떠나 고향으로 가다가 도중에 죽었다.

403년 6월에 테오필루스가 보스포루스 해협에 도착했다. 명목상으로는 자신이 '장신의 형제들'에게 가한 행동을 변호하기 위해 그곳에 간 것이었지만, 사실은 요한을 재판에 회부하려는 속셈이었다. 그는 요한에게 불만을 가진 사람들을 대상으로 칼케돈(오늘날의 가디코이)에서 공의회를 소집했다. 칼케돈은 보스포루스 해협을 사이에 두고 콘스탄티노플 맞은 편의 아시아쪽 해안에 자리잡고 있었다. 공의회는 얼마 전에 실각한 아시아 지사 루피누스(Rufinus)가 건축한 오크(떡갈나무) 궁에서 개최되었고, 요한에게 와서 여러 가지 고소에 답변하라고 통보했다. 하지만 요한은 그렇게 분파적인 법정에 서기를 거부했고, 공의회는 그를 파문했다.

오크 궁에서 그런 판결이 내려졌을지라도, 만약 요한이 황제 아르카디우스(Arcadius)와 그의 충동적인 게르만족 아내 유독시아(Eudoxia)와 좋은 관계를 유지할 수 있었다면 그 판결은 아무런 효력도 발휘하지 못했을 것이다. 유독시아는 처음에는 요한을 존경했다. 요한에게 자기 아들[훗날의 테오도시우스 2세]에게 세례를 베풀어 달라고 청했고, 아들이 병에 걸렸을 때도 직접 와서 예배를 드려주겠다는 요한의 원수 에피파니우스보다는 요한의 기도가 더 효험이 있을 것 같다고 판단을 내렸다. 하지만 403년 6월에 요한이 몹시 싫어진 사건이 발생했다. 과거에 자신이 지주들의 권리를 무시하고서 토지를 가로챈 일이 있었는데, 요한이 여성의 검소한 삶에 관해 설교하면서 소름끼치는 이세벨의 예를 인용하자, 많은 사람들이 그것을 유독시아 자신을 겨냥한 말로 이해했다[아마 실제로 그랬을 가능성이 크다].

이에 분개한 황후는 오크 공의회의 판결을 재가하고 요한에게 추방령을 내렸다. 요한은 회중이 발디딜 틈도 없이 들어찬 교회에서 고별 설교를 하면서, 유독시아를 명백하게 이세벨과 헤로디아에 비교하며 신랄하게 비판한 뒤에 강단에서 내려와 유배 길에 올랐다. 하지만 그가 떠난 다음 날 수도에서 지진이 발생했고, 이것은 하늘이 그의 추방을 못마땅하게 여긴다는 징조로 받아들여졌다. 황실은 요한을 영웅으로 떠받들던 시민들의 분노에 찬 함성을 듣고는 사태의 심각성을 깨달았다. 아르카디우스와 유독시아는 요한을 도로 불러들여 주교직에 다시 앉혔다.

하지만 몇 달 뒤에 성 소피아 성당 곁에 유독시아의 은상을 세우는 행사가 열렸을 때,[2] 요한이 그 행사에 반대하자 유독시아는 모욕감을 느꼈고, 요한을 광명의 천사로 가장한 사단이라고 몰아세운 알렉산드리아의 테오필루스의 소책자를 읽고는 요한에게 강렬한 적개심을 품게 되었다. 강단

에 선 요한은 자제력을 잃고서 "다시 헤로디아가 떠들고, 다시 그녀가 춤
을 추고, 다시 그녀가 소반에 요한의 머리를 가져오라고 요구하고 있습니
다" 하고 외쳤다. 황실은 이 말썽 많은 성직자를 제거하기로 결정했다. 황
실이 내건 죄목은 어떤 주교 회의도 오크 공의회의 판결을 번복한 적이
없는데도 요한이 341년 안디옥 공의회의 봉헌 법(canon of Dedication)
을 위배하고서 자기 마음대로 복직했다는 것이었다.

요한을 지켜준 것은 그 도시에서 그가 얻고 있던 인기뿐이었다. 하지만
요한의 열정적인 지지자들이 흥분하여 성 소피아 성당에 불을 지르는 사
건이 발생하자, 그들에게 동조하던 분위기가 가라앉기 시작했다. 결국 요
한은 추운 아르메니아 지방으로 유배길에 올랐으나, 그러기 전에 로마 주
교(인노켄티우스 1세, 402-17)와 밀라노 주교, 그리고 아킬레이아 주교에
게 호소를 했다. 그가 유배길에 오를 때 과부 올림피아스가 넉넉한 자금을
쥐어주었고, 지지자들에게서 무수한 편지가 답지했다. 정부는 그를 아주
먼 곳에 떨어뜨려 놓지 않으면 안 된다고 결정했고, 그렇게 해서 유배길에
오른 요한은 407년 9월 14일에 코마나(토카트)에서 죽었다.

요한의 이야기는 개인의 비극 이상의 것이었다. 그는 황실의 수석 성직
자인 동시에 국가와의 관계에서 오랜 독립의 전통을 지닌 단체의 수장인
콘스탄티노플의 주교라는 지위가 얼마나 모호한 것인가를 역력하게 보여
주었다. 그 투쟁은 그의 죽음으로 끝나지 않았다. 인노켄티우스 1세는 일
관되게 요한의 원수들과 교제를 나누기를 거부하고, 그 사건을 해명할 것
을 집요하게 요구했으며, 따라서 그 쟁점은 콘스탄티노플의 지위에 관한
것이 되기보다 동방에서 로마의 권위에 관한 것이 되었다. 인노켄티우스의
단호한 태도와 그로 인해 거둔 승리는 로마의 위신을 높이는 데 크게 이
바지했다. 요한의 문제를 해명하는 작업은 대단히 더디게 진행되었다.

콘스탄티노플에서는 대다수의 주민들이 로마 교회의 지원을 받아 요한

---

2) 1848년에 발견된 기둥 밑에 새겨진 비명이 이스탄불 성 이레네 성당(Irene)
에 있다.

의 계승자 아티쿠스(Atticus, 406-25)를 인정하지 않은 채 교회당 밖에서
예배를 드렸으며, 바로 이들 '요한파'의 일원이었던 팔라디우스(Palladius,
에바그리우스의 제자) 덕분에 우리는 요한의 극적인 생애에 관해서 뿐 아
니라 이집트 수도원주의의 역사를 이해하는 데 주된 문헌인 「라우수스의
역사」(Lausiac History)를 얻게 되었다(그런 제목이 붙은 이유는 그가 이
책을 대 의전관 라우수스에게 헌정했기 때문이다).

알렉산드리아의 테오필루스가 살아있는 한 화해란 불가능했다. 412년에
테오필루스의 자리를 그의 조카 키릴루스(Cyril)가 계승했다. 키릴루스도
견해는 테오필루스와 비슷했지만 그것을 변증하는 능력은 테오필루스보다
월등하게 뛰어났다. 그는 교회가 교제를 나누는 성인들 틈에 가룟 유다 같
은 사람을 둘 수가 없다고 설명했다. 인노켄티우스 1세가 죽은 뒤(417)
콘스탄티노플의 아티쿠스는 마침내 로마 교회의 요구에 동의하여 요한의
이름을 딥티쿰(성찬 때 낭독할 죽은 성인들의 이름이 적힌 목록)에 포함
시켰으나, 키릴루스는 삼촌의 정책을 고수했다.

결국 428년에 콘스탄티노플의 새 주교 네스토리우스(Nestorius)가 요
한처럼 안디옥에서 선출되어, 키릴로부터 요한의 이름을 알렉산드리아의
딥티쿰에 포함시키겠다는 억지 동의를 얻어냈으며, 콘스탄티노플에 요한
을 기념하는 연례 축일을 제정했다. 그 뒤로 요한은 유작으로 남긴 빼어난
설교문들을 통해서 갈수록 큰 영향력을 발휘했으며, 그의 설교는 열정적인
스타일과 교육의 모델이 되었다.[3] 중세 비잔틴에서 황도(皇都)의 유서깊은
전례(典禮)의 작성자를 선정하려 할 때 크리소스톰보다 더 비중있는 인물

---

3) 692년 콘스탄티노플 에큐메니컬 공의회(이 공의회는 553년과 680년의 제5차
공의회와 제6차 공의회를 보완했기 때문에 제5,6차 에큐메니컬 공의회라고 불리거
나, 돔 지붕이 달린 황궁의 홀에서 개최되었기 때문에 '트룰로' 공의회라고 불린다)
의 교회법 제19조는 설교자들이 각자 나름대로 설교문을 작성하기보다 '교회의 권
위자들'의 설교문을 모범으로 삼아야 할 것이라고 지도했다. 크리소스톰의 설교 선
집은 바실리우스와 나지안주스 그레고리우스의 설교집과 함께 큰 인기를 누리게 되
었다.

이 없었으므로, 그 전례에는 그의 이름이 실려 '성 크리소스톰의 전례'라
는 명칭이 붙게 되었다.

제 14 장

그리스도의 위격 문제

디오도루스, 테오도루스, 아폴리나리스

요한 크리소스톰은 378년에 타르수스의 주교로 임명된 안디옥의 금욕주의적 장로 디오도루스(Diodore)에게 신학을 배웠다. 디오도루스는 우주적 문제에 깊은 관심을 지닌 특이한 사람으로서, 신학에 관한 저서뿐 아니라, '태양은 얼마나 뜨거운가'를 주제로 한 저서와, 하늘이 에테르 같은 물질로 이루어져 있다는 아리스토텔레스의 견해에 관한 저서를 쓰기도 했다. 성경을 해석할 때 당시의 관례보다 문자적·역사적 의미를 더욱 강조했다. 예표론(typology. 특정 인물들과 사건들을 그리스도와 교회에 관한 구체적인 표상들로 보는 해석)의 유효성을 인정하면서도, 무절제한 알레고리 사용에는 반대했다. 성육신을 하나님의 변형이나 신화적 신현(神顯)으로 보는, 당시에 인기를 끌던 해석을 비판했다. 예수님이 인간 아버지를 두지 않았기 때문에 하나님의 아들(Son of God)이셨다는 개념을 혐오했다. 참된 신학은 신앙의 선구자요 모범이신 그리스도의 인성의 구별성(distinction)과 자발성(spontaneity)을 진지하게 받아들인다고 생각했다.

이 점에서 디오도루스는 라오디게아의 아폴리나리스(Appolinaris)와 부딪혔다. 아폴리나리스는 디오도루스가 성육신을 영감과 은혜의 특별한 사례 정도로밖에 해석하지 않는 게 아니냐는 정당한 의심을 품었다. 그의 눈

에는 이것이 동정녀 탄생을 꼭 필요하지 않았던 일로 만들고, 이교의 편견
을 줄이려는 그릇된 시도를 하다가, 초자연의 영역을 최소로 줄인 것으로
비쳤다. 아폴리나리스는 동정녀 탄생을 교리에서 최우선적으로 중요한 사
건으로 보았고, 3세기 이래로 개인들이 마리아에게 사용한 '하나님의 어머
니'(Theotokos)라는 칭호에 심오한 진리가 있다고 보았다. 반면에 디오도
루스는 마리아가 '사람의 어머니'라는 설명이 덧붙을 때만 이 칭호가 신
학적으로 타당하다고 보았다.

그리스도 안에서 신적 말씀이 인간 정신을 대체했다는 아폴리나리스의
이론이 단죄를 당하자, 마치 대립적 위치에 있던 디오도루스의 신학이 승
인을 받은 듯이 보였다. 하지만 디오도루스 자신은 자신의 교리를 체계 있
게 수립하지 못했고, 따라서 배아 상태에 있던 그의 사상을 완숙한 경지로
끌어올리는 작업은 안디옥 출신의 또 다른 신학자에게 넘겨졌다.

테오도루스(Theodore, 350-428)는 요한 크리소스톰의 친구이자 리바
니우스의 제자였다. 그는 392년에 길리기아 평원에 자리잡은 몹수에스티
아(오늘날 아다나 동쪽의 미시스)의 주교가 되었다. 그는 성육신에 관한
저서들과 성경 주석으로 큰 주목을 받았다. 알레고리를 배척한 디오도루스
의 견해를 발전시켜서, 이른바 수많은 '메시야' 예언들과 시편들이 그리스
도께 대한 예고라는 점을 부정하고, 아가서를 그리스도와 그의 교회간의
초자연적 결합과 상관이 없는 자연적인 연애시라고 평가함으로써 전통주
의자들을 당혹하게 했다. 테오도루스의 핵심 사상은 인류 구속이 인간 그
리스도의 완전과 순종에 좌우된다는 것이었다. 예수님이 하나님과 동등한
것은 그분의 의지와 성부 하나님의 의지 사이에 '사랑의 유대'가 있기 때
문이라고 했다.

테오도루스는 아폴리나리스주의가 그리스도의 인성의 실재를 왜곡한 것
을 제대로 짚어내고서, 그분 인성의 실재를 수호하는 데 주력했다. 전문 용
어를 사용하여, 그리스도 안에서 하나님과 사람이 연합하여 단일 위격
(prosopon)을 이루었다고 해서 서로 연합한 두 개의 '본성'(nature)의 항
구적인 이원성이 말살되거나 변형되는 것이 아니라고 주장했다. 열정적으

로 기도하다보면 "하나님이 고난을 당하사 죽으셨다"고 말할 수도 있겠지만, 신학자는 하나님이 고난을 당하거나 죽으실 수 없으며, 따라서 이렇게 인간의 취약성이 하나님께 전가된 것은 그리스도의 인성에 기적의 능력을 돌리는 것과 마찬가지로 액면 그대로를 뜻하지 않는다는 것을 안다고 주장했다.

아폴리나리스는 이러한 개념이 하나님께 '두 분의 아들', 즉 자연에 의해 아들이 되신 분과 은혜에 의해 아들이 되신 분이 계신다는 뜻을 함축한다고 보고서 일축한 뒤, 하나님과 사람이 그리스도 안에서 '하나의 본성과 하나의 실체(hypostasis)'를 가지고 결합하셨다는 정의를 단호하게 주장했다. 용어를 놓고서 더러 이견도 제기되었다. 아폴리나리스가 말한 '하나의 본성'(one nature)은 한 개인을 뜻했다. 하지만 테오도루스는 그의 용어를 자연스럽게 인성이 신적 존재 안으로 흡수되었다는 뜻으로 이해했다. 이를테면 복음서들에 기록된 인간적 유혹들과 갈등들을 단순한 연기로 이해하는 방식으로 말이다. 누가복음에 따르면 그리스도께서 지혜가 자라셨다고 하며(참조. 눅 2:52), 마가복음에 따르면 그리스도께서 하나님의 종말적 승리의 때를 모르시고서 "나의 하나님,나의 하나님, 어찌하여 나를 버리셨나이까"라고 외치셨다고 한다(막 15:34). 테오도루스는 영원하신 하나님의 말씀을 이런 경험의 주체로 만드는 것은 아리우스주의로 직행하지 않는 한 무의미하다고 느꼈다.

키릴루스와 네스토리우스

테오도루스의 성육신 신학은 아폴리나리스주의뿐 아니라 알렉산드리아 전승의 주류에도 중대한 신학적 도전을 던졌다. 412-444년에 알렉산드리아 교구는 전임자 테오필루스의 조카로서 예리한 신학자요 과단성 있는 교회 정치가인 키릴루스가 차지하고 있었다. 그는 테오도루스를 철저히 반대했고, 대가다운 면이 엿보이는 요한복음 주석을 통해서 실명을 거론하지 않은 채 그리스도를 영감(inspiration)과 은혜에서 최고의 모범으로 간주하고서 '결합 이후의' 독특한 두 본성을 주장하는 사람들을 공격했다. 그럼에도 불구하고 그 논쟁은 지면 싸움으로 남았다. 테오도루스는 천성이 타협을 좋아하는 사람이었다. 심지어 욥기 주석을 써서 키릴루스에게 헌정할 정도였다.

그런데 불행하게도 그 논쟁이 교회 정치와 맞물리게 되었다. 알렉산드리아의 키릴루스는 저명하고 사려깊은 신학자였으나, 교회 정치 문제에 봉착하면 초연한 입장을 견지하지를 못했다. 삼촌이 이집트의 이단과 이교를 진압하기 위해 투쟁하는 모습을 보면서 자란 그는 성격이 관용과는 거리가 멀었고, 주교직에 오르자마자 몇 차례에 걸쳐 과격한 사건을 일으켰다. 그가 이교도들과 반체제 인사들을 탄압하자, 알렉산드리아에서 그리스도인들과 유대인들 사이에 격렬한 폭동이 발생했고, 415년에는 신플라톤주의자인 히파티아(Hypatia)가 광적인 무리에게 살해되는 일이 발생했다. 그 여성은 키레네의 시네시우스(Synesius)를 가르친 적이 있는 덕과 지혜를 갖춘 학자였다.

428년 4월에 황실은 훌륭한 설교자를 콘스탄티노플 총대주교로 초빙하기를 원하여 네스토리우스라는 안디옥의 수사를 영입했다. 네스토리우스는 이교와 이단을 탄압하는 일에 관해서는 키릴루스에게 전폭적인 지지를 보냈으나, 몹수에스티아의 테오도루스의 말을 듣고서 '하나님의 어머니'라는 대중적인 칭호에 아폴리나리스주의의 큰 위험이 담겨 있다는 사실을 알게 되었다. 처음에 알렉산드리아의 키릴루스는 알렉산드리아의 딥티쿰에 요한 크리소스톰의 이름을 마지못해 실어주는 정도만큼 네스토리우스에게 협조했다. 하지만 키릴루스는 네스토리우스가 '하나님의 어머니'에 관해 비판했다는 소식을 듣고는 곧 분개했다.

428년이 끝나갈 무렵에 네 명의 알렉산드리아 시민이 황제 테오도시우스 2세를 찾아가 키릴루스가 자신들을 학대했다고 호소했다. 테오도시우스는 네스토리우스에게 그 이야기를 전하면서 진상을 조사하도록 부탁했다. 키릴루스는 삼촌 테오필루스와 마찬가지로 벼락 출세하듯이 총대주교구로 승격된 콘스탄티노플의 총대주교가 알렉산드리아 주교의 행위를 재판하는 자리에 앉도록 방치해 두기를 원치 않았다. 그리고 키릴루스가 의심한 대로, 만약 네스토리우스가 이단이라면 그에게 과연 재판권이 있는지 의문을 제기할 수 있었다.

428년 말에 키릴루스는 관구관하주교들(suffragans)에게 보내는 연례 서신에서 네스토리우스의 교리를 공식적으로 비판했다. 한편 콘스탄티노플에 파견되어 있던 키릴루스의 대리인들은 그곳에서 네스토리우스가 예수님을 하나님으로 믿지 않기 때문에 '하나님의 어머니'라는 칭호를 싫어한다는 소문을 퍼뜨려 그에 대한 적대 감정을 조성했다. 429년 봄에 유세비우스(Eusebius)라고 하는 알렉산드리아의 법률가(훗날 프리지아 도릴라이움의 주교가 됨)가 콘스탄티노플의 거리에 네스토리우스의 설교에서 발췌한 글귀와 3세기의 이단 사모사타의 바울(Paul)의 글귀를 나란히 써넣은 현수막을 내걸었다. 이것은 네스토리우스가 그리스도의 신성을 부인했다고 직접 고소한 것이었다. 이런 식으로 더디면서도 확실하게 키릴루스는 반대와 의심의 분위기를 조성했다. 하지만 네스토리우스는 황제 테오도시우스와 황후 유도키아(Eudokia)의 총애를 받고 있었기 때문에, 키릴루스는 조심스럽게 일을 추진하지 않으면 안 되었다.

430년 2월에 키릴루스는 네스토리우스에게 장문의 편지(그의 '제2차 편지')를 보내 알렉산드리아의 그리스도 위격 교리를 설명했다. 그는 한 발 물러서서 그리스도의 신성과 인성 사이의 차이가 결합에 의해 폐지되지 않는다는 점을 인정하면서도, 두 본성이 결합하여 단일 실체(entity, 휘포스타시스)를 구성하며, 그로써 신성으로 말미암은 초자연적 기적들의 원인을 인성으로 돌릴 수 있고, 인성으로 말미암은 자연적 연약성을 신성으로 돌릴 수 있다고 주장했다. 단일 휘포스타시스를 구성하는 이 결합 때문에, 하나님이 베들레헴에서 태어나셨다거나 고난을 당하실 수 없는 영원하신 말씀이 고난을 당해 죽으셨다는 말을 단순히 경건의 열정으로 말할 수 있을 뿐 아니라 엄격한 신학으로도 말할 수 있다고 주장했다. 네스토리우스는 이 편지를 받고서 다섯 달 뒤에 보낸 답장에서 안디옥의 '두 본성' 기독론을 재확인했다.

시간이 가면서 긴장이 고조되었다. 키릴루스에게 가장 큰 문제는 어떻게 하면 네스토리우스에 대한 황실의 지원을 차단할 수 있는가 하는 것이었다. 그는 네스토리우스의 이름을 거론하지 않은 채, 그의 교리를 비판하는 논문들을 작성한 뒤 그것을 황제에게뿐 아니라 황실의 유력한 귀부인들에게도 보냈다. 테오도시우스는 대부분 여성들에게 휘둘려 지냈다. 어렸을 때는 누이 풀케리아(Pulcheria, 399-453)에게 눌려지냈다. 학식이 높고 경건하고 야심이 있고 꼿꼿한 여성이었던 풀케리아는 421년에 동생 테오도시우스의 배필감으로 아름답고 총명한 아테나이스(Athenais)를 정해주었는데, 이 여성은 결혼하자마자 종교를 기독교로 바꾸었고, 이름도 유도키아로 바꾸었다.[1]

하지만 유도키아는 고집이 강한 여성이었고, 풀케리아의 협조도 없이 테오도시우스를 제 마음대로 주물렀다. 그 결과 황제의 교회 정책은 바람개비처럼 아내나 누이에게 휘둘리는 대로 오락가락하는 경향이 있었다. 네스토리우스는 유도키아에게는 호감을 얻었으나 풀케리아에게는 한때 면박을 준 일로 인해서 밉보였다. 네스토리우스에 대한 키릴루스의 비판이 황제에게 환영을 받지 못한 이유는 그 문제로 인해 아내와 누이 사이에 분쟁이 생길 경우 자신의 인생이 너무나 비참해질 것이기 때문이었다.[2]

키릴루스는 로마의 지원을 얻는 데 훨씬 더 빨리 성공을 거두었다. 로마가 키릴루스 편으로 돌아서게 된 데는 네스토리우스가 원인을 제공한 점이 없지 않았다. 그는 로마가 이단으로 단죄한 몇몇 펠라기우스주의자들을

---

1) 유도키아는 호메로스의 시 형식을 빌어 복음서 기사들에 관한 시를 썼다(이 시들은 현존한다).

2) 유도키아는 439년에 풀케리아를 황궁에서 은퇴하도록 만드는 데 성공했지만, 총리대신과 경솔한 행동을 한 것이 빌미가 되어 예루살렘으로 물러가 살다가(442), 그곳에서 참회의 생활을 하다가 죽었다(460). 하지만 테오도시우스는 그 뒤에 풀케리아보다 내시 크리사피우스의 조절을 받는 편을 좋아했다. 따라서 풀케리아는 450년 이전까지는 결정적인 역할을 할 수 없었다. 풀케리아의 전성기는 칼케돈 공의회 때였다.

콘스탄티노플로 받아들여 교황 켈레스티누스의 강렬한 분노를 일으켰던 것이다. 로마에 파견된 키릴루스의 대리인은 네스토리우스를 그리스도의 신성과 은혜의 필요성을 부정하는 이성주의자로 묘사하는 데 열을 올렸다. 로마는 요한 카시아누스(John Cassian)에게 이 새로운 유형의 펠라기우스주의를 논박하는 글을 쓰도록 위임했고, 430년 8월에 키릴루스 앞으로 네스토리우스에게 보내는 공식 서신을 보내 열흘 내에 철회할 것을 요구했다. 키릴루스는 고의적으로 그 서신을 서랍에 넣어두고 있다가 11월 30일에야 네스토리우스에게 전달했으며, 그것을 전달할 때 12개의 아나테마에 동의할 것을 요구하는 강력한 교리적 서신을 첨부했다(이것이 그의 '세번째 서신'이다). 키릴루스의 12개 아나테마는 안디옥의 '두 본성' 기독론, 그 중에서도 특히 그리스도의 말씀과 행위를 신성과 인성으로 구분한 것(즉, 그리스도께서 우시고 죽으신 것은 신성으로 하신 것이 아니라 인성으로 하신 것이며, 폭풍을 잠잠케 하신 것은 인성이 아닌 신성으로 하신 것이라는 교리)을 단죄했다. 아울러 네스토리우스에게 "하나님의 말씀이 육체로 고난을 당하셨다"는 것을 시인하라고 요구했다.

이 두려운 문서가 네스토리우스에게 전달된 때는 테오도시우스가 431년 오순절(6월 7일)에 에베소에서 공의회를 소집한다고 공고한 지 열하루 뒤였다. 네스토리우스는 키릴루스가 보내온 12개 아나테마가 아폴리나리스의 경향을 완연하게 나타낸다고 판단했고[3] 따라서 자신감을 가지고 공의회가 열리기만을 기다렸다. 그는 키릴루스의 정치적 수완이 얼마나 큰지, 그리고 자신이 '하나님의 어머니'라는 칭호를 경멸한 태도로 인해 얼마나 광범위한 반감이 조성되어 있는지를 제대로 파악하지 못했다. 더욱이 콘스탄티노플 총대주교들에게는 자치권과 권력을 바라는 소아시아의 수도 대주교들 사이에 정적들이 있다는 사실을 유념했어야 했다.

---

3) 키릴루스는 한사코 아폴리나리스주의의 혐의를 부정했다. 하지만 그는 자신이 아타나시우스의 저작인 줄 알았으나 사실은 아폴리나리스의 위조 문서인 본문들에 영향을 받았다.

에베소의 주교 멤논(Memnon)은 워낙 열정적인 키릴루스의 지지자였기 때문에, 네스토리우스가 에베소에 도착했을 때 정부는 멤논의 수사들이 어떤 일을 벌일지 몰라 병력을 동원하여 그를 호위해야 했다. 네스토리우스가 의지할 데라곤 황실을 제외하고는 안디옥의 주교 요한과 시리아에서 사역하는 요한의 관구관하주교들밖에 없었지만, 이들 시리아의 주교들은 악천후 때문에 공의회장에 늦게 도착했다. 게다가 안디옥의 요한도 나름대로 개인적인 문제들을 안고 있었다. 예루살렘의 유베날리스(Juvenal)가 기독교 세계의 모교회인 자신의 교구를 여러 관구들을 다스리는 '총대주교구'로 승격시키려는 야심을 품고 있었던 것이다. 이 야심을 이루려면 안디옥의 전통적 권리(니케아 교회법 제6조에 의해 보호되던)를 희생시켜야 했기 때문에, 유베날리스는 확고한 태도로 안디옥의 요한을 반대하고 키릴루스를 지지했다. 물론 키릴루스로서는 그가 이런 이유로 자신을 지지하는 것을 알고는 당혹스러워했지만 말이다.

하지만 키릴루스에게 가장 강력한 뒷받침이 된 것은 민중의 열정적인 신앙 정서였다. 네스토리우스가 그리스도께서 단순히 영감 받은 인간에 지나지 않는다고 가르쳤다는 비난은 철저한 오해였다. 하지만 신자들은 영원하신 말씀이 죽으셨다거나, 마리아가 하나님의 어머니라는 가르침을 조금이라도 의심하는 것은 도무지 경건치 못한 태도라고 확신하고 있었다. 성찬은 베들레헴의 기적을 재현하여, 생명을 주시는 그리스도의 살과 피가 신자들에게 공급하는 것이 아니던가? 네스토리우스가 그리스도의 인성과 영원하신 말씀을 구분한 것은 성찬에 담긴 신적 보증을 훼손하는 것으로 비쳤다. 반면에 키릴루스의 용어는 베들레헴의 그 옛날옛적이 불과 한두 시간 전이라고 거리낌 없이 말할 수 있도록 해주었다. "하나님은 두세 달 된 아기가 아니시다"라는 네스토리우스의 발언만큼 큰 추문을 일으킨 것도 없었다.

에베소 공의회는 431년 6월 22일에 성 마리아 교회에서 열렸고, 회의 초장에 키릴루스와 그의 관구관하주교들은 네스토리우스를 파문했다. 나흘 뒤에 안디옥의 요한이 이끄는 시리아 주교들이 도착했다가 시테를 파악한 뒤 교회회의를 열고서 키릴루스와 에베소의 멤논을 폐위했다. 그러던 중 마지막으로 로마의 특사들이 도착하여 교황 켈레스티누스의 지시대로 키릴루스 측에 합류했다. 문제가 많았던 지금까지의 회의를 서방 교회의 대표들이 이렇게 재가한 데 힘을 얻은 키릴루스는 자기 측 대표들만으로 따로 교회회의를 열어 펠라기우스주의를 단죄하고(서방측의 환심을 사기 위해), 키프로스에 교회적 독립을 부여하고, 예루살렘의 유베날리스에게 총대주교의 지위를 부여하고, 마지막으로 니케아 신조에 일체의 내용을 첨가하는 행위를 금하는 결의안을 통과시켰다.

두 대립 교회회의가 서로에게 저주를 퍼부었다. 이 교착 상태를 해결할 열쇠는 주저하던 황제의 손에 쥐어져 있었다. 두 진영은 칼케돈에 체류하던 황제에게 사절들을 파견했고, 황제는 두 개의 대립 교회회의가 각각 네스토리우스와 키릴루스와 멤논에 대해 통과시킨 폐위 결의안을 마치 하나의 통일된 공의회에서 통과된 법안처럼 받아들여 모두 재가했다. 이렇게 해서 세 사람이 다 감금되었다. 그 사이에 키릴루스는 막대한 자금을 동원하여 황궁의 유력 인사들을 회유했고, 그 결과 네스토리우스는 급격히 지지기반을 잃기 시작했다. 네스토리우스는 안디옥에 있는 자신의 수도원으로 돌아가고 싶다는 심약한 발언을 함으로써 스스로의 입지를 약화시켰다. 사실 그는 지칠 대로 지쳐 있었다. 황제는 그의 제의를 수락하고서 키릴루스가 인정하는 유명무실한 사람을 후임 총대주교로 임명했다. 키릴루스 자신은 탈옥했고, 탈옥을 도와준 간수에게 알렉산드리아의 성직자로 임명함으로써 보상했다.

가장 덕스럽지 못했던 일은 안디옥의 요한과 키릴루스가 서로 완전히 등을 돌린 일이었다. 이 불화는 433년에 양측이 자신들의 주장을 서로 대폭 양보함으로써 겨우 아물 수 있었다. 안디옥의 요한과 시리아인들은 네스토리우스의 은퇴뿐 아니라 단죄까지도 받아들여야 했다.[4] 하지만 교리

---

4) 435년에 네스토리우스는 이집트 광야로 추방되어 많은 고초를 겪었고, 죽기 직전에(450) 눈물로 얼룩진 '헤라클리데스의 책'(Book of Heraclides)을 썼다. 원본

적 양보를 할 수밖에 없었던 사람은 키릴루스였다. 그는 네스토리우스에게
보낸 세번째 서신에 실린 12개 아나테마를 강제하려는 시도를 포기해야
했으며, 그로써 12개 아나테마 자체를 철회해야 할 상황을 간신히 면했다.
그는 431년에 시리아의 대표적인 신학자이자 키루스의 주교인 테오도레
투스(Theodoret)가 작성한 평화안에 서명했다.

이 평화안은 안디옥 신학의 주요 내용들을 고스란히 보호했다. 평화안은
그리스도께서 "이성적인 영혼과 육체를 지니시고, 신성으로 성부와 하나의
실체(substance)를, 인성으로 우리와 하나의 실체를 지니신 완전한 하나님
과 완전한 사람이시며, 따라서 두 본성은 하나로 결합된다. 이러한 터에서
우리는 그리스도께서 한 분이시고 마리아가 하나님의 어머니라고 고백한
다." 마지막 문장은 그리스도의 말씀과 사역을 그분의 신성과 인성으로 구
분하는 행위를 단죄한 키릴루스의 아나테마와 모순된 것이었다.

키릴루스가 이 평화안에 동의하자 그의 적극적인 지지자들은 경악하지
않을 수 없었다. 이들을 안심시켜야 했던 키릴루스는 다음과 같이 얼버무
리며 설명했다. 즉, 분석할 의도로 그리스도 안에 하나로 연합되어 있는 두
본성을 추상적으로 구분할 수는 있겠지만, 성육신하신 주님 안에서 그러한
구분은 사라지며, 따라서 마치 사람의 육체와 영혼이 결합하여 하나의 인
격을 구성하는 것처럼 '결합 뒤에는 하나의 본성' 밖에 없다는 것이었다.

433년의 재결합은 교회 정치가들이 정부의 압력을 못 이겨 타결한 절
충안이었으며, 따라서 양 진영의 신학자들은 어쩔 수 없이 자기들의 원칙
들을 포기할 수밖에 없었다. 435년에 에데사에서 새로 선출된 주교 이바
스(Ibas)는 몹수에스티아의 테오도루스를 열렬히 신봉하는 제자임이 밝혀
졌고, 따라서 교리 논쟁은 이제 테오도루스의 글들에 초점이 맞춰지기 시
작했다. 한편 로마령 아르메니아에서 소요 사태가 발생했을 때, 로마 정부
는 네스토리우스의 후임 콘스탄티노플 총대주교 프로클루스(Proclus)의

에 삽입된 판본이 시리아어 사본으로 현존해 오다가 제1차 세계대전 때 쿠르디스탄
에서 소실되었다.

중재에 힘입어 사태를 해결할 수 있었다. 프로클루스는 방대한 저서
(Tome)를 써서 433년의 평화안을 해석했다.

그 골자를 소개하자면, "성육신한 말씀의 휘포스타시스는 하나"이며, "삼
위일체 중 한 위격이 성육신하셨다"는 것이었다. 438년에 몹수에스티아의
테오도루스가 단죄를 당할 처지에 놓이게 되었을 때, 안디옥의 요한이 나
서서 죽은 사람을 단죄한다는 것은 교회의 평화에 이롭지 못하다고 주장
하여 지지를 얻음으로써 단죄를 간신히 면했다.

그것은 433년의 평화가 긴장 상태에서 겨우 유지되고 있음을 반증하는
사건이었다. 새로운 인물들이 과거의 인물들을 대체하자마자 평화가 깨지
기 시작했다.

에베소의 '단성론파' 공의회와 칼케돈에서의 대응

446년에 이르면 알렉산드리아의 키릴루스, 안디옥의 요한, 콘스탄티노
플의 프로클루스가 모두 죽어 무대에서 사라진 뒤였다. 안디옥에서 요한은
그의 허약한 조카 돔누스(Domnus)에게 자리를 물려주었는데(442), 그의
역량이란 키루스의 테오도레투스(Theodoret)가 곁에서 자문해 줄 때만
사리에 맞는 판단을 할 수 있었던 정도밖에 되지 않았다. 알렉산드리아에
서 키릴루스를 계승한(444) 사람은 키릴루스의 433년의 타협안에 강한
유감을 표시하던 강경파 지도자 디오스코루스(Dioscorus)였다. 콘스탄티
노플에서는 야심가 프로클루스의 자리를 소심한 데다 웅변력도 없는 플라
비아누스(Flavian)가 계승했다(446).

이 무렵 테오도시우스 2세의 정책은 풀케리아를 쫓아내는 데 성공한 황
실 내시 크리사피우스(Chrisaphius)의 수중에서 좌우되었다. 플라비아누
스는 주교직에 오르자마자 크리사피우스를 모욕했다. 그 내시가 총대주교
에 선출된 데 대해 성의를 표시해야 하지 않느냐고 노골적으로 요구해왔
기 때문이었다. 플라비아누스가 그에게 축성된 성찬의 떡을 몇 조각 보내
자, 그는 금을 보내면 감사하겠다는 말과 함께 그 떡을 돌려보냈다. 플라비

아누스는 크리사피우스 같은 사람은 처음부터 협조를 하던가 아니면 짓눌러야 한다고 판단했지만, 협조하기에는 체면이 허락지 않았고 짓누르자니힘이 없었다. 크리사피우스의 대부(代父)는 유티케스(Eutyches)라고 하는콘스탄티노플의 저명한 수도원장(archimandrite)로서, 키릴루스가 433년의 평화안을 체결할 때 양보한 것을 알렉산드리아의 디오스코루스만큼이나 분하게 생각하던 교활한 노인이었다.

크리사피우스와 유티케스와 디오스코루스는 433년의 평화안을 뒤엎고,키릴루스의 12개 아나테마를 정통신앙의 표준으로 부과하고, 그로써 안디옥인들의 '영감 받은 사람' 기독론을 분쇄하기 위해 교묘한 계획을 세웠다. 그 계획이 성공만 하면 디오스코루스로서는 기독교 세계 제2의 교구가콘스탄티노플이 아닌 알렉산드리아임을 입증할 기회를 얻게 되는 셈이었다. 안디옥의 지도자 테오도레투스는 그 위협을 직감하고서, 이제 막 대두하고 있던 극단적 키릴루스주의를 비판하는 장문의 글을 발표했다(이 글에는 Eranistes라는 제목이 붙었다).[5] 448년 봄에 황제는 테오도레투스의주거를 안디옥 교구로 제한하는 영을 내렸다.

448년 11월에 콘스탄티노플에서 유티케스는 그리스도께 '결합 뒤의 두본성'이 있다고 말하는 사람들의 신앙이 정통인가 하는 도전을 던졌다가,플라비아누스에 의해서 아폴리나리스주의라는 단죄를 받았다. 유티케스는자신의 재판 기록이 모호하다고 항소하여 449년 4월에 행해진 조회를 통해 정당성을 확인 받았다. 그러자 알렉산드리아의 디오스코루스는 즉각 플라비아누스가 니케아 신조 이외의 다른 표준으로 정통 신앙의 여부를 판단하려고 했다고 고소했다. 일찍이 431년의 에베소 공의회가 니케아 신조에 일체의 내용을 보충할 수 없다고 판결했었던 것이다. 이에 황제는 449년 8월에 에베소에서 공의회를 소집하기로 결정했다.

공의회에는 교황 레오가 초청을 받았다. 그는 교황이 공의회에 참석한

---

5) Eranistes란 다 해진 천을 가지고 옷을 만드는 사람을 뜻한다. 테오도레투스는단성론 교리가 폐기된 이단설들을 기워 만든 것이라고 주장했다.

선례가 없다고 말하면서 고사했으나, 대신에 세 명의 특사를 파견하고 공
의회 앞으로 보내는 '교서'(Tome, 공한)라고 하는 교리 진술서를 콘스탄
티노플 총대주교 플라비아누스에게 보냈다.[6] 처음에 레오는 플라비아누스
에 대해서 편견을 갖고 있었다. 대체로 이 시기에는 로마 주교들이 콘스탄
티노플의 주교들에 대해 견제해야 할 정치적 야심가들로 생각했었던 것이
다. 하지만 레오는 플라비아누스가 보낸 448년 11월의 유티케스 재판 기
록을 받아보고서 깜짝 놀랐다. 따라서 레오의 교서는 유티케스의 '결합 이
후의 하나의 본성' 이론(유티케스는 이 이론을 알렉산드리아의 키릴루스
에게 전수받았다)과, 아울러 생명을 주시는 그리스도의 몸이 우리와 하나
의 실체를 지닌 것임을 인정하라고 요구했을 때 유티케스가 보인 주저하
는 태도를 직접 공격한 것이었다. 레오는 강렬한 어조를 사용하여 성육신
하신 주님 안에 있는 두 본성이 항구적으로 유지된다고 주장했다. 이 무렵
에 유배지에서 고독에 싸여 지내고 있던 네스토리우스는 마침내 진리가
입증되었다고 느끼고서 평화롭게 눈을 감을 수 있었다.

하지만 449년의 에베소 공의회는 로마의 특사들이나 동맹 세력이 아닌
알렉산드리아의 디오스코루스에 의해 주도되었다. 로마의 특사들은 회의
가 엄숙한 분위기에서 플라비아누스를 단죄하고 유티케스를 복권시키는
예견된 절정을 향해 진행되는 동안 다른 참석자들이 알아들을 수 없는 라
틴어로 무력하게 항의했을 뿐, 아무런 조치도 취할 수 없었다. 로마 특사의
일원인 부제 힐라루스(Hilarus)의 도움으로, 플라비아누스는 레오에게 항
소장을 전달한 뒤, 곧 수감되었다가 유배되어 결국 유배지에서 죽었다. 공
의회는 계속해서 지도급 '네스토리우스주의자들'을 제거했다. 키루스의 테
오도레투스, 에데사의 이바스, 그리고 마침내는 안디옥의 돔누스까지 직위
를 상실했다. 레오의 교서는 회의장에서 낭독조차 되지 않았다. 449년 11

---

6) 이 교서는 레오의 비서 프로스페르(Prosper)가 작성했으며, 그 내용 중 더러는
아우구스티누스의 설교에서, 더러는 브레시아의 주교 가우덴티우스(400경)의 서신에
서 차용했다.

월이 되었을 때 디오스코루스의 승리는 완결된 듯했다. 자신의 장로 아나톨리우스(Anatolius)를 플라비아누스의 후임 콘스탄티노플 총대주교로 세울 수 있었으니 말이다.

이렇게 승리에 흠뻑 도취해 있을 때 디오스코루스는 당시의 정황을 철저히 오판하고 있었다. 극단적 키릴루스파인 단성론파(單性論派, the Monophysites)에게는 치명적으로 위험한 세 가지 요인이 있었다. 첫째, 서방에 교황 레오가 포진하고 있었다. 그는 에베소 공의회를 '강도의 소굴'(latrocinium)로 규정하고서 전의를 다지고 있었다. 둘째, 크리사피우스가 황제를 조종하는 상황이 언제까지 갈는지 아무도 알 수 없었다. 실제로 그는 450년에 자신의 조롱을 받았던 풀케리아의 분노에 찬 반격에 몰락하고 말았다. 그러고 나서 풀케리아와 레오가 동맹을 맺었으니 이제는 449년의 에베소 공의회의 판결이 무효가 된다는 것은 누가 봐도 명백했다. 하지만 디오스코루스에게 세번째이자 가장 치명적인 타격은 자신이 플라비아누스의 후임자로 세운 측근 아나톨리우스에게서 왔다. 아나톨리우스는 콘스탄티노플이 기독교 세계의 두번째 교구임을 재확인하고, 당시 상황이 로마로 하여금 이 주장을 받아들이도록 설득하기에 최선의 기회라고 보았던 것이다.

450년 7월에 테오도시우스 2세가 낙마 사고로 죽었을 때, 이미 수정주의 운동이 물밑에서 진행되고 있었다. 즉시 권력을 장악한 풀케리아는 크리사피우스를 처형하고 유티케스를 귀양 보낸 뒤, 노련한 명장 마르키아누스(Marcian)를 배우자로 삼았다. 그는 유력한 장군 아스파르(Aspar, 아리우스파 야만족)가 총애하던 부하였다. 451년 10월에 광범위한 지역을 대상으로 공의회가 소집되었다. 장소는 칼케돈에 있는 순교자 성 유페미아(St. Euphemia)의 교회였다.

제4차 에큐메니컬 공의회이기도 했던 칼케돈 대 공의회는 풀케리아와 콘스탄티노플 총대주교 아나톨리우스가 사태를 확고히 장악한 상태에서 열렸다. 이 공의회는 에베소 공의회(449)의 판결들을 거의 전부 체계적으로 개정했다. 디오스코루스는 폐위된 뒤(이렇다 한 교리적 근거가 제시되

지 않은 채), 귀양길에 올라 454년에 죽었다. 예루살렘의 유베날리스는 극
적으로 입장을 바꾼 덕택에 총대주교직을 유지했다. '네스토리우스주의자
들' 중에서 테오도레투스와 에데사의 이바스는 복직되었지만, 네스토리우
스 자신은 이단으로 단죄를 받았다.[7]

하지만 칼케돈 공의회의 핵심 쟁점은 교리적인 것이었다. 공의회는 레오
의 교서를 정중하게 승인하고 기존의 정통 신앙과 부합한 것으로 선포했
다. 하지만 주교들은 새로운 헬라어 신조를 채택하기를 몹시 꺼렸으며, 로
마의 특사들이 그것을 요구한다는 것을 확실히 확인한 뒤에도 '하나의 본
성'이나 '두 개의 본성' 어느 한쪽에 여지를 남기는 신조(433년의 신조처
럼)를 채택하려고 노력했다. 하지만 이런 노력은 배척되었다.

칼케돈 신조의 최종 형태는 433년의 신조에 많은 영향을 받았다. 우선
그리스도께서 (a) 완전하신 하나님이자 완전한 사람으로서, 신성으로는 성
부(聖父)와, 인성으로는 우리와 같은 본질을 지니시며, (b) 혼동과 변화와
분열 혹은 분리 없이 두 본성 안에서(in) 알려지셨다고 공포했다. '안에
서'라는 전치사의 의미가 몇 가지 조항으로 부연 설명되었다: (c) 본성들
간의 차이는 결합에 의해 소멸되지 않는다; (d) 각 본성의 특성들은 손상
되지 않은 채 남으며, 두 본성이 합하여 하나의 위격(prosopon)과 하나의
실체(hypostasis)를 이룬다.

이 문안은 출처가 다른 문구들을 짜깁기한 것이다. (a) 조항은 433년의
문안에서 따온 것이고, (c) 조항은 키릴루스가 네스토리우스에게 보낸 두
번째 서신에서 따온 것이며, (d) 조항은 레오의 교서에서 따온 것이다. '두
본성 안에서'라는 문구도 레오의 교서(레오는 이것을 아우구스티누스에게
서 따왔다)에서 따왔으며, 이 점 때문에 훗날 이 문안은 많은 시련을 겪게

---

7) 네스토리우스주의는 곧 시리아 니시비스의 학교에 거점을 두게 되었다. 이곳에
서 페르시아로 전파되었고, 그곳에서 중앙 아시아를 건너 중국과 인도 남부로 전파
되었다. 네스토리우스파는 쿠르디스칸의 산악 지방에서 명맥을 유지하다가, 제1차 세
계대전 때 치명적인 타격을 입게 되었는데, 이는 생존자들 중 상당수가 미국 샌프란
시스코로 이주했기 때문이다.

된다. 로마의 특사들과 그들의 '네스토리우스파' 친구들은 알렉산드리아의 키릴루스가 작성한 '결합 뒤 하나의 본성'이라는 문구나, 심지어 단성론파적 해석을 명백히 허용하는 '두 본성으로부터'라는 문구까지도 관용할 수 없었다.

칼케돈 공의회는 신조 앞에 네스토리우스와 유티케스를 모두 단죄하고, '키릴루스가 네스토리우스와 안디옥인들에게 보낸 서신들'을 승인하는 장문의 전언(前言)을 첨부했다. 하지만 키릴루스의 어떤 서신들을 승인한다는 것인지는 불분명하게 남았다. 오래 가지 않아서 칼케돈 공의회가 온건한 내용의 두번째 서신뿐 아니라 네스토리우스에게 12개 아나테마를 첨부하여 보낸 극단적인 세번째 서신까지도 승인했다는 결론이 도출되었다. 이러한 모호성 때문에(거기에는 고의성이 엿보인다) 칼케돈 신조는 '두 본성' 문안에도 불구하고 그리스도 안에 궁극적인 이원성이 없음을 함축한다고 주장하기가 쉽게 되었다.

칼케돈 공의회는 폐회하기에 앞서 콘스탄티노플을 관구 교회회의들을 위한 항소 법원으로 정한다는 내용을 골자로 한 27개 조항의 교회법을 통과시키고, 로마 특사들이 참석하지 않은 회의에서 콘스탄티노플이 제국 수도로서 갖는 위상을 근거로 여러 가지 특권들을 재확인하는 결의안을 통과시켰다. 공의회에 참석하기 전에 레오로부터 이런 일을 조심하라고 주의를 받은 바 있던 로마 특사들은 그 결의안이 니케아 교회법 제6조에 위배된다고 항의했다. 콘스탄티노플은 325년에는 존재하지 않았기 때문에 니케아 교회법 제6조에 그 도시에 관한 언급이 없었던 것이다.

제6조에는 리비아의 도시 알렉산드리아의 주교들이 전통적으로 유지해온 관할권이 로마와 안디옥이 행사해온 초 관구적 권위와 유사하다고 규정했었다(하지만 그 권위의 성격과 범위를 규정하지는 않았다). 그러나 그 교회법은 칼케돈 공의회가 열리기 오래 전부터 대 교구들인 로마와 알렉산드리아와 안디옥의 서열을 결정한 것으로 널리 해석되고 있었다. 일단 이런 가설이 자리를 잡자 그 문구도 보완할 수 있다고 느꼈다. 교황청 상서국(尙書局)은 니케아 교회법 제6조 서두에 "로마 교회는 언제나 수장권

(首長權)을 가져왔다"는 문구를 삽입했다. 로마 특사들은 칼케돈에서 니케아 교회법을 인용하며 항의할 때 바로 이런 근거 없는 문구를 들이댔던 것이다.

콘스탄티노플의 위엄에 관한 결의안은 로마의 입장에서는 받아들일 수 없는 것이었기에, 레오는 공의회의 교리 정의를 453년까지 '재가'하지 않고 보류하는 큰 모험을 감행했다. 그는 칼케돈 공의회의 결정이 효력을 유지하려면 확보할 수 있는 모든 권위를 확보해야 한다는 사실과, 자신의 행위가 동방과 서방간의 간격을 넓히고 있다는 사실을 파악하지 못했다. 이집트와 팔레스타인에서는 '두 본성' 문안이 격렬한 반대와 저항을 불러일으켰다. 알렉산드리아에서 디오스코루스의 후임자 프로테리우스 (Proterius)는 칼케돈 신조를 받아들임으로써 신도들이 다 떨어져 나가고 자신은 군대의 지원을 받아야만 직위를 유지할 수 있게 된 현실을 발견했다. 457년에 황제 마르키아누스가 죽었다는 소식이 전달된 것을 신호로 알렉산드리아에서는 격렬한 저항이 발생했다. 프로테리우스는 폭도의 손에 찢겨 죽었고, 그 주교좌는 극단적 단성론파 주교 티모테우스 아일루루스(Timothy Aelurus)에게 넘어갔다.

화해를 위한 모색

다음 세기에 칼케돈파와 단성론파는 서로 싸우고 논쟁하고 음모를 꾸몄다. 단성론파는 451년에 권좌에서 쫓겨났으나, 황제의 지원을 받아 권토중래할 것이라는 희망을 버리지 않았다. 그리고 이들의 희망은 거의 실현의 목전에 도달해 있었다.

482년에 황제 제노(Zeno the Isaurian)의 치하에서 아카키우스 (Acacius)라는 명석한 콘스탄티노플 총대주교가 단성론파인 이집트인들과 시리아인들을 화해시킬 목적으로 헤노티콘(Henoticon)이라고 하는 통일안을 마련했다. 헤노티콘은 네스토리우스와 유티케스를 모두 단죄하고, 키릴루스의 12개 아나테마를 분명하게 승인하고, "삼위일체 중 한 위격이 성육신하셨다"고 공포하고, 한 본성에 관한 언급이든 두 본성에 관한 언급이든 일체 회피하고, "칼케돈 공의회에서 개진되었든, 다른 여타의 교회회의에서 개진되었든" 일체의 이단설을 단죄함으로써 결론을 지었다. 이 문서는 주교들의 공의회 없이 황제의 권위로 공포되었다. 알렉산드리아와 안디옥의 친 단성론파 총대주교들이 이 문서에 서명했으며, 이로써 그리스 동방의 교회들은 다시 한 번 일치와 화해를 맛보았다.

헤노티콘은 칼케돈 신조를 명백하게 단죄하지 않았기 때문에 단성론 진영 전체를 두루 만족시키지는 못했다. 반면에 로마 교구는 헤노티콘이 칼케돈 신조를 무성의하게 언급한 것뿐 아니라, 콘스탄티노플의 아카키우스가 로마와 전혀 상의도 없이 단성론파와 교제에 들어간 사실에 대해서도 철저히 반대했다. 484년에 교황은 아카키우스의 분노와 치밀한 방해를 무릅쓰면서 마침내 그와 비잔틴 황제를 파문하는 데 성공했다.

콘스탄티노플로서는 이러한 균열이 무척 아쉬웠지만, 황제로서는 이집트와 시리아의 충성을 묶어두는 것이 로마와 이제 막 해체되어 가던 야만족 치하의 서방과 교제를 나누는 것보다 훨씬 더 중요했다. 교황도 나름대로 자신의 단죄 조치를 견지할 수 있었던 이유는 이탈리아에 테오도릭 (Theodoric) 휘하에 주둔해 있던 아리우스계 고트족의 권력의 뒷받침으로 정치적 독립을 확보했기 때문이었다. 로마와 그리스 동방 간의 분열은 518년에 유스티누스 1세(Justin I)가 황제가 되어 자기 조카이자 후임 황제인 유스티니아누스(Justinian)의 칼케돈 중시론에 따라 교회 정책을 수행하기 시작하기까지 계속되었다.

헤노티콘은 36년간 동방에서 정통 신앙의 표준 문서로 남았다. 이 기간에 가장 정교하게 모습을 갖춘 단성론 신학이 특히 대 황제 아나스타시우스(491-518)의 관용 통치하에 등장했다. 안디옥의 세베루스(Severus, 465-538)와 시리아 히에라폴리스의 필록세누스(Philoxenus, 440-523) 같은 사람들은 고도의 지성을 갖춘 신학자들이었다. 이들은 치밀한 논리로써 알렉산드리아의 키릴루스가 작성한 '결합 뒤 하나의 본성' 문안이 칼케돈과 레오와 화해할 수 없다고 주장하고서, 그리스도의 물질적 몸이 부활 전에 썩을 수 없었다는 극단적 단성론 교리(할리카르나수스의 주교 율리아누스가 선전하던)를 포기했다.[8]

칼케돈 진영에서도 키릴루스와 칼케돈의 조화를 입증하는 데 마찬가지의 열정과 연구를 바쳤다. 양 진영 모두 아리스토텔레스의 논리학이라는 엄격한 도구를 사용했다. 이들은 불변의 정통 신앙 전승이 편집자의 확신과 일치한다는 것을 증명할 목적으로 권위 있는 정통 교부들의 가르침을 토대로 논증의 형식을 갖추었는데, 이렇게 정통 교부들의 글을 주도면밀하게 발췌하여 집필한 것이 「선집」(Florilegium)이 되었다. 이 선집 편집자들은 반드시 본문의 정확성과 신빙성에 관해 한 점 가책도 없었던 것은 아니었지만, 단성론 신학의 거두인 안디옥의 세베루스는 정본만을 인용하기 위해서 많은 노력을 기울였다.

500-510년경에 아테네의 이교도 프로클루스의 신플라톤주의에 깊은 영향을 받은 어떤 온건한 단성론주의자가 과거에 사도 바울의 전도를 받고 개종한 아테네 사람 아레오바고 관원 디오니시우스(Dionysius the Areopagite. 참조. 행 17:34)의 이름으로 신비주의 신학에 관한 몇몇 저서를 유포시켰다. 정체가 모호한 이 위조 작가는 곧 큰 성공을 거두었고, 오래 가지 않아서 칼케돈 신학자들은 그 본문을 만족스러운 방법으로 설명하기 위해서 그 아레오바고 관원에 관한 주석을 쓸 수밖에 없는 상황이 되었다.

또 다른 유력한 단성론주의자는 알렉산드리아의 플라톤 학파를 이끈 최초의 그리스도인인 요한 필로포누스(John Philoponus, 490-570)로서, 그는 정교한 단성론 교리 주해뿐 아니라 아리스토텔레스에 관한 주석도 썼다. 아울러 그는 성경이 자연 세계에 관해 문자적이고 과학적인 정보를 제공한다고 주장한 코스마스(Cosmas)라고 하는 네스토리우스파 상인(훗날

---

8) 황제 유스티니아누스는 노년에 이 견해를 받아들이고서, '불부패적(不腐敗的) 가현설'(Aphthartodocetism, 그리스도 수난 불가능론파)라는 명칭을 붙였다. 그는 그것을 강요하기 전에 죽었다.

'인도로 간 선원'이라는 뜻의 인디코플레우스테스라는 별명을 얻었다)과 지루한 투쟁을 벌였다.[9]

지적 능력은 단성론파의 전유물이 아니었다. 칼케돈 진영에서도 비잔티움의 레온티우스(Leontius)라는 사람이 나서서, 그리스도께서 항구적으로 독특한 두 개의 본성을 갖고 계시지만 그분의 인성은 신적 말씀이라는 하나의 휘포스타시스 안에서만 구체적으로 존재하신다고 주장했는데, 이 입장을 대단히 정교한 논리로 변호했다. 이렇게 양 진영이 계속해서 진지한 변론을 하게 되자 헤노티콘 자체가 구시대의 것으로 전락하게 되었다. 헤노티콘의 약점은 신학적 원칙들에 그다지 개의치 않더라도 교회 정치가들이 나서서 일치를 이끌어낼 수 있다는 전제에 있었다. 510-20년에 칼케돈파와 단성론파는 서로 팽팽하게 대치한 상태에서, 저마다 자파의 논리적 역량과 지적 일관성을 확신하고 있었다.

황제 아나스타시우스가 단성론파에 대해 취한 관용책을 취하는 것을 엄격한 칼케돈파는 못마땅하게 여겼다. 두 진영 사이에 벌어진 모든 논쟁이 한결같이 전문 용어들에 관한 학문적 논쟁 차원에서 진행된 것만은 아니었다. 양 진영의 차이는 일반 대중이 감지할 수 있는 전례(典禮)의 차이에서도 표출되었다.

451년 이전에 시리아와 콘스탄티노플의 교회들은 삼성송(三聖頌, trisagion), 즉 "거룩하신 하나님, 거룩하신 전능자, 거룩하신 불멸자시여, 저희를 불쌍히 여기시옵소서"를 예배식의 구호로 사용하게 되었다. 일찍이 431년에 아폴리나리스주의자들은 '불멸자시여'라는 단어 뒤에 '십자가에 못박히신'이라는 문구를 덧붙여 사용하고 있었다. 460년경에 안디옥에서는 단성론파 총대주교 밑에서 첨가된 삼성송이 사용되었다. 칼케돈주의자들은 첨가된 문구가 하나님이 십자가에 못박히셨음을 암시한다는 이유로 배격했고, 삼성송이 그리스도가 아닌 삼위일체를 가리킨다고 재해석했다.

---

9) 필로포누스('고생을 사랑하는 자')는 당시에 알렉산드리아의 이교도들이 그리스도인으로시의 의무를 진지하게 수행하던 교육받은 사람들에게 붙인 별명이었다.

512년 11월에 황제 아나스타시우스가 단성론파의 설득에 넘어가 삼성송의 단성론적 형태를 콘스탄티노플에서 사용하도록 허락했을 때, 격렬한 폭동이 일어나 아나스타시우스의 생명과 권좌까지 위태롭게 했을 뿐 아니라, 수도에서 칼케돈파의 강렬한 정서를 과시함으로써 그에게 경고했다. 이제는 양 진영 모두 헤노티콘이 표방한 정치적 타협에 만족할 의사가 없다는 것이 갈수록 분명해지고 있었다.

유스티니아누스(527-65)와 그의 아내 테오도라(Theodora)는 오래 재위하는 동안 단성론파와의 화해 가능성을 꾸준히 타진했다. 유스티니아누스가 재위 기간에 남긴 돋보이는 치적은 야만족의 지배하에 들어간 서방과 반달족의 수중에 들어간 아프리카를 재정복하려는 군사적 노력이 큰 성공을 거둔 점과,[10] 오늘날까지도 관광객의 탄성과 경이를 자아내는 웅장한 교회당 건축 사업을 벌인 점(이를테면 콘스탄티노플에 있는 성 소피아 성당과, 성 세르기우스 성당, 그리고 성 바쿠스 성당), 법률을 체계적으로 편찬한 점, 그리고 교리 논쟁이 계속되는 상황에서 황제 자신이 전문 신학자로서 총대주교들에게 '자문'을 해준 특이한 역할을 수행한 점 등이다.

유스티니아누스로서는 서방을 되찾으려는 정치적 야심을 이루기 위해서는 칼케돈파와 그들의 신학을 받아들이고 거기서 떠날 수 없었다. 하지만 그의 아내 테오도라(그녀의 다채로운 경력에 대해서 역사가 가이사랴의 프로코피우스는 비방조의 추문들을 많이 전한다)는 단성론파를 지지했다. 532년에 콘스탄티노플에서 한 차례 심각한 폭동(니카 폭동)이 일어나 옛 성 소피아 성당이 파괴된 뒤에, 유스티니아누스는 테오도라의 강철 같은 결단에 힘입어 끝까지 군중과 대치할 용기를 얻었으며, 그 뒤로 그녀의 영향력은 지대하게 되었다.

---

10) 유스티니아누스가 죽은 뒤(565) 곧 많은 것을 도로 잃게 되었다. 스페인은 서고트족에게, 이탈리아 북부는 롬바르드족에게, '헝가리'는 아바르족에게, 발칸 반도의 상당 부분은 슬라브족과 불가르족에게 잃었다. 이들의 침공으로 선교 사업에 큰 지장을 받았다.

두 가지 논쟁이 황제의 관심을 사로잡았다. 팔레스타인에서는 에바그리우스가 발전시킨 오리겐의 신비적 사색이 논쟁을 일으켜 황제의 개입이 필요한 상황을 만들었다. 542/3년에 황제는 오리겐주의를 논박하는 장문의 글을 발행했고, 총대주교들은 그 단죄에 동의했다. 단성론파 문제는 더 대처하기 힘들었다. 단성론파가 칼케돈파를 반대한 이유의 하나는 칼케돈파가 이른바 '네스토리우스주의자들'인 키루스의 테오도레투스와 에데사의 이바스를 무혐의 처리했다는 것이었다. 만약 알렉산드리아의 키릴루스의 견지에서 해석한 칼케돈파의 주장을 몹수에스티아의 테오도루스, 테오도레투스, 이바스에게서 인용한 명백히 그릇된 주장들('chapters')에 대한 단죄와 결합하게 되면 단성론파를 안심시킬 수 있지 않을까? 이것은 치밀한 계획이었지만, 한 가지 큰 어려움은 로마의 비길리우스(Vigilius, 537-55의 교황)로 하여금 그 계획에 동의하게 만드는 것이었다. 왜냐하면 서방 교회는 칼케돈 신조를 인정하면서 동시에 '삼장'(三章, Three Chapters)을 단죄한다는 것은 있을 수 없다고 확신했기 때문이다.

비길리우스는 548년에 콘스탄티노플을 방문했을 때 테오도레투스 개인을 이단으로 단죄하고, 테오도레투스와 이바스의 저작으로 알려진 그릇된 저서들을 단죄한다는 문안에 서명했다(그 문안의 표현이 조심스러웠던 것은 물론 의도적인 것이었다). 하지만 비길리우스 자신은 자신의 행위가 서방에서, 특히 북아프리카에서 비판을 받게 될 것을 알았고, 따라서 551년에 서명을 철회했다. 하지만 유스티니아누스는 비길리우스를 순순히 놔줄 수 없었다. 553년 5월에 콘스탄티노플에서 소집된 제5차 에큐메니컬 공의회는 오리겐과 삼장을 동시에 단죄하는 데 합의했다. 그리고 이 결정에 비길리우스는 (여러 번 생각을 바꾼 뒤에) 마침내 동의했다. 그는 로마에 다행히도 도착하기 전에 죽었다. 로마에는 폭풍이 그를 기다리고 있었던 것이다.[11]

---

11) 유스티니아누스가 선출한 비길리우스의 후임자는 비길리우스의 부제 펠라기우스(Pelagius)였다. 그는 젊었을 때는 삼장에 대한 단죄를 격렬히 반대했지만, 황제

이렇게 삼장으로 인한 힘겨운 문제를 겪고 나서도 온건한 단성론파조차 화해시키지 못했고, 사실상 의도한 것과는 정반대의 결과가 초래되었다. 553년부터 시리아 출신의 광신적 단성론파 주교 야콥 바라다이우스(Jacob Baradaeus)는 유스티니아누스의 계획이 실현될 경우 자기 진영의 독립과 존립에 닥칠 위험을 예리하게 간파했다. 그는 변장한 채 동방 각지를 다니면서 칼케돈주의자들과 공존할 지하 단성론 교구를 설립했다. (오늘날까지도 시리아의 야콥파는 아르메니아인들과 콥트인들과 에디오피아인들과 함께 칼케돈 신조를 배척한다.) 그의 활동이 칼케돈 진영에 직접 미친 여파는 서방에서 일시적으로 분열이 생긴 것이었다. 게다가 비길리우스가 몇 차례에 걸쳐 모순된 발언을 행한 것도 로마 교구의 권위를 실추시켰다.

단일 의지에 관한 교리

7세기에 페르시아와 아랍의 연이은 공격으로 황제 정부는 다시 한 번 반체제 세력인 단성론파를 회유하기로 결정했다. 회유를 위한 문구는, 그리스도께서 두 개의 본성을 지니셨지만, 단일 '행위'(아레오바고 관원 디오니시우스가 분명하게 지지한 교리) 혹은 그보다는 신적인 단일 의지만을 지니신다는 것이었다. 이 '단의론적'(單意論的, Monotheletic) 교리를 호노리우스 1세(Honorius I, 625-38의 교황)가 어리석게도, 혹은 깊은 생각 없이 받아들였지만, 엄격한 칼케돈파는 한 순간이라도 그런 타협안을 받을 수 없었다. 단의론 교리는 649년에 로마에서 열린 라테란 공의회에서 교황 마르티누스 1세(Martin I)에 의해서, 그런 다음 680-81년에 콘스탄티노플에서 열린 제6차 에큐메니컬 공의회에서도 단죄를 받았다.

단의론이라는 신학적 구조물을 지어낸 장본인은 고백자 막시무스

의 영향으로 생각을 바꿀 수 있었다. 펠라기우스는 독재적 권위와 최소한의 설명으로 서방의 비판자들을 누르고 제5차 공의회의 결정을 변호하는 데 성공했다.

(Maximus the Confessor, 580경-662)였다. 그는 고대의 학자들 가운데 칼케돈 기독론을 가장 깊이 연구한 사람이었다. 그는 단성론 교리가 인성을 비관적으로 평가한다고 보았다. 이에 비해 칼케돈 기독론은 인성의 자율성을 보호하고, 창조 질서에 독립적 지위와 적극적인 가치를 부여한다고, 치밀한 논리를 동원하여 주장했다. 두 본성으로 알려지신 그리스도는 우리의 자유와 개성을 위한, 그리고 피조물로서 인간의 개별성이 존중되는 신비한 연합을 위한 모범이 되실 수 있다고 주장했다. 동시에 막시무스는 문구와 구호에 갇히지 않고 그 너머를 바라볼 수 있었다. 그는 553년의 제5차 대 공의회에 의해 재가된 칼케돈에 대한 키릴루스의 해석으로부터 배웠고, 칼케돈의 '두 본성 안에서'라는 문구와 단성론파의 '두 본성으로부터' 혹은 '성육신하신 말씀의 하나의 본성'이라는 문구가 모두 의도와 실질에서 다 정통이라고 인식했다(물론 '결합 이후의' 차이가 소멸되지 않는다는 것이 전제된다면 말이다).

대중이 생각 없이 외치는 구호들과 지식인들의 지나치게 난해한 입씨름에도 불구하고, 기독론 논쟁은 기독교 신학을 위해 기본적이고도 항구적으로 중요성을 지닌 질문들에 초점을 맞추고 있었다: "그리스도인들에게 기도의 대상이 되시고 기도의 중보가 되시는 그리스도께서 친히 기도하셨는가?" 그럼에도 불구하고 사람들은 자기들이 속한 진영에 하나님의 명예가 걸려 있다는 의식에 잔뜩 고양된 채 매진하다가 엄청난 손실들, 광신과 음모가 난무하는 두려운 순간들, 논쟁을 위한 논쟁이 초래했다. 이집트 전체와 시리아의 상당 지역이 칼케돈파 정부로부터 떨어져 나간 것은 정치적으로 중대한 문제였으며, 이슬람교의 침공 앞에서 그 중요한 지역들을 크게 약화시켰다(비록 단성론파가 사실상 아랍인들을 해방자로 반길 만큼 차별을 당한 적이 없었는데도 말이다).

아랍인들은 637년에 예루살렘을 함락한 뒤, 안디옥(638), 이집트와 알렉산드리아(641)를 함락하고, 그 뒤 오래지 않아서 콘스탄티노플 자체를 위협하고 있었다. 콘스탄티노플은 '그리스 화약'을 사용하여 간신히 아랍인들을 격퇴했다. 아랍인들은 707년에 북아프리카를 정복했고, 4년 뒤에

스페인을 정복했다. 이렇게 노도와 같은 이슬람의 정복으로 수많은 주요 지역들이 기독교 제국에서 떨어져나갔다. 이로써 기독교 세계의 지형은 바뀌었고, 장차 때가 되면 무게 중심이 서방 유럽으로 옮겨가게 되는 과정이 시작되었다.

이슬람 세력의 위협으로 기독론 논쟁이 그치지는 않았으나, 신학과 변증학에 새로운 요구들이 부과되었다. 이슬람교가 그림들과 조상(彫像)들을 인정하지 않은 것은 8세기에 폭발한 화상 파괴 운동과 매우 비슷했다. 「정통 신앙에 관하여」라는 책으로 그리스 교부 신학의 업적을 요약하고, 삼위일체와 성육신에 관한 과거의 기본적인 교리 진술들을 방대하고 권위있는 인용집으로 분류해낸 사람은 이슬람교가 점령한 팔레스타인에서 살던 기독교 수사 다마스쿠스의 요한(675경-749경)이었다. 그는 최초의 기독교 스콜라 학자의 한 사람이었다.

제 15 장

라틴 기독교 사상의 발전

제롬과 초기 성숙 단계

라틴 기독교는 4세기 말까지는 원숙한 경지에 올랐던 그리스 교회들의 수준에 비해 훨씬 처져 있었다. 아직도 고등한 신학 문제들에 대해서는 과거에 몬타누스주의자가 된 터툴리안이 최선의 안내자로 남아 있었다. 키프리안도 여전히 폭넓은 신망을 얻고 있었다. 로마 교회의 성찬에서 키프리안이 각별히 기념되었다. 이 무렵에 키프리안의 글이 읽히고 있었다는 것은 359년에 로마에서 제작된 그의 저서 목록(현존함)으로 입증되는데, 이 목록에는 독자들에게 책값이 터무니없이 비싼 서점들을 일러줄 정도로 시시콜한 내용이 실려 있다. 도나투스파가 키프리안의 성례 신학을 전거로 삼음으로써 로마 교회로부터 배척을 당했을지라도, 그 사실로 인해 그의 명성이 훼손되지는 않았다. 하지만 키프리안은 교회와 성례들을 제외하고는 신학에 대해서 이렇다 할 관심을 갖지 않았다.

서방 교회에는 성경적 학문에서든 사변적 명상에서든 오리겐의 업적을 따를 만한 사람이 없었다. 라틴 세계의 최초의 해석학자로서 디오클레티아누스의 박해 때 순교한 페타우의 주교 빅토리누스(Victorinus)는 그리스 학자들의 저서를 참고하여 간단한 주석들을 썼다. 같은 시기에 이교 사상의 도전 앞에서 기독교를 변호하는 두 편의 논문이 나왔는데, 한 편은 누미디아 시카의 아르노비우스(Arnobius)가 쓴 것이고, 다른 한 편은 니코메디아의 라틴어 교수 락탄티우스가 쓴 「신적 강요」(*The Divine Institutes*)라는 보다 뛰어난 저서였다. 락탄티우스는 그 외에도 순교자들이 박해자들에게 당한 처참한 죽음을 다룬 섬뜩한 내용의 소책자도 썼다. 하지만 이러한 저서들은 신학서다운 무게나 권위가 없었다.

아리우스주의 논쟁은 근본적인 쟁점들에 대해서 서방 교회 사상계에 보다 깊은 자각을 일으켰다. 350년대에 푸아티에의 힐라리우스는 콘스탄티우스에 의해 소아시아로 귀양을 갔다가, 돌아와서는 지식 수준이 높지 못한 라틴 세계에 복잡한 논쟁을 설명할 수 있었다. 같은 시기에 로마에서는 355년의 개종으로 물의를 일으켰던 신플라톤주의 철학자 마리우스 빅토리누스(Marius Victorinus)가 치밀한 논리를 동원하여 아리우스주의자들이 일으킨 복잡한 논리적 쟁점들을 다루었고, 니케아 신조를 확고하게 변호했다. 세월이 흐르면서 서방의 신학자들은 점차 자신감을 얻어가기 시작했다.

처음에 이들은 그리스 동방에서 차용했다. 암브로시우스가 남긴 글을 보면 필로, 오리겐, 플로티노스의 글을 거의 비슷하게, 많은 경우는 토씨 하나 바꾸지 않고 차용한 것을 알 수 있다. 아퀼레이아의 루피누스(345경-410)는 그리스의 신학 고전들, 특히 바실리우스, 나지안주스의 그레고리우스, 그리고 가이사랴의 유세비우스의 저서를 라틴어로 번역해도 그것을 수용할 만한 독자층을 발견했다. 루피누스는 특히 유세비우스의 「교회사」(*Church History*)를 테오도시우스 1세의 죽음(395)까지 연장하여 집필했다. 루피누스의 친구 제롬(Jerom. 유세비우스 히에로니무스)도 오리겐의 설교집을 번역해서 출판하고, 가이사랴의 유세비우스의 「연대기」(*Chronicles*)를 자신의 시대까지 보완하고 번역하여 출판했다. 제롬은 주로 오리겐을 모방한 예리한 성경 주석도 썼다.

제롬은 아퀼레이아로부터 그다지 멀지 않은 곳에서 태어나(347) 청년 시절에 로마에서 공부했지만, 386년부터 죽을 때까지 생애의 대부분은 베들레헴의 그리스 문화권에서 보냈다. 그런데도 그는 동방 전승에 대해서 비판적인 태도를 취했고, 예루살렘에 거주하는 그리스인들과 불편한 관계를 가진 적도 많았다. 그는 서방의 많은 순례자들이 생각하는 대로 과연 예루살렘의 전례가 다른 교회들도 따라야 할 모범이 될 만한지 확신하지 못했다. 그가 베들레헴의 라틴계 수사들에게 행한 설교 중 한 편은 그리스 교회가 성탄절을 12월 25일 대신에 1월 6일로 지키는 관습을 비판하는 내용이 주조를 이룬다. 성지에 설립된 서방인들의 수도원들은 이상하게도 그 땅의 본토 그리스도인들과 아무런 접촉도 없이 고립된 거주지를 이룬 채 살았다.

제롬의 정신 세계는 라틴이었다. 그가 종종 친구들조차 낯을 붉힐 정도의 과장법을 써가며 맹렬한 비판을 퍼부은 반체제 인사들은 모두 서방 사람들이었다. 이를테면 주님의 '형제들'이 마리아와 요셉의 아들들이라고 주장한 헬비디우스(Helvidius), 철야 기도와 성인 숭배 같은 민간 신앙 행위를 교회에 침투한 이교 관습으로 비판한 비길란티우스(Vigilantius), 독신이 결혼보다 영적으로 우월하다는 주장을 부정한 요비니아누스(Jovinian), 인간에게 과연 은혜가 필요한가를 의문시한 듯한 펠라기우스(Pelagius), 그리고 누구보다도 감히 오리겐을 번역하려고 시도한 루피누스가 제롬에게 맹공격을 받은 서방인들이었다. 제롬은 그리스 실력이 탁월했지만(히브리어에도 능통했다), 그리스 고전 문학에 대해서는 일차적인 지식이 없었다.

반면에 키케로(Cicero), 살루스티우스(Sallust), 루크레티우스(Lucretius), 베르길리우스(Virgil), 테렌티우스(Terence), 호라티우스(Horace), 유베날리스(Juvenal)에 관해서는 알고 있었고, 지나칠 정도로 사랑하여 그들에 관한 회고를 싣지 않은 채 글을 쓰는 법이 없었다. 이런 태도가 수사의 삶에 적합한 것인지 그는 확신하지 못했다. 금욕 생활에 입문한 374년의 사순절에 그는 병에 걸려 드러눕게 되었는데, 자다가 심판대 앞에 서서 "너는 그리스도인이 아니라 키케로주의자로구나" 하는 두려운 정죄의 음성을 들었다. 하지만 그런 뒤에도 세상을 등지고 금욕 생활을 하겠다는 그의 서약은 별로 효과가 없었다. 하지만 이렇게 수사의 신분으로 고전에 탐닉한 것을 그다지 부끄러워 할 필요는 없었던 것으로 보인다. 그가 발휘한 고도의 문학 역량은 서방의 그리스도인들에게 강한 균형감과 안정감을 준 요인들 가운데 하나로 평가할 수 있기 때문이다. 그는 서방인들에게 당대의 가장 박식하고 교양 있는 사람이 그리스인이 아니라 자기들 중 한 사람이라는 사실을 통해 자부심을 심어준 것이다.

　서방인들이 자신들의 전승에 대해 갖고 있던 자부심은 교황 다마수스 (Damasus)와 그가 성인들과 순교자들을 기념하는 의식에 부과한 자극으로 한껏 고양되었다. 다마수스는 로마의 성소들을 6보격 경구(警句)들로 장식했다. 그와 동시대인인 밀라노의 암브로시우스는 위대한 성인들을 기념하는 연례 축일의 예배 때 쓸 찬송들을 지었다. 그밖에도 서방 교회는 이 시기에 고도의 예술성과 정순한 느낌을 지닌 스페인의 프루덴티우스 (Prudentius, 348경-405경)라는 서정시인을 얻었다. 프루덴티우스의 주 관심사는 스페인과 이탈리아의 성인들과 순교자들에게 대중의 숭배 감정이 증가하던 현실에 있었다. 똑같은 관심이 술피키우스 세베루스 (Sulpicius Severus)도 사로잡았다. 그는 서방 세계에서 두려움 없이 소박하게 산 투르의 마르탱이 이집트의 안토니우스와 비슷한 기적을 일으킨 성인이 되었음을 온 세상에 입증할 목적으로 글을 썼다.

　갈리아 아키텐의 부유한 지주였던 술피키우스의 친구 파울리누스 (Paulinus)는 재산을 포기하고서 395년에 캄파니아에 정착하여 놀라의 펠릭스(Felix)라는 유명한 성인의 성소 곁에서 살았고, 그를 기리기 위해서 그의 축일이 될 때마다 장문의 시를 쓰곤 했다. 하지만 다른 어떤 성인들보다 로마에 있는 성소로 순례자들을 끌어 모은 두 성인이 있었으니, 그들은 성 베드로와 성 바울이었다. 놀라의 파울리누스는 해마다 로마로 순례의 길에 나서서 6월 29일에 로마시 둘레에서 엄숙한 행렬을 벌였다. 그리고 암브로시우스와 프루덴티우스 두 사람 다 이 로마의 수호 성인들의 축일을 기리는 시를 썼다. 그렇게 탁월한 사도들과 순교자들을 보유하고 있다는 사실이 서방인들로 하여금 보다 유서 깊은 그리스 동방의 교회들과 대면할 때 다른 어떤 요인들보다 더 중요한 확신의 근거를 제공했다.

이제 바야흐로 독립된 라틴 신학이 등장할 때가 무르익었다. 제롬은 성경적 학문을 내놓고 있었지만, 사상가는 아니었다. 이 과제는 아우구스티누스(Augustine, 어거스틴)라고 하는 젊은 아프리카인의 몫으로 남겨졌다. 그는 사상의 폭과 깊이에서 당대인들뿐 아니라 서방 기독교 세계의 후대 역사를 통틀어서 가장 높은 곳에 우뚝 서게 되었다.

아우구스티누스의 회심

아우구스티누스는 354년 11월 13일에 누미디아 지방의 소도시 타가스테(오늘날 알제리의 수크-아라스)에서 중하층의 부모 파트리키우스(Patrick)와 모니카(Monica)의 아들로 태어났다. 파트리키우스는 이교도였다가 죽기 직전에 겨우 그리스도인이 되었다(370). 모니카는 베르베르족의 혈통을 물려받은 듯하며, 경건한 신자였으며, 총명한 아들에게 큰 기대를 걸었다. 아우구스티누스는 어느 부유한 후원자에게 받은 장학금에 일부 도움을 받아 카르타고에서 교육을 마쳤다. 그는 라틴 문학을 쉽게 섭렵했으며, 제롬처럼 키케로와 베르길리우스를 인용함으로써 언제나 예리한 문장력을 구사할 수 있었다. 그의 빼어난 문장력은 거의 본능에 가까웠다. 고대에는 대중 앞에서 자기 의사를 자유롭게 표시하도록 만드는 교육이 법률가나 관료로서 성공하려 할 때 반드시 거쳐야 할 과정이었다.

하지만 아우구스티누스는 아버지를 일찍 여의었기 때문에 직접 가정을 부양해야 했다. 이렇게 경제적 이유로 타가스테에서 교편을 잡았으나, 곧 탁월한 수사학 강의를 인정받아 카르타고(374), 로마(383), 밀라노(384)로 자리를 옮겼으며, 밀라노에서는 자신의 유력한 친구들이 자신에게 그 지방 행정장관의 자리를 마련해 주기를 기대했다. 하지만 386년 여름에 기독교로 개종하면서 그의 인생은 완전히 다른 방향으로 선회했다.

그 때로부터 약 13년 뒤에 쓴, 기독교권에서 가장 감동적인 저서의 한 권인 「고백록」(*Confessions*)에서 그는 자신이 추구해온 인생을 잘 묘사했다. 그가 태어났을 때 모니카는 그를 교회로 데려가 유아세례를 받게 했고,

조금 자란 뒤에는 교리문답 학교에 입학시켰다. (당시로서는 유아들에게 세례를 주는 것이 다소 보기 드문 일이었다.) 하지만 그는 사춘기에 접어들면서 어렸을 때의 신앙을 버리고 성적 쾌락에 탐닉하게 되었다. 「고백록」에서 그는 이 때의 행위를 회상하면서 스스로를 심하게 질책한다. 열일곱살 때 그는 당시의 관행에 따라 신분이 낮은 여성을 첩으로 맞이했고, 훗날 아들을 위해 좋은 혼처를 구해주려고 한 모니카 때문에 관계가 갑자기 단절될 때까지 그 여성에게 충실했다.[1]

372년에 그 여성은 그에게 아들 아데오다투스(Adeodatus, '하나님이 주신')를 낳아주었다. 같은 해에 아우구스티누스의 마음은 기독교로 돌아서기 시작했는데, 처음에 그런 동기를 얻게 된 것은 키케로의 철학적 대화(*Hortensius*, 현존하지 않지만, 당시에는 학교의 정규 교과 과정에 포함되었다)를 읽고서 진리에 대한 갈망이 생긴 데서 비롯되었다. 하지만 그의 눈에는 성경의 문체가 라틴 고전 저서들에 비해 형편없이 열등하게 비쳤다. 그는 구약성경을 늙은 과부들이 지어낸 이야기로 치부하고, 교회를 문화적 안목이 없는 집단으로 폄하했다. 이런 판단 때문에 그는 마니교의 선전에 쉽게 넘어가게 되었다. 마니교는 구약성경을 부정하고, 권위에 복종하기를 요구하는 교회와는 달리 이성을 내세웠던 것이다. 9년간 아우구스티누스는 마니교에 빠져 지내면서 여러 친구를 진지한 마니교 신도로 개종시켰다. 하지만 의심과 환멸이 찾아와 결국 판단 보류와 회의주의 상태로 물러났는데, 공교롭게도 그 때는 밀라노로 이주한 384년이었다.

밀라노에서 그는 태어나서 처음으로 존경심이 우러나게 만드는 기독교

---

1) 이것이 당시에 얼마나 뿌리깊은 전통이었는가 하는 것은 400년에 스페인에서 열린 교회회의의 법령이 잘 말해준다. 그 법령은 남자가 첩을 아내 대하듯 충실하게 대하는 한, 이들의 관계는 성찬을 받는 데 아무런 거리낌도 주지 않는다고 규정했다. 교황 레오 1세는 남자가 첩을 버리고 정식 결혼을 하더라도 일부일처제를 어긴 것이 아니라고 생각했다. 로마에서는 3세기초부터 해방 노예 출신인 교황 칼리스투스가 자유인이 된 귀부인들과 하층민 출신인 남자들의 결합을 합법화했다. 과거에는 이들이 서로 결혼할 수 없었다.

지식인을 만났다. 대성당에서 울려퍼지는 암브로시우스의 설교를 듣고 처음에는 그의 웅변에 매료당했으나, 곧 설교 내용이 귀에 들어왔고, 그 설교가 기독교 신앙을 신플라톤주의적 신비주의와 잘 결합시킨 데에 깊은 인상을 받았으며, 구약성경에서 문제가 되는 구절들에 대해 마니교의 조롱조의 반박을 일축하고 확신에 찬 해석을 제시한 데에 감동을 받게 되었다. 아우구스티누스는 신플라톤주의에 매료되어 플로티노스(Plotinus)와 포르피리오스(Porphyry)의 글을 밤을 새워가며 읽었다. 플라톤주의의 공리들은 그가 숨쉬는 공기와 같게 되었다. 플로티노스의 철학이 하나님과 상호 관련된 존재인 사람의 정신 내면에서 강렬한 관심을 자극했고, 게다가 아우구스티누스는 내면을 분석하고 성찰하는 탁월한 역량을 갖고 있었다. 그가 신플라톤주의와 기독교로 전향한 것은 거의 동시에 이루어진 일이어서, 그가 플라톤주의를 종교적 형이상학으로 진지하게 비판하기 시작하기까지는 많은 세월이 흘러갔다.

정서적인 전환점은 386년 여름에 밀라노의 정원에 앉아 있을 때 찾아왔다. 그 뒤 여러 달 동안 그는 친한 친구들와 함께 밀라노에서 그리 멀지 않은 시골 마을 카시키아쿰으로 가서 플라톤 학파식 휴양(키케로가 투스쿨룸에서 행했던 것과 같은)을 하며 지냈다. 이들과 벌인 긴 토론을 기초로 당시의 지배적인 철학이 제기한 질문들에 기독교적 답변을 제시하는 것을 표방한 네 편의 플라톤주의적 대화록(「아카데미파 반박」, 「행복론」, 「질서론」, 「독백」)을 집필했다. 그의 회심에 작용한 강한 플라톤적 요소가 독신 생활을 하기로 결정하는 데에도 영향을 끼쳤다. 물론 이 단계에서 그는 성직자가 되려는 생각은 말할 것도 없고 수도 생활을 하려는 생각조차 없었지만 말이다.

387년 부활절 전야에, 그는 아들과 함께 암브로시우스에게 세례를 받았다. 그 해 가을에 모니카가 오스티아에서 죽었고, 열두 달 뒤에 아우구스티누스는 아프리카로 돌아가 다시는 그곳을 떠나지 않았다. 그는 타가스테에 작은 금욕 공동체를 세웠으나, 마음 한 구석에는 여전히 철학에 대한 관심이 자리잡고 있었다. 하지만 391년에 히포(본)에 잠시 들렀다가 대중에게

에워싸여 꼼짝없이 장로 안수를 받게 되었다. 눈물로써 고사를 해도 소용이 없었다. 그 뒤로 그의 금욕 공동체는 히포로 옮겼고, 보다 교회 단체적 성격을 띠었다.[2]

395년에 연로한 그리스인인 히포의 주교 발레리우스(Valerius)는 다른 교회가 아우구스티누스를 초빙해 가지 못하도록 그를 공동 주교로 축성했다. 당시 아프리카에서 니케아 교회법 제8조에 한 도시에 두 명 이상의 주교를 두지 못하도록 규정된 것을 아는 사람이 아무도 없었다.

축성을 받은 뒤로 아우구스티누스의 사상은 회심 때와 마찬가지로 깊은 변화를 겪게 되었다. 그 전까지 그의 저서들은 기독교 철학에 관한 문제들이나, 아니면 악의 본질과 권위와 이성의 관계 같은 지적 문제들을 위주로 마니교를 논박하는 데 치중했었다. 하지만 주교가 되고 나서는 모든 게 바뀌었다. 성경 해석, 특히 바울 서신들의 해석에 깊이 파고들었다. 386-7년에 밀라노에서 세례를 준비하고 있을 당시에, 암브로시우스에게 이사야서를 읽어보라는 권고를 받았지만 그 책의 내용이 너무 어려워서 읽다가 곧 덮은 적이 있었다. 하지만 이제는 달랐다. 성경 해석이 가장 중요한 관심사가 되었고, 신학에 대한 이해력이 크게 깊어졌다. 이것이 일반적인 인간 본성과 자기 자신의 역량을 평가하는 데 직접적인 영향을 끼쳤다.

397년에 「고백록」이 출간되었다. 자아 성찰적인 자서전으로서는 비류가 없는 걸작인 이 책은 대단히 어려운 장문의 기도 형식으로 기술되었는데, 시편의 문체를 본딴 경우가 많았다. 그럴지라도 이 자서전은 영혼이 창조주께 돌아가기까지는 안식할 수 없다는 영원한 진리를 무의식중에 보여주게끔 구성된 점에서 대단히 독특하다. 개인 이야기를 섬세하게 기술하되, 그 목적은 주로 신학적 논제를 예시하는 데 있다. 「고백록」을 마치 단순한 삶의 이야기에 생소한 신학적 내용을 끼워 넣은 평범한 자서전처럼 읽어 가지고서는 그 취지를 제대로 파악할 수가 없다.

---

2) 아우구스티누스와 함께 금욕 생활을 하던 수사들 중 상당수가 다른 지역의 주교들이 되어서 그의 사상을 아프리카에 널리 보급했다.

도나투스파의 분열과 탄압으로 생긴 문제

히포에서 아우구스티누스는 교회 분열이라는 생소한 아픔을 겪게 되었다. 책임감이 컸기에 아픔도 더욱 컸다. 도시가 북아프리카의 대립적인 두 집단인 도나투스파 교회와 가톨릭 교회로 분열되었다. 양 진영은 상대방에게 받은 모욕을 하나도 잊지 않고 간직하고 있었다. 거의 백 년 넘도록 주고 받은 가해가 마치 어제 일어난 일처럼 생생하게 살아남아 서로에게 상처를 주고 있었다. 누미디아 지방의 작열하는 태양 아래서는 용서도 망각도 없었다. 그럼에도 불구하고 도나투스파와 가톨릭파는 동일한 신조들을 표방했고, 동일한 라틴어 성경을 사용했다. 도나투스파 교회들은 교회당 담벼락을 희게 칠하는 관습에서만 가톨릭 교회들과 구분이 되었다(그것은 초창기에 교회 담벼락에 그림들을 그려넣던 관습을 부정한 청교도적인 동기에서 비롯된 관습인 듯하다). 그밖에도 자신들만의 축일을 지킨 점도 차이로 들 수 있겠는데, 이는 그들이 순교자들을 기리는 데 각별한 관심을 기울였고, 가톨릭 교회가 그 문제를 진지하게 대하지 않는다고 믿었기 때문이다.

하지만 도나투스파에는 가톨릭 교회 못지 않은 수의 상류 지식인 계층이 속해 있었고, 이렇게 계층적 요인과 경제적 요인이 분열의 주된 원인이 아니었기에 두 집단간의 갈등은 그만큼 더욱 첨예했다. 자연히 비신학적 요인들이 갈등에 끼여들었다. 도나투스파 가운데 정직하고 사회에서 존경을 받는 지도층 인사들은 자기들의 진영이 키르쿰켈리오파(Circumcellions)라 부르는 베르베르족 방랑자들의 잔인한 폭력에 지원을 받는 현실을 당혹스럽게 여겼다.[3] 이들은 올리브를 수확하는 한 철에만 노동을 했기 때문에 노는 계절을 이용하여 가톨릭 교회들을 공격했다.

가톨릭 진영에서도 347년경에 도나투스파를 진압하라는 황제 콘스탄스

---

3) 아우구스티누스는 그들이 키르쿰 켈라스(circum cellas) 곧 순교자들의 성소 주위를 방랑했다고 설명한다.

의 영을 받고서 아프리카로 파견받아 온 마카리우스(Macarius)라는 군사령관이 가혹한 방식으로 그들을 진압한 일을 해명하는 데 진땀을 흘려야 했다. 도나투스파는 마카리우스의 토벌 작전으로 죽은 자기들의 형제들을 잊지 않기 위해서 특별한 기념 행사들을 보존했다.

양 진영이 각각 자신들만이 그리스도의 신비스러운 하나의 몸이자, 구원의 유일한 방주이자 어머니라고 주장했다. 어머니인 자기들의 교회를 떠나서는 하나님을 아버지로 모실 수가 없다고 했다. 처음부터 끝까지 자기들의 영웅 키프리안의 노선을 견지한 도나투스파는 오직 자신들의 성례만 유효하다고 주장했고, 따라서 가톨릭 교회에서 전향해온 사람들에게 '재세례'를 주었다(도나투스의 눈에는 그것이 첫번째 세례였다). 도나투스파는 가톨릭 교회가 대 박해 때 성경과 교회 기물을 넘겨준 사람들의 손에 축성된(그들의 주장에 따르면) 카르타고의 주교 카이킬리아누스(Caecillian) 때문에 세상과 타협하고 더럽혀졌다고 주장했다. 아프리카의 가톨릭 교회들은 성찬 때 이 카이킬리아누스를 자신들과 한 몸에 속한 죽은 성도로서 기념했다. 도나투스파의 눈으로 볼 때, 이것은 사도 바울이 티나 주름잡힌 것이 없어야 한다고 천명한 교회의 윤리적 의식적 순결을 더럽히는 일에 스스로 가담한다고 공포하는 것과 다름이 없었다.

가톨릭 교회가 도나투스파에게 내놓은 답변은 단순히 카이킬리아누스를 축성한 인사들에 가해진 비판이 사실과 다르다고 부정하는 데 머물지 않았다. 그것은 교회를 이 경험 세계에서 거룩하고 배타적인 공동체로 보는 청교도적 관점을 원칙상 배격하고서, 교회가 정결한 짐승들과 부정한 짐승들을 태운 노아의 방주와 같으며, 최후의 심판이라는 추수 때까지 밀과 가라지가 함께 자라는 밭과 같다고 주장했다. 둘째로, 가톨릭 교회는 도나투스파가 예루살렘과 로마와 아프리카의 그밖의 지역들과 사귐을 갖지 않기 때문에 가톨릭 교회 곧 보편 교회라고 주장할 수 없다고 지적했다.

셋째로, 가톨릭 교회는 성례에 대한 다른 이해를 발전시켰다. 도나투스파(그리고 키프리안)의 견해에 따르면, 성례의 유효성은 성직자가 올바로 집례하는 데 좌우된다고 보았다. 따라서 성례를 교회 안에서 받으면 유효하지만, 교회 밖에서 받으면 받지 않은 것과 같다고 했다. 하지만 만약 카이킬리아누스를 주교로 축성한 인사들이 중죄를 지었다면, 그들은 성경과 교회 기물을 경찰에게 넘겨주는 대신 죽음을 택한 순교자들의 교회 밖에 있는 것과 마찬가지라고 했다.

아를 공의회(314)에서 아프리카의 가톨릭 교회들은 교황 스테파누스(Stephen)가 256년에 키프리안을 비판하면서 제시한 교리, 즉 성례는 성직자에게 속하지 않고 그리스도께 속하며, 따라서 그 유효성은 삼위일체의 이름으로 물 세례를 주라는 주님의 명령을 이행하는가에 달려 있다는 교리를 채택하게 되었다. (중세의 스콜라 학자들은 두 교리의 차이를, 성례가 성직자 개인의 자질이나 상태에 근거하여 유효하다〈ex opere operantis, 人效的〉는 키프리안의 견해와, 이루어진 행위에 근거하여 유효하다〈ex opere operato, 事效的〉는 스테파누스의 견해의 차이로 간단하게 정리했다.)

아우구스티누스는 교황 스테파누스가 주장한 로마의 전승을 따랐고, 따라서 도나투스파 세례의 유효성을 인정했다. 하지만 분열해 나간 교회에서 베푼 세례는 당사자가 가톨릭 교회로 돌아올 때까지는 은혜의 방도로 효과를 발휘하지 못한다는 키프리안의 견해에 양보했다. 그는 성례를 베풀 때 집례자의 행위는 집례자가 안수를 받을 때 그에게 지울 수 없는 표지(인격)를 남기신 하나님께 속한 것이며, 따라서 안수는 안수 받은 사람의 윤리적 영적 상태와 별개로 존립하며, 성례의 유효성은 세례를 베풀거나 의식을 집례하는 성직자의 정신이 얼마나 경건한 상태에 있는가의 여부에 좌우되지 않는다고 주장했다. 그러면 성직자에게 요구되는 것은 무엇인가? 그것은 자신이 성례를 집전할 때 그것을 행하는 것은 온 교회라는 자각을 갖는 것이라고 아우구스티누스는 주장했다.

아우구스티누스가 히포의 주교가 되었을 때, 아프리카의 분열은 이미 28년째로 접어들고 있었다. 이 무렵에는 양 집단이 신랄했던 초기의 입장에서 많이 누그러져 서로 공존하고 있었다. 간혹 터지곤 하던 폭력 사태로 서로간에 감정의 골이 깊이 패여 있긴 했으나, 대체로는 큰 무리 없이 그런 상태를 유지했다. 아우구스티누스는 이런 교착 상태를 수동적으로 받아들이는 것이 바른 도리가 아니라고 느꼈다. 그래서 카르타고의 수도대주교에게 공의회를 몇 차례 열어 가톨릭 주교들이 교회 권징 문제에 관해 일치된 견해를 가질 수 있게 하고, 그로써 도나투스파에 대해 공동의 전선을 형성할 수 있게 해야 한다고 설득했다.

당시 정부 내의 여론도 비국교도들을 탄압하는 데 유리한 쪽으로 움직였다. 4세기의 마지막 십 년 동안 이교와 이단을 제재하는 황제의 칙령들이 봇물 터지듯 발행되었다. 서방은 발렌티니아누스 1세(Valentinian I) 치하에서 한동안 관용을 누렸지만, 이 정책은 예외적인 것이었다. 로마 제국은 민중이 하고 싶은 대로 생각하고 행동하는 자유로운 민주 국가가 아니었다. 개인의 자유를 전혀 대수롭지 않게 생각하는 국가, 거듭 공포되는 법률과 칙령으로 아들을 아버지의 직업과 신분에 묶어둠으로써 신분 상승을 원천 봉쇄하는 국가, 비밀경찰(agentes in rebus)이 어디서나 감시하고 있을 것만 같은 국가, 합법적 고문으로 인한 비명 소리와 변덕스러운 처형이 이루어지는 교수대를 흔히 듣고 볼 수 있는 국가 — 로마 제국은 바로 그런 국가였다. 그런 가혹한 조치들이 정치계에서 일상적으로 자행되던 사회임을 감안한다면, 종교적 견해차로 사회의 일치를 저해한다고 여겨지는 사람들에게 사소한 자극을 가하고, 좀더 나아가 경제적 사회적 불이익을 가한다고 해서 큰 잘못으로 간주되는 일은 없었을 것이다.

아우구스티누스는 처음에는 도나투스파에 대한 무력 탄압을 강력히 반대했다. 그것은 황제가 평화와 질서를 유지하기 위해 무력을 사용할 권한이 없다고 생각했기 때문이 아니라, 정부의 탄압으로 증오에 찬 가짜 전향자들이 양산될 경우 가톨릭 교회가 그들을 감당할 수 없다고 생각했기 때문이다. 하지만 사태가 진행되면서 아우구스투스는 점차 생각이 바뀌었다. 405년부터 정부는 도나투스파에 대해 가혹한 탄압을 가하여 상당한 성과를 거두고 있었는데, 상황이 이쯤 되자 아우구스티누스는 동료 주교들의 현실론을 더 이상 뿌리칠 수가 없었다. 전향자들의 진실성 문제는 하나님께 맡겼다. 그는 사람들을 진리로 인도하는 동기들이 종종 복잡하여서, 완

전하고 기쁘고 자의적인 동의로 나아가는 길에 일시적인 단계쯤으로 간주
해야 할 두려움이나 이기심 같은 요소들도 그 동기가 될 수 있다는 것을
알았다. 더욱이 형벌이 수행하는 최고의 기능은 치유이다. 가혹한 형벌로
보이는 조치도, 범법자가 그 조치의 정당성과 사회를 이롭게 하려는 의도
를 깨닫게 된다면 이롭게 작용할 수 있는 법이다. 게다가 주께서 비유로써
"사람을 강권하여 데려다가 내 집을 채우라"고 하시지 않았던가?

  이런 생각 때문에 아우구스티누스의 마음은 주저와 고통을 안은 채 탄
압 정책을 받아들이는 쪽으로 움직였다. 물론 그 정책을 아버지의 징계로
이해하긴 했지만 말이다. 그의 이런 태도가 제국의 정책에 이루 말할 수
없이 큰 정당성을 부여했다. 프리스킬리아누스주의가 단죄되었을 때 항의
가 쏟아졌던 기억은 말끔히 지워져 있었다. 하지만 적어도 정부가 도나투
스파에게 가한 탄압의 성격은 잔인한 물리적 탄압이 아닌 '꾸짖음'이어야
한다는 아우구스티누스의 원칙을 넘어설 정도로 가혹하지는 않았다.

  아우구스티누스는 특유의 기질대로 당시에 진행되던 조치에 대해서 지
적 정당성을 찾으려고 노력하지 않을 수 없었다. 하지만 논쟁이 깊은 사고
의 영역에서 진행되는 경우는 없었다. 도나투스파와 가톨릭파 사이의 논쟁
은 시종일관 분열의 원인을 상대방에게 전가하는 것으로 이루어졌다. 도나
투스파는 대 회의에서 자신들의 입장을 공적으로 진술할 마지막 기회를
얻었다. 그것은 411년 5-6월에 카르타고에서 열린 교회회의로서, 황제가
파견한 대리인이 의장을 맡았다. 현존하는 그 교회회의 기록을 읽으면 태
양이 작열하는 한여름에 흙먼지를 뒤집어 쓴 채 격앙되어 있는 사람들의
모습이 선연히 떠오른다. 이런 분위기는 도나투스파가 증조할아버지 대에
발생했거나 발생하지 않은 일들을 지겹도록 되풀이해서 끄집어내면서, 자
신들은 '불신자들'과 함께 앉을 수 없다고 주장함으로써 더욱 가열되었다.
회의 기록에는 웃음을 자아내게 하는 내용도 군데군데 나오긴 하지만, 허
망함과 비감을 느끼지 않고서는 그 기록을 읽을 수가 없다. 어쨌든 정부가
교회회의를 소집한 목적은 사전에 결정되어 있었다. 그것은 이제는 시끄럽
기만 한 논쟁을 중단시키고, 정부가 나서서 강경하게 탄압하기 위한 구실

을 찾으려는 것이었다.

412년 1월에 황제 호노리우스는 도나투스파에게 법적 권리를 박탈하는 칙령을 내렸다. 그 내용은 도나투스파 신도들에게 사회적 신분에 따라 벌금을 부과하고, 그 분파의 성직자들을 추방하고, 교회 재산을 몰수한다는 것이었다. 순응하지 않는 키르쿰켈리온 분자들은 극형에 처해졌다. 하지만 아우구스티누스는 거짓 전향 문제가 자신이 한때 우려했던 것만큼 심각하지 않다고 느끼게 되었다.

그러나 오랜 세월이 지나가기 전에 아프리카 교회들을 그토록 오랫동안 갈라놓았던 분쟁은 외세의 침략 때문에 잠시 한쪽 구석으로 밀려났다. 429년에 반달족 — 아리우스파였던 이들은 407년에 갈리아로 쏟아져 들어왔다가 409년에는 스페인으로 갔다 — 이 지브롤터 해협을 건너와서는 가톨릭 교회든 도나투스파 교회든 봐주지 않고 무참히 약탈했다. 아우구스티누스가 남긴 마지막 편지는 성직자가 과연 난민 대열에 끼어도 되는가 하는 양심의 문제를 다루었다. 갈리아와 스페인에서는 툴루즈 같은 여러 도시들의 주교들이 주동이 되어 침략자들에 대해 저항 세력을 조직했다. 하지만 몇몇 주교들은 약탈자들이 쳐들어오기 전에 난민들 틈에 끼어 도망쳤다. 아프리카의 성직자들은 어떻게 해야 하는가? 아우구스티누스는 아프리카의 우수한 성직자들을 임박한 대학살로 잃는 것을 원치 않았다. 그럴지라도 성직자들은 침략자들이 쳐들어와 자신들의 숨통을 끊기 전까지, 제자리에 남아 세례나 종부성사를 원하는 사람들을 돌봐야 할 의무가 있었다. 아우구스티누스는 더러는 피난하고 더러는 남을 것과, 불공평한 결정을 막기 위해 성직자들이 제비뽑기를 할 것을 권고했다. 그 자신은 반달족이 히포를 포위 공격하고 있는 동안에도 그곳에 남았으나, 430년 8월 28일에 야만족이 성벽을 뚫고 쏟아져 들어오기 직전에 눈을 감았다.

도나투스파는 정부의 탄압과 반달족의 공격 때문에 수가 줄었으나, 여전히 살아남았고, 심지어 6세기에 유스티니아누스가 북아프리카를 재정복할 때도 소멸되지 않고 살아남았다. 누미디아에서는 590년에 교황 대 그레고리우스를 고통스럽게 만들 정도의 잔존 세력이 있었다. 교황은 아프리카의 지역 정부 당국자들이 도나투스파 규제법을 집행하는 데 미온적인 것을 확인하고는 몹시 화를 냈다. 하지만 한 세기 뒤에는 가톨릭 교회도 도나투스파도 이슬람교라는 홍수에 엄몰되었다. 그 뒤로도 마그리브 지역(아프리카 북서부)에는 12세기까지 가톨릭 교도들이 있었지만, 도나투스파는 역사의 무대에서 사라졌다.

'하나님의 도성'과 펠라기우스 논쟁

411년에 카르타고 회의에서 사실상 도나투스주의 논쟁이 끝나자, 아우구스티누스는 다른 문제들에 관심을 쏟았다. 그는 399년부터 여가를 누릴 틈도 없이 계속해서 집필해온 삼위일체 교리에 관한 저서를 완성하고 싶었다. 하지만 다른 시급한 문제들 때문에 이 일마저 잠시 미뤄두어야 했다. 갈리아와 스페인에 쏟아져 들어온 야만족들 때문에 여전히 비틀거리고 있던 서방 세계는 410년에 로마가 알라릭(Alaric)과 고트족에게 함락되었다는 소식 앞에서 넋을 잃었다. 아프리카와 비교적 안전한 그리스 동방으로 향하는 난민들의 대열이 끊이지 않았다. 이런 혼란의 와중에서 역사를 운행하시는 하나님의 섭리에 관한 질문들이 다급하게 제기되었다. 어찌하여 성 베드로와 성 바울이 자기들의 도시를 구원하는 데 무력했는가? 이교도들은 상상하기도 힘든 그 끔찍한 재앙이 닥친 것은 로마 제국에 위대함을 안겨준 신들이 노해 제국을 버린 탓이라고 믿었다.

아우구스티누스는 오로시우스(Orosius)에게 사태를 설명하도록 제안했다. 반달족이 스페인을 침공했을 때 아프리카로 피신해온 듯한 사제(司祭) 오로시우스는 세계사를 간략히 요약함으로써 이교도들에게 답변했다. 그의 의도는 기독교 전 시대의 역사가 야만족의 침공으로 발생한 그 어느 사건보다 훨씬 더 심한 재앙과 재난의 긴 기록이었음을 입증하고, 당시의 재앙도 아직까지 남아 있는 이교도들에 대한 하나님의 공의로운 심판임을 주장하려는 것이었다.

한편 413-427년에 아우구스티누스는 직접 펜을 들어 기독교를 변호하는 방대한 글을 쓰기 시작했다. 「하나님의 도성」(*The City of God*. 크리스챤다이제스트 역간-역자주)이라는 제하의 이 글에서, 그는 교회가 모든 제국들과 문명들의 흥망성쇠를 초월하여 참되고 '영원한 도성'인 하나님의 나라를 위해 존재한다고 보았다. '기독교' 로마조차 야만족들이 몰고온 혼돈과 파괴에서 제외되지 않는다고 했다. 아우구스티누스는 로마 제국의 관심사와 하나님 나라의 관심사가 조금이라도 일치한다고 생각하지 않았다. 정부와 교회의 관계에서, 정부는 평화와 자유를 유지하는 적극적인 기능을 갖고 있다고 생각했다. 하지만 제국을 침공한 야만족들을 반드시 하나님의 도성의 적들로 볼 필요는 없다고 생각했다. 새로운 야만족 주인들을 개종시키는 것이 서방 교회의 임무일 것이라고 생각했다.

「하나님의 도성」은 이교와 이교 철학에 대한 비판에서 정부와 사회에 대한 평가로 옮겨간다. 그 제목에는 플라톤의 정치적 대화록인 「국가론」(*Republic*)과 대조하려는 뜻이 내포되어 있다. 아우구스티누스의 주장은 다음과 같이 이어진다. 인간의 참다운 목표는 이생 너머에 있다. 지상의 어떠한 국가도 외부의 침공이나 내부의 붕괴에서 안전을 보장할 수 없다. 역사는 거의 끊임없이 계속된 전쟁의 목록이다. 하나님이 없는 인간은 두려움과 자애의 희생물로서, 황제처럼 군림하려는 헛된 야망에 떠밀려간다. "정의가 없다면 정부는 대규모 강도떼에 지나지 않는다." 그럼에도 불구하고 하나님 없이 조직된 사회일지라도 완전히 악하지만은 않다. 로마 정복자들은 열정과 용기가 있었다. 그들의 제국은 그리스도인들이 하나님의 선물로 받아들인 혜택들을 부여했다. 비록 정부는 사유 재산과 노예제도처럼 인간의 타락한 본성의 결과로 존재하게 된 것일지라도, 부정직과 반사회적 행위를 제재한다. 군주는 그리스도인이든 이교도든 악을 행하라고 명령하기 전에는 명령에 복종을 요구할 권한을 갖고 있다. 그리스도인들은 정당하게 세금을 내고, 정부와 행정관직들과 '공의로운' 전쟁에 참전함으로써 자신들의 책임을 수행해야 한다. 더욱이 국가가 곧 이기적인 '지상의 도성'이 아니듯이, 지상에 있는 전투하는 교회(the Church militant)도 하나님의 도성과 동일하지 않다. 교회 안에도 이리들이 있고, 교회 밖에도 양들이 있다(이 점에서 아우구스티누스는 「계시록 주석」과 성경 해석을 위한 「지침들」⟨*Rules*⟩에서 교회의 '혼합된' 본질 이론을 주장한 도나투스파 신학자 티코니우스⟨Tyconius⟩에게 큰 덕을 입었다). 교회는 하늘 나라를 위해서 존재하며, 하나님만 선택된 자들을 아신다. 따라서 역사의 의미는 겉으로 진행되는 무수한 사건들에 있지 않고, 죄와 구속의 감추인 드라마에 있다.

「하나님의 도성」은 또 다른 논쟁의 불씨를 일으킨 인간의 본성과 운명에 관한 눈문이 되었다. 411년경에 아마 아우구스티누스가 도나투스파 건으로 히포를 떠나 있는 동안 로마에서 온 저명한 난민이 히포의 항구에 도착하여, 예루살렘으로 가는 길에 아우구스티누스를 꼭 한 번 만나 뵙고 싶다고 요청했다. 그는 펠라기우스(Pelagius)라는 브리타니아의 수사로서, 여러 해 동안 로마에서 살면서 도덕주의자와 영적 지도자로서 상당한 명성을 얻은 사람이었다. 펠라기우스는 아우구스티누스를 만나지 못한 채 길을 떠났지만, 아프리카에 켈레스티우스(Celestius)라는 친구이자 길동무를 남겨 두고 갔다. 그는 법률가로서 펠라기우스의 견해를 워낙 유능하게 변호했던지라 카르타고에서는 곧 불안이 조성되었다.

펠라기우스는 로마에 체류하는 동안 유복한 로마 사회가 복음의 계명들과 교훈들을 가볍게 여기고 윤리적으로 해이하게 사는 모습을 불만스럽게 생각했었다. 특히 어느 주교가 기도하면서 아우구스티누스의 「고백록」 가운데 "당신은 절제를 명하셨습니다. 당신이 명하신 것을 허락하시고, 당신이 뜻하시는 것을 명하시옵소서"라는 내용을 인용하는 것을 듣고서 깜짝 놀랐었다. 이런 단어들을 사용하는 것이 그의 눈에는 도덕적 책임을 훼손하고 은혜를 값싸게 전하는 것으로 비쳤다. 그외에도 펠라기우스는 마니교의 염세주의가 교회에 침투한 현저한 현상에 대해서도 깊이 우려했다. 다마수스가 교황으로 있을 때 유명한 바울 서신 주석이 로마에 소개되었다. 저자의 이름은 확실하게 알려지지 않았지만, 그의 정신은 대단히 독창적이었다.[4] 이 미지의 주석가는 로마서 5:12을 "아담 안에서 모든 사람이 한 덩어리로 죄를 지었다"는 뜻으로 설명하고서, 이렇게 죄가 아담의 후손에

게 전가되었다는 것은 인간의 영혼들이 마치 육체처럼 부모에게서 나온다
는 것을 전제할 가능성이 있다고 주장했다.

이러한 교리가 펠라기우스에게 큰 당혹감을 안겨주었다. 그는 아담의 타
락 이래로 죄가 재생 과정을 통해서 유전적으로 전가되는 일이 없음을 분
명히 밝힐 의도로 직접 펜을 들어 바울 서신들에 대한 주석을 썼다. 펠라
기우스에 따르면, 우리는 자의적으로 아담의 범죄를 모방함으로써 죄를 짓
고, 외부의 환경과 연속적인 그릇된 선택으로 의지의 결단이 약해짐으로써
부패하는 것이지, 세상에 태어날 때 가지고 나오는 '본성'에 내재된 잘못
때문에 죄를 짓는 것이 아니라고 했다.

펠라기우스는 인간의 의지가 하나님의 계명에 순종할 능력을 상실할 정
도로 인간 본성이 타락할 수 있음을 시인하는 것은 마니교에 양보하는 치
명적인 잘못이라고 간주했다. 그는 모든 죄가 개인의 동의하에 범해지고,
반대로 개인이 동의하지 않으면 죄도 없음을 시인하는 것이 윤리 개념의
본질이라고 보았다. 그러므로 갓 태어난 아기에게 악의 요소가 있다는 생
각을 부정하는 데로 나아갔다. 아담의 죄가 초래한 결과는 치명적으로 악
한 불순종의 시범을 보여준 것일 뿐, 후손에게 죄나 사망을 전가한 것은
아니라고 그는 생각했다. 아담은 죄를 지어 필멸의 존재가 된 것이 아니라,
지음을 받을 때부터 그런 존재였다고 했다(펠라기우스는 이 가설을 399-
400년경에 로마에 온 테오도루스〈몹수에스티아의〉의 시리아계 제자에게
배운 듯하다).

펠라기우스에 따르면, 이렇게 유아에게 죄가 없다고 해서 갓 태어난 아
기가 세례를 받고 그리스도 안에서 구속을 받을 필요가 없다는 뜻은 아니
라고 했다. 요한복음 3장에 비추어 볼 때, 세례 받지 않은 사람은 하늘 나
라에 들어가지 못한다는 것이 분명하다고 했다. 하지만 죄를 짓지 않은 아
기가 세례를 받지 않고 죽을 때 자비로우신 것은 말할 것도 없고 공의로

---

4) 이 주석은 암브로시우스의 이름으로 유포되었기 때문에, 저자를 가리켜 '암브
로시아스터'(Ambrosiaster)라고 한다.

우신 하나님의 손에 지옥의 고통으로 떨어진다고 한다면 그것은 기괴하기 짝이 없는 생각이라고 했다. 그러면서, 세례 받지 않고 죽은 아기들은 자연의 복이 거하는 제3의 장소 곧 림보(limbo)로 들어가야 한다고 했다.

펠라기우스는 사람에게 은혜가 필요하다는 것을 부정한 죄로 고소를 당했다. 그의 생각은 논쟁 과정에서 많이 와전되었다. 사실상 그는 죄 사함에 값없이 내리는 은혜의 선물이 있다고 시인했다. 하지만 그 은혜를 말할 때 그리스도의 윤리적 권고와 최상의 모범을 통해 전달되는 신적인 도움으로 말했다. 윤리적이고 영적인 삶에서의 진보는 의지가 옳은 쪽을 택할 수도 있고 그릇된 쪽을 택할 수도 있는 가능성을 앞에 두고서 자유롭게 선택하는 행위에 좌우된다고 했다.

뜨거운 논쟁의 불씨를 품고 있는 이런 주장들은 아프리카에서 펠라기우스의 친구 켈레스티우스(Celestius)에 의해 대단히 도발적으로 제기되었기 때문에, 켈레스티우스는 412년에 카르타고 교회회의에서 공식적인 견책을 받은 뒤 에베소로 물러갔다. 하지만 펠라기우스와 켈레스티우스가 다 동방으로 떠났다고 해서 서방에서 달아올랐던 논쟁의 불길이 진화된 것은 아니었다. 시라쿠사에서는 펠라기우스의 사상이 용의주도하게 전파되었다. 브리타니아에서 와서 시칠리아에서 살고 있던 펠라기우스의 동족은 하나님이 하라고 명령하셨으면(예를 들면, "네 소유를 팔아……") 그 명령에 순종하는 것이 사람의 책임이라는 펠라기우스의 핵심 이론에 사회적 해석을 부여한 내용의 소책자들을 발행했다. 오직 자유로운 선택만이 윤리적이라는 말은 자연스럽게 두려운 남용의 사례들을 낳게 마련이다.

412-13년에 아우구스티누스는 자신을 비판하는 자들을 논박하는 소책자들을 발행하기 시작했다. 비록 이때까지는 여전히 펠라기우스를 크게 존대했고, 심지어 413년에 가서도 그에게 정중한 편지를 보내긴 했지만 말이다. 하지만 논쟁의 열기가 서서히 달아오르기 시작했다. 414년에 프로비가(家)라는 로마의 갑부 가문의 규수 데메트리아스(Demetrias)가 카르타고에서 처녀로 거룩하게 살겠다고 서약하는 의식을 가졌다. 이 대단한 순간에 찬사를 남기고 싶었던 그녀의 어머니와 할머니는 제롬과 펠라기우스

를 포함한 여러 저명한 교계 인사들로부터 데메트리아스를 위한 영적 조언의 글을 받은 뒤 그것을 장문의 문집으로 만들었다. 그 중에서 펠라기우스가 데메트리아스에게 보낸 편지에는 아우구스티누스의 눈에 대단히 위험하게 비친 내용이 실려 있었고, 따라서 아우구스티누스는 데메트리아스의 어머니에게 그 글의 위험성을 알리는 편지를 보냈다.

논쟁에 악의가 개입되기 시작한 것은 제롬의 처신 때문이었다. 성지를 찾아간 서방의 순례자들 가운데 많은 사람들이 제롬의 편지에서 신랄한 비판의 표적이 되었다. 펠라기우스도 예외가 아니었다. 펠라기우스는 지혜롭지 못하게도 오리겐의 색채가 강한 제롬의 에베소서 주석을 비판했다. 제롬은 펠라기우스가 '스코틀랜드(즉, 아일랜드)의 오트밀죽을 너무 많이 먹은 뚱뚱한 개'라고 되받아쳤다. 415년에 아우구스티누스는 스페인에서 온 자신의 젊은 친구 오로시우스(Orosius)를 제롬에게 보냈다. 제롬에게 자문을 받은 오로시우스는 예루살렘에서 펠라기우스와 켈레스티우스의 사상이 과거에 아프리카 교회회의에서 정식으로 단죄를 받은 적이 있다고 포문을 연 뒤, 그들이 원죄와 은혜의 필요성을 부정했다고 선언함으로써 태풍을 일으켰다.

펠라기우스는 적의가 오가는 공개 논쟁을 결코 바라지 않았다. 예루살렘에서 열린 예비 재판에서 펠라기우스에게 유리한 판결이 내려진 뒤, 그 문제는 415년 12월에 디오스폴리스(리다〈룻다〉)에서 열린 팔레스타인 주교들의 회의에 상정되었다. 고소자들이 출석조차 하지 않은 상황에서, 펠라기우스는 주교들을 대상으로 켈레스티우스의 주장이 412년에 카르타고에서 단죄를 받은 것은 그가 부인한 견해 때문이거나 아니면 그에게 아무런 책임도 없는 견해 때문이었다고 쉽게 설득할 수 있었다. 그는 사람이 하나님의 도움 없이도 죄를 피할 수 있다고 가르친 적이 분명히 없다고 펠라기우스는 말했다.

리다에서 펠라기우스가 행한 진술을 보면, 자신이 최초로 발설한 단순한 주장, 즉 선행을 하려면 하나님의 은혜가 필요하지만, 사람의 고유한 책임인 자유롭고 독립된 의지의 발휘도 반드시 필요하다는 주장을 넘어서지 않으려는 것을 알 수 있다. 하지만 아우구스티누스는 리다 교회회의 회의

록을 꼼꼼히 읽고 나서 펠라기우스가 겉으로는 단순한 척하지만 속으로는
부정직과 간교함이 있다는 느낌을 받았다. 펠라기우스는 자신이 은혜라는
단어를 무슨 뜻으로 사용하는지 분명히 밝히지 않았던 것이다. 다시 말해
서, 그는 은혜를 사도 바울의 교훈대로 성령께서 우리 마음에 부어주신 하
나님의 사랑으로 이해하기보다, 외적인 교훈과 모범으로 이해한 것이다.

아프리카 성직자들은 누미디아와 총독령 아프리카 지방을 대상으로 개
별적인 교회회의들을 열었고, 이 교회회의들은 펠라기우스주의가 기도와
유아세례를 부정한 점을 들어 그 사상을 격렬히 비판한 다음, 그 문제를
교황 인노켄티우스 1세(Innocent I)에게 회부하면서 신속한 답변을 요청
했다. 인노켄티우스는 아프리카 주교들이 보낸 증거를 놓고 보자면 펠라기
우스주의자들은 사상을 철회하지 않을 경우 파문을 당해 마땅하다는 회신
을 보냈다. 아우구스티누스는 강단에서 이제 그 문제가 완전히 해결되었다
고 하면서 크게 기뻐했다. 두 개의 교회회의가 증거 자료를 사도 교구에
보냈다가 동의하는 회답을 받았으니 이제 사건은 끝난 셈이었다.

하지만 그것은 지나치게 확신에 찬 발언이었다. 석 달 뒤 인노켄티우스
1세가 죽고 조시무스(Zosimus, 417-19)가 후임 교황이 되었다. 켈레스티
우스는 신임 교황을 만나 자신의 건을 직접 호소하기로 결정했다. 에베소
를 떠나 로마로 간 그는 조시무스를 만난 자리에서, 자신은 사도 교구의
판결에 전적으로 승복할 것이며, 유아 세례의 필요성을 확고하게 믿는다고
말했다. 펠라기우스는 예루살렘에 머물러 있었으나, 인편으로 조시무스에
게 자신의 자유의지론을 설명한 새 책을 보냈다. 교황은 한편으로는 펠라
기우스주의자들의 고결한 도덕성에, 다른 한편으로는 교황권을 숭엄하게
인정하는 그들의 태도에 깊은 감명을 받았다. 따라서 그는 아프리카 주교
들에게 다소 퉁명스러운 어조로, 그들이 펠라기우스에 관해 편견에 찬 이
야기를 들은 것이며, 펠라기우스의 근본 사상은 정통 신앙으로 인정받아야
한다고 말했다. 이 말을 듣고서 경악한 아프리카 주교들이 폭발 일보 직전
의 반응을 보이자, 조시무스는 아직 최종 판결이 내려지지 않았다고 그들
을 설득하면서 여섯 달을 질질 끌었다. 그러던 중 교황은 불현듯 자신이

분노한 아프리카 주교들뿐 아니라 황제에게까지 압박을 받는 상태에 있다
는 사실을 깨달았다.

아우구스티누스와 그의 친구들은 조시무스가 주저하고 있는 틈을 이용
하여 라벤나 궁으로 직접 대표단을 파견했다. 418년 4월 30일에 황제는
펠라기우스파를 평화를 위협하는 세력으로 규정하고서 그들을 로마에서
추방하는 칙령을 내렸다. 이 칙령을 이끌어낸 로비 활동은 베일에 가려져
있다. 추측건대 아우구스티누스가 정부의 개입을 쉽게 이끌어낼 수 있었던
비결은 시칠리아의 펠라기우스주의자 브리톤(Briton)이 쓴 사회주의적 소
책자를 활용한 데 있었던 것 같다. 그 소책자는 부자들이 가난한 자들에게
무책임하고 고문과 수탈로써 권력을 유지하는 것을 강경한 언어로 비판했
던 것이다. 적어도 이 점은 펠라기우스주의가 사회 혁명을 지향한다는 그
럴듯한 증거였다.

그밖에도 로마의 교회가 켈레스티우스와 펠라기우스파를 지지하는 진영
과 반대하는 진영으로 분열되고 있다는 보고가 여러 경로를 통해 라벤나
궁에 들어갔을 것이다. 실제로 419년에 치러진 차기 교황 선거에서 왜 갈
라졌는지 분명히 밝혀지지 않은 두 개의 파벌에 의해 두 명의 주교가 축
성되는 사태가 발생했다. 아무튼 황제의 칙령은 조시무스에게 치명적인 타
격을 가하였다. 조시무스는 현실에 승복하고서 펠라기우스와 켈레스티우
스를 정식으로 단죄한 다음, 아프리카인들이 취한 행동을 응징할 기회를
노렸다.[5] 켈레스티우스와 그의 친구들은 알렉산드리아와 그 다음에 콘스

---

5) 아피아리우스(Apiarius)라는 시카 베네리아(엘 케프)의 아프리카 사제가 자신의
주교(아우구스티누스가 총애하던 제자)에게 파문을 당한 뒤 조시무스에게 항소했다.
조시무스는 세르디카 교회법(참조. 원서 139쪽)을 '니케아' 교회법으로 거론하며 자
신에게 항소 재판을 판결할 권리가 있음을 정당화하면서, 아피아리우스를 복직시키
라고 냉정하게 요구했다. 세르디카 교회회의에 관해 들어본 적이 없었던 아프리카인
들은 로마에 그러한 권한이 없음을 입증하기 위해서 동방에서 권위있는 니케아 교회
법 본문을 입수했다. 평소에 로마의 권위를 존중하는 우호적인 발언을 해온 아우구
스티누스는 아프리카 교회의 독립을 짓밟는 교황의 이러한 행위에 크게 실망했다.

탄티노플에 항소했고, 428년에 콘스탄티노플 총대주교 네스토리우스는 그들의 주장을 경청함으로써 절충적인 태도를 취했다. 하지만 펠라기우스파는 교회에서 이전의 지위를 다시는 회복하지 못했다.

하지만 신학 논쟁이 매듭지어질 기미가 보이지 않았고, 이런 단계에 접어들면서 아우구스티누스는 비로소 자신의 은혜론을 본격적으로 설명하기 시작했다.

아우구스티누스가 펠라기우스주의를 논박하면서 제시한 교리에 따르면, 인류 전체가 아담 안에서 타락했다(라틴어판 로마서 5:12에는 그렇게 씌어 있다). 유전적 죄성의 전가가 출산과 맞물려 진행된다. 아우구스티누스가 볼 때, 정절이 결혼보다 고등한 상태라는 당시의 일반적인 신념은 성적 충동이 호색과 무관할 수 없다는 증거였다. 어쨌든 유아들에게 죄사함의 세례를 베푸는 것은 유아들이 죄로 오염되었음을 전제로 한 것이 아닌가? 하지만 유아들은 세상에 나와 죄를 짓지 않았으므로 죄사함은 그들의 본성에 붙어 있는 죄를 대상으로 하는 것이어야 한다. 따라서 만약에 아기들이 세례를 받지 않은 채 죽으면 멸망에 떨어진다. 비록 '대단히 온건한' 형태의 멸망이긴 하지만 말이다. 인류는 파멸 덩어리로서, 구속의 은혜를 입지 못하면 순수한 선한 의지의 행위를 내놓을 수가 없으며, 선량한 이교도들의 덕행도 모두 죄로 얼룩져 있다(아우구스티누스의 어떤 열렬한 지지자는 그것을 '찬란한 악'이라고 표현했다). 온 인류가 지옥에 떨어진다 해도 그것은 엄격한 공의일 뿐이다. 그럼에도 불구하고 하나님은 은혜를 베푸신다. 아무도 예측하지 못한 방식으로, 소수의 영혼들을 구원하기로 선택하시되, 그들이 일체의 공로를 나타내기 전에 예정하심으로써 선택하신다. 이 선택이 불공평하다고 불평한다면 그것은 자범죄는 물론이고 원죄에 붙은 죄의 무게를 잘 몰라서 하는 말이다.

이 예정 교리에는 은혜가 불가항력적이라는 결론이 필연적으로 따르게

특히 아피아리우스는 대단히 성가신 사람이었기 때문이다. 조시무스가 그를 지지한 것은 실수였다.

된다. 사람이 심하게 타락하여 더 이상 선을 행할 자유의지가 없다면 은혜가 모든 것을 해주어야 한다. 그리고 이 권능이 불가항력적이라는 것은 그렇지 않을 경우 무력하게 될 하나님의 예정에서 추론할 수 있는 분명한 결론이다. 선택된 자들을 틀림없이 목적지까지 인도하시려는 것이 하나님의 목적이다. 따라서 은혜를 확인하려면 생애를 마칠 때까지 평생 선한 인격을 견지하는가, 즉 '최종적인 견인(堅忍)'을 견지하는가를 확인하면 된다. 그것은 인간의 공로와 무관한, 하나님이 미리 정해 놓으신 선물이다.

아우구스티누스가 이런 주장을 제시하자마자 여러 지역에서 즉각 반론이 제기되었다. 정면 공격은 자타가 공인하는 펠라기우스주의자인 에클라눔(베네벤토 근처)의 주교 율리아누스(Julian)에게서 왔다. 율리아누스의 근본 논지는 은혜가 인간 본성을 하나님이 의도하신 완전으로 인도하는 것이 사실이지만, 본성 자체도 창조주의 선한 선물이기 때문에 은혜와 본성이 완전히 무관하지는 않다는 것이었다. '본성적인 것'은 아무것도 악할 수 없다. 성적 충동도 하나님이 정해주신 범위 밖에서 배출될 때만 악한 것이며, 원죄와 색욕을 혼동하는 것은 큰 잘못이다. 율리아누스는 아우구스티누스가 마니교의 사고 방식을 교회에 가지고 들어왔기 때문에, 그리고 「고백록」에 기술한 사춘기적의 어리석은 소행으로 인한 성에 대한 강박적인 태도로 하나님이 지으신 선한 것을 훼손하고, 하나님께서 모든 사람이 구원 받기를 바라신다는 사도 바울의 분명한 가르침을 부정하기 때문에 자꾸 문제가 생기는 것이라고 생각했다.

에클라눔의 율리아누스는 역량있는 사상가이자 논쟁가였지만, 펠라기우스파에 동조한 뒤 몹수에스티아의 테오도루스와 함께 동방으로 피신했다. 한편 반복해서 공포되고 재진술될수록 강도를 높여간 아우구스티누스의 교리는 펠라기우스주의를 혐오한 많은 사람들에게 쓰라린 항의를 받았다. 아우구스티누스의 소책자들을 읽고서 구원이 예정되었으니 아무도 선을 행하려고 노력할 필요가 없다는 해이한 결론을 내리는 사람들이 있었다. 요한 카시아누스가 갈리아 남부에 설립한 수도원 공동체들은 아우구스티누스의 「책망과 은혜에 관하여」(*On Rebuke and Grace*, 427)의 사본을 받아보고서 경악을 금치 못했다.

정통 신앙을 보편교회가 확고하게 견지하는 신념의 체계(quod ubique, quod semper, quod ab omnibus)로 정의한 레랭의 빈켄티우스(Vincent) 는 아우구스티누스의 교리를 정통 신앙의 노선에서 벗어난 지극히 불온한 혁신으로 받아들였다. 요한 카시아누스는 자신의 「집담회들」 (*Conferences*)에서 대안이 될 만한 적극적인 교리를 제시하는 데까지 나아갔다. 그는 사람에게 매순간 하나님의 은혜가 필요하다는 아우구스티누스의 가르침에 동의했다. 인간의 마음은 부싯돌과 같아서 하나님이 치셔야 불꽃이 튄다. 하지만 하나님은 불꽃이 튀듯 최초의 반응이 일어날 때 은혜를 부어주신다. 의지를 처음으로 하나님께 향해 돌아서게 하는 힘이 은혜의 선물이다. 하지만 구체적으로 돌아서는 일은 자연적 의지와 하나님의 도우심이 협력하여 이루어진다. 카시아누스는 은혜가 거역할 수도 없고 상실할 수도 없는 힘이라는 생각을 철저히 배격했다.

이제 논쟁은 신앙의 성격, 특히 "신앙이 처음에 어떻게 해서 생기게 되는가?"라는 신비스러운 질문에 초점이 맞춰졌다. 카시아누스는 하나님께서 인간 의지가 반응하는 것을 보신 후에 은혜를 부어주신다면, 어떤 의미에서는 의지의 반응이 은혜라는 선물보다 앞서며, 따라서 은혜가 무조건적이라고 할 수 없지 않느냐는 반론에 답변하지 못했다. 카시아누스의 견해는 독창적인 절충안으로서, 극단적인 아우구스티누스주의자인 아키텐의 프로스페르(Prosper)에게 공박을 당했다.

하지만 세월이 흐른 뒤 프로스페르는 자신의 강경한 교리를 수정했다. 교황 레오 1세의 비서가 되었던 까닭에, 아마 온건파였던 레오의 영향으로 아우구스티누스가 말년에 주장한 완전 예정론에서 한 발짝 물러선 것으로 보인다. 450년에 프로스페르는 사도 바울이 문자 그대로 "하나님은 모든 사람이 구원을 받으며 진리를 아는데 이르기를 원하시느니라"고 가르쳤다는 교리의 옹호자가 되어 있었다.

아우구스티누스의 교리가 발휘한 종교적 위력은 창조주의 엄위와 주권 앞에서 의존감과 두려움과 존경에 압도되게 만드는 데 있었다. 인간의 존재가 순전히 하나님의 창조 행위에 의존한다는 것을 인정한다면 인간이 구속을 받는 일에도 은혜에 의존한다는 것을 인정해야 한다. "여러분이 가지고 있는 것 중에서 [하나님께로부터] 받지 않은 것이 어디 있습니까?" 아우구스티누스는 신앙의 주관적이고 심리적인 측면에 깊은 관심을 기울임으로써 이 교리에 특별한 성격과 깊이를 부여했다. 그는 도덕적 무능력이 무엇인지 자신이 살아온 날들을 통해서 알고 있었다. 펠라기우스파처럼 자유 의지와 선한 것을 기뻐하는 능력을 지닌 부패하지 않은 본성을 말해 봐야 그게 현실에서는 아무짝에도 쓸모 없다고 보았다. 첫째로, 그는 본성과 의지를 칼로 무 자르듯 구분해서 생각할 수가 없었다. 의지의 모든 행위를 인간 본성의 표출로 보았기 때문이다. 둘째로, 의(義) 안에서 기뻐하는 것은 의지의 행위로는 도저히 얻을 수 없는 것이라고 그는 깨달았다. 그도 하나님의 계명이 십계명에 정확히 나타나 있음을 인정했다. 하지만 그의 의지와 노력은 성령께서 자기 마음에 하나님의 사랑을 부어주실 때에야 비로소 선한 생활을 지향할 수 있었다. 셋째로, 심리적 사실주의를 견지한 아우구스티누스로서는, 자유 의지가 마치 내면의 동기들과 욕구들[윤리적 결정을 내릴 수밖에 없는 상황으로 이끌고 가는]의 압력에 초연하게 떨어져 있는 대안들을 놓고 그 중에서 하나를 선택하는 단순한 행위인 것처럼 생각할 수가 없었다. 그에게 '자유'란 선한 것을 택하여 행할 수 있는 능력을 뜻했고, 바로 그것을 사람의 타락한 본성이 얻을 수 없는 것으로 보았다.

갈리아 남부 수도원들의 신학자들은 아우구스티누스의 예정과 은혜 교리의 극단적인 면을 제외하고는 그의 모든 가르침을 좋아했다. 하지만 적어도 그들은 하나님의 은혜가 인간의 어떠한 반응보다 앞선다는 그의 견해에 동의하게 되었다. 그것이 529년 오랑주 공의회에서 법령으로 공포되었다. 아키텐의 프로스페르와 레랭의 빈켄티우스 모두 아우구스티누스의 기본 신조에 관한 가르침을 요약해서 펴냈는데, 프로스페르는 거기서 한 걸음 더 나아가 운율체로 된 아우구스티누스 신학 입문서를 펴내기까지 했다.

5세기 후반에 "누구든 구원을 받을 자는……"(Quicunque Vult)으로 시작하는 간추린 교리문답서 — 이 문서에는 (비록 처음부터는 아닐지라도) 곧 성 아타나시우스의 신조라는 위엄스러운 제목이 붙었다 — 는 갈리아 남부 혹은 스페인에서 살았던 어떤 신학자의 작품이었다. 이 문서에는 특히 한 가지 중요한 점에서 아우구스티누스의 삼위일체 교리가 끼친 영향이 묻어난다.

삼위일체

「삼위일체론」(*On the Trinity*)이라는 대작에서 아우구스티누스는 의도적으로 그리스 전승과 다른 용어로 작성한(그럼에도 불구하고 자신이 의식한 것보다 카파도키아 교부들의 것에 더 근접한) 신론(神論)을 해설했다. 그는 '세 휘포스타시스'에 관한 카파도키아 교부들의 용어(오리겐에게서 물려받은)가 실제로 만족스럽다고 생각하지 않았다. 왜냐하면 그 용어는 신적 '위격들'(Persons)의 개별성과 복수성을 지나치게 강조한 인상을 주었기 때문이다. 더욱이 그 그리스 교부들은 성부(聖父)의 개별성이 마치 성자와 성령의 신성의 근원이나 샘이라는 식으로 말했다. 성자는 성부께서 낳으신(begotten) 반면에, 성령은 성부에게서 '나오셨다'(proceed, 발출하셨다)는 식으로 말이다.

아우구스티누스는 자신의 삼위일체 교리에서 어떻게 해서든 아리우스주의와 성자 종속설(subordinationism)의 요소를 제거하려고 했다. 따라서 삼위일체의 통일성을 고수하기 위해 성령께서 성부와 성자께로부터 나오신다고 주장해야 했다. 이것을 설명하기 위해 사고의 심리적 과정을 예로 들었다. 인간은 하나님의 형상으로 지음을 받았기 때문에, 인간 영혼에서는 삼위일체의 '자취들'을 더러 발견할 수 있다고 그는 주장했다. 사람의 인격 안에는 '기억'(그는 이것을 자의식을 포함한 인격의 심오한 중심으로 설명했다)과 지성과 의지로 이루어지는 삼중 요소가 있다고 다소 자신 없게 주장했다. 지성은 성자이신 신적 이성(divine Reason)의 반영이고,

의지는 성령이신 사랑을 비추어 주는 거울이라고 했다.

아우구스티누스의 '이중 발출'(double procession) 교리는 그의 계승자들에게 예화나 비유를 훨씬 넘어서는 것이 되었다. 그것이 아타나시우스 '신조'에 담긴 공식적인 신학으로 나타났으며, 6세기에 스페인에서는 아리우스주의를 배척하는 데 없어서는 안 될 명제로 인정받게 되었다. 콘스탄티노플 신조(381)의 라틴어 번역본들을 포함한 서방의 신조들에는 점차 '그리고 아들'(Filioque)이라는 단어가 덧붙다가, 7-8세기에 이르러서는 세계 교회(에큐메니컬) 신조에 그 단어를 붙이느냐 마느냐 하는 것이 그리스 동방과 라틴 서방 사이의 상호 비판과 심지어 논박의 주제가 되었다. 그리스인들은 서방인들이 어떻게 세계 공의회의 신조 본문에 그 단어를 삽입하는 행위를 정당화할 수 있는가 하고 물었다. 서방에서 그 단어가 삽입된 신조를 제일 마지막으로 받아들인 교회가 로마 교회였던 이유는 이 질문이 미칠 파장을 그만큼 첨예하게 받아들였기 때문이었을 것이다. 그것은 동방과 서방의 간격을 보다 넓히는 데 이바지한 단계였다.

제 16 장

교황제

4세기 후반부터 서방 교회들의 삶에 나타난 현저한 특징을 들라면, 로마 교구가 영적 권위와 법적 권위의 중심으로 급속히 떠오른 것을 들 수 있다. 로마 교회가 자연스럽게 지도자의 역할을 수행하게 된 기원은 교회사의 초기 단계로 거슬러 올라간다. 그것은 1세기가 저물기 전에 로마 교회가 고린도 교회의 분쟁에 형제애를 가지고 개입한 데서 뚜렷하게 볼 수 있다. 좀더 거슬러 올라가자면, 사도 바울이 예루살렘 교회의 권위에 대해 지녔던 독립적인 태도와, 그가 이방 세계의 수도를 중심으로 이방 기독교 세계를 창설한 데서 향후의 발전을 위해 뿌려진 씨앗들을 일찌감치 식별할 수 있을 것이다.

로마 교회의 지위를 높이 올려놓은 것은 2세기에 이단과의 투쟁에서 중요한 역할을 수행한 사실과, (160년에 사도 베드로와 사도 바울을 기리면서 세운 기념비에 기록된 대로) 자신들이 사도적 전승의 수호자라는 인식이었다. 2세기 말엽에 교황 빅토르(Victor)는 다른 교회들로부터 독재적이라는 비난을 받아가면서, 그리스 동방 교회를 포함한 모든 교회가 로마 교회의 부활절 날짜를 채택해야 한다고 주장했다. 하지만 3세기 이전에는 이러한 지도권을 이론적으로 정당화해야 할 현실적인 요구가 없었다. 모두가 형제였으나, 로마의 교회가 동등한 무리들 가운데 맏형으로 여겨졌다. 마태복음 16:18의 '베드로 본문'("너는 베드로라. 내가 이 반석 위에 내 교회를 세우리니")은 카르타고의 키프리안과 로마의 스테파누스가 세례 문제로 큰 갈등을 겪을 때 스테파누스가 그 본문을 변호 수단으로 삼은 3세기 중반 이전에는 로마의 지도권과 권위에 관한 논의에서 이렇다할 역할을 수행했다고 볼 수가 없다. 그리고 382년 이전까지만 해도 이 베드로 본문이 수장권(首長權) 주장에 신학적·성경적 토대를 제공할 만큼 중요성을 띠지 않았다.

다마수스 이후로 로마 주교들의 권리 주장은 갈수록 강도를 더해갔다. 아리우스 논쟁은 온 교회로 하여금 이전보다 훨씬 더 엄격한 권징과 보다 중앙 집권적인 통제가 필요하다는 교훈을 깨닫게 해주었다. 과거에는 지역마다 정기적으로 교회회의를 열어 교회법을 제정하는 것이 질서를 유지하는 중요한 방법이었고, 325년의 니케아 공의회는 지역 주교들에 대한 수도대주교들의 권위가 신장되는 데 크게 이바지했다. 2세기 후반에 동방과 서방에서는 각기 다른 시기에 열린 다양한 교회회의들의 법령들을 체계적으로 편찬할 필요가 절실하게 대두되었다. 가이사랴의 바실리우스는 카파도키아에서 활동할 때 과거의 법령들을 집대성하여 체계적인 하나의 교회법으로 만듦으로써 무질서가 횡행하던 지역에 질서와 기율을 부과하려고 힘썼다. 로마의 공문서 보관소도 교회법 편찬 작업에 착수하여, 세르디카에서 열린 서방 교회회의들의 법령들(로마 교구의 항소 재판권을 확정한)을 니케아 교회법과 결합했고(비록 세르디카 교회법의 전거를 일일이 밝히지 않았지만), 그 결과 5세기에 접어들면 한 명 이상의 교황이 로마의 항소 재판권을 인정한 세르디카 교회법을 마치 니케아 교회법의 권위로써 인용하려고 했다.

아리우스 논쟁으로 벌어진 투쟁은 교회회의의 신망을 약화시켰다. 교회회의들은 여전히 높은 존경과 권위를 유지했지만, 예전만 하지는 못했다. 아리우스 논쟁이 시작된 이후로는 대립적인 교회회의들이 양립 불가능한 선언들을 내놓는 사례들이 많았기 때문이다. 4세기 초에 가이사랴의 유세비우스는 교회 질서를 수립하려면 공의회가 불가피하다고 주장했다. 하지만 그 세기 말에 이르러 나지안주스의 그레고리우스는 그런 모임이 아무

쓸모가 없다고 느꼈다(이것은 381년 콘스탄티노플 공의회에 참석했다가 느낀 실망을 표현한 것이 틀림없다). 교회회의의 권위에 관한 회의론은 동방보다 서방에서 강하게 형성되어 있었다. 4세기에 '아리우스주의자들'은 몇 차례에 걸쳐 교회회의를 소집했고, 이런 추세에 대해서 아타나시우스는 처음부터 니케아 신조에 올바로 천명된 정통 신앙에 근거하여 그들의 잦은 모임과 연거푸 공포되는 신조들을 냉정하게 비판했다. 아타나시우스는 오로지 니케아 신조만 참된 그리스도인들의 동의를 요구할 권리와 권위와 영감을 지닌다고 주장했다.

같은 태도가 4세기 서방의 저자들에게서도 나타난다. 교황 다마수스는 대범하게도 니케아 신조가 전임 교황 실베스터에 의해 승인된 사실에 그 독특한 권위가 있다고 주장했다. 교황 인노켄티우스 1세(Innocent I)는 요한 크리소스톰의 문제를 놓고 알렉산드리아의 테오필루스(Theophilus)와 분쟁을 겪을 때, 니케아 교회법이 로마 교회가 승인한 유일한 공의회 법령이라는 근거로, 테오필루스가 안디옥에서 열린 아리우스파 공의회의 교회법을 인용한 것을 일축했다.

서방 교회들은 공의회의 법정 기능을 그다지 중요하게 여기지 않았다. 왜냐하면 서방의 유일한 사도적 '토대'인 로마 교구가 그리스 세계의 어느 총대주교구도 따라올 수 없는 탁월한 지위를 지닌다고 보았기 때문이다. 예를 들어 예루살렘은 로마보다 훨씬 더 큰 신성의 후광을 지니고 있었지만, 예루살렘 주교들은 5세기 이전에는 교회 정치에서 이렇다 할 세력을 발휘하지 못했다. 더욱이 수도대주교 체제(metropolitan system)가 서방에 비해 동방에서 훨씬 더 많이 발전하고 크게 인정을 받았다. 갈리아나 스페인의 주교들은 지침과 도움을 구할 때 자신이 속한 수도대교구의 주교에게 문의하기보다 로마에 직접 문의하는 것이 자연스러웠다.

다마수스와 그의 후임 교황들은 주교들이 자신들에게 문의하는 행위를 속주 총독들이 황제들에게 문의하는 행위와 견주어 보기 시작했고, 회신을 작성할 때도 황제의 칙령을 본딴 공식적인 문체를 사용했다. 다마수스의 주장에는 자신이 다른 어떤 주교와도 다른 사도 베드로의 역사적 계승자

라는 생각이 깔려 있었다(물론 사도 베드로가 로마로 오기 전에 안디옥
교회를 감독했다는 전승을 인정하긴 했지만). 더욱이 역사적 계승
(historical succession)이라는 이 사실은 마태복음 16:19에서 사도들에
게 위임된 '매고 푸는' 권세의 법적 유산을 부여하는 것으로 해석될 수 있
었다. 이런 법 이론에 근거하여, 교황청 서신들은 법령의 형태를 갖추기 시
작했다. 다마수스와 그의 계승자들 때부터 서방 교회는 보다 일관성 있는
권징을 시행할 목적으로 몇 차례에 걸쳐 규율들을 제정했다. 가장 큰 관심
사는 성직 후보자들의 연령과 자격, 그리스도인들이 결혼할 수 없는 촌수,
그리고 주교들과 사제들과 부제들에게 독신 생활을 요구해야 할 필요였다
(차부제들이 덧붙은 것은 레오 1세 때였다).

전례(典禮)에 로마 교회의 관습이 영향을 끼친 것도 이 시기에 두드러
지기 시작한 현상이다. 대도시 교회들이 사용하는 예배식을 지방의 작은
교회들이 모델로 삼는 것은 쉬운 일이었다. 4세기에는 콘스탄티누스와 그
의 모친 헬레나(Helena)가 성지를 방문하고 예루살렘과 베들레헴에 막대
한 기금을 내놓아 교회 건물들을 세운 것을 시발점으로, 성지 순례 인구가
크게 늘었고, 그들을 통해서 전파된 예루살렘 교회의 예배식이 심지어 서
방에서조차 널리 모방되었다.

384년경에 스페인 출신의 에게리아(Egeria)라는 귀부인이 시내 반도를
거쳐 성지를 여행하면서 일기 형식의 기행문을 썼는데, 그 안에는 매력적
인 라틴어 구어체로 팔레스타인의 독특한 의식들과 특별 성소들을 묘사되
어 있다.

서방에서는 전례의 발전에 아무래도 로마의 영향이 지대했다. 416년에
교황 인노켄티우스 1세는 복음이 로마로부터 다른 속주들로 이미 두루 퍼
졌고,[1] 따라서 라틴 교회들은 로마의 예배식을 따라야 한다고 주장했다.

---

1) 실제로는 그리스 선교사들이 아프리카 전도에 일익을 담당했고, 로마 자체는
말할 것도 없고 마르세유와 론 강 계곡, 그리고 심지어 이탈리아 북부까지 가서 복
음을 전했을 것이다.

여기서 인노켄티우스가 아프리카나 갈리아의 주교가 아닌 로마 근처에 자리잡은 구보라는 지역의 관구관하주교(suffragan. 관구〈province〉를 감독하는 수도대주교〈metropolitan bishop〉의 휘하에서 해당 지역을 감독하는 주교 — 역자주)에게 이 주장을 했다는 점을 밝히는 것이 공정할 것이다. 서방 교회들에게 로마 교회의 전례를 사용하도록 만들려는 시도는 샤를마뉴(Charlemagne) 시대까지는 사실상 본격적으로 이루어지지 않았다. 교황 대 그레고리우스는 로마 교회의 전례를 다른 모든 교회들에게 강요하는 정책에 분명히 반대 의사를 밝혔다.

다마수스 때 로마 교회의 관습을 따르도록 권장하는 정책이 밀라노의 암브로시우스에 의해서 크게 촉진되었다. 암브로시우스는 밀라노가 로마와 일치하는 모습이 좋았으나, 밀라노의 독특한 전통을 말살할 정도로 일치를 강행해야 한다고 생각하지는 않았다. 그는 교리문답 강의록인 「성례론」(*On the Sacraments*. 이 책은 청중 가운데 한 사람이 비공식적으로 기록해둔 자료 덕분에 보존된 듯하다)에서 몇 가지 중요한 성찬 기도를 밀라노 교회 전례에서 인용한다. 그 문구들은 후대의 문서들이 8세기 로마 교회의 것으로 돌리는 문구들과 비슷하지만, 토착적으로 변형된 면들도 눈에 띈다.

모니카가 교회마다 예배식이 다른 점 때문에 겪은 고충을 토로했을 때, 암브로시우스는 무엇이 됐든 지역 교회의 전승을 따르라고 조언했다. 밀라노에 있을 때는 밀라노 방식을, 로마에 갈 때는 로마의 방식을 따르라는 것이었다. 아프리카의 전례는 대체로 이탈리아와 동일한 군(群)에 속했는데, 이곳에서 활동한 아우구스티누스도 성직자들이 해외에 갔다가 아프리카로 돌아와서는 자기들이 밖에서 본 예배식들을 도입함으로써 혼란을 조성하는 것을 유감스럽게 생각했다.

이탈리아에서는 자연히 로마의 권위가 이탈리아의 무수한 주교구와의 관계에서 유난히 강했다. 하지만 보다 멀리 떨어진 관구들(provinces), 특히 그리스와 마케도니아의 헬라어권 지역들은 로마 교회가 통제하기가 한층 힘들었다. 379년까지 이 지역들은 제국의 서쪽 절반에 속했었다. 교황 다마수스가 콘스탄티노플과 동방을 상대로 협상을 벌일 때 데살로니가 주교가 그에게 귀중한 동맹자가 되어주었다. 379년에 정부가 그리스와 마케도니아를 제국의 동쪽 절반의 행정 구역에 편입시켰을 때, 로마 교회와 데살로니가 교회 사이의 이러한 제휴는 새로운 방식으로 중요하게 되었다. 381년에 콘스탄티노플에서 열린 그리스 교회 공의회는 교회의 관할권을 국가의 행정 구역에 따라 정하자고 제안했다. 이 제안이 받아들여지면 그리스와 마케도니아가 콘스탄티노플의 영향권으로 들어가게 될 것이었다. 다마수스가 그 공의회의 결정을 반대하게 된 데에는 이러한 부가적인 요인도 있었다(참조. 177쪽). 이 지역에서 로마의 영향력이 유지되도록 하기 위해서, 다마수스와 후임 교황들은 데살로니가 주교들을 자신들의 대리감목(代理監牧, vicars apostolic. 정상적인 교계제도의 영향력이 닿지 않은 지역을 감독하도록 주교와 동등한 자격과 권한을 부여하여 세운 직위 — 역자주)으로 임명하는 관행을 채택했다. 5세기부터는 때때로 콘스탄티노플 총대주교가 황제의 전폭적인 지원을 받아 상황을 바꾸어 보려고 시도했으나, 교황청은 8세기까지 그곳의 대리감목 교구를 유지했다.

　라틴어권 관구들에서는 로마의 권위가 통했기 때문에 데살로니가에서와 같은 교황의 대리인을 세울 필요가 없었다. 하지만 417년에 괴팍한 교황 조시무스는 판단 착오로 아를의 주교에게 데살로니가 주교와 같은 교황 대리의 자격을 부여하여, 갈리아의 다른 수도대주교들에 대한 관할권을 주었다. 아를의 지위가 이렇게 변하게 된 것은 얼마 전에 그 도시의 세속적 위상이 달라졌기 때문이었다. 401년에 행정장관이 주둔하고 있던 트리어가 야만족의 공격에 취약하다고 판단한 제국 정부는 행정 및 국방 관청을 트리어에서 아를로 옮겼던 것이다. 조시무스의 결정은 갈리아의 다른 수도대주교들 사이에 워낙 큰 반발을 불러일으켰기 때문에, 후임 교황들은 그 결정을 조용히 포기했다.

　445년에 아를의 주교 힐라리우스는 당시 서방 세계가 겪고 있던 혼란을 틈타 대범하게 로마와 일정 거리를 둔 채 독자적인 행동을 취했다. 그는 결국 교황 레오 1세에게 굴복하긴 했으나, 만약 서방 황제 발렌티니아누스 3세(Valentinian III)의 서릿발 같은 칙령이 없었다면 상황은 달라졌을 것이다. 황제는 서방 속주들의 모든 주교들이 교황권에 복종하지 않으면 정부의 처벌을 받게 될 것이라고 공포했던 것이다. 아를은 이 시기에 워낙 중요한 도시로 부상했기 때문에 이 도시를 감독한 주교들의 야심은 그 후로도 오랫동안 제어할 수 없었다.

아를의 교권이 절정에 달한 때는 6세기초였다. 당시의 주교는 502-42년에 재위한 카이사리우스(Caesarius)로서, 그는 탁월한 설교를 통해 당시의 목회적 문제들을 해결하는 데 크게 기여했다.[2] 하지만 갈리아가 프랑크족의 지배를 받게 되면서 아를의 중요성은 크게 위축되었고, 교황 대 그레고리우스 때인 6세기 말에 들어서는 그곳 주교가 교황의 대리자로서 누려온 위상이 아주 초라해져 있었다.

5세기에 가장 위대한 교황은 레오 1세(440-61 재위)였다. 그는 다마수스의 과거에 대한 낭만적 견해와, 로마 제국의 위대함은 기독교의 위엄과 함께 계속될 것이라는 판단을 고스란히 물려받았다. 6월 29일에 행한 설교에서, 그는 성 베드로와 성 바울이 로물루스와 레무스가 로마 시의 수호성인으로서 지녔던 지위를 대체했다고 설명했다. 아우구스티누스는 정치 기관으로서 제국의 앞날에 대해 초연한 입장에서 비관론을 폈으나, 레오에게는 그런 생각이 전혀 없었으며, 「하나님의 도성」으로부터도 이렇다할 영향을 받지 않았다. 아이러니나 문학적 인유(引喩)의 기미가 없는 예리한 산문체로 작성한 그의 서신들과 교령(敎令)들에는 제국 상서국의 문체를 동경한 사람의 정신이 묻어난다.

---

2) 그의 설교들은 특히 농촌 사회에 여전히 남아 있던 미신들을 공격했고(어떤 아를 사람들은 주피터<유피테르>를 숭배하느라 화요일마다 쉬었다), 성경 구절이 적힌 부적을 배포함으로써 민간 신앙에 양보한 성직자들을 비판했다. 카이사리우스는 자신의 교인들에게 시편송과 강론이 끝난 뒤에 곧장 집으로 돌아가지 말고 남아서 미사를 참관하도록 권했으며, 집에서 식구끼리 성경을 읽도록 권장했다. 설교의 표준을 높이기 위해서 성직자들이 그리스 교회의 관습을 따라 직접 설교를 작성하지 말고 공인된 대가들의 설교를 낭독하도록 권고했다.

하지만 레오는 제국의 위엄과 법적 형식을 목회적 단순성과 구제의 열정보다 앞세우는 그런 인물이 아니었다. 그는 회중에게 직접 행한 설교에서 정신을 차려 가난한 사람들을 구제하고, 일년에 네 번 짧게 하는 금식을 준수하라고 권고했다(다마수스 때 제정된 것으로 추측되는 이 금식 관행은 사순절 때, 오순절 후에, 9월에, 그리고 강림절 때 행했으며, 이 금식일들은 훗날 사계대제일(四季大齊日, Ember season)로서 성직자 임명식과 특별한 관계를 맺게 된다). 그는 교인들이 성 베드로 성당 계단에 기독교와 태양 숭배를 혼합하는 행위를 비판했다. 우연히 어떤 추문을 처리하다가 마니교가 자기 회중 사이에 상당히 깊게 침투한 사실을 발견한 그는 미사 때 잔을 받는가의 여부를 주의깊게 살펴서 마니교도들을 가려냈다(마니교도들은 음주를 죄악시했기 때문에 성찬 때 떡만 받고 싶어했던 것이다).

그밖에도 레오는 452년에 가공할 만한 아틸라(Attila)와 그가 이끄는 훈족이 쳐들어 왔을 때 로마 시를 위해 간곡히 탄원하여 약탈을 면함으로써 자기 도시에 유익을 끼쳤다. 455년에 반달족이 아프리카에서 쳐들어왔을 때 로마는 무방비 상태였지만, 레오는 적어도 침략자들을 설득하여 무분별한 학살과 파괴만은 피할 수 있었다. 비록 로마가 무수한 보물을 약탈당하고 많은 사람이 노예로 끌려가는 일은 막지 못했지만 말이다.

레오는 교령(敎令)들과 서신들에서 베드로의 권위 가운데 법적인 권위를 60년 전에 다마수스 때 발전된 상태대로 공고히 했다. 한 인간으로서의 레오의 인격은 그가 남긴 문서들이 무수히 현존하는데도 불구하고 이상할 정도로 베일에 가려져 있다. 그것은 그가 공문서를 작성할 때 자신의 생각보다는 위대한 제도의 명의를 앞세울 수밖에 없었기 때문이다. 레오는 스스로를 단순히 역사적 의미를 넘어서는 성 베드로의 계승자로 믿었다. 서신을 작성하거나 설교를 할 때도 성 베드로 자신이 말하고 쓰고 있다고 믿거나, 아니면 적어도 청중과 수신인들이 자신의 말을 성 베드로의 것으로 받아야 한다고 믿었다. 교황은 성 베드로의 모든 것을 물려받은 법적 후계자이기 때문에, 열쇠에 관한 권세가 조금도 줄어들지 않고, 완전한 권세(plenitudo potestatis)가 여전히 남아 있다고 믿었다. 레오가 성 베드로 성당에 묻힌 최초의 교황이었다는 사실은 여러 가지 것을 시사한다.

레오는 451년에 동방의 칼케돈 공의회 앞으로 보낸 교서(the Tome)에서 공의회에 참석한 주교들에게 교서의 내용을 꼼꼼히 분석하여 논쟁하지 말라고 주의를 주었다. 문제가 해결되어서 더 이상 논의할 것이 없으므로, 교서를 복되신 베드로의 말로 겸손히 받으라고 당부했다. 그는 전략적인 이유로 가끔 문제를 공의회에 회부하기도 했으나, 그의 교권(敎權) 이론은 공의회에 조금치의 비중도 허락하지 않았다. 그리스 주교들은 문제를 같은 시각에서 볼 수가 없었다. 칼케돈 공의회에서 레오의 교서는 진실로 가치 있고 베드로의 권위에 입각한 발언으로 인정을 받았으나, 그 근거는 면밀히 조사해본 결과 교서가 정통 신앙의 표준에 부합했기 때문이라는 것이었다. 이렇게 해서 공의회는 자체의 독립된 판결권을 유지했다. 하지만 레오는 칼케돈 공의회의 교리 정의가 유효하고 수정할 수 없는 것은 그것이 교황의 재가를 받았기 때문이라고 주장했다. 사실상 레오는 칼케돈 공의회가 내린 정의의 권위가 로마보다는 콘스탄티노플에서 통치하는 황제의 정책에 의해 좌우된다는 것을 민감하게 인식했다. 단성론파는 칼케돈 공의회의 결정을 자신들이 조만간 반전시킬 일시적인 후퇴로 간주했다.

457년에 황제 마르키아누스가 죽자, 단성론파는 후임 황제에게 어떻게든 반 칼케돈적인 관점을 주입시키려고 부단히 노력했다. 이에 대해 교황 레오는 강력하게 견제했다. 신임 황제에게 자신의 교서와 칼케돈 공의회의 정의에 유리한 논쟁 자료집을 제공하면서, "황제는 성령의 감화를 받기 때문에 인간의 자문이 필요 없으며 교리적인 오류를 범할 수 없습니다"라는 말을 덧붙이기를 잊지 않았다. 이 발언 때문에 레오의 후임 교황들은 482년에 비잔틴 황제의 유일한 권위로 헤노티콘(Henoticon)이 발행되었을 때 한 목소리로 비판하기가 쉽지 않았다.

헤노티콘 때문에 34년이라는 긴 세월 동안 로마와 동방 총대주교들 사이에 지속된 분열을 겪으면서, 이 시기의 교황들은 콘스탄티노플과 알렉산드리아의 독립성을 무너뜨리기 위해서 자신들의 수장권을 강경하게 주장하게 되었다. 교황 겔라시우스 1세(Gelasius I, 492-6 재위)는 "복되신 베드로의 교구는 여느 주교들이 내린 여느 결정으로 묶인 것을 풀 권리가 있다"고 주장했다. 그는 동방의 총대주교들이 황제 아나스타시우스 1세에게 지원을 받는 현실을 목도하고서 교권과 왕권의 관계에 관한 과감한 교리를 주장했다. 그것은, 일상적인 세속적인 문제들에 대해 성직자들이 황제에게 복종해야 하는 것과 마찬가지로, 교회의 문제들에 대해서 황제는 고위성직자들에게, 그리고 누구보다도 고위성직자들의 수장인 교황에게 고개를 숙여야 하는데, 교황은 황제가 자신의 책무를 저버린 일에 대해서 하나님께 직고해야 하는 사람이라는 것이었다.

5년도 채 못 되어 겔라시우스 1세는 로마 교구에 많은 업적을 쌓았다. 성찬을 한 종류로만 시행하던 칼라브리아 교회들의 그릇된 관행을 중단시켰다. 그리고 고대로부터 이어져온 로마의 루페르칼리아(Lupercalia) 제사를 규제했는데, 이 사건은 겔라시우스가 작성한 부활절 뒤 세번째 일요일을 위한 본기도(collect)에 그 흔적을 남겼다. 그가 작성한 여러 기도문이 라틴 교회의 전례에 자리를 차지했다. 비록 지금은 착오로 판명되긴 했으나, 얼마 전까지만 해도 학자들은 스웨덴의 여왕 크리스티나(Christina)가 바티칸 도서관에 기증한 8세기 사본에 실린 라틴어 성찬 기도를 겔라시우스 1세의 것으로 추측했었다. 하지만 '겔라시우스 성찬 기도'가 그의 것이 아니라 할지라도 그가 전례에 남긴 업적의 빛이 가려지는 것은 아니다.

6세기 전반에 활동한 로마의 교회법 학자로서 기독교 시대를 연대 계산 체계로 도입하게 만든 장본인인 디오니시우스 엑시구스(Dionysius Exiguus)는 겔라시우스가 이상적인 목회자였다고 회상했다. 겔라시우스의 후임자들은 일반적으로 그보다 강한 인상을 남기지 못했다. 498-605년에 대립교황들인 심마쿠스(Symmachus)와 라우렌티우스(Laurentius)가 교황좌를 놓고서 치열한 투쟁을 벌였다. 이들은 폭력을 동원하기도 하고, (심마쿠스 진영의 경우) "사도 교구는 아무에게도 판단을 받지 않는다"고 주장한 교묘한 위조 문서를 사용하기도 했다. 그 주장이 중세 교회법 학자들의 이론에 유입되었다. 그 진흙탕 싸움은 라우렌티우스가 초야로 돌아가 삶으로써 겨우 그쳤다. 이 분쟁은 당시 이탈리아의 정권이 라벤나에 주둔한 아리우스파 동고트족 테오도릭(Theodoric)의 수중에 들어가 있었다는 사실 때문에 더욱 고통을 안겨주었다. 그는 관용과 중립 정책을 표방했으나 그것은 분쟁의 고통을 단축하는 데는 이렇다 할 도움이 되지 못했다.

518-9년에 콘스탄티노플과의 균열이 끝난 뒤에는 이보다 훨씬 더 굴욕적인 일들이 교황청을 기다리고 있었다. 동방에서 칼케돈 공의회의 결정이 헤노티콘 대신에 정통 신앙의 표준으로 재부각된 것을 신호탄으로, 황제 유스티니아누스의 이탈리아 재정복 사업이 개시되었는데, 이로 인해 6세기의 교황들은 동방과 오래 대치하던 시기에 누렸던 자유를 박탈당하는 불행한 사태를 만났다. 교황 비길리우스(Vigilius, 참조. 245쪽)의 비참한 생애는 이렇게 비잔틴 황실 정책에 굴복한 하나의 사례에 지나지 않는다. 비잔틴 제국은 라벤나에 총독부를 둔 총독을 통해서 이탈리아를 지배하다가, 유스티니아누스가 죽고 나서 3년 뒤인 568년에 롬바르드족의 침공으로 상당한 견제를 받게 되었다. 롬바르드족이 이탈리아 북부를 점령하면서부터 유리하게 조성된 정치 상황에 힘입어, 교황 대 그레고리우스는 독자적인 활동권을 되찾고, 그 동안 싫으면서도 어쩔 수 없이 중시해야 했던 비잔틴 세계에서 눈길을 돌려 이제 서방 세계를 지배하고 있는 새로운 야만족 왕국들에 대한 선교 문제를 고려할 수 있게 되었다.

제 17 장

교회와 야만족들

콘스탄티누스 때부터 계속해서 로마 황제들은 최고의 병력 자원을 얻으려면 북방의 긴 도나우강 접경에 사는 게르만 부족들에게 눈을 돌려야 한다는 사실을 발견했다. 이미 3세기 중반에 이들의 침공으로 로마 제국은 거의 무릎을 꿇은 적이 있었다. 세월이 흐를수록 고트족이 제국 방어를 위해 없어서는 안 될 존재가 되었다. 그들 중 다수가 고위직에 올랐으며, 로마 가문들에서 아내를 얻기 시작했다. 황제 율리아누스가 콘스탄티누스에게 토해낸 많은 불평 가운데 하나는 그가 야만족들을 요직에 앉혔다는 것이었다. 하지만 이교도 관측자들은 얼마 못 가서 율리아누스 자신도 야만족을 모두가 우러러보는 총독직에 임명하는 것을 지켜보았다. 야만족들이 고위직에 임명되는 것을 지켜보면서, 그런 요직들은 로마의 명문가들이 계속해서 독점해야 한다고 생각하던 사람들은 불만을 품었다. 하지만 적어도 야만족의 이주는 점진적이고도 통제를 받아가며 이루어졌다.

그러다가 375년부터 상황이 돌변했다. 오늘날 러시아 남부에 해당하는 지역에서 훈족이 압박해 내려오자 고트족은 황급히 제국으로 밀려들어왔으며, 이들의 이동은 즉시 정치적 사회적 혼란을 일으킨 중대한 문제가 되었다. 제국의 동쪽 절반은 서방과 마찬가지로 야만족 장군들을 다수 기용했으나, 이곳의 북방 접경 지대는, 라인강과 도나우강으로 길게 형성되어 있던 서방의 접경 지대에 비해 통제하기가 쉬웠다. 406년 12월 31일에 라인강이 얼자 반달족(Vandals)과 알란족(Alans)과 수에비족(Suevi)이 인명 희생에 아랑곳없이 갈리아로 쏟아져 들어왔다(반달족만 해도 강을 건너다가 2만 명이 죽었다고 한다). 2년 뒤에 이들은 다시 식량과 목초지를 찾아 이동을 시작하여, 피레네 산맥을 넘어 스페인으로 들어갔다. 429년에 반달족은 지브롤터 해협을 건너 아프리카로 밀려들어간 뒤 439년에 카르타고를 함락하고는 그곳에 해적 왕국을 세웠다. 오늘날의 튀니지보다 약간 컸던 이 왕국은 유스티니아누스 때까지 존속했다.

게르만족의 침공은 서방 세계를 혼돈에 몰아넣었다. 로마의 정치적 통제와 행정이 급속히 붕괴되었고, 주교들이 나서서 지역민들을 모아 게르만족에 저항할 수밖에 없던 상황도 적지 않았다. 한번은 훈족이 트라키아 지방의 한 도시를 공격해오자, 그곳의 주교가 성 도마의 가호를 빌면서 거대한 노포(弩砲, 돌을 발사하는 옛 무기 — 역자주)를 설치한 다음 야만족 추장에게 일격을 가할 목적으로 직접 그것을 발사함으로써 간신히 침공을 막아낸 일도 있었다. 갈리아의 툴루즈에서는 주교가 야만족의 침공에 맞서 싸운 무용담들이 전래되었다. 처음에 서방 사람들은 야만족들을 자기들이 진정으로 회개하면 곧 제거될 하나님의 일시적인 회초리쯤으로 생각했다. 사회주의 사상을 갖고 있던 마르세유의 장로 살비아누스(Salvian)는 야만족의 침공을 부자가 가난한 자를 착취하는 제국의 죄악에 내린 징벌로 간주했다. 하지만 추측건대 살비아누스조차도 그 징벌이 오래 지속될 것이며, 침략자들이 정착할 것이라고는 예측하지 못했을 것이다.

교회가 야만족들 사이에 들어가 선교 사업을 벌인 것은 아주 서서히 이루어졌다. 하지만 정치적 위협이 증가하자, 그들을 평화로운 사람들로 만들어야 한다는 절실한 요구 때문에 선교 사업에 큰 탄력이 붙게 되었다. 이 사업은 4세기에 제국에 들어온 사람들을 대상으로 어느 정도 진전을 보였다. 381년에 콘스탄티노플 공의회는 "야만족들 가운데 있는 하나님의 교회들은 관습에 따라 감독되어야 한다"고 규정했는데, 이 함축적인 법령은 적어도 제국 안에 정통 게르만족 그리스도인 집단들이 존재했음을 시사해준다.

요한 크리소스톰은 콘스탄티노플에 있는 고트족 교회에 찾아가 설교했고(그 교회는 고트어로 된 성경과 전례를 사용했다), 크리미아 반도와 흑해 북부에 거주하는 고트족에게 선교사들을 보내기도 했다. 얼마 지나지 않아 선교사들은 코카서스 지방으로 뚫고 들어가 그곳의 훈족 부족들 사이에 교회들을 세웠다. 7세기에 접어들면 불가르족과 심지어 네스토리우스파가 활동하고 있던 중앙 아시아의 투르크족에게도 선교사들이 들어갔다는 이야기를 듣게 된다.

하지만 고트족 가운데 상당수는 이미 4세기에 울필라스(Ulfilas, 311경-83)에 의해 기독교로 개종했는데, 그들이 받아들인 것은 정통 신앙이 아니라 아리우스주의였다. 울필라스의 외조부모는 3세기에 고트족이 카파도키아를 침공했을 때 그들에게 붙잡혀간 그리스도인들이었다. 341년에 울필라스는 고트족이 콘스탄티우스에게 파견한 외교 사절의 일원으로 제국에 들어왔다가, 콘스탄티노플의 유세비우스에게 주교로 축성을 받고 돌아가 서고트족을 대상으로 전도를 했으며, 그 과정에서 고트어 문자를 창안하고 성경을 고트어로 번역했다. 고트족은 게르만족의 다른 부족들에게 선교사의 역할을 수행했으며, 그들의 영향에 힘입어 그 다른 부족들도 대체로 제국 안에서 정착한 뒤 불과 몇 년만에 그리스도인들이 되었다. 문명화된 로마 세계 안으로 이주한다는 것은 곧 기독교를 받아들인다는 것을 뜻한다는 게 당시의 일반적인 견해였다.

갈리아 남부에서 발견된 비명(碑銘)에는 종족의 인종적 기원이 세례로써 씻어내야 할 얼룩의 일부임을 암시하는 글이 새겨져 있다. 하지만 야만족들이 받아들인 기독교의 형태가 주로 아리우스파였다는 사실은 심각한 의미를 갖고 있었다. 그것은 야만족이 제국을 침공함에 따라 가톨릭 교도들이 로마 제국의 이상을 자신들의 이상과 동일시하는 경향이 아주 강해졌다는 것을 뜻했다. 아울러 그것은 그들이 제국 안에서 이민들로 거주할 때 그들이 종교적으로 비국교도 집단이라는 점 때문에 인종적 특성을 보존하게 되었다는 것을 뜻했다. 제국을 침공한 게르만 부족들 가운데 프랑크족만 506년에 이른바 '새 콘스탄티누스'인 왕 클로비스(Clovis)와 더불어 처음부터 가톨릭 정통 신앙을 받아들였다. 부르군트족과 수에비족과 서고트족이 차례로 아리우스주의를 버리고 가톨릭 신앙을 받아들인 것은 6세기 말에 가서나 이루어진 일이다.

5세기 중반 이후로 한동안 갈리아와 스페인, 그리고 특히 북아프리카의 가톨릭 공동체들은 각각 자기들의 지역을 점령하고 있던 서고트족과 수에비족과 반달족 군주들에게 산발적인 박해를 당했다. 하지만 대다수 야만족들은 로마의 법과 제도를 존중했고, 따라서 대체로 로마의 애국자들도 그들과 쉽게 협력했고, 그렇지 못한 경우라도 적어도 타도할 대상으로까지는 여기지 않았다. 더욱이 게르만 부족들은 아틸라(453년에 죽음)가 이끄는 가공할 훈족을 격퇴해야 하는 과제에서 만큼은 제국과 강력한 공감을 느꼈다.

469년경에 클레르몽의 주교가 된 갈리아의 교양있는 신사 시도니우스 아폴리나리스(Sidonius Apollinaris)의 서신은 갈리아와 로마의 유서깊은 귀족들이 그 상황에 어떻게 대처했는가를 보여준다. 이들은 영지나 도서관으로 물러가 살 수도 있었고, 아니면 주교직을 받아 그 직위를 이용하여 야만족 정부에 사회적·정치적 협조를 하여서 권익을 강화할 수도 있었다. 6세기에 갈리아 남부에서 활동한 위대한 주교들인 아를의 카이사리우스(Caesarius)와 비엔느의 아비투스(Avitus)는 아리우스주의에 타협하지 않고도 자기들의 지역을 다스리고 있던 서고트족과 부르군트족의 군주들과 협력할 수 있었다.

이탈리아에서도 상황은 비슷했다. 야만족들과의 협력 정책에 힘입어 황제의 직위가 476년(혹은 480년)까지 명목으로나마 유지되었다. 물론 이제는 실권이 야만족 군사령관들에게 넘어갔지만 말이다. 황제의 직위는 476년에 야만족 장군 오도아케르(Odoacer)가 유명무실한 황제 로물루스 아우구스툴루스(Romulus Augustulus)를 라벤나로 귀양을 보내고 직접 이탈리아 '왕'으로 자임하기로 결정함으로써 마감되었다. 르네상스 이후부터 476년이라는 해는 서방 제국이 최후에 멸망한 시점으로서 깊은 상징적 중요성을 띠게 되었다. 하지만 당시에는 이런 시각으로 보지 않았다. 당시로서는 바뀐 것이 그다지 많지 않았다. 약 40년 뒤에 비잔틴 연대기 작가는 아우구스투스와 함께 시작했던 제도(황제 제도)의 연속성이 단절된 의미심장한 해로 회상했다. 하지만 당시 사람들이 받은 심리적 충격은 410년에 알라릭이 로마를 약탈했을 당시에 비해 대수롭지 않았던 것으로 보인다. 콘스탄티노플에는 여전히 서방에 대해서 주권을 주장하는 강력한 로마 황제가 버티고 있었고, 그의 사주에 의해 오도아케르가 동고트족 테오도릭에 의해 공격을 받고서 살해되었으니 말이다. 테오도릭은 결국 라벤나에 정착하고서 '왕'의 칭호를 취했으나, 자신의 행동이 제약을 받기 전까지는 궁극적인 주권이 콘스탄티노플에 있다고 인정했다.

테오도릭의 치하(493-526)에 이제는 기독교에 귀의한 로마의 유서깊은 원로원 계층 지주들은 과거와 다를 바 없이 풍족한 생활을 누렸다. 변한 게 하나도 없었다. 그들은 교회의 가치를 존중했으나, 그러면서도 로마의 영광과 베르길리우스의 시(詩)도 교회에 못지 않게 소중하게 여겼다. 동고트족 왕실은 문화적인 활동을 위축시키는 조치를 취하지 않았다. 아리우스주의자들이 기거한 라벤나 궁전의 문화 수준이 얼마나 높았는가 하는 것은 테오도릭의 궁정 교회(오늘날 성 아폴리나레 누오보 성당)와 거기에 장식된 화려한 모자이크들과 문양들을 통해서 엿볼 수 있다. 스웨덴 웁살라 대학교 도서관에는 울필라스가 고트어로 번역한 복음서들의 정교한 사본이 소장되어 있는데, 이 사본에는 자색 양피지에 은색 잉크로 아마 라벤나의 테오도릭을 위해 써넣은 글귀가 있다. 테오도릭은 아리우스파 신자로서 초연한 위치에 있었기 때문에 그리스 제국의 정통 신앙에 접할 때 독립성을 견지하기가 수월했다. 그 독립성은 서방의 대다수 유력한 그리스도인들도 관심을 갖고 있던 것이었기 때문에, 그들과 고트족 왕 사이에 협력이 이루어지는 것이 어렵지 않았다.

하지만 518-19년에 로마와 콘스탄티노플 사이의 분열이 종식되자, 테오도릭은 비잔틴 황제가 그 통일을 정치적 목적에 이용할지 모른다고 의심하게 되었고, 그것은 어느 정도 일리가 있는 의심이었다. 이 의심으로 인한 최대의 희생자는 귀족 출신 학자이자 부유한 원로원 의원이던 보에티우스

(Boethius, 480경-524경)였다. 보에티우스는 삼위일체와 성육신 교리에 관한 글을 썼을 뿐 아니라, 플라톤과 아리스토텔레스의 철학에 관한 글도 썼고, 게다가 중세 철학계에 큰 영향을 끼친 포르피리오스의 「서론」 (*Isagoge*)의 번역서와 주석까지 남겼다. 523년에 그는 반역의 뜻을 품고 콘스탄티노플과 내통했다는 혐의를 받고서 투옥되었는데, 처형되기 전까지 수감 생활을 하면서 「철학의 위안」(*Consolation of Philosophy*)을 썼다. 이 책은 기독교적 동기를 전혀 찾아볼 수 없는, 철저히 고전적이고 이교적인 성격이 크게 두드러진다. 그의 기독교 신앙은 그리 깊게 들어가지 않은 듯하다.

　보에티우스는 아마 고트족의 존재를 애석하게 생각하고, 될 수 있는 대로 그들을 머리 속에 떠올리지 않았을 것이다. 하지만 그와 동시대인인 카시오도루스(Cassiodorus, 485경-582)는 사뭇 달랐다. 카시오도루스는 테오도릭과 그의 후임 왕들 치하에서 고위 관직에 올라 상당한 성공을 거두었을 뿐 아니라, 고트족에 관한 긴 역사를 편찬했다(이 역사서에 관해서는 고트족 요르다네스⟨Jordanes⟩가 쓴 개요가 현존한다). 그는 야만족의 정착이라는 새로운 상황으로 조성된 교육 기관 설립의 필요라는 절실한 과제를 꿰뚫어 보았고, 심지어 로마에 알렉산드리아와 니시비스의 학교들을 본 딴 고등 교육 기관을 설립할 계획까지 세웠다.

　하지만 유스티니아누스가 고트족을 이탈리아에서 몰아내기로 결정하면서 카시오도루스가 야만족들을 기독교 문화와 고전 문화로 로마화하고 문명화하기 위해 품었던 희망도 무산되었다. 그 뒤 그는 공직을 사퇴한 뒤 칼라브리아 지방의 스퀼라케에 있는 자신의 웅장한 저택으로 돌아가 수도원 공동체를 세웠다. '비바리움'(Vivarium, 양어장)이라고 불린 이 공동체를 그는 기독교 학문의 중심지로 만들고 싶어했다. 이 공동체는 카시오도루스가 특별히 지적인 성격을 부여하려고 힘쓴 사실 때문에 다른 수도원 공동체들과 달랐다.

　몇 년 전인 529년에 누르시아의 베네딕투스(Benedict)가 이탈리아 중부에 자리잡은 몬테 카시노에 수도원을 설립했다. 베네딕투스의 수사들은

예배와 성무일과, 혹은 묵상 시간을 제외한 나머지 일과 시간에는 노동을
해야 했다. 물론 이 노동 시간의 일부는 성경과 베네딕투스 수도원의 권장
도서였던 카시아누스와 바실리우스의 저서를 필사(筆寫)하는 데 할애했다.
카시아누스 때인 5세기 초에는 노동(물론 성경 필사도 노동에 들어갔다)
이 수사들을 마귀의 공격에 특히 취약하게 만드는 게으름을 몰아내기 위
한 방식으로 규정되었다.

   하지만 카시오도루스가 비바리움에 세운 단체에서는 성경을 필사하는
이 노동이 반드시 종교적인 것으로 한정할 수 없는 지적 목적을 띠었다.
비바리움은 낚시를 하면서 과거를 조용히 회상하기에 너무나 적합한 곳이
었다. 그리고 카시오도루스의 책들은 화려하게 제본되었다. 그는 자신의
수사들에게 베네딕투스의 수사들처럼 성경만 암기하는 것으로 그치지 말
고, 그것을 이해하고 설명하도록 주문했다. 따라서 아우구스티누스가 자신
의 소책자 「기독교 교리론」(*On Christian Doctrine*)에 제시한 프로그램
에 따라 세속 연구 과정도 마련했다. 수도원이 연구와 교육의 중심지가 될
수 있다는 발상은 이 때 처음 등장한 것이 아니었다. 그리스 동방에서는
오래 전부터 소년들을 수도원으로 보내 교육을 받게 했다.

   카시오도루스가 등장하기 직전에 유기피우스(Eugippius)라고 하는 열
렬한 아우구스티누스 지지자가 나폴리 근처 루쿨라눔 수도원의 대수도원
장으로 재직하면서 수사들에게 신학 저서들을 필사하고 연구하도록 강력
하게 주문한 바 있다(그는 대수도원장이 되기 전에 오늘날 오스트리아에
해당하는 지역에서 세베리누스⟨Severinus⟩와 손잡고 야만족 침입자들에
게 기독교를 전파하는 일을 했었다). 하지만 카시오도루스는 유기피우스에
대해서 "그는 세속 문학을 모른다"고 비판적으로 평가했다. 비바리움에서
수사들이 키케로와 퀸틸리아누스의 저서들과, 아리스토텔레스와 포르피리
오스와 갈레노스(Galen)의 라틴어 번역서들을 읽으라고 요구한 것은 새
로운 일이었다.

   베네딕투스회의 이상은 오로지 하나님만을 추구하기 위해서 모든 세상
의 학문과 문학을 버리라고 요구했다. 결국 카시오도루스의 자유로운 인문

주의도 아일랜드 수사들의 활동에 영향받아 베네딕투스회 전승에 흡수되긴 했지만, 그 과정은 쉽게 혹은 신속하게 진행되지 않았다. 교황 대 그레고리우스(540-604)가 로마의 장관이라는 높은 관직을 버리고 일개 수사가 되었을 때, 그가 자신의 모범으로 삼은 성인은 누르시아의 베네딕투스였고, 그런 이유로 593년에 자신의 「대화록」(*Dialogues*)에 그의 전기를 쓰기도 했다. 그레고리우스는 독특하게도 회심이란 세상과, 문학을 포함한 세상의 모든 것에 등을 돌리는 것을 뜻한다고 느꼈다. 빼어난 문체로 기록된 서신들과 설교문들에서, 그는 고전을 아예 인용하지 않았으며, 교황으로서 거둔 업적(590년부터)에도 로마의 지식인 성직자 배출이라는 항목이 끼지 않았다. 그레고리우스가 성직자들을 위해서 쓴 「목회 규율」(*Pastoral Rule*)은 내세적이고 수도원적인 성향을 띠었다. 그레고리우스가 로마의 팔라틴 도서관을 철거했다는 이야기는 중세 말에나 등장한 전설이다. 하지만 그가 그 도서관 곁을 지날 때는 아마 고개를 돌렸을 것이다.

대 그레고리우스의 서신들(노련한 행정가의 상식과 지혜로 가득 찬)을 읽고 나서 그의 「대화록」(이탈리아 성인들이 경험한 기괴한 사건들과 환상들의 이야기로 가득한)을 읽으면 처음에는 어리둥절하게 된다. 이 시기에는 술피키우스 세베루스(Sulpicius Severus)가 지방색을 가미하여 과도하게 묘사한 투르의 마르탱(Martin)의 상(像)이 요한 카시아누스(John Cassian)의 절제되고 진지한 상보다 높이 평가된 것이 분명하다. 그럼에도 불구하고 현대의 독자들에게 혐오감을 주는 「대화록」은 그레고리우스가 왜 그 시대의 인물이었는가 하는 것을 엿보게 해준다. 그는 교황으로서 그 누구보다도 로마 제국의 세련된 과거와 당시 서방의 야만족 사회 사이에 형성되어 있던 간격을 메꾸는 데 이바지했다.

고집스럽게 내세와 초자연을 지향한 그는, 그러면서도 기독교가 고등 문명의 허세를 떠나 지극히 평범한 사람들의 소박한 꿈에 완전히 부합하다는 것을 지당한 사실로 받아들였다. 성 베드로가 묶였던 사슬 같은 기적을 일으키는 성유물들을 야만족 군주들에게 보내기를 좋아했다. 청교도적 회상파괴론자들에 대해서도 교회 내의 그림들과 조각상들이 '가난하고 못 배운 사람의 성경'이라는 이유로 그대로 둬야 한다고 변호했다. 교회가 고대 이교 신전들과 축일들을 접수하여 거기에 기독교적 의미를 부여해야 한다고 주장했다. 그레고리우스가 무의식적으로 교회를 야만족의 문화 — 이제 교회가 서방에서 그 속에 들어가 일을 해야 했던 — 와 동일시한 데에는 깊은 일관성이 있다.

그레고리우스가 고도로 발전된 비잔틴 문화와 맺은 관계는 쉽지도 느슨하지도 않았다. 그는 6년간(579-85) 콘스탄티노플에서 로마 교회의 상주 대표로서 체류한 적이 있었다. 그럼에도 불구하고 그 기간 동안 헬라어를 배우려고 고생하지도 않았고, 라틴인들이 평소에 그리스인들에 가지고 있던 '정직하기에는 너무나 영악한' 사람들이라는 선입관을 가지고 그들을 절대로 신뢰하지도 않았다. 콘스탄티노플 총대주교를 대할 때도 로마 교황들이 전통적으로 견지했던 '냉정하게 의심하는' 태도를 잃지 않았다. 교황이 된 뒤에 총대주교가 '에큐메니컬'이라는 칭호를 사칭하는 것을 발견했을 때(사실 그 칭호는 콘스탄티노플에서 한 세기가 넘게 사용되었다), 그는 교회의 고위 성직자들이 세상 명예가 담긴 칭호를 사용해서 되겠는가 하면서 항의했다. 그 자신은 그냥 '하나님의 종들의 종'이라는 칭호를 사용했는데, 하지만 사실상 이것은 로마의 배타적인 특권인 보편적 재치권(裁治權)의 주장이 노골적으로 암시된 칭호였다.

대 그레고리우스가 다스리던 시기에 이탈리아는 대부분 롬바르드족에게 점령을 당했고, 라벤나에 주둔하던 비잔틴 황제의 총독이 다스리던 영토는 상대적으로 작았다. 하지만 로마는 비잔틴 제국의 도시였고, 7세기 내내 그 상태로 남았다. 교황은 콘스탄티노플 황제의 신민이었다. 하지만 그레고리우스는 개인적으로 반(反) 그리스적인 성향을 갖고 있었다. 게다가 아우구스티누스에게 교회와 제국의 결합에 관해 일정 거리를 떼어 둔 채 생각하는 법을 배웠다. 무엇보다도 그는 서방의 야만족 왕국들이 그냥 일시적으로 주둔해 있는 점령군이 아니라, 교회가 장차 대처해야 할 항구적인 사회적·정치적 현실임을 깨달았다.

제17장 교회와 야만족들 297

스페인에 들어간 서고트족은 이제 가톨릭 교도들이 되어 있었다. 갈리아 북부에서 프랑크족은 6세기 초에 곧장 가톨릭으로 개종했었고, 프랑크족의 역사가이자 투르의 주교인 그레고리우스(Gregory, 540경-94)의 관점에서 볼 때, 그들[프랑크족]이 제국에 들어온 것은 하나님이 썩어문드러진 제국 사회를 구출하고, 테오도릭과 그가 이끄는 동고트족의 부패한 아리우스주의에서 제국 사회를 보호하기 위해서 보내셨기 때문이었다. 대 그레고리우스로서는 프랑크족과 동고트족에 대해서 똑같이 긍정적인 태도를 채택하는 것이 자연스러워 보였다. 더욱이 그 교황은 고개를 그들 저 너머로 향해 들고서 브리타니아(영국)의 이교도 앵글로색슨족을 선교할 필요성을 바라보았다.

브리타니아와 대륙의 교통은 407-9년에 야만족들이 갈리아와 스페인에 대규모로 쏟아져 들어오면서 잠시 위태로운 상황에 부닥쳤다. 브리타니아는 이제 제국의 속주의 지위를 잃고 스스로의 힘으로 픽트족(Picts)과 스코트족(Scots)의 침공을 막아내야 하는 처지에 내몰렸다. 색슨족에게 지원을 요청하는 치명적인 결정을 내린 것도 다 그 부족들의 공격을 막아내려는 궁여지책에서 나온 것이었다. 하지만 색슨족 침략자들이 대거 몰려들어와 브리타니아인들을 완전히 섬의 서쪽 부분으로 몰아낸 것은 그로부터 한참 뒤의 일이다. 적어도 5세기 전반만 해도 브리타니아의 교회들은 손상을 받지 않은 채 남아 있었고, 갈리아의 형제들에게 걱정을 끼친 것도 주로 그들이 펠라기우스주의를 강하게 지지했기 때문이었다.

이렇게 펠라기우스주의로 깊이 빠져들어가는 것을 어떻게든 막으려는 의욕이 교황 켈레스티누스(Celestine)로 하여금 431년에 팔라디우스(Palladius)를 아일랜드의 주교로 파견하게 만든 동기였을 것이다. 그리고 갈리아 오세르의 주교 게르마누스(Germanus)가 429년과 그리고 20년 뒤에 다시 한 번 브리타니아로 건너간 이유도 펠라기우스주의를 진압하기 위함이었다. 팔라디우스의 시대가 끝난 직후에 패트릭(Patrick)이 아일랜드의 선교사 주교로서 활동하면서, 수도원 공동체들을 세웠다. 서툰 라틴어로 작성한 자전적 고백록에서, 패트릭은 몇몇 지역이 사신의 무학(無學)

한 점을 들어 비판하는 것에 불평을 토로하는데, 이로 보건대 아일랜드에는 이미 고급 라틴 문화를 지닌 그리스도인들이 살고 있었던 것 같다.

어쨌든 6세기에 접어든 뒤에는 아일랜드의 수도원들이 신학뿐 아니라 문법까지도 포함한 학문의 중심지가 되어가고 있었고, 올바른 부활절 날짜 계산법에 대한 관심이 이곳들에서 활발하게 일어나고 있었다. 이런 관심이 일어나게 된 이유는 과거에 보수적이고 고립된 켈트족이 그 문제와 관련하여 대륙의 교회들과 다른 견해를 갖고 있었기 때문이다.

563년에 아일랜드 수사 콜룸바(Columba)가 아이오나에 수도원을 설립했고, 그 뒤에 이 수도원은 스코틀랜드의 거친 부족들에게까지 들어가 선교 활동을 벌였다. 콜룸바의 픽트족 선교는 그것이 처음이 아니었다. 왜냐하면 한 세기 전에 니니아누스(Ninian)가 갤로웨이의 휘턴(캔디다 카사)에 선교사로 들어가 교회를 세운 것으로 추정되기 때문이다. 하지만 아이오나에 설립된 새로운 수도원은 기독교와 켈트 교회의 수도원 이상을 스코틀랜드와 잉글랜드 북부에 열정적으로 퍼뜨린 중심지가 되었다.

잉글랜드와 웨일스에서는 색슨족 침공자들이 점차 주도권을 장악했다. 브리타니아의 그리스도인들은 불화로 분열되었고, 540년경에 길다스(Gildas)라는 부제는 시대 상황을 반영하여 도덕적 쇠퇴와 행정적 혼돈의 우울한 분위기가 감도는 그림을 남겼다. 6세기 말경에는 이교도 국가인 켄트(Kent) 왕국(캔터베리를 수도로 삼은)이 험버 강 이남까지 잉글랜드의 대다수 지역을 다스렸다. 하지만 켄트 왕국의 왕 에델버트(Ethelbert)는 프랑크의 그리스도인 여성과 결혼했다. 교황 그레고리우스는 이것을 선교를 위한 기회로 보았고, 그래서 로마에서 수사 아우구스티누스를 선교사로 파송했다. 아우구스티누스는 갈리아를 지나 브리타니아로 가는 도중에 주교로 축성된 듯하다. 그는 보조 수사들과 함께 타네트에 상륙하여 에델버트와 그의 많은 백성에게 세례를 주러 길을 나섰다. 그것은 부족 단위의 세례였다. 그레고리우스의 의도는 아우구스티누스에게 로마의 고도(古都)들인 런던과 요크에 잉글랜드의 대교구들을 세우게 하려는 것이었다. 하지만 실제로는 켄트 왕국의 수도인 캔터베리가 아우구스티누스의 교구이자 선교 중심지가 되었고, 그 뒤로도 계속 그 지위를 유지했다. 숱한 장애와 좌절에도 불구하고, 그 지역 선교는 점차 그 나라의 다른 지역들로 확대되었다.

하지만 켄트(Kent) 왕국에서의 새로운 선교와 북부와 서부에 자리잡고 있던 브리타니아 그리스도인들의 공동체들 사이에 긴장이 조성되었다. 켈트족(The Celts)은 부활절 날짜 계산법과 체발(剃髮) 형태에서 상당히 보수적이었고, 자신들과 다른 아우구스티누스와 그의 성직자들을 혐오했다. 이들과 켄트 왕국 선교의 관계는 곧 635년에 린디스판에 자신의 수도원을 세운 아이오나 수도원 출신의 수사 아이단(Aidan)이 노섬브리아에서 벌인 선교 활동으로 인해 복잡하게 얽히게 되었다. 657년에 아이단의 학생인 여수도원장 힐다(Hilda)는 휫비(Whitby)에 남성들과 여성들을 위한 이중 수도원을 설립했다.

하지만 664년에 휫비에서 열린 교회회의에서 잉글랜드 북부의 교회는 "한 분이신 하나님을 섬기는 사람들은 하나의 단순한 생활 규율을 지켜야 하며, 천상의 성례들을 서로 다르게 지켜서는 안 된다"는 설득을 받아들여, 대륙 교회의 부활절 날짜 계산법에 동의를 했고, 캔터베리 교구와 연합했다. 교황 대 그레고리우스는 전례의 통일이 꼭 필요한 것은 아니라는 아우구스티누스의 견해에 대체로 동의했기 때문에, 휫비에서 나온 몇몇 진술들이 다소 극단적으로 느껴졌을 것이다. 하지만 그것은 같은 섬에서 사는 켈트족 교회와 색슨족 교회가 부활절처럼 중요한 문제에 관해서 서로간에 그리고 대륙 교회와 더불어 조화를 이루며 살기 위해서 현실적으로 대단히 필요한 결정이었다.

제 18 장

예배와 예술

예전

초기 그리스도인들은 유대인들과 마찬가지로 '종교'가 삶의 모든 분야에 대한 해석을 포함하며, 숭배 행위와 의식에만 국한되지 않는다고 확신했다. 하지만 그들은 그것 말고도 하나님께서 당신의 은혜를 가르치시기 위해 몇몇 언약적 상징들을 주셨다는 생각에 대해서도 유대인들과 공감했다. 그리스도인들은 할례를 유대교에 국한된 형태로서, 이방 그리스도인들에게 부과할 의도로 제정된 것이 아니라고 간주했다. 하지만 이방인 개종자를 유대교 회당에 받아들이는 의식에서 중요한 부분을 차지했던 세례(洗禮)는 그대로 견지했다. 유대교 유월절의 떡과 포도주를 비롯한 그 밖의 종교적 음식들을 교회는 "우리의 유월절 양 곧 그리스도께서 희생이 되셨느니라"(고전 5:7)는 사도 바울의 가르침대로, 최후의 만찬과 십자가 사건과 결부시킴으로써 강렬한 의미를 부여하여 받아들였다.

초기 기독교 문학의 한쪽 흐름에서는 외면의 종교인 유대교와 "신령과 진정으로" 하나님께 예배하는 기독교를 대조하곤 했다. 하지만 그리스도인들은 응집력 있는 공동체 생활을 하는 사회가 되기 위해서는 순전히 개인주의적 내성만 추구해서는 안 된다는 것을 익히 파악하고 있었다. 그들은 형식과 질서가 필요했으며, 세례와 성찬의 가시적 표상들이 도나 다타(dona data), 즉 하나님이 당신의 교회에 주신 선물들이고, 베르바 비시빌리아(verba visibilia), 즉 복음 내용의 가시적 실현인 줄을 알았다.

일찍이 사도 바울의 시대에 그리스도인들이 주님의 부활을 기념하여 일요일에 모여 예배를 드리는 것이 관습이 되어 있었다. 이렇게 '주일'이라는 주중의 하루를 부활과 결부시킨 것이 근거가 되어, 어느 정도 세월이 흐른 뒤에는 부활절을 유대인의 유월절(파스카)인 니산 월 14일에서 그 다음에 오는 일요일로 옮기게 되었다(이러한 변화가 초래한 긴장에 관해서는 96쪽을 참조하라). 그 뒤에 유월절 같은 유대교의 다른 절기들도 교회에서 보편화되었다. 4세기에 접어들면 교회력에 승천일과 그리스도 탄생일이 포함되는데, 후자는 그리스 동방에서는 1월 6일에, 서방에서는 12월 25일에 지켰다.

유대인들과 마찬가지로 초기 그리스도인들도 특정한 날들을 금식일로 지켰다. 유대교의 관습은 매주 월요일과 화요일이 금식일이었다(참조. 눅 18:22, "나는 이레에 두 번씩 금식하고"). 적어도 1세기가 저물어갈 무렵에 그리스도인들의 금식일은 수요일과 금요일이었다. 금식일은 곧 '금육재'(禁肉齋, station), 혹은 '보초서는 날'로 불렸다. 헤르마스(Hermas)의 「목자」(*Sherpherd*)는 그리스도인들에게 하나님이 금육재 날에 요구하시는 금식이란 악행과 육욕을 삼가는 것이라고 경고했다. 마가복음 2:20은 "신랑을 빼앗길" 날, 즉 그리스도의 수난일에 그리스도인들이 특별히 금식해야 한다고 말한다. 따라서 부활절 직전에 하는 금식이 갈수록 중요하게 되었으며, 금식에 유월절 촛불을 켠 채 철야하는 관행도 덧붙게 되었다. 유월절 전 금식은 길어지는 경향을 띠었다.

4세기 초엽에는 부활절 전의 금식이 동방 그리스에서는 이레 동안 계속되었으나 서방에서는 사십 일이나 계속되었다. 사십 일 사순절(Lent)은 337년에 서방에서 유배 생활을 하다가 돌아온 아타나시우스가 서방 그리스도인들의 진지한 금욕 생활에 부끄러움을 느끼고서 최초로 그리스 교회들에게 보급했다.

부활절이 세례와 각별히 연관 관계를 가지게 되면서, 사순절 기간은 주교가 교리문답자들을 가르치는 기간으로 쓰였다. 4세기부터 고난주간의

의식(儀式) 구조가 발전되었는데, 처음에는 세족례(洗足禮) 목요일
(Maundy Thursday)이 정착된 뒤 (6세기에는) 종려주일(Palm Sunday)
이 정착되어 있었다. 비록 종려나무 가지로 축복을 하는 행위는 9세기에야
비로소 나타나긴 하지만 말이다. 성 금요일(Good Friday)에 성찬을 거행
하지 않는 관습은 일찍이 416년에 교황 인노켄티우스 1세가 구보의 주교
에게 보낸 편지에서 발견된다.[1]

콘스탄티누스와 니케아 공의회 이전에 쓰인 의식들의 형태는 저자들이
다른 문제들을 논하다가 지나가는 말로 언급하거나 예시한 부분에 단편적
으로 실린 글에서 겨우 불완전하게 확인할 수 있다. 200년에 북아프리카
교회가 사용한 세례식 형태는 터툴리안의 글에 소개되어 있다. 금식으로
세례를 준비하다가 의식이 시작되면 먼저 마귀와 그의 행위들을 버리고
신앙을 고백한다. 3세기의 다른 자료(히폴리투스, 키프리안)를 보면 이 신
앙고백이 선언조로 되어 있지 않고, 성부와 성자와 성령께 관한 세 가지
질문에 각각 "저는 믿습니다"라고 반복해서 대답하는 형태로 되어 있음을
알 수 있다. 수세자(受洗者)는 대답을 할 때마다 물에 잠겼다. 수세자가 세
례당에서 나오면 집례자는 그에게 기름을 바르고 그의 머리에 손을 얹고
서 성령을 선물로 주시라고 기도했다. 그런 다음에는 약속의 땅에 들어왔
다는 증표로 우유와 꿀을 주었다. (이교의 비밀 의식에서도 우유와 꿀을
사용한 비슷한 예가 있지만, 그리스도인들은 그것을 성경의 의미대로 이해
했다).

성찬은 주로 주교가 집례했고, 그의 부재시에는 장로나 집사(부제)나 혹
은 예외적인 경우에는 평신도가 집례했다. 아프리카에서도 그랬듯이 로마
에서도 물세례가 끝난 뒤 수세자에게 기름을 발라주었다. 하지만 이 순서
는 보편적인 것이 아니었다. 「사도 규율서」(*Didascalia Apostolorum*)라

---

1) 6세기에 비잔틴인들은 사순절 기간 중 수요일과 금요일들에 특별한 의식을 시
행했다. 이 때는 지난 .주일에 축성된 빵과 포도주를 사용했으며, 그런 이유로 미리
축성된 전례(the Liturgy of the Presanctified)라 불렸다.

는 교회 규율서에 따르면, 3세기에 시리아에서는 세례의 씻음이 있기 전에 기름 부음이 있었다. 혹은 세례 전이나 후에 두 차례에 걸쳐 기름을 붓는 경우도 있었고, 아니면 히폴리투스가 그랬듯이 세 번 기름을 붓는 경우도 있었다. 이렇게 변화가 많다는 것은 기름 붓는 의식의 중요성에 대해 그만큼 확신이 없었다는 증거이다. 하지만 셈족권 교회들에서는 기름을 자연스럽게 성령의 선물을 상징하는 것으로 보았기 때문에 그 의식도 아주 일찍부터 등장한다. 어떤 영지주의 분파들은 물세례를 비판하고, 거룩한 기름 부음으로 수여되는 '성령 세례'만 강조했다. 세월이 흐르면서 성경적 의미가 모호하게 되었다. 암브로시우스는 교리문답자들에게 그것을 육상선수가 경주하기 전에 기름을 바르는 것과 같다고 설명했다.

예를, 들어 「디다케」(*Didache*) 저자는 원칙상 강이나 호수에서 세례를 거행하는 것이 바람직하다고 여겼지만, 실제로는 1세기가 넘어가기 전에 수세자의 머리에 세 번 물을 바르는 방식으로 세례를 거행하는 것이 관습으로 굳어져 있었다. 하지만 흐르는 물에서 몸을 부분적으로 담그는 행위가 갖는 상징성도 가정집 교회들에 세례당을 설치함으로써, 혹은 4세기 이후에는 예배당에 세례당을 둠으로써 보존되었다. 세례당에서 세례를 거행할 때는 수세자가 몇 계단 내려가 물 속에서 섰다. 그 의식은 지극히 엄숙하게 거행되었으며, 귀신을 쫓아내는 행위가 붙으면서 보다 두려움을 자아내는 의식이 되었다. 병자나 유아에게 세례를 줄 때는 건강에 해를 주지 않도록 각별히 주의해야 했고, 따라서 물은 아주 조금만 부었다.

키프리안과 그 밖의 저자들에게 나타나는 3세기의 증거는 지나치게 조심스러운 신자들이 임종 세례의 정당성을 확신하지 못했음을 보여주는데, 키프리안은 그런 태도를 오류와 미신으로 간주했다. 세례는 그리스도와 함께 죄에 대해서 죽고 새 생명으로 다시 살아나는 것을 뜻했다. 그런 이유에서 부활절 및 오순절과 각별히 연관되었다. 같은 이유에서 세례당을 지을 때는 주께서 '여덟째 날'에 부활하셨음을 상징하기 위해서 팔각형으로 짓는 경우가 많았다. (이 여덟이라는 수의 상징적 의미에 관해서는 베드로전서 3:20을 참조하라.)

2세기 초에 나타나는 본문들(디다케, 안디옥의 이그나티우스와 순교자 저스틴의 글)은 그리스도인들이 일요일에 드리던 대 예배가 무엇보다도 유카리스티아(eucharistia) 곧 '감사'를 위한 예배, 즉 성찬을 위한 예배였다는 데 동의한다. 이 용어가 이전 시대에 쓰이던 '떡을 뗌'이라는 용어를 점차 대체하게 되었다. 헬라어 유카리스티아는 성찬을 가리키는 전문 용어로 굳어졌기 때문에 라틴 기독교권에 음역(音譯)의 상태로 그대로 전래되었다. 비록 라틴 그리스도인들은 그것을 가리켜 그라티아룸 악티오(gratiarum actio), 즉 '감사를 드림'이라고도 불렀고, 아게레(agere)라는 단어가 '거행하다'(celebrate)라는 뜻을 갖게 되긴 했지만 말이다. 따라서 서방 교회의 대 성찬 기도에는 카논 악티오니스(canon actionis) 곧 '거행 규율'(rule of celebration)이라는 이름이 붙었다.

이런 문제에 전혀 신경을 쓰지 않기로 유명했던 영지주의 분파들을 제외하고는, 세례 받은 사람들만 성찬에 참여할 자격을 얻었다. 순교자 저스틴(Justin Martyr)은 이교도 독자들에게 기독교 의식이 흑마술이 아님을 납득시키기 위해 쓴 글에서 150년에 로마 교회가 시행하던 성찬을 묘사한다. 사회자(주교〈감독〉였음에 분명하다)가 '사도들의 회고록'과 구약성경 선지서들의 일정 부분을 읽은 뒤에 설교를 했고, 설교가 끝나면 회중이 다 일어나 엄숙한 기도를 드렸고, 이 기도는 평화의 입맞춤으로 끝났다. 그런 뒤 떡과 '포도주와 물을 섞은 잔'이 사회자에게 전달되면, 사회자는 '최선을 다해서' 성자와 성령을 통해 성부께 감사의 기도를 드리고, 기도를 마치면서 회중과 함께 기도의 내용을 재가한다는 뜻으로 아멘이라고 말했다. 저스틴은 기독교에 입문하지 않은 독자들을 위해서 그리스도인들이 그대로 되기를 원합니다라는 뜻의 이 히브리 단어를 사용하는 데 익숙해졌다고 친절하게 설명해 준다.

성찬이 시작되면 한 사람 한 사람이 집사(부제)들이 나눠주는 떡과 포도주를 받았는데, 그것을 허기와 갈증을 채우기 위한 보통 음식으로 받지 않고 그리스도의 살과 피로 받았다. 마지막으로 예배에 참석하지 못한 병자들과 수감자들을 위해서 떡을 따로 떼어 보관했다. 비록 이 예식에 참석하는 데 생명이나 자유를 박탈당할 위험이 따랐는데도 불구하고, 모든 그리스도인들이 이 예식을 상황이 허락될 경우 주일마다 참석해야 할 절대 의무로 여겼던 것이 분명하다. 저스틴은 주일마다 성찬을 거행하는 기독교의 보편적인 관습에서 말라기 1:11("해 뜨는 곳에서부터 해 지는 곳까지의 이방 민족 중에서 내 이름이 크게 될 것이라. 각처에서 내 이름을 위하여 분향하며 깨끗한 제물을 드리리니")의 예언이 그대로 성취된 것을 보았다.

저스틴의 글에 소개되는 주교는 형식에 매이지 않고 성찬 기도를 드렸다. 미리 규정된 기도문이 없었다. 그럼에도 불구하고 장차 구체적인 형태로 나타나게 된 예비적인 형태의 기도문은 있었음에 틀림없다. 「디다케」가 기록된 이른 시기에도 그런 기도문이 비록 참고의 의도로나마 마련되고 있었다. 「디다케」 이후에 나타난 최초의 현존하는 기도문(아주 간략한 단편들이 아니라 본격적인)은 히폴리투스의 「사도들의 전승」(*Apostolic Tradition*. 그를 기념하여 세워진 동상에 특별히 언급된 교회 규율서)에 보존되어 있다. 이 책의 본문은 히폴리투스가 기록한 그대로 남아 있지 않으며, 따라서 후대에 편찬된 자료들을 가지고 힘겨운 재구성 작업을 벌여야 했다. 특히 중요하게 쓰인 자료들은 494년경에 베로나에서 기록된 사본에 보존된 400년경의 라틴어판, 초기의 콥트어 번역본(유실됨)을 사용한 콥트어와 아랍어와 에디오피아어의 각색판들, 그리고 그 책에서 자료를 인용한, 주님의 이름으로 혹은 사도들의 이름으로 기록된 후기의 교회 규율서들(그중에서 가장 주목할 만한 것은 4세기 말의 사도 헌장〈*apostolic Constitutions*〉과 5세기의 주님의 언약〈*Testament of the Lord*〉이다)이었다.

히폴리투스는 「사도 헌장」을 시작하면서, 어느 무책임한 권위자(칼리스투스를 염두에 둔 듯함)가 기분 내키는 대로 들쭉날쭉 예식을 집행하기 때문에, 교회 예식을 위한 규범을 작성할 절실한 필요를 느꼈다고 설명한다. 그렇지만 이 규범을 반드시 고수해야 하는 것은 아니라고 덧붙였다:

주교는 성찬을 집례할 때 우리가 제시한 문구를 암기하듯 그대로 암송해야 하
는 것은 아니다. 하지만 각 사람에게 자신의 역량에 맞게 기도하도록 해야 한다.
길고 엄숙한 기도를 드릴 수 있다면 그것은 좋은 일이다. 하지만 아주 짧게 기도
할지라도 그의 기도가 정통 신앙에 부합하기만 하다면 아무도 나무랄 수가 없
다.

하지만 성찬의 대기도를 드리기 직전에 집례자와 회중 사이에 주고받는
예비 대화의 경우와 마찬가지로, 만약에 회중이 참여하게 되는 경우에는
고정된 형식이 필요했다. 히폴리투스의 기도가 아주 오래된 사례이므로,
여기서 그 전문을 인용할 가치가 있다:

주교: 주께서 여러분과 함께 하시기를.
회중: 그리고 당신의 영혼과 함께 하시기를.
주교: 여러분의 마음을 높이 드십시오.
회중: 저희는 저희 마음을 주께 올려 바칩니다.
주교: 우리 주님께 감사를 드립시다.
회중: 그것이 부합하고 마땅합니다.
주교: 하나님, 종말에 당신의 사랑하시는 아들 예수 그리스도를 저희에게
    구주와 구속자로, 그리고 당신의 뜻을 전할 사자로 보내셨사오니 감사
    를 드리옵나이다. 그는 당신과 분리할 수 없는 말씀이시며, 그를 통해
    당신은 만물을 지으셨으며, 그를 흔쾌히 하늘에서 동정녀의 태로 보내
    사, 잉태되어 육신이 되시고 성령과 동정녀로 말미암아 나신 당신의
    아들로 나타나게 하셨사옵나이다.
    그는 당신의 뜻을 행하시고 당신을 위해 거룩한 백성을 얻으신 뒤에,
    당신을 믿은 사람들의 고통을 해방시키려고 팔을 벌려 고난을 당하셨
    나이다.
    그는 죽음을 멸하고 마귀의 사슬을 끊으시고, 지옥을 짓밟고 의로운
    자들을 광명으로 이끌어내시고, 지옥의 한계를 정하시고 부활을 드러

내실 목적으로 몸소 고난을 당하시기 위해 배반을 당하실 때, 떡을 떼사 당신께 축사하시고서, 이것은 너희를 위하는 내 몸이니 이것을 행하여 나를 기념하라 하시고 식후에 또한 이와 같이 잔을 가지시고 가라사대 이 잔은 내 피로 세운 새 언약이니 이것을 행하여 마실 때마다 나를 기념하라고 말씀하셨습니다.

그러므로 저희는 그의 죽음과 부활을 기억하고서 당신께 이 떡과 잔을 바치며, 저희를 당신 앞에 설 자격이 있는 자들로 여기시고 목회자들로서 당신을 섬기게 하신 것을 감사드리나이다.

그리고 당신께 간구하오니, 당신의 성령을 거룩한 교회의 예물에 내려 주옵소서. 이 거룩한 예식에 참예하는 모든 이들을 한데 모으시고 이들에게 성령을 충만히 내려주시사, 진리 안에서 믿음을 확증해 가게 하시고, 이로써 저희가 당신의 아들 예수 그리스도를 찬송하고 영화롭게 하게 하옵소서. 그를 통해 당신의 거룩한 교회에서 성부와 성자와 성령께 지금부터 영원 무궁히 영광과 존귀가 함께 있기를 원하옵나이다. 아멘.

마지막 문구에 성령을 부른 것이 많은 논쟁거리가 되었으며, 바로 이 점 때문에 히폴리투스가 이 글을 썼을 리가 없고, 성령을 부르는 문구는 4세기에 이루어진 발전을 반영한다는 주장이 제기되었다. 4세기 그리스 교회에서는 성령의 임재를 구하는 기도(epiclesis)가 크게 두드러졌고, 따라서 그런 기도가 빠진 성찬 기도는 후대에 삽입된 것일 가능성이 크다. 하지만 이런 회의적인 견해를 상쇄할 만한 비중있는 주장들이 있다.

첫째로, 라틴어 판과 에디오피아어 판에 위의 기록이 그대로 실려 있다. 그리고 "당신께 간구하오니, 당신의 성령을 거룩한 교회의 예물에 내려 주옵소서"라는 중요한 문장이, 다른 모든 내용에 대해서는 히폴리투스의 기도문을 그대로 소개한 5세기의 「주님의 언약」에 빠져 있긴 하지만, 「주님의 언약」의 저자가 그 문장을 빠뜨린 데에는 특별한 이유가 있었을 가능성이 크다.

둘째로, 떡과 포도주 자체에 성령을 내려달라는 기도라기보다는, 그런 예물을 드리는 교회의 행위에 성령을 내려달라는 기도일 가능성이 더욱 크며, 그 내용에는 200-220년의 신학자가 말할 수 없었던 내용이 하나도 실려 있지 않다. 20년 뒤에 이레니우스는 신적 말씀에 대한 임재의 기원에 힘입어 떡과 포도주가 평범한 음식과 음료이기를 그친다고 썼다.

셋째로, 4세기 말에 「사도 헌장」을 쓴 저자는 히폴리투스의 글을 인용할 때 기도문의 상당 부분을 그대로 인용했지만, 정확히 그 부분을 현대화할 필요를 느끼고서, 다음과 같은 내용을 보충했다: "아무 것에도 결핍이 없으신 하나님이시여, 저희가 당신께 바치는 예물을 기쁘게 받아주시기를 간구하오며 …… 주 예수의 고난의 증거물인 이 제물에 당신의 성령을 내려주시사, 그[즉, 성령]가 이 떡을 당신의 그리스도의 살로 만드시고 이 잔을 당신의 그리스도의 피로 만드실 수 있게 하옵소서." 그가 중요한 부분에서 히폴리투스의 원래 문구를 포기해야 했다는 사실은 의미심장하다. 이것은 4세기의 어떤 사람도 '에피클레시스'(성령의 임재를 구하는 기원)를 당대인들에게 대단히 부적합하고 낡은 신학으로 비치게 하는 형식으로 개정하거나 삽입하지 않았다는 증거이다.

성찬의 대기도 곧 '아나포라'(anaphora)에서 성령 임재의 기원이 갖는 중요성에 관해서, 4세기 후반의 여러 그리스 저자들(예를 들면, 예루살렘의 키릴루스, 가이사랴의 바실리우스, 알렉산드리아의 테오필루스)은 그것을 성찬 예식에서 가장 중요한 순서로 언급한다. 사본 전승(즉, 11세기의 아토스 산 사본)에 따르면 알렉산드리아의 아타나시우스와 친구 겸 서신 동료로서(따라서 분명히 4세기 이집트의 어떤 교회에 속했던 셈이다), 트무이스의 주교를 지낸 세라피온(Serapion)이 썼다고 하는 어떤 '아나포라'에는 특이한 예가 발견된다(하지만 아리우스주의적인 낯선 표현 때문에 전통적인 견해가 크게 의심을 받는다). 이 글에 실린 기도를 보면, 우선 신적인 말씀이 떡과 포도주에 임하사 "떡이 그 말씀의 살이 되게 하시고" "잔이 그 진리의 피가 되게 하소서"라고 했고, 그런 다음에는 성찬에 참여한 모든 사람이 생명의 약을 받아 유익을 얻든지 징계를 당하게 해달라고 했다.

히폴리투스의 성찬 기도에는 성령의 임재 간구 외에도 주목할 만한 여러 가지 점들이 있다. 이 기도는 성찬 제정의 말씀을 암송함으로써 최후의 만찬과 직접 연관된다. 관계절로 표현된 이 말씀은 동방 교회와 서방 교회의 전례에 다 실려 있으며, 엄숙함의 표지였다. 히폴리투스의 기도문에는 상투스(Sanctus. 三聖頌. '거룩하다'라는 문구가 세 번 들어간 찬송)가 없다.[2] 삼중으로 된 천사의 찬송은 로마의 클레멘트가 고린도인들에게 보낸 편지에서 천군 천사의 화목을 예시하면서 그들을 본받으라고 권면하면서 이사야서에서 인용하지만, 클레멘트든 히폴리투스든 상투스를 로마 전례의 필수적인 부분으로 여겼다는 증거는 없다. 훗날 400년에 가면 서방에서는 동방에 비해 상투스 찬송이 훨씬 덜 사용되고 있었으며, 후대의 로마 전승은 미사경본(the canon of the mass)이 상투스 다음에 시작하도록 정해 놓았는데, 이로 보건대 상투스는 미리 짜놓은 골격에 덧붙인 것이 아닌가 하고 추측할 수 있다. 히폴리투스는 아울러 성찬의 떡과 포도주가 주님의 살과 피의 '대형'(對型, antitype) 혹은 표상(figure)이라는 진술을 반복한다. 그 단어는 터툴리안의 글에서도 발견된다.

따라서 히폴리투스는 신자들에게 경외심을 가지고 성찬에 임하라고 명하는 것이다. 성찬은 다른 음식을 들기 전에 받아야 하며, 조금이라도 흘리거나 쏟지 않도록 철저한 주의를 기울여야 한다. 이 시기에는 성찬을 마친 뒤 남은 떡 조각들을 집으로 가져가 주중에 일과 기도를 한 뒤에 개인적으로 먹는 것이 일반적인 관행이었다. 히폴리투스는 성찬 참석자들에게 성찬의 떡을 집에 가져갔다가 소홀히 방치하여 세례 받지 않은 사람이나 혹은 쥐가 무엇인지 모른 채 먹는 일이 없도록 하라고 경고해야 했다.

4세기에 회중의 수가 크게 늘어나면서 성찬식도 길어지는 경향이 있었다. 때로는 「사도 헌장」 제8권에 기록된 성찬 문구들처럼 무한정 길어질

---

2) 오늘날 에피클레시스에 나와 있듯이 원본에는 상투스가 있었을 것으로 추정되지만, 고대의 본문들에서는 이렇게 추정할 만한 확실한 근거가 없다.

수도 있었다. 많은 경우는 기존의 기도문에 성경 인용구들을 삽입하여 기도를 길게 했으며, 이런 이유 때문에 초기의 전례를 연구하다보면 기도문에 성경 인용구가 많이 들어가 있을수록 후기에 작성되었을 가능성이 크다는 역설적인 법칙을 터득하게 된다.

4세기 후반에 그리스 동방에서는 의식이 아주 정교해지기 시작했다. 그리스 성직자들은 장식된 옷을 입기 시작했고, 예배도 대단히 연극적인 화려함을 띠게 되었다. 동시에 교회에 나오는 대중의 압력과 아리우스주의에 대한 투쟁으로 인해 성찬의 거룩한 경외감과 초월적 경이감을 강조하게 되었다. 350년경에 예루살렘의 키릴루스가 남긴 교리문답 강의록을 보면 예배식이 정교해지기 시작한 것과, 예배식에 적합한 강렬한 경외감이 강조되기 시작한 것을 확인할 수 있다. 키릴루스는 성찬 참석자들이 상징적으로 손을 씻게 하는 의식(lavabo)이 도입되었고, 성찬식 대기도의 결론으로 주기도가 사용되었다는(이것은 아우구스티누스 시대에는 거의 보편적인 관행이 되었다) 최초의 증거를 제시한다. 키릴루스는 불경스럽게도 성찬식 때 떡과 포도주를 떨어뜨리거나 흘리는 일이 없도록 시시콜콜하게 교훈한다. 그 교훈에 따라 성찬 참석자들은 왼손으로 오른손을 받쳐든 채 공손하게 떡과 포도주를 받아야 했다. 무엇보다도 키릴루스는 성령의 임재를 몇 번에 걸쳐 엄숙하게 기원하면서, 그리스도인들의 믿음을 위해서 떡과 포도주가 그리스도의 살과 피가 되게 해달라고 기도하고, 거룩한 식탁에 나오는 일이 '두려운' 일임을 여러 번에 걸쳐 강조한다.

두렵고 떨리는 태도로 성찬상에 나오는 이런 태도는 가이사랴의 바실리우스와 특히 주의 식탁을 '두려움과 떨림'의 장소로 말한 요한 크리소스톰에게서 더욱 두드러진다. 최근에 발견된 몹수에스티아의 테오도루스가 남긴 교리문답 강의록에도 성찬이 묘사되어 있는데, 그 내용은 누구보다도 화려한 의식으로 묘사했다는 점에서 독특하다. 이런 발전들로 인해 중요한 결과들이 따랐다. 4세기가 저물기 전에 동방에서는 성찬상을 휘장으로 가려야 한다는 생각이 제기되기 시작했다.

6세기에 유스티니아누스의 웅장한 성 소피아 성당이 건축되었을 때, 닫집이 있는 제단 앞에 화려한 휘장이 설치되었을 뿐 아니라(이 휘장에는 금으로 '통치자 그리스도'(Christ Patokrator)께서 자기 백성에게 복을 비시고 왼손에 복음서를 들고 계신 모습을 수놓았다), 문이 세 개 달린 화상 칸막이까지 설치되었다(이 칸막이의 문에는 천사들과 선지자들이 그려졌고, 중앙의 문에는 유스티니아누스와 테오도라를 상징하는 결합 문자들이 표기되었다). 이것이 교회에 도입된 최초의 화상(畵像)으로서, 이것은 도처에서 모방되어 모든 그리스 교회들에 없어서는 안 될 요소가 되었다.[3] 화상 칸막이의 문들은 복음서 낭독과 봉헌송(Offertory, 성찬의 떡과 포도주를 봉헌하는 찬송) 시간에 '입장'할 때 사용되었다.

4세기 말에는 교회의 시설과 기구가 크게 장식되었다. 요한 크리소스톰 시대에 안디옥에서는 교회가 고급 성배(聖杯), 가지 달린 촛대, 흰 성직복을 사용했고, 때로는 제단을 아예 은으로 입히기도 했다. 5세기 초에 데살로니가에서는 성 데메트리우스(St. Demetrius)에게 봉헌된 교회가 건축되었는데, 이 교회의 제단에는 정교한 은 닫집이 있었다.

서방에서는 예배와 관련한 장식이 상당히 더디게 발전했다. 더욱이 서방의 전례가 독립된 형태를 따기 시작한 것도 4세기 후반에 가서나 된 일이다. 다마수스 때까지 로마에서는 성찬식을 헬라어로 거행했다. 로마 교회가 처음부터 끝까지 헬라어를 사용하던 시절부터 뿌리내린 보수적 경향이 그만큼 큰 영향력을 행사했던 것이다. 초창기 라틴어 미사의 순수와 문구를 보여주는 최초의 증거는 터툴리안과 키프리안의 글에 간혹 나타나는 언급들을 제외하면, 밀라노의 암브로시우스의 글에 나타난다. 그가 세례를 받기 위해 교리문답을 배우는 사람들을 가르친 '성례들에 관하여'(*On the Sacraments*)는 익명의 속기사의 사적인 작업으로 보존되었다.

이 강의록에서 암브로시우스는 당시에 밀라노에서 관습적으로 쓰이던 대표적인 성찬 기도를 인용한다. 이 강의록에서 주목할 점은 성찬의 떡과

---

3) 그것을 콘스탄티누스가 로마에 지은 성 베드로 성당에서 제단 닫집을 떠받치고 있는 '보리엿' 기둥들이 다른 교회들에 끼친 영향과 비교해 보라.

포도주가 변화하는 축성(祝聖)의 순간에 성령 임재의 기도를 강조한 예루살렘의 키릴루스와 대조적으로, 암브로시우스는 주님의 성찬 제정의 말씀을 낭송하는 행위를 크게 강조한다는 것이다. 암브로시우스의 문구는 훗날 라틴어 미사경본의 고정된 부분이 된 문구와 비슷하기 때문에 인용할 가치가 있다.[4] 집례자는 하나님께 찬송을 드리고,[5] '평민들과 왕들과 그 밖의 사람들을 위한 대언 기도'를 한 다음, 다음과 같이 계속해서 기도를 이어간다:

> 이 예물이 우리 주 예수 그리스도의 살과 피의 표상으로 신령하고 받음직한 것이 되게 하소서. 그는 고난을 당하시기 전 날 그 거룩한 손으로 떡을 취하사 하늘을 우러러 당신, 곧 거룩하신 아버지, 전능자, 영원하신 하나님을 우러러 보셨나이다. 축사를 마치신 뒤 떡을 떼시고 그것을 사도들과 제자들에게 주시면서 "너희 모두가 이것을 받아 먹으라. 이것은 많은 사람들을 위해 찢기는 내 살이다"라고 말씀하셨나이다. 마찬가지로 고난 당하시기 전날 만찬 후에 잔을 취하사 하늘을 우러러 당신, 곧 거룩하신 아버지, 전능자, 영원하신 하나님을 바라보시고 축사를 하신 뒤 그것을 사도들과 제자들에게 주시면서 "너희 모두가 이것을 받아 마시라. 이것은 내 피다. 이 일을 행할 때마다 내가 다시 올 때까지 나를 기념하게 될 것이다"라고 하셨나이다.
>
> 그러므로 저희는 그의 지극히 영광스러운 고난과 부활과 승천을 기념하면서 당신께 이 무흠한 희생, 신령한 희생, 피 묻지 않은 희생, 이 거룩한 떡과 영생의 잔을 바치나이다.
>
> 당신께 간절히 구하옵나니, 당신의 종 의인 아벨의 예물을 받으실 때처럼, 대제사장 멜기세덱의 예물을 받으실 때처럼 저희의 이 예물을 당신 천사들을 시켜 받아주옵소서.

---

4) 미사(Missa) = (a) 해산(군인들의): (b) 400년까지는 모든 공예배 행위: (c) 800년까지는 'Mass'(회중). 미사의 해산 문구인 'Ite missa est' 때문. (그 문구를 의역하자면, '안녕히 가십시오, 미사가 끝났으니 회중 여러분은 세상에 나가 복음을 전합시다.' 참조. 기독교대백과사전, 기독교문사刊, '미사', '미사곡' 항목들 — 역자주).

5) 이 찬송들에는 상투스가 포함되었을 가능성이 있지만, 암브로시우스는 이것을 언급하지 않는다.

암브로시우스의 기도는 구도와 심지어 실제 쓰인 용어에서 8세기에 등장하는 로마 교회 미사의 핵심과 일치하는데, 이 후대에 등장한 미사에는 암브로시우스의 기본 문구를 확대하고 수정한 내용이 '쿠암 오블라티오넴'(Quam oblationem), '쿠이 프리디에'(Qui pridie), '운데 에트 메모레스'(Unde et memores), '수프라 쿠아이'(Supra quae), 그리고 '수플리케스'(Supplices)에 실렸다. 하지만 예물이 받음직한 것이 되게 해달라는 암브로시우스의 기도는 로마 미사경본의 서두를 장식하는 '테 이기투르'(Te igitur, 그러므로 당신께는)에서 한층 긴 형태로 부연된다(이것은 사제가 하나님께 예물을 받으시고 복을 주시며, 교회에 평화와 일치를 내려달라고 구하는 내용이다).

비록 암브로시우스는 이어서 주기도를 강해하지만, 이것이 성찬 기도의 결미에 고정된 자리를 갖고 있는지에 관해서는 명시하지 않는다. 하지만 아우구스티누스는 이것이 당대에 거의 보편적이었다고 기록하고, 아우구스티누스가 밀라노 교회의 관행을 매우 친숙히 알고 있었던 점을 감안할 때, 암브로시우스가 이 관습을 친숙히 알고 있었다는 것은 거의 분명한 사실인 듯하다. 제롬과 아우구스티누스의 글에 인증된 두 가지 사례를 보면 주기도가 대체로 "… 저희가 담대하게 아뢰옵건대"(audemus dicere)라는 말에 이어서 나왔음을 강하게 암시한다.

따라서 로마 전례의 기본 요소들과 구조는 다마수스 때부터 대 레오 때에 이르는 시기에 정착된 셈이다. 하지만 예식의 전반부는 여전히 유동적이었다. 교리문답자들(세례 지망자들)을 돌려보내기 전에 진행된 이 서론 부분에 가해진 두 가지 중요한 수정은 동방의 영향하에 이루어졌다. 384년경에 에게리아가 성지를 순례할 당시에 그리스 교회의 연도(連禱, litany, 호칭기도)의 정규 부분이었던 '키리에 엘레이손'(Kyrie Eleison)이 500년경에는 이미 라틴 미사의 첫 부분에 자리잡고 있었고, 묘하게도 여전히 번역되지 않은 채 헬라어 표기를 유지하고 있었다. '글로리아 인 엑셀시스'(Gloria in excelsis)는 헬라어 찬송으로서, 동방에서 성찬 전례에 포함되지 않은 채 오랫동안 사용되어 온 「사도 헌장」(*Apostolic*

Constitutions)(서방 교회의 '테 데움'과 마찬가지로)에서 최초로 입증된 다.[6] 이 찬송은 500년경에는 특별 행사 때 사용하는 미사 본문에 포함되어 있었다. 물론 이것이 서방에서 보편적으로 쓰이기까지는 600년의 세월이 더 걸려야 했지만 말이다.

신조(the Creed)는 세례식에 고유하게 쓰였으며, 후기에는 성찬식에도 쓰였다. 어쨌든 서방의 세례 신조는 이른바 '사도신경'(Apostles' Creed)이었던 반면에, 동방 그리스는 세례식 때 325년의 니케아 신조를 사용했다. 그리스 동방의 지역 세례 신조들은 325년 이후에도 오랫동안 계속해서 쓰였지만, 정통 신앙 진영의 주교들은 니케아 신조의 주요 문구들을 삽입해서 썼다. 따라서 381년에 콘스탄티노플에서 테오도시우스가 소집한 공의회(참조. 175쪽) 앞에 '니케아'라고 불린 신조가 상정되었다. 그렇게 불린 이유는 이 신조에 성자가 성부와 본질상 동등하다는 주장이 실렸기 때문이지만, 실제로 이 신조는 아마 이미 사용되고 있던 지역의 세례 신조에서 그 기본 구조를 차용했다. 이 '니케아-콘스탄티노플 신조'는 특이한 상황에서 성찬식에 최초로 쓰이게 되었다.

5세기 단성론파가 그것을 칼케돈 공의회의 '혁신 조치들'에 공식적으로 저항할 의도로 성찬식에 포함시킨 것이다. 칼케돈 진영도 이 신조를 성찬 전례에 포함시킴으로써 자기들만이 정통파라는 단성론파의 주장에 대응했다. 이렇게 '니케아-콘스탄티노플 신조'를 성찬 전례에 포함시키는 관행이 점차 서방 교회로 확산되었지만, 이 관행이 중요하게 부각된 것은 서방의 '필리오케' 구절을 크게 강조하고 싶어한 샤를마뉴 때에 가서 비로소 이루어진 일이다. 샤를마뉴 때에 그 신조는 복음서 낭독 다음에 오는 핵심 순서에 자리를 잡았다.

후대에 라틴어 미사에 덧붙은 두 가지 것은 6세기에 상투스에 덧붙은

---

6) '테 데움'이 최초로 사용된 예는 카이사리우스(542년 죽음)가 감독하던 아를에서 발견되지만, 그것은 보다 오래된, 아마 키프리안이 인용한 3세기 찬송을 개작한 것임에 틀림없다. '테 데움'의 저자는 알려지지 않는다.

베네딕투스(Benedictus)와, 7세기말에 등장한 아뉴스 데이(Agnus Dei)
이다.

초창기 서방 교회 전례는 그리스 전례에서 많은 것을 차용했고, 그것은
지극히 자연스러운 일이었다. 예를 들어, 로마 미사경본의 '수프라 쿠아이'
(Supra quae)와 '수플리케스'(Supplices), 그리고 이것들과 밀접한 관계
가 있는 암브로시우스의 문구들(참조. 313쪽. 하나님께 옛적에 아벨과 아
브라함의 예물을 받으셨듯이 당신의 거룩한 천사들을 시켜 제물을 받아달
라고 구한)은 성 마가의 알렉산드리아 전례에 실린 내용과 거의 흡사하다
(알렉산드리아 전례도 그 문구를 죽은 성도를 기념하는 내용 바로 앞에
둔다). 하지만 지역들의 용례에 대단히 큰 편차가 있었다는 것도 지극히
자연스러운 일이었다. 그러한 처음부터 다양성이 존재했다고 생각할 이유
가 없다. 온 교회가 사용한 최초의 '사도적 전례'란 신기루와 같은 것이다.
그럴지라도 동방과 서방 모두 그런 신성한 문제에 관습의 차이가 현존하
는 것을 쉽게 넘어가기 힘든 문제로 느꼈다.

7세기경에 서방에서는 성찬 때 무교병을 사용하는 것이 일반적인 관행
으로 굳어진 반면에, 동방에서는 (성찬 자료의 역사를 추적할 길이 없는
아르메니아를 제외하고는) 대부분 유교병을 사용했다. 세월이 흐르면서 이
차이가 쟁점이 되었다. 또 다른 관습 차이는, 동방에서는 주일에 주교의 집
례로 한 차례의 성찬이 거행되는 것이 보통이었던 반면에, 서방에서는 시
골 소교구 교회들의 장로들이 성찬을 집례하는 관행이 로마 시로부터 점
차 확산되었다는 점이다. (4세기 로마에서는 이런 시골 소교구 교회들을
가리켜 '명의〈名義〉교회들'〈title-churhes〉이라고 했다. 왜냐하면 이 교회
들은 설립 당시의 기부자들의 이름을 교회명으로 사용했고, 그들의 기부금
으로 성직자들의 사례금을 주었기 때문이다.)

400년경에는 적어도 중요한 도시들에서는 주일 대 성찬 말고도 매일
성찬을 집례하는 것이 관습으로 굳어져 있었다. 3세기부터는 순교자들의
순교일(그들의 생일이라 불렀음)에 그의 묘지에서 성찬을 거행함으로써
그 날을 기념했다. 처음에는 대다수 순교자들을 숭배하는 것이 사적인 경

건의 문제였다가, 인기를 얻으면서 차츰 교회 당국이 나서서 주도하게 되었다. 이 하급 축일들을 위해 특별한 기도문이 작성되기 시작하였고, 그렇게 작성된 기도문들이 한데 수집되게 되었다.

베로나 주교좌성당 도서관에 소장된 7세기 초의 필사본에는 현존하는 최초의 라틴 기도문 모음이 실려 있는데, 이 기도문을 편집한 저자는 자기 앞 시대에 로마에서 제작된 두 권 이상의 기도 모음을 보유했던 것 같다. 오늘날 이 문헌의 저자를 대 레오로 추정하는 가설은 베로나 사본으로 뒷받침을 받지 못하며, 성립되기 힘들다. 하지만 이 문헌에 실린 몇몇 전례 자료들은 틀림없이 레오 때로 거슬러 올라가는데, 그렇게 볼 수 있는 이유는 그의 사계대제일(四季大齊日) 설교 중 한 편(78번)에 후대의 문헌에서 발견되는 기도문이 무수히 언급되어 있기 때문이다. 레오가 그 기도문들 가운데 몇 편을 썼을 가능성이 있다.

성무일과

교인이라면 반드시 참석해야 했던 주일 성찬과, 비교적 적은 집단을 이루어 참여하던 성인들과 순교자들의 축일 예배 말고도, 신자가 매일 개인적으로 드려야 할 기도가 있었다. 히폴리투스는 「사도 전승」(*Apostolic Tradition*)에서 그리스도인들이 하루에 일곱 번, 즉 해뜰 때, 저녁 등불을 켤 때, 잠자리에 들 때, 한밤중에, 그리고 혹시 집에 있을 경우에는 그리스도의 고난과 관련된 시각들인 3시와 6시와 9시에 기도를 드려야 한다는 지침을 적었다. 3시와 6시와 9시의 기도는 터툴리안과 키프리안과 알렉산드리아의 클레멘트와 오리겐도 언급하며, 이런 점으로 미루어 대단히 폭넓은 지역에서 시행된 관행인 듯하다. 이런 기도들은 대체로 가정에서 개인적으로 성경을 읽는 행위와 관련되었다. 이 개인 기도 시간들 중에서 두 가지가 점차 공동 기도의 특성을 띠게 되었고, 그로써 400년경에는 적어도 주중의 특정 요일들에 아침기도와 저녁기도를 교회에서 성직자와 함께 드리는 것이 보편화되었다. 에게리아는 예루살렘에서 매일 열린 아침 기도회와 저녁 기도회가 많은 회중이 참석한 가운데 엄숙하게 거행된 것을 생생하게 묘사한다.

금욕 공동체들에서는 성무일과(聖務日課)가 보다 치밀했다. 기도 시간들은 수도회들의 수도회칙에서 의무적이고 제도적인 체계로 틀이 잡혔다. 대 바실리우스의 수도회칙에는 여덟 가지 성무가 있었다. 하지만 요한 카시아누스가 주교하던 마르세유 지방에서는 일곱 가지밖에 없었다. '내가 하루 일곱 번씩 주를 찬양하나이다'라고 말한 시편 저자의 관습을 따른 것이다. 로마에서는 500년경에 성무일과가 여섯 가지였다. 수도원 성무일과의 기본 자료는 시편으로서, 로마의 성직자들은 시편 119(118)편을 삼시, 육시, 구시 기도로써 일주일에 다 암송할 수 있는 체계를 발전시켰다. 아울러 그들은 일정한 주기로 반복되는 성구들도 갖추었다.

로마의 이 성무일과 체계가 베네딕투스회 수도회칙에 포함되었지만, 베네딕투스는 새벽녘의 조과(Prime)와 하루를 마감하는 일과(종과, completorium)를 덧붙였다. 당시에는 이미 성무일과를 시작하면서 "하나님이여, 속히 저를 구원하소서, 서둘러 저를 도우소서"라는 기도와, 글로리아 파트리(Gloria Patri, 성부께 영광)와 "주여, 제 입을 열어 당신을 찬송하게 하소서"라는 기도로 시작하는 것이 보편화되어 있었다. 베네딕투스는 그밖에도 암브로시우스의 찬송들을 성무일과에 삽입했고, '테 데움'을 주일의 철야를 위한 기도로, '베네딕투스'와 '베네디키테'를 새벽 기도를 위한 기도로 규정했다.

그리스 동방에서 '베네디키테'가 널리 쓰였다는 것은 요한 크리소스톰에 의해서 입증된다. 그리스 교회가 '눙크 디미티스'(Nunc Dimittis, 시므온의 찬송)를 저녁 기도로 사용했다는 것은 4세기의 「사도 헌장」에 언급되지만, 이것은 베네딕투스의 종과(終課)에 포함되지 않았고, 후에 가서야 로마의 성무일과에 포함되었다. 아를에서는 6세기 초에 카이사리우스가 주교로 재직할 때 '마그니피카트'(Magnificat, 성모의 찬송)가 조과(朝課, Mattins)로 쓰이고 있었고, 오늘날 아일랜드 더블린 트리니티 대학 도서관에 소장되어 있는 아일랜드의 복음서 물링의 책(the Book of Mulling)

에 실려 7세기 아일랜드에서도 나타난다. 베네딕투스회의 수사들은 '마그니피카트'를 저녁 기도(Vespers)에 사용했을 가능성이 있다(그의 수도회칙은 그것을 '복음서의 아가'〈Gospel Canticle〉로 규정한다).

초기 교회 음악

사도 바울의 서신들에는 예배 때 찬송을 사용하는 일이 두 번 언급된다(참조. 골 3:16; 엡 5:19). 찬송과 낭송이 이미 회당의 관습이었기 때문에 이것은 새삼스러운 일이 아니었다. 알렉산드리아의 필로는 알렉산드리아 근처의 금욕 공동체 테라퓨테파(the Therapeutae)의 음악 생활이 상당히 앞서 있었다고 기술한다. 이들은 모든 종류의 운율과 가락으로 찬송들을 짓고, 리듬이 종교 음악에 적합한 엄숙한 성격을 갖게 되도록 보표(譜表)를 사용했다. 혼성 찬양대가 있어서, 때로는 화음을 맞추어, 때로는 교송(交誦)으로 찬송을 했다. 초창기 기독교 찬송은 회당 찬송을 그냥 인수해서 사용했을 가능성이 크다. 이것은 예를 들어 히브리어 '알렐루야'가 번역되지 않은 채 찬송에 계속해서 쓰인 이유를 설명하는 데 도움이 된다. 2세기의 이교 비평가 켈수스(Celsus)가 지나가는 말로 해놓은 적대적인 비평에는, 기독교 예배에 쓰이는 찬송(그는 그 찬송을 들은 듯하다)이 이교도인 자신의 귀에 비범할 뿐 아니라 아름답게 들려서 그 정서적인 효과가 비판 기능을 무디게 만드는 것을 증오했다는 글이 실려 있다.

그리스 찬송 가운데 몇 편은 콘스탄티누스 이전 시기부터 현존한다(알렉산드리아의 클레멘트가 지은 특별 찬송 한 편은 논외로 한다. 이것은 예배용으로 제작하지 않았을 가능성이 크기 때문이다). 그 중 한 편은 흥겨운 리듬의 2세기 찬송으로서, 잃었던 신랑을 도로 찾은 기쁨을 표시하는 혼인식 찬송 형식을 띠고 있는 점으로 미루어 유월절 철야 때 불렸을 가능성이 크다. 그 내용을 소개하자면 다음과 같다:

선창: 너희 거룩한 자들아, 성부를 찬양하라. 너희 처녀들아, 성모를 찬양

하라.

응창: 저희가 찬양합니다. 저희 거룩한 자들은 성부와 성모를 높입니다.

선창: 기뻐하라, 신부들과 신랑들이여, 너희가 너희 신랑 그리스도를 찾
았느니라. 포도주를 들라, 신부들과 신랑들이여.

둘째로, 3세기에 이집트에서 제작된 파피루스에서 절단된 조각에는 만물이 교회와 함께 삼위일체 하나님을 찬송하는 약약강격의 찬송이 보존되어 있다: "우리가 성부와 성자와 성령께 찬송을 드릴 때 모든 피조물들아, 아멘, 아멘하고 부르라. 홀로 선한 모든 것을 내리시는 분께 찬송과 권세를 돌릴지어다. 아멘, 아멘." 이 파피루스가 각별히 관심을 끄는 이유는 필사자가 찬송의 음악 형식을 표기했으며, 후대의 비잔틴 본문들에 유추해서 해석할 수 있는 역동적인 부호들을 매겼기 때문이다.

초기 교회 찬송의 세번째 예는 저녁 찬송으로서, 이것은 대 바실리우스 때에는 보편적으로 쓰였고, 오늘날까지도 그리스 교회에서 저녁 등불을 켤 때 부르는 저녁 찬송(Vespers)의 일부를 이루고 있다. 존 키블(John Keble)의 번역이 대단히 문자적이면서도 정확하다:

> 찬송하나이다, 친히 부으신 순결한 영광으로, 기쁨을 주시는 빛이 시여,
> 당신은 하늘의 복되신 불멸의 아버지시요,
> 지극히 거룩하신 우리 주 예수 그리스도이옵나이다.
> 이제 저희가 태양이 안식하는 시간에,
> 저녁 빛들이 우리를 두루 비추는 시간에 나와서,
> 성부와 성자와 성령께 찬송을 드립니다.
> 홀로 생명을 주시는 우리 하나님의 아들이시여,
> 오직 당신만 만대에 더럽히지 않은 입술의
> 찬송을 받으시기에 합당하시나이다.
> 그러므로 주여, 만유에 당신의 영광이 가득하옵나이다.

알렉산드리아의 클레멘트는 어떤 유형의 음악이 기독교적 용도에 적합

한지를 논한 최초의 기독교 저자이다. 그는 찬송이 연애의 무곡과 비슷한 유형이어서는 안 되며, 선율은 반음계를 피해야 하며 엄숙해야 한다고 지시한다. 아마 그는 이런 면에서 조심성과 자제력이 없었던 몇몇 영지주의 분파들을 염두에 두고서 이 지시를 한 듯하다. 2세기에 저술된 「요한 행전」(*Acts of John*)에는 종교적 춤을 추는 동안 부르도록 의도된 영지주의 찬송이 실려 있다(영국의 합창단들에게는 이 찬송이 구스타프 홀스트〈Gustav Holst〉의 '예수의 찬송'〈Hymn of Jesus〉 가사로 잘 알려져 있다). 하지만 정통 신자의 눈에 춤은 결국 자연스럽지 못했고, 에디오피아를 제외하고는 신앙 표현의 매체로 인정을 받지 못했다.[7]

성가대의 규모가 커지면서 두 그룹으로 나누어 교송(交誦)으로 찬송을 부르는 것이 가능하게 되었다. 이 교송 형식은 4세기 후반에 등장했다. 메소포타미아와 시리아 전역으로 보급된 이 형식은 아마 회당의 찬송 형식에서 발전한 듯하다. 대 바실리우스가 남긴 서신들 중 한 편은 극단적인 보수주의가 형성되어 있던 카파도키아 가이사랴 지방에 교송 형식을 도입할 것을 과감하게 주장하는 내용을 싣고 있다. 암브로시우스가 밀라노에서 사용한 찬송들이 교송 형식으로 불렸을 가능성도 대단히 크다.

예배에 음악을 사용하는 것이 아주 보편적인 인정을 받은 것은 아니다. 4세기에 몇몇 강직한 청교도들은 음악을 아예 배제하기를 원했고, 음악이 말씀의 의미를 모호하게 만든다고 느낀 사람들로부터 상당한 지지를 얻었다. 알렉산드리아의 아타나시우스는 시편을 찬송할 때 연설체 리듬을 요구

---

7) 종교적 춤은 유대교 전승에서뿐 아니라(구약성경의 여러 단락들이 예시하듯이), 이를테면 디오니소스교 같은 이교 제의에서도 승인되었다. 하지만 기독교권에서는 이집트의 멜리투스파 같은 주변 분파들에서나, 혹은 흥분된 상태로 진행되던 순교자들의 축일 때의 대중 축제에서 나타난다. 이런 관행에 대해서 대 바실리우스, 암브로시우스, 아우구스티누스는 승인하지 않고, 우려를 나타냈다. 예술 형태인 발레도 고대에는 저속하고 대단히 선정적인 행위로 간주되었고, 요한 크리소스톰 같은 윤리주의자들뿐 아니라 리바니우스, 율리아누스, 마크로비우스 같은 이교 지식인들에게까지 비판을 받았다.

함으로써 그 난제를 해결하려고 했다. 반면에 음악가들은 알렐루야 찬송을 지을 때에 모든 역량을 쏟아부음으로써, 알렐루야 찬송의 공연이 아주 길고 정교하게 되었다. 아우구스티누스는 「고백록」(*Confessions*)에서 자신이 밀라노에서 불렀던 시편 찬송이 얼마나 감동적이었는가를 기록하면서, 찬송을 부를 때 가사보다 선율을 더 중시할 경우 큰 죄책감을 느끼긴 했지만 가사에 아름다운 선율이 붙을 경우 가사의 의미가 훨씬 더 크게 깨달아졌다고 토로한다. 아우구스티누스는 음악으로 표현하지 못할 인간의 정서는 없으며, 교회 예배에서 음악을 제거하는 것은 쓸데없이 경직된 행위라고 주장한다.

초기 그리스도인들이 불렀던 찬송은 오늘날은 들을 길이 없다. 다만 앞서 언급한 3세기 이집트의 파피루스 하나만 현존한다. 음악 기호가 실린, 현존하는 그리스와 라틴의 사본들은 중세의 것들이다. 예루살렘과 알렉산드리아와 안디옥와 콘스탄티노플과 로마 같은 종교 중심지들에서 부르던 찬송이 비교적 작은 도시들에 모범이 되었을 가능성이 크다. 6세기 말경에 로마 시에서 시행되던 찬송이 서방의 다른 교회들에게 모범이 되었다. 그리고 9세기경에는 로마의 전례 체계를 교황 대 그레고리우스가 고안했다고 인정된 탓에, 로마 지역의 찬송들에는 '그레고리우스'라는 명칭이 붙게 되었다.

이와 비슷한 과정에 의해서 서방 교회에서 쓰인 많은 찬송들에 암브로시우스의 이름이 붙었다. 암브로시우스 말고도 폭넓은 인정을 받은 찬송 저자들이 있었다. 푸아티에의 주교 베난티우스 포르투나투스(Venantius Fortunatus, 540-600)는 감수성과 정념이 담긴 찬송들을 썼는데, 그중에서 '벡실라 레기스'(Vexilla Regis), '판구에 린구아'(Pangue Lingua), '살베 페스타 디에스'(Salve Festa Dies)는 오늘날에도 사용된다.

이보다 앞선 시기인 6세기 초에 콘스탄티노플에는 동방교회에서 가장 위대한 찬송가 작시자 로마노스(Romanos)가 살았는데, 그는 오래 활동하지 못하고 555년에 죽었다. 기독교로 개종한 유대인이었던 그는 시리아에서 콘스탄티노플로 왔으며, 유스티니아누스가 수도에서 건축 사업을 벌이

며 무수히 거행한 봉헌식을 위해 찬송들을 썼다. 그는 콘타키온
(Kontakion)이라는 음악 형식을 고안했는데, 이것은 여러 연(聯, stanza)
으로 구성된 아크로스틱 형식(각 행의 머리글자를 모으면 말이 되는 유희
시)의 운문체 설교로서, 강단에서 독창자가 각 연을 선창하면 성가대가 후
렴을 응창하는 방식으로 이루어졌다.[8] 로마노스는 그리스의 사순절 찬송
들 가운데 가장 유명한, 성모 마리아를 기리는 '아카디스토스'
(Akathistos. 즉, 일어나서 노래하라는 뜻)의 저자에게 부분적으로 영감을
주었다.

기독교 예술[9]

십계명의 제2계명은 하나님을 어떤 상으로 새겨 만들지 말라고 금했다.
터툴리안과 알렉산드리아의 클레멘트 모두 이 금령을 그리스도인들에게
구속력 있는 절대적인 명령으로 간주했다. 화상(畵像)들은 이교 세계의 귀
신의 세계에 속한다고 보았다. 사실상 2세기에 그리스도의 상을 소유했다
고 알려진 유일한 기독교 집단은 카르포크라테스(Carpocrates)라는 문란
한 사람을 추종한 극단적인 영지주의 분파뿐이었다. 만약 황제 알렉산더
세베루스(3세기초의 이교도 황제)가 불확실한 소문대로 오르페우스와 아
브라함과 아폴로니우스와 그리스도의 상들을 개인 예배당에 실제로 모셨
다고 한다면, 그것은 그가 다스리던 기독교 백성들에게 씁쓸한 만족을 주
었음에 틀림없다.

그럼에도 불구하고 2세기가 저물기 전에 그리스도인들은 예술의 형태로
신앙을 표현하기 시작했다. 터툴리안은 선한 목자가 자기 양떼를 인도하는

모습이 그려진 잔들을 언급한다. 알렉산드리아의 클레멘트는 그리스도인들의 도장 반지에 적합한 그림에 관해 지침을 준다. 고대에는 도장 반지가 사치품이 아니라 사회 생활에 꼭 필요한 물품이었다. 클레멘트는 그리스도인들이 노골적으로 신앙적 색채를 드러내지 않은 채, 이를테면 비둘기나 고기나 배나 수금이나 닻 같은 기독교적 해석이 가능한 문양을 도장에 새겨넣도록 권한다. 그리스도인들이 반드시 피해야 할 문양으로는 우상숭배나 음주나 탐색에 관련된 상징들을 거론했다. 클레멘트가 적합한 문양으로 권한 것들이 이교 사회에서도 통용될 수 있는 것이었다는 사실이 주목할 만하다. 즉, 그 문양들은 종교적 혹은 도덕적 관점에서 중립적인 것으로서, 이교도들이나 그리스도인들이 흔쾌히 사용할 수 있었다. 마찬가지로 양떼를 인도하는 선한 목자의 문양도 이교 사회에서도 인도애(philanthropia)를 나타내는 전통적인 상징으로 통했다. 그리스도인들은 이교 사회에서도 통할 수 있는 문양을 취하여 거기에 양떼를 이끄는 선한 목자이신 그리스도(참조. 요한복음 10장)를 상징하는 새로운 의미를 부여하고 있었다. 그리스도인들이 일찍부터 사용하기 시작한 또 다른 전통적인 문양은 기도하기 위해 치켜든 손을 묘사한 '오란스'(Orans)였다.

교회 건물들도 경우가 같았다. 초기의 기독교 교회당들은 주로 개인의 자택들이었고, 콘스탄티누스 때까지 그런 형태를 유지했다. 교회 건물이 '공적인' 성격을 띠게 된 때가 찾아왔을 때, 건축가들은 후진(後陣, 건물 동쪽 끝에 반원형으로 내민 부분)이 딸린 정방형 바실리카들을 그대로 사용했다. 그 과정에서 전통적 형식에 새로운 내용이 워낙 가중되었기 때문에 바실리카나 선한 목자상이나 오란스가 기독교적인 양식으로 비치는 현상이 초래될 정도였다. 하지만 처음에는 결코 그렇지 않았다.

초기 기독교 회화가 처음 등장한 곳은 교회당들이 아니라 로마 지하묘지(카타콤)였다. 당시의 회화 양식은 폼페이의 일반 이교도 가정집에서 발견된 것과 다르지 않다. 인간 사회에서 장례 관습만큼 보수적인 것도 없어서, 무덤과 석관 장식에 전통적인 이교 화풍이 그대로 지속되었다. 다른 방식이 사용되었다면 오히려 그것이 대단히 파격적인 경우일 것이나. 카타콤 미술은 옛 시대의 주제로 가득하며, 그 기교와 스타일이 보편적인 것이므로 미학적으로 이렇다 할 주장을 내세울 것이 없다. 하지만 그 내용은 형식에 비해 훨씬 더 큰 흥미를 끈다. 그리스도인들이 사용한 이교 전통의 주제들은 기독교적으로 재해석할 수 있었던 상징들이었다. 네 계절은 죽음에서 움트는 생명을 암시할 수 있었다. 공작은 불멸을, 비둘기는 내세의 평화를, 무엇보다도 물고기는 헬라어 단어들의 머릿글자들을 모으면 '예수 그리스도 하나님의 아들 구주'(ΙΧΘΥΣ)를 상징했다. 물고기는 그리스도인들이 특히 성찬 때 즐겨 사용한 문양이었다.

182년경 히에로폴리스의 주교 프리기아의 아베르키우스(Abercius 혹은 아비르키우스)는 비석에 자신의 자서전을 직접 새겨넣었다. 그 내용을 간략히 소개하자면, 그는 자신을 '순결한 목자의 제자'로 표기한 뒤, 자신이 로마 교회 곧 '금옷을 입고 금신을 신은 여왕'인 로마를 방문했고, 니시비스에 이르기까지 시리아 전역을 여행했으며, 가는 곳마다 형제들을 만났다고 설명한다 — "나는 바울의 뒤를 따라 갔는데, 가는 곳마다 신앙이 길을 인도해 주었고, 가는 곳마다 신앙이 음식을 제공해 주었으며, 순결하신 성모가 무한하고 순결한 물에서 친구들에게 영원한 음식으로 잡아 주신 물고기와, 떡과 함께 잔에 담겨 나오는 좋은 포도주를 주었다."

그리스도인들이 회화 작품들이나 석관 문양에 닻을 사용할 때도 같은 유형에 해당하는 낚시나 항해의 상징들을 사용한 것이다. 히브리서는 소망을 영혼의 닻이라고 말했다. 혹은 인생 여정을 풍랑을 지나 천상의 항구에 닿음으로써 끝나는 항해와 자연스럽게 비교할 수 있었다.

하지만 이렇게 그리스도인들로서는 이해할 수 있어도 이교도들로서는 동일한 의미를 파악할 수 없는 주제들과 상징들 외에도, 성경적 배경을 지닌 그림들이 있었다. 아담과 하와, 노아의 방주, 요나와 큰 물고기, 사자굴에 던져진 다니엘, 풀무불에 들어간 세 청년 같은 그림들이 그것이다. 신약 성경에서 애용된 주제는 주님의 세례, 침상에 누운 채 들려온, 혹은 지붕을 뚫고 예수께 내려진 중풍병자, 우물가의 사마리아 여인, 나사로의 소생, 물 위를 걸은 베드로 같은 것들이었다.

벽에 이런 그림들을 장식한 것으로 최초로 알려진 교회는 3세기에 유프라테스 강변 두라에 있었던 자택 교회로서, 이 교회는 주후 1세기에 건축된 가정집이 232년에 교회 예배를 위해 개조되었다. 이 작은 자택 교회는 두라에서는 인근의 크고 웅장한 유대교 회당의 명성에 가려졌었는데, 그 회당의 벽에는 구약성경을 배경으로 한 그림들과 상징들이 화려하게 장식되어 있었다. 두라 회당은 유대인들도 마음만 먹으면 얼마든지 자기들의 회당을 정교하게 장식할 수 있었음을 단적으로 보여주며, 따라서 초기 기독교가 성경을 배경으로 제작한 그림들은 유대교의 선례에서 큰 영향을 받았을 것으로 추측할 수 있다.

콘스탄티누스 이전까지는 초기 기독교 미술가들이 성경 배경을 선정할 때 신약보다 구약에서 훨씬 더 많이 선정했다는 것은 의미심장하다. 그것이 유대교의 영향 때문이었음을 역력하게 보여주는 한 가지 예를 들고자 한다. 프리기아 지방의 아파메아라는 도시에 유대인들이 살고 있었는데, 이들은 아라랏 산이 노아의 방주가 닿은 곳이라는 설을 부정하고서, 자기들 도시 근처의 산에 방주의 잔해가 있다고 주장했다. (그곳은 호기심 많은 여행자들과 고고학자 율리우스 아프리카누스가 방문한 지역에 해당한다.) 2세기말부터 3세기초에 아파메아 시의 조폐국(造幣局)은 노아와 그의 방주를 묘사한 일련의 주화들을 발행했다. 그런데 주화들에 묘사된 모양이 기독교 카타콤에 묘사된 노아와 너무나 흡사했기 때문에, 둘 사이의 연관성을 부정하기가 매우 힘들다. 그러므로 초기 기독교 미술에서 사용된 그 밖의 구약의 배경들도 유대교 모델에서 차용한 것일 가능성이 크다.

콘스탄티누스가 회심하면서 교회는 더 이상 신앙을 소극적으로 표시할 필요가 없었다. 교회들은 공공 건물들이 되었다. 건축과 조각과 모자이크 장식과 회화에서 기독교의 상징들과 복음의 주제들이 미술적 표현을 위한 풍부한 자료를 제공했으며, 이런 추세에 힘입어 고대 후반 문화의 가장 큰 업적들의 일부는 미술 분야에서 이루어졌다. 하지만 그 과정은 이미 콘스탄티누스가 등장하기 전부터 교회 안에서 시작되고 있었다. 스페인 엘비라의 공의회는 일부 교회들이 교회당 벽을 그림으로 장식하는 행위에 대해 충격과 금지가 담긴 판결을 내렸지만, 그런 교회들이 존재한다는 사실 자체는 진압되지 않았으며, 그러한 흐름은 4세기를 지나면서 홍수처럼 범람하게 되었다.

그럼에도 불구하고 과거의 청교도주의가 질식을 당한 것은 아니었다. 327년경에 박식한 역사가 가이사랴의 유세비우스는 황제의 누이 콘스탄티아로부터 그리스도의 그림을 구해 달라고 요청하는 편지를 받았다. 콘스탄티아는 다른 지역보다 팔레스타인에 가면 실물과 가까운 그림을 구할 수 있다고 생각했을 것이 틀림없다. 유세비우스는 매우 단호한 어조로 답장을 보냈다. 자신도 그리스도와 사도들의 그림을 굳이 구하려면 구할 수 있다는 사실을 알고 있다고 했다. 팔레스타인의 시장 거리에 가면 그런 그림들이 판매용으로 진열되어 있으며, 자신도 직접 그런 그림들을 본 적이 있다고 했다. 하지만 자신은 이런 기념품들을 순례자들에게 판매하는 화가들과 상인들이 그리스도인일 리가 없다고 생각한다고 했다.

마찬가지로 그는 가이사랴 빌립보에서도 여러 청동 조각상들을 본 적이 있는데, 그중 어느 여인상은 한쪽 무릎을 끓고서, 자신에게 손을 내밀고 서 있는 남자에게 애원하는 자세로 팔을 펼쳐들고 있었다. 유세비우스가 묘사하는 내용으로 보건대, 그 조각상들은 하드리아누스의 주화들에 친숙히 사용된 유형으로서, 황제가 속주들에게 권리들을 회복시켜 주는 것을 상징하는 것이었다. 하지만 300년경에 접어들면 하드리아누스는 까맣게 잊혀져 있었다. 가이사랴 빌립보 시민들은 이제 그 청동 남녀상을 예수께서 혈루증 앓는 여인을 고치시는 의미로 해석했고, 심지어 손님들에게 그녀가 살았던 집까지 구경시켜 줄 수 있었다. (광장 연못을 장식한 하드리아누스의 조각상들을 이렇게 해석하는 관행이 지나치게 폭넓게 받아들여졌기 때문에, 배교자 황제 율리아누스 때 이 조각상들은 이교도 반달족에 의해 훼손되었다.) 유세비우스가 전한 이야기는 중세의 베로니카(Veronica) 전설의 발생에 직결되는 첫 단계라는 점에서 큰 관심을 끈다.[10] 그는 이 조각상들

---

10) 베로니카의 전설은 여러 전설들이 아주 복잡하게 뒤섞여서 생겼다. 4세기까지

에 대해서 공감적인 태도를 취하긴 했지만, 이교 미술가들이나 이런 상징물들을 제작할 꿈을 꿀 수 있을 것이라고 단정했다.

이와 비슷한 화상파괴적인 견해는 살라미스의 에피파니우스에게서 볼 수 있다. 그는 팔레스타인에 갔다가 어느 교회 현관에 그리스도의 모습과 몇몇 성인들의 모습이 그려진 휘장을 보고서 경악을 금치 못했다. 그는 그 휘장을 잡아 찢은 뒤 예루살렘 주교에게 격렬하게 항의했다. 에피파니우스는 화상들이 교회에 들어오는 것을 막기 위해 최선을 다했지만, 실은 지고 있는 전투를 벌이고 있었다. 그가 눈을 감은 해인 403년경에는 그리스도와 성인들의 초상화들이 두루 퍼져 있었다. 그것은 복된 동정녀(성모 마리아) 숭배와 대략 같은 시기에 등장한 민간 신앙 운동이었다. 마리아 숭배는 400년에 접어들면 이미 개인 신앙의 맨 윗자리를 차지하고 있었고, 머지 않아 공식 전례에까지 들어가게 되었다. 마리아에게 봉헌된 교회로 알려진 최초의 교회는 431년에 공의회가 열렸던 에베소 교회이다. 10년 뒤에 교황 식스투스 3세(Sixtus III, 432-40)는 로마에 대 성모 마리아 교회를 세우고, 그 벽들과 개선문을 화려한 모자이크로 장식했다. 측면 벽들의 모자이크는 구약의 정경들을 묘사하고, 개선문의 모자이크는 수태고지, 아기 그리스도를 성전에 바침, 예수께 예물을 바치고 헤롯을 방문하는 동방박사들, 무고한 아기들을 죽이라고 명령하는 헤롯, 그리고 이집트에서 있었던 그리스도께 관한 외경적 이야기를 보여준다.

한때는 라벤나 성 아폴리나레 누오보 성당에 현존하는 아리우스파 모자

는 혈루증 앓는 여인이 베레니케라는 여인이었다. 400년경까지 유행한 아브가르 전설의 한 가지 형태에 따르면, 그리스도께서 자신의 초상화를 베레니케라는 에데사의 공주에게 보내셨다고 한다. 두 명의 여인은 동일인이 되었고, 라틴 서방에서 그 이름은 베로니카가 되었다. 후대의 전설에서 이 여성은 비아 돌로로사(십자가의 길)을 가고 계신 주님께 수건을 드렸다가 거기에 그리스도의 모습이 새겨진 것을 발견했다. 로마의 성 베드로 성당에 보존되어 있는 그 수건은 오늘날에는 투린의 수의(壽衣)만큼 관심을 끌지 못한다. 하지만 14세기에 제작된 이 작품에 대해서는 이렇다 할 역사적 배경을 제시할 수가 없다.

이크들처럼, 로마의 대 성모 마리아 성당의 벽들에도 성모와 아기에게 면
류관을 바치는 긴 계보의 순교자들을 묘사한 모자이크들이 있었지만, 지금
은 완전히 벗겨지고 없다. 대 성모 마리아 성당의 모자이크들은 마리아 숭
배의 발전에 분수령을 이룬다. 이 모자이크들은 성모가 베들레헴에서 그리
스도가 탄생하신 사건과 관련하여 나타나고 그리스도께 종속되는 문맥에
서만 나타나는 과거 전승 안에 주로 남아 있다.

하지만 그와 동시에 그 모자이크들은 예술에서 마리아에게 독립된 지위
를 부여하는 경향을 나타내는 최초의 증거이다. 이 독립성은 마리아에게
그리스도의 인성에 돌려온 구속의 가치를 전가한 5세기의 단성론파 기독
론에 의해서 가속되었다. 단성론파의 신앙에서 인간으로서의 그리스도는
더 이상 그다지 중요하지 않게 되었다. 그리스도의 부활을 하나님의 부활
로 보았기 때문이다. 이렇게 해서 그리스도와 나머지 인류 사이의 유대감
이 상실되었기 때문에, 신자들은 갈수록 마리아를 구속받은 인류의 완전한
대표로 바라보게 되었다. 이 주제가 6세기부터 계속해서 기독교 미술에서
집중적으로 묘사되었으며, 마리아가 죽지 않았거나 이미 부활과 승천을 용
인 받았다는 민간 신앙이 확산되면서 갈수록 크게 부각되었다.

5-7세기의 기독교 미술 작품들은 상당수가 현존하며, 그 시대를 특징지
운 미술 분야의 업적이 얼마나 고도의 것이었는가를 잘 보여준다. 라벤나
나 로마에 있는 성당들의 화려한 모자이크들, 로사노 복음서 사본(the
Rossano codex of gospels), 586년에 메소포타미아의 수사 라불라
(Rabula)가 기록한 시리아어 복음서(오늘날 피렌체에 소장됨), 로마에 있
는 산타 사비나 성당의 문들, 그리고 그 밖의 무수한 미술품들이 최초의
본격적인 미술 르네상스가 일어났음을 증거한다. 이 르네상스는 기독교적
주제들을 표현하는 데 집중되었고, 그리스도와 성인들을 묘사하는 일에 아
무런 제약도 받지 않았다. 그럼에도 불구하고 이런 식으로 묘사된 그리스
도의 상은 전통적인 엄숙하고 조심스러운 그리스도관을 갖고 있던 사람들
에게는 고통을 안겨주었다.

화상(畵像, icon)들은 수면 밑에서 깊은 불신과 의혹의 대상이 되다가

마침내 8세기에 격렬한 화상 파괴 논쟁을 촉발시킨 불씨가 되었다. 화상
파괴 논쟁은 726년에 황제 레오(Leo the Isaurian)가 칙령을 내려 모든
화상을 파괴하는 대대적인 작업에 착수함으로써 시작되었다. 그때까지 화
상들은 교회 장식의 일부로 용인되고 사랑을 받았으며, 경건한 신자들에게
그 가치를 크게 인정 받았었다. 아무튼 이 논쟁은 비잔틴 제국의 교회와
국가 사이에 한 세기가 넘도록 지속된 대규모 투쟁으로 비화했으며, (황제
들이 화상파괴론자들이었던 반면에, 교황들은 그렇지 않았기 때문에) 로마
와 비잔틴 제국 사이의 간격을 훨씬 더 벌여놓는 데 기여했다.

　화상 파괴론자들의 추진력은 그들이 내세운 신학적 논거들에 있지 않았
다. 그 논거들은 설득력을 발휘하기에는 지나치게 전문적이었다.[11] 그것은
오히려 화상들이 기독교가 타파해온 우상숭배와 관련이 있다는 직감적 판
단과, 그리스도와 성모와 성인들의 상징들이 지나치게 이교적 선례를 따른
것이라는 판단에 있었다. 이 직관적 판단에는 상당한 일리가 있었다. 그리
스도를 심판대에 앉으신 전능하신 주님으로 묘사한 화상은 제우스의 화상
들에서 착상을 따온 것이었다. 하나님의 어머니를 그린 초상들은 고대 이
교 세계가 숭배하던 지모신(地母神)의 상으로부터 자유롭지 못했다. 일반
대중의 마음에 성인들은 지역의 영웅들과 신들이 수행하던 역할을 수행해
주고 있었다.

　하지만 화상파괴주의가 취약한 필멸의 인간들에게 필요한 신앙의 보조

---

11) 화상 파괴론자들의 주요 논거는 다음과 같다: (a) 제2계명; (b) 땅에서는 사람
만이 하나님이 형상이다; (c) 그리스도를 미술로 묘사한다는 것은 네스토리우스 식으
로 그리스도의 인성과 신성을 구분하겠다는 것과 같다. 혹은, 그게 아니라면 도무지
제한해서는 안 되는 그리스도의 신성을 제한하는 행위이다.
　화상 보존론자들(iconodules)이 내놓은 답변은 이와 같다: (a) 우리는 화상들을 숭
배하는 것이 아니라 그것들이 묘사하는 분들을 숭배한다; (b) 그리스도의 종들인 성
인들에게 바치는 존경은 절대적 예배가 아니라 상대적 예배이다; (c) 화상들은 성인
들에 대한 호칭 기도의 필연적 결과이다; (d) 만약 성유물들의 가치를 인정한다면,
어째서 화상들의 가치는 인정하지 않는가? (e) 제2계명은 일시적인 법이었을 뿐이다.
(f) 화상들은 신앙 생활에 도움이 되고 보편적으로 쓰이고 있다.

수단들에 대한 공격으로, 그리고 논쟁이 터지기 전에 한 세기가 넘도록 아무런 제재 없이 친숙하게 사용해온 것에 대한 공격으로 이해되었다는 것은 불가피한 일이었다. 다마스쿠스의 요한은 화상파괴주의에 염세적이고 마니교적인 물질관이 깔려 있다고 보았다. 물론 이 비판은 대단히 불공정한 것이었다. 이스탄불에 있는 성 이레네 성당 후진의 모자이크에 담겨 있는 정교한 십자가 상(이것은 화상이 파괴되던 시기에 장식된 것이다)은 그 자체로도 8세기의 화상파괴주의자들이 미학적 가치관에 무관심했다거나 적대적이었다는 개념을 논박하기에 충분하다.

화상파괴주의자들은 블레셋 족속이 아니라 자기들의 신앙을 과거의 방식으로, 즉 미술가들이 자기들 멋대로 활동하기 전인 할아버지 대의 방식으로 보존하고 싶어하던 보수주의자들이었다. 하지만 그들도 그들 나름대로 과거에 자기들이 기도하는 하나님을 그림으로 묘사할 필요를 느낀 '신인동형론자들'에게 영적 해석을 주장한 오리겐파가 가한 공격을 새로운 형태로 그리고 새로운 용어를 사용하여 자기들도 의식하지 못한 채 답습하고 있었다.

제 19 장

결론

4세기 초에 활동한 최초의 교회사가 가이사랴의 유세비우스는 기독교 사회가 등장한 역사를 정부의 박해, 이단들의 이탈, 그리고 이교 같은 장애와 공격을 하나하나 정복해 나간 과정으로 보았다. 그는 기독교의 위세의 증거를 황제들의 호의에 힘입어 표출된 기독교의 사회적 혹은 세속적 승리에서, 혹은 웅장한 교회당 건축에서, 혹은 오리겐 같은 저명한 지식인들이 기독교를 지지한 데서 찾으려고 했다. 그런 성공 위주의 관점에 대해서 20세기의 그리스도인은 냉소적이고 유보적인 태도를 보이기 십상이다. 하지만 유세비우스가 연속해서 전개된 논쟁들을 교회사의 줄거리로 본 것은 의심할 여지없이 옳은 것이었으며, 실제로 당시 형성기의 교회가 직면했던 주요 쟁점들 대다수가 사실상 기독교 역사에서 항구적인 문제들로 남았다. 그 문제들은 시대마다 대답이 제시되지만, 그런 뒤에는 수정된 형태로 다시 제기되곤 한다.

사도 시대의 핵심 쟁점들은 교회와 이스라엘의 연속성과 불연속성에 관한 것이었다. 모세 율법이 여전히 유효하다고 주장하던 사람들과, 상극의 위치에서 구약성경을 완전히 버릴 것을 주장한 이방인들은 모두 배척되었다. 주류에 의해 받아들여진 노선은 사도 바울의 중용(via media)이었다. 구약성경은 인류에 대한 신적 교육의 역사로서, 인간들에게 그리스도를 가르치는 교사로서, 그리고 그리스도의 빛 안에서 해석해야 할 책으로 기독교 성경에 항구적인 자리를 차지했다. 결과적으로 교회는 구약성경을 조금도 남김 없이 편안하게 느끼지 못했을 수도 있었지만, 그럴지라도 구약성경 없이 존립할 수가 없었다.

속사도 시대(대략 70-140년)로 접어들면서, 사도 바울의 많은 고생 덕에 자유를 얻은 이방인들에 대한 선교가 요원의 들불처럼 확산되었다. 주후 70년에 예루살렘이 로마에 의해 함락되고, 135년에 예루살렘이 다시 함락되어 더 이상 유대인의 수도로서 기능을 상실하면서, 옛 유대 기독교 회중들은 중요성을 상실했고, 무게 중심이 대도시들에 자리잡은 이방인 교회들에게로 넘어갔다. 이방인 교회가 뿌리를 내린 대표적인 대도시는 안디옥과 알렉산드리아, 그리고 특히 사도 베드로와 사도 바울이 네로 치하에서 순교를 당한 로마였다.

하지만 사도들이 세상을 떠나면서 권위가 큰 문제로 부각되었고, 따라서 2세기는 씨앗과 같은 신조들 안에 기독교 교리의 기본 형태가 간결하게 요약되기 시작했고, 성직 체계가 주교와 장로와 부제라는 보편적인 삼중 형태를 띠었으며, 마지막으로 신약성경의 정경이 형성된 시기였다. 질서와 일치가 시급하게 필요했다. 특히 영지주의적 혼합주의의 지방분권적 경향 때문이었다. 추측건대 영지주의에 대한 투쟁과 정복이 교회사에서 가장 힘겨웠고 가장 결정적인 전투였을 것이다.

하지만 2세기 교회가 권위 문제를 풀어간 방법은 나름대로 또 다른 문제들을 일으켰다. 지역 주교를 일치의 근본 원칙으로 강조하고(이그나티우스) '전승'을 신성시한 것(이레니우스)은 생존을 위해서 절실히 필요했지만, 그런 식으로 교회가 성직자 중심으로 변하면서 부차적 결과가 파생되었다. 성찬 때 평신도의 역할은 사제가 수행하는 비의적(秘儀的) 행위에 비해 덜 중요해지기 시작했고, 사제는 특히 그리스인들이 제단을 볼 수 없게끔 칸막이를 하기 시작한 4세기 이후부터는 평신도와 다소 동떨어진 존재가 되기 시작했다. 적어도 8세기 무렵이나 혹은 그보다 이른 시기에, 라틴어 미사경본을 회중이 알아들을 수 없을 정도로 나직한 소리로 낭송하는 것이 보편화되었다.[1]

이교도 지식인 비판자들과의 논쟁이 심각하게 받아질 무렵에 영지주의 위기는 이미 절정을 넘어서고 있었다. 신앙을 변호하고 해명하는 글을 쓴 순교자 저스틴과 그의 후계자들은 훗날 알렉산드리아의 클레멘트와 오리겐이 기독교와 고전 종교 및 윤리 철학의 고도의 열망을 결합시킬 수 있는 길을 미리 닦아 놓았다. 소크라테스를 '그리스도 이전의 그리스도인'으로 평가하거나, 터툴리안처럼 '기독교를 이해할 수 있는 사람의 선천적 직관'을 말하는 것은 복음 안에서 인간의 도덕적 잠재력(하나님이 지으신)의 성취를 보는 것이었다.

다음 세대에 리용의 이레니우스와 카르타고의 터툴리안은 기독교 교리를 이단들의 그릇된 주장들에 극명히 대조하는 방식으로 체계와 논리를 갖춰 진술하기 시작했다. 라틴어로 신학을 집필한 최초의 그리스도인인 터툴리안은 그 목적을 위해 편리한 어휘를 고안하는 데 획기적으로 중요한 역할을 수행했다.

3세기 중반에 이르면 교회가 보다 일반 사회의 시선을 의식했고, 기독교는 식자층과 지배 계층 사이에 깊숙이 뚫고 들어갔다(키프리안과 오리겐이 다 같이 이렇게 추정했다). 옛 이교가 퇴조를 보이면서 이교도들은 수세적 입장에 몰렸고, 기독교의 공세 앞에서 적극적인 대안을 모색할 필요를 느꼈다. 3세기 중반에 발생한 야만족의 침공은 한동안 제국의 존립을 위협했고, 산발적으로 그리스도인들에게 가혹한 박해가 가해졌다. 하지만 디오클레티아누스 치하의 대 박해는 기간도 긴 데다가 훨씬 더 체계적이고 가혹했다. 박해는 기독교 내부의 분열이라는 불행한 유산을 남겼다. 특히 북아프리카에서는 도나투스파가 7세기에 이슬람교의 침공을 받을 때까지 가톨릭 형제들과 첨예하게 대립한 상태로 공존했다.

콘스탄티누스가 회심했다고 해서 기독교가 제국의 공식 종교가 되지는 않았다. 기독교는 그 세기 말에 테오도시우스에 의해서 최초로 국교가 되

---

1) 대 성체 기도를 조용히 낭송하는 행위는 5세기 시리아에서 최초로 시행되었다. 이 행위는 565년의 유스티니아누스 법에 의해 금지되었으나, 9세기에 이르면 콘스탄티노플에서 관습으로 굳어져 있었다.

었다. 4세기는 그리스 교회들의 위대한 시대로서, 훗날 동방의 그리스도인들은 아타나시우스, 바실리우스, 나지안주스의 그레고리우스, 그리고 요한 크리소스톰을 고전적 위상과 권위를 지닌 스승들로 기억했다. 이들은 교부(敎父), 즉 권위 있는 전승의 공인된 해석가들이었다. 율리아누스의 이교 부흥 사건은 지나치게 개인적이고 기간도 매우 짧았기 때문에 기독교의 진보를 크게 되돌리기에는 역부족이었다. 그 시대의 그리스도인들은 이교 부흥보다는 지루하게 계속된 아리우스 논쟁이라는 폭풍에 더 큰 곤란을 겪었다. 하지만 그럴지라도 4세기가 눈물로만 얼룩진 시기인 것은 아니었다. 아리우스 논쟁의 중요성이 지나치게 과장된 것일 수 있다는 점은 예루살렘의 키릴루스(350)가 남긴 교리문답 강론들에 역력하게 나타난다. 그의 목회적 교육은 그 시대의 대립 파벌들의 파당적 구호에 전혀 영향을 받지 않았던 것이다. 일반적으로 그 시대 교회의 삶은 교회 정치가들이 고안한 체계와 신학자들과 크게 다르게 평온하게 진행되었다.

4세기에 새로운 지지자들이 교회 안으로 홍수처럼 밀려들어온 것은 금욕주의자들이 사회 생활을 등지고 고립된 공동체들로 은둔하게 된 한 가지 동기였다. 그런 공동체들이 교회의 정규 생활과 어떤 관계를 갖고 있는가 하는 것은 당시에는 아직 해결되지 않은 문제였다. 서방에서는 그런 동기와 무관하게 세속을 등진 수사들이 야만족의 침공으로 무질서와 혼란에 빠진 사회에 문화와 교육을 전달한 중요한 매개체 역할을 했다. 서방 제국이 개별적인 이민족 왕국들로 해체되면서 교회, 특히 로마 주교의 통치로 대표되던 서방 교회가 유럽 사회를 하나로 통일하는 유일한 수단이었으며, 히포의 아우구스티누스의 저서들에서 서방은 강력한 응집력을 지닌 사고 체계를 소유했다.

대 그레고리우스 때 교황의 사역이 콘스탄티노플의 옛 제국보다 서방 세계의 이민족들에게 더 치중해 있다는 점이 인정되면서, 그리스 교회와 라틴 교회 사이의 간격은 갈수록 넓어졌다. 동방과 서방 사이의 긴장감은 교회사의 초기 단계로 거슬러 올라가며, 두 교회가 다른 언어를 사용하고 사회와 교회 관습도 다르다는 사실 때문에 서로간의 이해도 진척되지 못했다. 하지만 두 교회의 관계를 특히 더 어렵게 만든 원인은 몇 차례에 걸쳐 서로를 이해하고 포용하지 못한 데 있었다. 이를테면 콘스탄티노플에서 에큐메니컬 공의회(381)가 열릴 때 서방 교회가 보인 태도라든지, 교황 레오가 칼케돈 공의회(451년)를 대한 태도라든지, 아니면 로마 주교들의 권위와 관할권이 안디옥이나 콘스탄티노플 같은 지역의 동방 총대주교의 권위와 관할권과 유사하지 않느냐는, 사실상 동방의 모든 주교들 사이에 형성되어 있던 생각이 두 교회의 관계를 어렵게 만들었다.

동방 교회들이 밖으로는 이슬람 정복의 타격에 직면하고 안으로는 화상(畵像) 사용의 적법성을 둘러싼 논쟁에 휘말릴 당시에, 로마의 교황들은 눈을 서쪽으로 돌렸다. 동방 교회가 겪은 이 사건들은 교회사에 또 다른 한 획을 그었으며, 교부들의 시대가 대개 서방에서는 대 그레고리우스로, 동방에서는 다마스쿠스의 요한으로 끝나는 것으로 간주하는 관습도 그런 점에서 의미가 있다. 그 뒤로는 동방과 서방의 기독교 세계의 역사를 마치 하나의 이야기인 것처럼 쓰기가 훨씬 더 어려워진 것이다.

337

참고 문헌

초기 기독교 문헌에 대한 일반적 안내

J. Quasten, *Patrology* (1950–86, 4 vols.); B. Altaner, *Patrology* (ET 1960); E. J. Goodspeed and R. M. Grant, *A History of Early Christian literature* (1966); F. L. Cross, *The Early Christian Fathers* (1960); B. Ramsey, *Beginning to Read the Fathers* (1985); A. di Berardino, *Encyclopedia of the Early Church* (1992).

문서 발췌본

J. Stevenson (revised by W. H. C. Frend), *A New Eusebius* (1987); *Creeds, Councils, and Controversies* (1989); E. Giles, *Documents illustrating papal authority 96–454 A.D.* (1952); P. R. Coleman-Norton, *Roman State and Christian Church* (3 vols. 1966).

일반적 개관

L. Duchesne, *Early History of the Christian Church* (ET 1909–24, 3 vols.); H. Lietzmann, *The Beginnings of the Christian Church*; *The Founding of the Church Universal*; *From Constantine to Julian*; *The Era of the Church Fathers* (ET 1937–51); J. G. Davies, *The Early Church* (1965); W. H. C. Frend, *The Rise of Christianity* (1984); H. von Campenhausen, *The Fathers of the Greek Church* (ET 1963); *The Fathers of the Latin Church* (ET 1964); H. St. L. B. Moss, *The Birth of the Middle Ages 395–814* (1935); J. Daniélou and H. I. Marrou, *The Christian Centuries*, I *The First Six Hundred Years* (ET 1964); A. H. M. Jones, *The Later Roman Empire 284–602* (1964); J. Meyendorff, *Imperial Unity and Christian Divisions* (1989).

On the intellectual and doctrinal history see J. N. D. Kelly, *Early Christian Doctrines* (1958); J. Daniélou, *A History of Early*

1. ET = English translation.

Christian doctrine before the Council of Nicaea (ET 1964); A. Grillmeier, *Christ in Christian Tradition* (ET 2nd ed. 1975); D. S. Wallace-Hadrill, *Christian Antioch* (1982); H. Chadwick, *Early Christian Thought and the Classical Tradition* (1966); W. Jaeger, *Early Christianity and Greek Paideia* (1962); R. M. Grant, *The Early Christian Doctrine of God* (1966); H. A. Wolfson, *The Philosophy of the Church Fathers* (1956); M. Wiles, *The Christian Fathers* (1966); R. A. Norris, *God and World in Early Christian Theology* (1965). J. J. Pelikan, *The Christian Tradition* i (1971); Frances Young, *From Nicaea to Chalcedon* (1983); R. A. Greer, *Broken Lights and Mended Lives* (1986); *The Fear of Freedom* (1989).

1. 예루살렘에서 로마로

On Judaism in Roman society see E. Schürer, *The History of the Jewish People in the Age of Jesus Christ* I (2nd ed. 1973, by G. Vermes and F. Millar). On the Dead Sea Scrolls and the Early Church see M. Black, *The Scrolls and Christian Origins* (1961); J. Daniélou, *The Dead Sea Scrolls and Primitive Christianity* (ET 1958); F. M. Cross, *The Ancient Library of Qumran* (revised ed. 1961). On the legal and political position of the Church in the Roman empire see W. H. C. Frend, *Martyrdom and Persecution in the Early Church* (1965); A. N. Sherwin-White, *Roman Society and Roman Law in the New Testament* (1963); H. J. Cadbury, *The Book of Acts in History* (1955). On the social and intellectual encounter see A. D. Nock, *Conversion* (1933); *Early Gentile Christianity and its Hellenistic Background* (revised ed. 1964); E. R. Dodds, *Pagan and Christian in an Age of Anxiety* (1965).

2. 신앙과 직제

Gnosticism: see H. Jonas, *The Gnostic Religion* (1958); R. M. Grant, *Gnosticism and early Christianity* (1959); B. Gärtner, *The Theology of the Gospel of Thomas* (1961); W. C. Van Unnik, *Newly discovered Gnostic writings* (1960); A. Harnack, *Marcion* (ET 1989); K. Rudolph, *Gnosis* (ET 1983); J. M. Robinson, *The Nag Hammadi Library* (3rd ed. 1988); B. Layton, *The Gnostic Scriptures* (1987).

The ministry: see H. B. Swete (ed.), *Essays on the Early History of the Church and Ministry* (1918), especially the essay there by C. H. Turner; W. Telfer, *The Office of a Bishop* (1962). The canon: see A. von Harnack, *The Origin of the New Testament* (ET 1926); K. Aland, *The Problem of the New Testament Canon* (1962).

Montanism: G. Salmon's thorough article in the *Dictionary of*

Christian Biography (1882) is superior to anything in English of more recent date. E. Gibson, *The 'Christians for Christians' Inscriptions of Phrygia* (1978).

3. 확장

K. S. Latourette, *A History of the Expansion of Christianity*, vol. I (1938); A. von Harnack, *The Mission and Expansion of Christianity in the first three centuries* (ET 2nd ed. 1908; the German 4th ed. 1924 is fuller). On Syria see W. Bauer, *Orthodoxy and Heresy in Earliest Christianity* (ET 1971), ch. i; R. Murray, *Symbols of Church and Kingdom* (1975). On Egypt see C. H. Roberts, *Manuscript, Society and Belief in Early Christian Egypt* (1979). On social life and ethics see C. J. Cadoux, *The Early Church and the World* (1925); *The Early Christian Attitude to War* (1919); J. G. Davies, *Daily Life in the Early Church* (1952); A. von Harnack, *Militia Christi* (ET 1981); R. M. Grant, *Early Christianity and Society* (1977).

4. 저스틴과 이레니우스 5. 터툴리안
6. 클레멘트와 오리겐

There are monographs on Justin by E. F. Osborn (1973), on Irenaeus by W. Lawson (1948), on Clement of Alexandria by R. B. Tollinton (1914, 2 vols.), on Origen by H. Crouzel (ET 1989). On Clement and Origen the best single study is C. Bigg, *The Christian Platonists of Alexandria* (2nd ed. 1913). On Origen's Biblical exegesis see R. P. C. Hanson, *Allegory and Event* (1959), and R. M. Grant, *The Letter and the Spirit* (1957). On all these writers the relevant chapters in Harnack's *History of Dogma* remain important. On the synthesis with Greek philosophy in Justin, Clement and Origen, see H. Chadwick, *Early Christian Thought and the Classical Tradition* (1966); *Origen contra Celsum* (1980); B. A. Pearson and J. E. Goehring, *The Roots of Egyptian Christianity* (1986).

7. 교회, 국가, 사회

On Cyprian consult M. Bévenot's annotated translation of 'The Unity of the Church' and 'The Lapsed' (*Ancient Christian Writers*, vol. 25, 1957); his *Letters*, ed. G. W. Clarke in this series, vols. 43, 44, 46, 47 (1984–9); G. S. M. Walker, *The Churchmanship of St Cyprian* (1968); M. Sage, *Cyprian* (1975).

8, 9. 콘스탄티누스와 아리우스 논쟁

A. H. M. Jones, *Constantine and the Conversion of Europe* (1948); N. H. Baynes, *Constantine the Great and the Christian Church* (British Academy lecture, 2nd ed. 1973); H. Dörries, *Constantine and Religious Liberty* (1960); S. L. Greenslade, *Church and State from Constantine to Theodosius* (1954); T. D. Barnes, *Constantine and Eusebius* (1981).

On Arianism see A. Robertson, *St Athanasius* (Nicene and Post-Nicene Fathers, 1892), a translation of the principal works preceded by a distinguished introduction; H. M. Gwatkin, *Studies of Arianism* (2nd ed. 1900); N. Q. King, *The Emperor Theodosius and the Establishment of Christianity* (1961); J. N. D. Kelly, *Early Christian Creeds* (1950); E. P. Meijering, *Orthodoxy and Platonism in Athanasius* (2nd ed. 1974); R. P. C. Hanson, *The Search for the Christian Doctrine of God* (1988); R. Williams, *Arius* (1987); T. A. Kopecek, *A History of Neo-Arianism* (1979).

On Donatism see W. H. C. Frend, *The Donatist Church* (1952); S. L. Greenslade, *Schism in the Early Church* (1953).

10. 이교와 기독교

A. Momigliano (ed.), *The Conflict between Paganism and Christianity in the Fourth Century* (1962), covers most of the field except for Julian. There is a biography of Julian by R. Browning (1975). G. Downey, *Gaza in the Early Sixth Century* (1963); R. L. Wilken, *The Christians as the Romans Saw Them* (1984); J. Geffcken, *The Last Days of Greco-Roman Paganism* (ET 1978). Studies of Julian by R. Browning (1975), G. W. Bowersock (1978), P. Athanassiadi-Fowden (1981). P. Brown, *Power and Persuasion in Late Antiquity* (1992).

On Ambrose see the biography by F. Homes Dudden (2 vols. 1935), and K. M. Setton, *Christian Attitude to the Emperor in the Fourth Century* (1941); J. F. Matthews, *Western Aristocracies and the Imperial Court 364-425* (1975). H. Chadwick, *Priscillian of Avila* (1976). C. Stancliffe, *St Martin and his Hagiographer* (1983).

12. 금욕주의 운동 13. 요한 크리소스톰

See Owen Chadwick, *John Cassian* (2nd ed. 1968), *Western Asceticism* (1958); Helen Waddell, *The Desert Fathers* (1936); W. K. Lowther Clarke, *St Basil the Great* (1913); K. E. Kirk, *The Vision of God* (1931); D. J. Chitty, *The Desert a City* (1966). P. Rousseau, *Pachomius* (1985); Elizabeth Clark, *Ascetic Piety and Women's Faith* (1986); P. Brown, *The Body and Society* (1988).

On John Chrysostom there is a biography by C. Baur (ET 1959–60, 2 vols.; the translation is at times misleading). The older Life by W. R. W. Stephens (2nd ed. 1880) gives a good introduction. Consult also G. Downey, *A History of Antioch in Syria* (1961); J. H. W. G. Liebeschuetz, *Barbarians and Bishops* (1990).

14. 그리스도의 위격 문제

N. H. Baynes, *Byzantine Essays* (1955) ch. VI; C. E. Raven, *Apollinarianism* (1923); J. Meyendorff, *Christ in East Christian Thought* (1985); R. A. Norris, *Manhood and Christ: A Study in the Christology of Theodore of Mopsuestia* (1963); F. Loofs, *Nestorius and his Place in the History of Christian Doctrine* (1913); L. Thunberg, *Microcosm and Mediator* (1965); K. Sarkissian, *The Council of Chalcedon and the Armenian Church* (1965); A. Louth, *Denys the Areopagite* (1989); R. Sorabji, *Philoponus and the rejection of Aristotelian Science* (1987).

15. 라틴 기독교 사상

There are biographies of Jerome by J. N. D. Kelly (1975), of Rufinus by F. X. Murphy (1945), and of Augustine by J. J. O'Donnell (1985) and P. R. L. Brown (1967). See also F. X. Murphy (ed.), *A Monument to St Jerome* (1952). On the background see S. Dill, *Roman Society in the Last Century of the Western Empire* (2nd ed. 1899). E. Clark, *The Origenist Controversy* (1993).

On particular problems in Augustine see J. J. O'Meara, *The Young Augustine* (1954); F. van der Meer, *Augustine the Bishop* (ET 1962); E. Gilson, *The Christian Philosophy of S. Augustine* (ET 1961); R. Sorabji, *Time, Creation and the Continuum* (1983); G. Bonner, *Augustine, Life and Controversies* (2nd ed. 1986); J. Burnaby, *Amor Dei* (2nd ed. 1991); R. A. Markus, *Saeculum* (1970); H. Chadwick, *Augustine* (1986); *Augustine's Confessions* (1991); G. Corcoran, *Augustine on Slavery* (1985); A. Zumkeller, *Augustine's Ideal of the Religious Life* (ET 1986); R. A. Markus, *The End of Ancient Christianity* (1990). On Apiarius see B. J. Kidd, *A History of the Church to A.D. 461* III (1922), ch. ix. On the Quicunque Vult see J. N. D. Kelly, *The Athanasian Creed* (1964). Pelagius is studied by J. Ferguson (1956), R. F. Evans (1968). On the Western idea of the Church see R. F. Evans, *One and Holy* (1975).

16. 교황제 17. 야만족

T. G. Jalland, *The Church and the Papacy* (1944); B. J. Kidd, *The*

Roman Primacy to A.D. *461* (1936); J. Chapman, *Studies on the Early Papacy* (1928). Biographies of Leo by T. G. Jalland (1941), and of Gregory the Great by F. Homes Dudden (2 vols. 1905) and C. Straw (1988). Consult also W. Ullmann, *The Growth of Papal Government in the Middle Ages* (1955); J. M. C. Toynbee and J. B. Ward-Perkins, *The Shrine of St Peter and the Vatican Excavations* (1956); R. B. Eno, *The Rise of the Papacy* (1990).

On the barbarians see E. A. Thompson, *The Visigoths in the time of Ulfila* (1966); *Attila and the Huns* (1948); S. Dill, *Roman Society in Gaul in the Merovingian Age* (1926); C. E. Stevens, *Sidonius Apollinaris and his Age* (1933); O. M. Dalton's introductions to his translations of the letters of Sidonius (2 vols. 1915) and of the History of the Franks by Gregory of Tours (2 vols. 1927); M. L. W. Laistner, *Thought and Letters in Western Europe* A.D. *500 to 900* (revised ed. 1957); J. J. O'Donnell, *Cassiodorus* (1979); H. Chadwick, *Boethius* (1981); H. Mayr-Harting, *The Coming of Christianity to Anglo-Saxon England* (2nd ed. 1992).

On Benedict see J. Leclercq, *The Love of Learning and the Desire for God* (ET 1961); Cuthbert Butler, *Benedictine Monachism* (2nd ed. 1924); D. Knowles, *The Monastic Order in England* (1940), ch. 1. There is an annotated translation of the Benedictine Rule by J. McCann (1952).

On Patrick see the biographies by J. B. Bury (1905) and L. Bieler (1949 and 1967), R. P. C. Hanson (1968).

18. 예배와 예술

J. H. Srawley, *The Early History of the Liturgy* (2nd ed. 1947); J. A. Jungmann, *The Early Liturgy to the Time of Gregory the Great* (ET 1961), and *The Mass of the Roman Rite* (ET 1959); T. Klauser, *Short History of the Western Liturgy* (ET 1969); A. Baumstark, *Comparative Liturgy* (ET 1958); Gregory Dix, *The Shape of the Liturgy* (1945); V. L. Kennedy, *The Saints of the Canon of the Mass* (2nd ed. 1963); A. A. McArthur, *The Evolution of the Christian Year* (1953); J. D. C. Fisher, *Christian Initiation, Baptism in the Medieval West* (1965); F. L. Cross, *St Cyril of Jerusalem's Lectures on the Christian Sacraments* (1951).

On music consult E. Wellesz, *A History of Byzantine Music and Hymnography* (revised ed. 1961); J. Quasten, *Music and Worship in Pagan and Christian Antiquity* (ET 1983). On Latin hymns, F. J. E. Raby, *Christian Latin Poetry* (2nd ed. 1953).

On art see W. F. Volbach and M. Hirmer, *Early Christian Art* (ET 1961); F. van der Meer and C. Mohrmann, *Atlas of the Early Christian World* (ET 1958); M. Gough, *The Early Christians* (1961); L. Hertling and E. Kirschbaum, *The Roman Catacombs and their Martyrs* (revised ed. ET 1960); D. Talbot Rice, *The Art of Byzantium* (1959); J. G. Davies, *The Origin and Development of Early Christian Architecture* (1952); R. Krautheimer, *Early Christian and Byzantine Architecture* (The Pelican History of Art, 3rd ed. 1979); R. J. Mainstone, *Hagia Sophia* (1988).

On icons see N. H. Baynes, *Byzantine Studies* (1955); E. Bevan, *Holy Images* (1940). P. J. Alexander, *The Patriarch Nicephorus* (1958). C. Mango, *The Art of the Byzantine Empire* (1972), translates selected documents. On the veneration of the saints see H. Delehaye, *The Legends of the Saints* (ET 1962); P. Brown, *The Cult of the Saints* (1981).

● 독자 여러분들께 알립니다!
'CH북스'는 기존 '크리스천다이제스트'의 영문명 앞 2글자와
도서를 의미하는 '북스'를 결합한 출판사의 새로운 이름입니다.

초대교회사

1판 1쇄 발행 1999년 8월 25일
1판 중쇄 발행 2026년 2월 20일

지은이 헨리 채드윅
옮긴이 박종숙
발행인 박명곤 **CEO** 박지성 **CFO** 김영은
기획편집1팀 채대광, 백환희, 이상지, 김진호
기획편집2팀 박일귀, 이은빈, 강민형, 박고은
기획편집3팀 이승미, 김윤아, 이지은
디자인팀 구경표, 유채민, 윤신혜, 권지혜
마케팅팀 임우열, 김은지, 전상미, 이호, 최고은

펴낸곳 CH북스
출판등록 제406-1999-000038호
전화 070-4917-2074 **팩스** 0303-3444-2136
주소 서울시 강서구 마곡중앙6로 40, 장흥빌딩 10층
홈페이지 www.hdjisung.com **이메일(문의/제휴)** support@hdjisung.com
제작처 영신사

ⓒ CH북스 1999

※ 이 책은 저작권법에 따라 보호받는 저작물이므로 무단 전재와 복제를 금합니다.
※ 잘못 만들어진 책은 구입하신 서점에서 교환해드립니다.
※ CH북스는 (주)현대지성의 기독교 출판 브랜드입니다.